北大社“十三五”普通高等教育本科规划教材
高等院校经济管理类专业“互联网+”创新规划教材

全新修订

应用统计学

（第3版）

主　编◎王淑芬
参　编◎李金玲　常　明　李胜朋
张　琼　陈卉一　郭建校
郑妍妍

北京大学出版社
PEKING UNIVERSITY PRESS

内 容 简 介

本书是一部以 IBM SPSS 22.0 为分析工具的实用性很强的“互联网+ ”统计学教材。

本书基本内容包括：统计学与统计数据，统计数据的收集、整理与显示，统计数据的特征描述，SPSS 的简单应用，统计假设检验，相关与回归分析，聚类分析，主成分与因子分析，对应分析，综合案例与分析，其中包括近年来的一些较新进展。书中内容深入浅出，侧重理论知识与技能训练相结合，通过深入挖掘提炼 42 条思政元素，为教师有效地实施课程思政教学提供了指导；通过插入 102 条二维码资料，激发读者的学习兴趣、强化学习效果。

本书适合作为高等院校经济管理类和理工科各专业本科生、研究生的教材，对广大实际工作者也极具参考价值。

图书在版编目(CIP)数据

应用统计学/王淑芬主编. —3 版. —北京：北京大学出版社，2017. 12
(高等院校经济管理类专业“互联网+ ”创新规划教材)
ISBN 978 - 7 - 301 - 28988 - 4

Ⅰ. ①应…　Ⅱ. ①王…Ⅲ. ①应用统计学—高等学校—教材　Ⅳ. ①C8

中国版本图书馆 CIP 数据核字(2017)第 302086 号

书　　名　应用统计学（第 3 版）
YINGYONG TONGJIXUE
著作责任者　王淑芬　主编
策 划 编 辑　王显超
责 任 编 辑　李娉婷
数 字 编 辑　陈颖颖
标 准 书 号　ISBN 978 - 7 - 301 - 28988 - 4
出 版 发 行　北京大学出版社
地　　址　北京市海淀区成府路 205 号　100871
网　　址　http://www.pup.cn　新浪微博：@ 北京大学出版社
电 子 信 箱　pup_6@ 163.com
电　　话　邮购部 010 - 62752015　发行部 010 - 62750672　编辑部 010 - 62750667
印 刷 者　北京虎彩文化传播有限公司
经 销 者　新华书店
787 毫米 × 1092 毫米　16 开本　25.5 印张　600 千字
2009 年 3 月第 1 版　2011 年 8 月第 2 版
2017 年 12 月第 3 版　2022 年 8 月全新修订　2022 年 8 月第 4 次印刷
定　　价　68.00 元

第 3 版前言

Preface

统计学是自然科学和社会科学数据分析的重要工具，在大数据和人工智能广泛应用的背景下，社会各行业对人才的数据分析能力提出了更高的要求。统计学在人才培养中起着重要的作用，它已成为实用性强、受益面广、对提高学生素质影响较大的课程之一。

《应用统计学》从第 1 版（2007）到第 3 版（2017）的不断修订，编写组能够与时俱进地适应教学改革，注意听取同行专家及学生们的意见和建议，不断对教材在体例、内容、结构、统计软件和案例数据上进行调整和修改，能够更加准确阐述统计学课程的基本理论概念、基础知识、基本方法，注重及时体现专业新知识、新成果，遵循教育教学规律和人才培养规律，将价值塑造、知识传授和能力培养三者融为一体，有利于激发学生创新潜能。

天津外国语大学的“统计学”是天津市高校课程思政示范课程，也是天津市线上线下混合式一流本科课程；“统计学”实现学银在线及中国高校外语慕课平台（UMOOCs）双平台上线，面向全国开放。本书在教学中的使用，为课程组不断创新教学方式、优化课堂教学、促进课程与思政教育有机融合提供了保障。经过两年多的课程思政教学实践，课程组通过不断的学习和探索，积累了一定的教学经验和比较丰富的思想政治教育资源，团队教师从最开始的“表面化、硬融入”到现在能够将课程思政有效融入课堂，教师的课程思政育人意识和能力显著提升。

此次全新修订后的教材具有以下特色：

第一，注重课程思政教育的“知行合一”。本书以培养具有“科学素养、家国情怀、工匠精神、创新思维、法律意识、国际视野”为课程思政建设育人目标，以“经世济民、诚信服务、德法兼修”“拓展广度、深度、温度”为课程思政建设育人准则，深入挖掘提炼了 42 条思政元素，涵盖了本书的全部内容。在课程内容中提炼课程思政主题，为了有效指导教学进行了总结升华，以润物细无声的方式将正确的价值追求有效地传递给学生。实现专业知识与思政内容的有机融合。

第二，注重引导学生坚持正确的政治方向和价值导向。本书以习近平总书记提出的新时代中国特色社会主义思想为指导，立足中国实践、总结中国经验、彰显中国特色。从统计知识的扩展、重点和难点内容的深入理解、统计方法的最新实际应用、SPSS 的操作和习题解答等方面精心设计素材。学生能够利用课程学习到的知识和技能，分析理解相关的经济、文化、政治和社会问题，在拓展统计知识和方法的同时得到社会主义核心价值观的同频共振。

第三，注重提高“互联网＋”教材的实际功能与效用。本书以“互联网＋”形式在书中插入了102个二维码，其内容涉及相关统计知识的扩展。在二维码“拓展资料”的设计中蕴含着丰富的思想政治教育资源，同时将统计学的原理和方法、案例分析和SPSS软件有机地结合起来，学生可通过扫描“二维码”进行自主学习，激发学习兴趣、强化学习效果。既能让教师和学生在不改变传统教学模式的情况下，实现碎片化学习、移动式学习、数字化学习，也有助于教师将思政教育融入专业课程教学中，开展翻转课堂和线上线下等信息化教学，丰富教学形式，从而提高教学质量。

第四，注重提高学生的创新能力和应用能力。本书围绕创新应用型人才培养目标的要求，全面阐述统计学的原理和方法，从导入案例、案例分析到实操训练，都能够让学生在学习过程中理论联系实际。特别是列举了我国改革开放以来经济管理工作中的大量实际案例，即可以提高学生的制图制表能力，培养数据应用思维，学会用统计方法和数据处理技术分析和解决社会经济问题，领略统计学的特点和精髓，提高创新意识、科学素养和科学能力。同时，也能够让学生了解我国改革开放以来波澜壮阔的发展历程，激发民族自豪感，坚定“四个自信”。

本书由王淑芬教授（天津外国语大学）负责体例的设计、内容和结构的安排及统稿工作，并对第9、10章的内容进行了修改。本次编写由常明（天津外国语大学）对第1～3章的内容进行了修改，李金玲（天津外国语大学）对第4～5章的内容进行了修改，李胜朋（天津外国语大学）和王淑芬（天津外国语大学）对第6、7、8章的内容进行了修改，张琼（天津外国语大学）对附录的内容进行了修改，陈卉一（天津外国语大学滨海外事学院）提供了部分案例和二维码资料。王淑芬、郭建校、郑妍妍、常明和李金玲撰写了课程思政元素。北京大学出版社张越编辑在本书编写和出版的各个环节给予了我们很大的帮助，并提出了许多宝贵的修改意见，在此表示衷心的感谢！

编者在编写本书的过程中参阅了许多同仁的论著、文献、资料、消息报道，除本书后开列的参考文献外，还参阅了其他一些文献、资料，在此，我们向这些论著的作者表示真诚的谢意！限于编者的学术水平和实践经验，书中的错漏之处在所难免，恳请各位同仁及读者不吝赐教。

此外，为方便教与学，我们还另外制作了与教材内容相关的内容，包括CAI课件、例题和习题的SPSS数据文件及课程思政教案。

编　者

2021年12月

【资源索引】

目录
Contents

第1章

统计学与统计数据

教学目标

通过本章的学习，了解统计与统计学的含义与基本原理；掌握统计学基本概念及统计数据的来源与类型。

教学要求

知识要点	能力要求	相关知识
统计学的基本原理与内容	能够结合实际背景判断研究对象的总体、样本、标志、指标、参数、统计量等统计基本概念	总体、样本、标志、指标、参数、统计量
统计数据的来源与类型	能够结合实际背景判断数据类型	分类数据、顺序数据、数值型数据

统计学是一门研究总体现象定量认识方法的科学，其目的在于探索客观现象内在的数量规律性，从而认识客观事物内在的质的规律性。统计学是在统计工作实践的基础上产生的，一经形成，又对统计工作中的统计数据、资料的搜集、整理、分析等起理论指导作用，并且得到不断的丰富和发展。

【好书推荐】

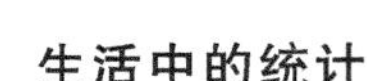

生活中的统计

统计是什么？我们接触过吗？提起统计大家会想到什么？下面我们列举两个统计学应用的实例。

实例一：据国家统计局2016年5月报道，2015年全国城镇非私营单位就业人员年平均工资为62029元，与2014年的56360元相比，增加了5669元，同比名义增长10.1%，增速比2014年加快0.6个百分点。其中，在岗职工年平均工资63241元，同比名义增长10.3%，增速加快0.8个百分点。扣除物价因素，2015年全国城镇非私营单位就业人员年平均工资实际增长8.5%。图1.1为2000—2015年全国城镇非私营单位就业人员年平均工资增长情况。

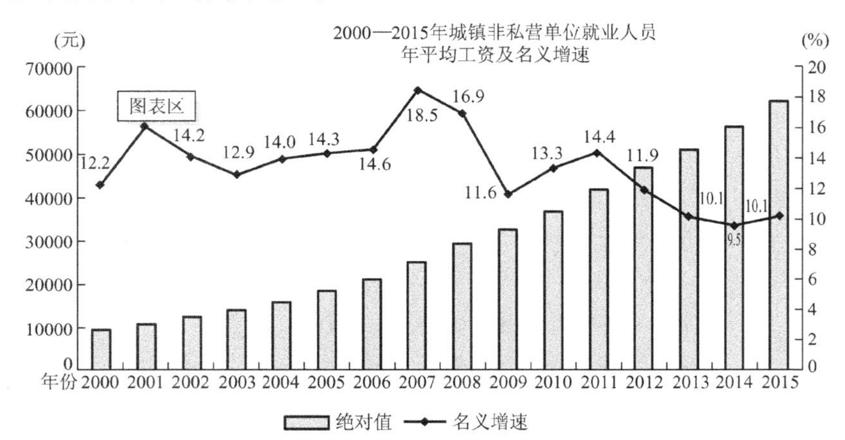

图1.1　2000—2015年全国城镇非私营单位就业人员年平均工资增长情况

请大家思考，以上调查的测评结果是如何得出的？说明了什么问题？

实例二：在生活中，我们经常会接触到各种统计数据，下面就是统计研究得到的一些结论：吸烟对健康是有害的；不结婚的男性会早逝10年；身材高的父亲，其子女的身材也较高；第二个出生的子女没有第一个聪明，第三个出生的子女没有第二个聪明，依此类推；两天服一片阿司匹林会减少心脏病第二次的发作概率；如果每天摄取500mL维生素C，生命可延长6年；统计调查表明，怕老婆的丈夫得心脏病的概率较大；学生们在听了莫扎特钢琴曲10min后的推力测试会比他们听10min娱乐磁带或其他曲目做得更好。

请问，你认为这些结论是正确的吗？你相信这些结论吗？

资料来源：国家统计局网站 http：//www. stats. gov. cn.

如果大家想回答上面的一系列问题并且正确阅读、理解统计数据，进而解释社会生活的现象，就必须具备统计学知识。理解和掌握一些统计学知识对普通大众是有必要的。每天我们都会关心生活中的一些事情，其中就包括统计知识。例如，在外出旅游时，需要关心一段时间内的详细天气预报；在投资股票时，需要了解股票市场价格的信息，了解某只特定股票的有关财务信息；在观看世界杯足球赛时，了解各支球队的技术统计，等等。统计已经渗透到社会经济活动和科学研究的方方面面，统计无处不在，并且正在发挥越来越重要的作用。统计是人们认识社会很重要的一个工具。

本章将介绍统计学中的基本概念和问题，目的是帮助大家理解统计学、熟悉统计语言，为学习以后各章的内容奠定基础。

1.1 统计学的基本原理与内容

1.1.1 统计与统计学

在日常生活中，我们经常会接触到“统计”这一术语，在有关媒体中也经常会看见一些报道使用统计数据、图表等。例如，大学每学年末要统计任课教师的教学工作量；直播篮球比赛时电视机屏幕上不时会出现球队的技术统计数据；对某城市的综合竞争力进行分析和评价研究，则要构造影响该城市的综合竞争力的指标体系，并搜集相关统计数据来进行研究。可以这样说，统计已经渗透到日常生活、社会经济活动和科学研究的方方面面，统计无处不在，并且正在发挥越来越重要的作用。

阅读专栏 1-1

【期刊推荐】

【拓展知识】

中国的早期统计

随着人类文明的出现，远在原始社会初期的氏族、部落中，人们在安排狩猎、分配实物时，就有了最初的计数活动，孕育着统计的萌芽。在古代奴隶社会，当时为了征兵、赋税的需要，就有了关于土地、人口、粮食和牲畜等基本国情方面的登记、计量工作。

历史发展到封建社会，统计已初具规模。据《尚书》载，我国早在公元前两千多年以前，在国家所进行的天文观测和居民生活条件的调查中，在国家建立的贡赋制度和劳役制度里，就开始有调查地点、时间、人口、土地和贡赋标准的记载，分中国为九州，土地 2438 万顷，人口 1355 万等。据《商君书》载，我国至公元前 300 多年，在商鞅的调查研究思想中，已有了全国规模的人口调查登记制度和人口的年龄、职业分组，并且有了国民经济调查研究中的各种数量对比分析，把掌握反映基本国情、国力的“十三数”定为富国强兵的重要手段。

我国最早的统计局设置于 1906 年，当时的统计局分设三股，分别掌握文化、民政、财政、教育、军政、司法、交通和实力统计工作。

资料来源：刘竹林，江永红．统计学：原理、方法与应用［M］．北京：中国科学技术大学出版社，2008.

1. 统计的含义

“统计”作为一种社会实践活动已有悠久的历史。据历史记载，我国在西周时期就已经建立了统计制度。在英文中，统计为 statistics，它与“国家”为同一词根。可以说，自从有了国家，就有了统计活动。最初的统计活动是为统治者管理国家的需要而进行的搜集资料的工作，涉及计算国家的人力、物力和财力等活动。随着社会经济和科技的发展及统计学自身的进步，统计的应用领域不断扩大。现在，统计不仅被用于经济管理领域，而且在其他许多领域也得到广泛应用。

那么，究竟何为统计？这里有必要给出一个比较准确的科学定义。所谓统计（Statistics），就是人们认识客观世界总体数量变动关系和变动规律的活动的总称，是人们认识客观世界的一种有力工具。统计主要有以下 3 方面的含义：

1）统计工作

统计工作（Statistical Work）即统计实践，是对社会经济现象客观存在的现实数量方面进行搜集、整理和分析的活动过程，属于统计中最基础的工作。统计工作全过程分为4个阶段：

（1）统计设计。统计设计是指根据研究对象、内容和目的对整个统计过程的各个方面和各个环节进行通盘考虑和安排，同时提出收集、整理和分析数据的方案和工作进度等。统计设计的主要内容是指标设计。统计的目的是反映总体的数量特征，因此设计相应的指标来反映总体的数量特征是首要的任务，否则下面的工作无从做起。统计设计是整个统计研究的前期工程，其完成质量直接关系到整个统计研究的质量。

（2）统计调查。经过统计设计形成方案之后，就可以确定统计调查方法，搜集数据。调查是在社会经济统计中获得原始数据的主要手段。随着市场经济的发展，调查在经济活动中所起的作用越来越大，企业的经营、政府的决策，都离不开来自调查的第一手数据。如何科学地进行调查是统计学研究的重要内容。

（3）统计整理。原始的统计数据收集后还必须经过整理、加工才能发挥其作用。统计整理就是对所收集到的数据资料进行审核、汇总，使之科学化、系统化、条理化，并且可以用各种统计图表表示整理后的结果。统计整理的主要内容是统计分组，这是一种重要的统计方法。

（4）统计分析。统计分析就是通过统计方法研究数据，从数据中得出规律性的结论。统计分析的主要内容是统计分析报告，统计人员要写出高质量的统计分析报告，不仅取决于统计人员对实际问题的掌握和对统计分析理论和方法的熟知程度与运用能力，而且更重要的还取决于具备大量的相关知识，如国家政治、经济、法律等。

知识要点提醒

统计工作4个阶段的关系

统计设计是统计调查的前提；而统计调查是统计的基础工作，没有调查就没有以后的整理与分析；统计整理是统计工作的中间一环，目的是使杂乱无序的调查数据变得有序，为以后的统计分析做准备；统计分析是统计工作中最后一步，也是最重要的一步，分析结果可以作为决策的参考。

阅读专栏1-2

统计的职能和作用

随着社会主义市场经济体制的逐步建立和完善，统计职能越来越重要。统计已由单纯的统计信息搜集整理职能转变为信息、咨询、监督三大职能。统计部门已成为社会经济信息的主体部门和国民经济核算的中心，成为国家重要的咨询和监督机构。

信息职能是指系统地搜集、整理、储存和提供大量的以数量描述为基本特征的社会经济信息资源。咨询职能是利用已掌握的丰富的信息资源，运用科学方法进行综合分析，为科学决策和管理提供情况和咨询建议。监督职能是利用统计信息，对社会经济的运行状态进行定量检查、监测和预警，揭示社会经济运行中出现的偏差，提出矫正意见，预警可能出现的问题，提出对策，以促使社会经济持续、健康的发展。

信息、咨询、监督三大职能是相互作用、相辅相成的，共同构成了统计的整体功能。其中，信息职能是最基本的，咨询、监督职能是统计信息职能的延续。发挥统计整体功能是我国的长期统计工作，特别是改革开放以来统计实践经验的总结，是国家科学管理和宏观调控的客观需要。

统计的作用主要体现在信息、咨询、监督三大职能上。具体表现为：①为党和政府各级领导机构决策和宏观调控提供资料；②为企业、事业单位经营管理提供依据；③为社会公众了解情况，参与社会经济活动提供资料；④为科学研究提供资料；⑤为国际交往提供资料。

资料来源：天津市滨海新区人民政府 http：//www.bh.gov.cn/.

【拓展知识】

2）统计数据

统计数据（Statistical Data）即统计资料，是统计工作的成果。统计数据的搜集是取得统计数据的过程，是进行统计分析的基础。离开了统计数据，统计方法就失去了用武之地，如各类统计年鉴公布的反映月度、季度或者年度的经济发展情况的数据等。

【拓展视频】

统计工作和统计数据的关系是过程和成果的关系，即统计数据是统计工作提供的，是统计活动的成果。

3）统计学

统计学（Statistics）是一门有关统计数据的科学。它是研究如何搜集、整理数据和进行数量分析、推断的一门方法论科学，是统计工作经验的总结和概括。

统计工作和统计学是实践和理论的关系。统计理论来源于统计实践，它是统计工作经验的总结和概括。反过来，统计理论又是指导统计工作的原则和方法。

总之，在统计工作、统计数据和统计学三者之中，统计数据是统计工作的成果，统计工作的水平、质量又直接影响统计数据的质量和效用。统计学和统计工作是理论和实践的关系，即统计学是在不断对统计工作的经验基础加以总结，从而达到统计学科的发展。

2. 统计学的含义

虽然人类统计的实践活动可以追溯到相当遥远的古代，但是，将统计实践上升到理论并加以总结和概括，使之成为一门科学——统计学，距今却只有300多年的历史。综观统计学的发展历史，我们可以发现，统计学最初是从设置指标研究社会经济现象的数量开始的。随着社会的发展，为了适应实践的需要，统计方法和理论不断丰富和完善，统计学也在不断发展和演变。从当前世界各国的状况来看，统计学已经成为研究社会经济现象和自然现象数量方面的有力工具，它既研究确定现象的数量方面，也研究随机现象的数量方面。统计学的作用与功能从描述事物现状、反映事物规律，向进行抽样推断、预测未来变化的方向扩张，统计学自身也从单一的实质性社会科学演变成横跨社会科学领域和自然科学领域的多科性的方法论科学。

1）统计学的定义

统计学是一门收集、整理、分析和解释统计数据的方法科学，其目的是探索数据的内在数量规律性，以达到对客观事物的科学认识。也可以这样说，统计学是关于数据的科学，其内容包括数据的收集、分类、汇总、组织、分析、推断和解释。

收集数据 → 整理数据 → 分析数据 → 解释数据

图1.2　统计研究的过程

统计学的定义告诉我们，统计离不开数据。统计研究的过程首先要有数据，在拿到数据后，为满足分析的需要，还要对数据进行一定的整理，而后再对数据进行分析和解释。图1.2所示为统计研究的过程描述。

2）统计学的分类

根据统计学的方法的构成，可以将统计学分为描述统计学和推断统计学。

（1）描述统计学（Descriptive Statistics）。描述统计学研究如何取得反映客观现象的数据，并以图表的形式对所收集的数据进行加工处理和显示，进而通过综合、概括与分析，得出反映客观现象的规律性特征。其内容主要包括统计数据的收集方法、数据的加工处理方法、数据的显示方法、数据分布特征的概括与分析方法等，如使用曲线图、饼图、条形图、表格等。描述统计学属于初等统计学。

（2）推断统计学（Inferential Statistics）。推断统计学主要是研究如何根据样本信息来推断总体的特征，所应用的知识主要是概率论与数理统计，属于较高级的统计学。在有些情况下，人们获得的统计资料并非事物整体的状况，而是来自事物的一个局部。在保证推断具有一定的有效性和可靠性的前提下，如何利用局部的数据去推断整体的情况，即是推断统计学所要研究的内容。它包括抽样分布理论、参数估计、假设检验、方差分析、回归分析及多元统计分析等。

描述统计学不必深入一层地去试图推论数据本身以外的任何事情，而推断统计学则在样本数据的基础上深入一步地分析、研究和推断，以推知资料本身以外的情况和数量关系；描述统计学用的是总体数据，而推断统计学则往往用样本数据。在现实问题中，我们得到的数据主要是样本数据，因此，推断统计学越来越重要，是统计学的核心内容。统计学的发展过程中，先有描述统计学，后有推断统计学，从描述统计学发展到推断统计学，是统计学发展成熟的标志。

阅读案例 1－1

描述性统计学的简单应用

描述统计学是用来描绘或总结观察量的基本情况的统计总称。描述统计学研究如何取得反映客观现象的数据，并通过图表形式对所收集的数据进行加工处理和显示，进而通过综合概括与分析得出反映客观现象的规律性数量特征。

通过对数据资料进行图像化处理，可将资料摘要变为图表，以直观了解整体资料分布的情况，通常会使用的工具是频数分布表与图示法。通过分析数据资料，可以了解各变量内的观察值的集中与分散情况，运用的工具有集中趋势与离散程度。表 1－1 列出了 22 名大学生的姓名、主修专业和年龄。

表 1－1　学生基本情况统计表

姓　名	主修专业	年　龄	姓　名	主修专业	年　龄
Richard	教育学	19	Elizabeth	历史	19
Sara	心理学	18	Bill	护理学	20
Andrea	心理学	19	Hadley	心理学	19
Steven	地理	19	Buffy	心理学	19
Jordan	教育学	20	Chip	心理学	18
Pam	心理学	19	Homer	教育学	19
Michael	教育学	21	Margaret	心理学	19
Liz	心理学	19	Courtney	教育学	17
Nicole	心理学	21	Leonard	英语	19
Mike	化学	19	Jeffrey	西班牙语	22
Kent	历史	23	Emily	心理学	19

如果需要描述22名学生中最流行的专业，可以使用描述性统计值——众数来概括他们的选择，在这个例子中最受欢迎的专业是心理学，即专业的众数为心理学。如果你想知道学生的平均年龄，可以计算另一个描述统计值（均值）来确定这个变量，在这个案例中，学生的平均年龄为22岁。

资料来源：[美] 尼尔·J. 萨尔金德．爱上统计学 [M]．2版．史玲玲译．重庆：重庆大学出版社，2011.

此外，根据统计学的学科分类，还可以将统计学分为理论统计学和应用统计学。

（1）理论统计学（Theoretical Statistics）。理论统计学是指统计学的基本原理，主要研究统计学的一般理论问题，尤其是各种统计方法的数学理论问题。

（2）应用统计学（Applied Statistics）。应用统计学是研究如何应用统计方法去解决实际问题的，应用统计学一般都与特定的领域相联系。例如，统计学在教育领域的应用称为教育统计学，在经济领域的应用称为经济统计学，等等。

3）统计学研究的对象的特点

（1）数量性。统计最基本的特点就是以数字为语言，用数字说话。具体来说，就是用规模、水平、速度、结构和比例关系等，去描述和分析客观事物的数量表现、数量关系和数量变化，揭示事物的本质，反映事物发展规律，推断事物发展前景。

（2）具体性。统计所研究的量不是抽象的量，而是与客观事物的质密切相联系的量，是体现事物相互关系和发展变化的量，具有明显的时空特点和事物属性的特点，这一点是统计学与数学最本质的区别。因此具体性是指除数字外，还要有说明该数字的所表示的内容、所指的时间（或时点）、所指的空间及计量单位和计算方法，这就是后面要讲的统计指标的构成要素。只有这样统计的数字才有意义。

（3）综合性。作为认识客观事物的统计，是从总体上来认识其数量特征，它虽然也研究个体，但是其目的是通过个体来推断总体。在实际中，综合性体现为要把研究对象作为一个整体来描述，揭示或推断它的数量特征。

阅读专栏1-3

“统计学”在国内外的研究现状及发展趋势分析

1. 近代统计学的主要贡献

近代统计学的主要贡献是建设和完善统计学的理论体系，并逐渐形成了以随机现象的推断统计为主要内容的数理统计学和以传统的政治经济现象描述为主要内容的社会统计学两大学派。

1）数理统计学派

19世纪前半叶，资本主义制度在欧洲许多国家中已经成熟，机械唯物论的世界观和自然科学的成果，已否定了所谓的神的秩序，证实了世界存在自然规律，这为数理统计的建立创造了充分条件。比利时的凯特勒博士（Lambert Adolphe Jacques Quetelet，1796—1874）认为概率论是适于政治及道德科学中以观察与计数为基础的方法。他以此方法对自然现象和社会现象的规律性进行观察，并认为要促进科学的发展，就必须更多地应用数学。他的统计学著作有56种之多，按其贡献可以认为他是古典统计学的完成者，近代统计学的先驱，也是数理统计学派的奠基人；同时，他还是第一届国际统计会议（1853年）的招集人，因此，他被称之为“近代统计学之父”。

2）社会统计学派

社会统计学派产生于19世纪后半叶的德国。因德国的资本主义产生较晚，所以为之服务的社会统计

学派，较英国的政治算术学派晚了近半个世纪。但由于当时数理统计学尚未充分发展，社会统计学派便在欧洲大陆占有优势地位，并向世界各国广泛传播。该学派的创始人是克尼斯（K. G. A. Knies，1821—1898），他认为统计学是一门独立的具有政治算术内容的社会科学。另一位有影响的创始人是乔治·逢·梅尔（Georg von Mayr，1841—1925），他把统计学作为实质性研究的社会科学。

2. 现代统计学的发展时期（20 世纪初到现在）

1）欧美数理统计学

自 19 世纪末以来，欧洲自然科学飞跃发展，促进了数理统计学的发展。进化论和能量守衡定律的出现促进了描述统计的完善，是描述统计学派发展的顶峰。20 世纪 20 年代以后，在细胞学的发展推动下，统计学迈进了推断统计的新阶段，直到 20 世纪 50 年代，是推断统计学派发展最迅速的时期。

2）东方社会经济统计学

十月革命胜利后，苏联的大多数统计学家受社会统计学派的影响，主张统计学是一门实质性的社会科学。1954 年 3 月，由苏联科学院、中央统计局、教育部联合召开了统计科学讨论会，并把统计学定义为：统计学是在质与量的密切联系中研究大量社会现象的数量方面，研究社会发展规律在具体地点及时间条件下的数量表现的社会科学。这一定义对我国及东欧的社会主义国家的影响都很大，在这些国家中形成了以马克思政治经济学为理论基础的社会经济统计学派。

3. 统计学的发展趋势

现代主流统计学有 4 个明显趋势：①随着现代数学的发展，更广泛地应用数学方法；②统计学与其他新科学新理论的结合，不断产生新的边缘科学或新的统计分支；③借助电子计算机，使大量数理方法得以普及应用，并已成为实证分析的主要工具；④统计的作用从描述向推断、预测及决策方向发展。

1.1.2 总体与样本

1. 总体

通常，总体（Population）是指根据研究目的确定的所要研究的同类事物的全体。它通常是由具有某种共同性质的许多个体组成的。例如，全国高校教师组成的全体可以作为一个总体，而其中的每位教师就是一个个体；天津市所有国营企业的全体也可以作为一个总体，而其中的每个企业就是一个个体。

在研究问题时，人们对于总体中的人或事物本身并不关心，感兴趣的是表征总体状况的人或事物的某一个或某几个数量指标的分布特征。例如，要检验一批产品的合格率，这一批产品的全体就是总体。但在统计研究中，我们只是关心这批产品的合格率，而不是产品本身。因此，我们也可以把这批产品的合格率的全体作为一个总体，这时总体就是一组观测数据。这就是数理统计中所涉及的总体的概念。

在数理统计中，总体是指研究对象的某项数量指标的值的全体。总体中的每一个可能观察值称为个体，它是某一随机变量的值。这样，一个总体对应于一个随机变量，因此总体可用一个随机变量 X 或 Y 来表示。例如，我们要研究全国高校教师的收入情况，就将全国高校教师的收入的全体作为一个总体 X，而其中每一位教师的收入就是一个个体，它是总体 X 的一个可能观察值；我们要研究某大学本科生的年消费情况，就将该大学本科生的年消费的全体作为一个总体 Y，而其中每一位本科生的年消费是一个个体，它是总体 Y 的一个可能观察值。

知识要点提醒

有限总体与无限总体

根据总体所包含的个体的数量是否有限可以分为有限总体和无限总体。**有限总体**是由有限的个体构成的总体。例如，全国高校教师的收入就是有限总体。**无限总体**是由无限个个体构成的总体。例如，在科学实验中，每一个实验数据可以看作是一个总体的一个个体，而实验则可以无限地进行下去，因此由实验数据构成的总体就是一个无限总体。

2. 样本

统计研究的目的是确定总体的数量特征。但是，当总体中的个体数量很多甚至无限时，不必也不可能对构成总体的所有个体都一一进行调查。因此常常从总体中抽取一部分个体进行研究，进而根据所抽得的部分个体的数量特征来推断总体。

样本（Sample）就是由总体中抽取部分个体组成的集合，构成样本的个体的数目称为**样本容量**，也称为**样本大小**。

在数理统计中，所谓从总体中抽取一个个体，就是对总体 X 进行一次观测并记录其结果。我们在相同的条件下对总体 X 进行 n 次重复的、独立的观察。将 n 次观察结果按实验的次序记为 X_1，X_2，…，X_n。有理由认为 X_1，X_2，…，X_n是相互独立的，且都是与总体 X 具有相同分布的随机变量。这样得到的 X_1，X_2，…，X_n称为来自总体 X 的一个**简单随机样本**，n 称为**样本容量（或样本大小）**。一个样本对应于一组随机变量。以后若无另加说明，所提到的样本都是指简单随机样本。

当 n 次观察一经完成，我们就得到一组实数 x_1，x_2，…，x_n，它们依次是样本 X_1，X_2，…，X_n的观测值，称为**样本观测值**，简称**样本值**。

知识要点提醒

样本要满足独立性及与总体同分布

从无限总体中抽取的样本可以看作是独立的，而从有限总体中抽取的样本将受到前一次所抽取的个体的影响。若使得所抽取的样本是简单随机样本，对于有限总体，采用放回抽样就可以做到，但放回抽样使用起来不方便，因此当总体中个体的总数 N 比要得到的样本的容量 n 大得多时，在实际中可将不放回抽样近似当作放回抽样来处理。也就是说，当总体中个体的总数 N 比要得到的样本的容量 n 大得多时，不管采用什么样的抽样方式，所得到的样本都可以近似看成简单随机样本，即样本满足独立性及与总体同分布的性质。

1.1.3 参数与统计量

1. 参数

参数（Parameter）是指研究者想要了解的总体的某种特征值，有时候我们又称之为**总体指标**。通常我们所要研究的参数主要有总体平均数、方差、总体比例等，用希腊字母来表示。例如，总体平均数用 μ 表示，总体方差用 σ^2 表示，总体比例用 π 表示。

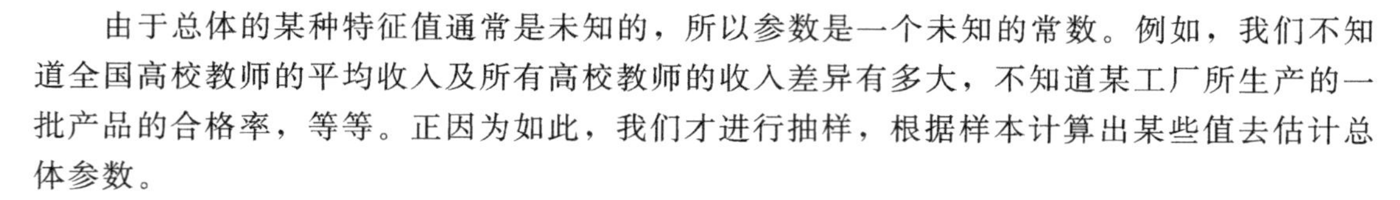

由于总体的某种特征值通常是未知的，所以参数是一个未知的常数。例如，我们不知道全国高校教师的平均收入及所有高校教师的收入差异有多大，不知道某工厂所生产的一批产品的合格率，等等。正因为如此，我们才进行抽样，根据样本计算出某些值去估计总体参数。

2. 统计量

统计量（Statistic）是由样本 X_1，X_2，…，X_n构成的一个新的函数 $T(X_1, X_2, \cdots, X_n)$，不含未知参数。统计量又称为**样本指标**。通常我们所要研究的样本指标主要有样本平均数、样本方差、样本比例等，用英文中的 26 个字母来表示。如样本平均数用 $\overline{X}$ 表示，样本方差用 S^2 表示，样本比例用 p 表示。

由于样本是我们已经抽取出来的，所以统计量总是可以计算出来的具体值。抽样的目的就是用样本指标去估计总体指标。例如，用样本平均数 $\bar{x}$ 去估计总体平均数 μ，用样本方差 s^2 去估计总体方差 σ^2，用样本比例 p 去估计总体比例 π，等等。

总体各指标都是未知的，但是却是唯一确定的，是确定的变量。而样本指标随着抽样的不同而发生变化，因而都是随机变量。

1.1.4 标志与指标

1. 标志

标志（Symbol）是用来说明总体中各个个体普遍具有的属性或特征。每个总体中的个体从不同方面考察都具有许多属性和特征。例如，每个学生都具有性别、年龄、身高、体重等属性和特征，这些就是学生作为个体的标志。

标志分为品质标志和数量标志两种。总体中个体的属性特征称为**品质标志**，这类标志的变异不能用数值表示。例如，在天津市的所有工业企业总体中，工业企业的名称、所有制、所在区县等都是品质标志。总体中个体的数量特征称为**数量标志**，这类标志的变异能用数值表示。例如，在天津市的所有工业企业总体中，工业企业的职工人数、固定资产、工业增加值等都是数量标志。

每个总体中的个体既有品质标志，又有数量标志，它们在统计研究中所采用的方法是不同的。

2. 指标

指标（Indication）是反映总体数量特征的概念及其数值。它是利用科学的统计方法，对总体中各个个体的数量标志进行综合汇总而形成的。一项完整的统计指标有总体范围、时间、地点、指标数值和数值单位等构成。它具有以下方面的特征：第一，统计指标是一定社会经济范畴的具体表现；第二，统计指标具有可量性；第三，统计指标具有综合性。

例如，在某高等学校本科教学评估中，人们可以查阅到一系列指标。例如，2003 年某大学具有高级职称教师的人数为 150 人，有 3 个一级学科硕士点，有 8 门市级精品课程，等等。这些指标从某一侧面反映了该大学的教学水平的数量特征。

指标按所反映的数量特点不同可分为数量指标和质量指标。

1）数量指标

凡是说明总体规模大小、数量多少的指标都称为**数量指标**（Quantitative Indication）。由于它反映的是现象的总量，因此也称为总量指标，用绝对数表示，它是汇总的结果。例如，在天津市工业企业总体中，天津市工业企业总数、职工人数、工业总产值、商品进出口总额、能源消耗总量等，这些指标反映了现象或过程的总规模和水平。

2）质量指标

凡是说明总体相对水平或工作质量的统计指标都称为**质量指标**（Qualitative Indication），用相对数或平均数表示，它是总量指标的派生指标。例如，在天津市工业企业总体中，企业劳动生产率、职工总平均工资、工人出勤率、百元产值总能耗等，这些指标用来反映现象之间的内在联系和对比关系，更深刻地阐明现象发展的规律性。

单个指标只能反映总体的某一个数量特征，说明现象的某一个侧面的情况。然而，客观现象是错综复杂的，要反映全貌，描述现象发展的全过程，只靠单个指标是不够的，需要建立统计指标体系。

【拓展知识】

标志与统计指标的区别和联系

区别：

（1）反映的事物范围大小不同。标志说明总体单位的属性特征；统计指标反映的是总体的数量特征。

（2）表述形式不同。标志既有能用数值表示的数量标志，又有能用文字表示的品质标志；统计指标都是用数字来表示的。

联系：

（1）标志与统计指标之间具有对应关系。标志是统计指标的核算基础，它与统计指标的指标名称往往是同一概念，有相互对应的关系。

（2）具有汇总关系。许多统计指标是由总体单位的数量标志汇总而来的。例如，某地区工业总产值（统计指标）是各企业生产总值（标志）加总之和。

（3）具有变换关系。随着研究目的的变化，总体可转变为总体单位，相应的统计指标转变为标志。

指标体系（Indicative System）是各种相互联系的指标群所构成的整体，用以说明所研究的社会经济现象各方面相互依存和相互制约的关系。例如，为了评估某省各区县的经济发展水平，需要设立年末总人口、年末全部就业人口数、失业人口占总人口的比例、国内生产总值、人均国内生产总值、第一产业增加总值、粮食总产量、工业增加总值、社会固定资产总投资、社会消费零售总额、地方财政预算内收入、城乡居民储蓄存款余额、年末金融机构贷款余额、农民人均纯收入、全部职工年平均工资，以及第一、二、三产业占总从业人数的百分比等多项指标，来组成该省各区县的经济发展水平的评估指标体系。

指标体系的设置不但是客观现象的反映，也是人们对客观认识的结果。确定指标体系必须有一定的理论依据，同时又必须对计算口径加以具体化，以便达到量化的目的。在指标筛选过程中，应尽量遵循目的性、互补性和可操作性原则。目的性体现在：由于研究目的不同，指标选择自然不同，在研究中应选择与研究目的明显相关的指标并剔除那些与研究目的无关或关系不明确的指标。互补性体现在：力求各项指标分别能反映客观现象的某一方面，综合起来能反映其全貌。可操作性体现在：根据所设计的指标体系，必须能收集到一些必要的数据，否则必须放弃或更换相应的指标，反过来重新设置指标体系。

1.2 统计数据的来源与类型

1.2.1 统计数据的来源

我们站在统计数据使用者的角度看，统计数据主要来源于两种渠道：一是直接的调查和科学实验，这是统计数据的直接来源，我们称之为第一手资料或直接的统计数据；二是别人调查或试验的数据，这是统计数据的间接来源，我们称之为第二手或间接的统计数据。

1. 统计数据的直接来源

统计数据的直接来源主要有两个渠道：一是通过专门组织的统计调查获得的数据称为**调查数据**，统计调查是取得社会经济数据的重要手段；二是通过科学试验得到的数据称为**实验数据**，科学试验是取得自然科学数据的主要手段。

统计调查就是按照统计的研究任务，运用科学的统计调查方法，有计划、有组织地向客观实际搜集资料的过程。其基本任务是：通过具体的调查，取得反映社会经济现象总体数量全部或部分以数字资料为主的信息。统计调查与一般社会调查一样，是调查研究活动，但它以搜集数字资料为主要特征。统计调查是对总体认识的起点，是进行统计整理与分析阶段工作的前提。统计调查的基本要求是准确性和及时性。

科学实验是搜集数据的另一种方法，在实验中控制一或多个变量，在有控制的条件下得到观测结果。所以，**实验数据**是指在实验中控制实验对象而搜集到的数据。通过科学实验搜集数据的方法已被广泛运用到各个领域，除了工业、农业等领域需要通过科学实验来采集数据外，军事学、心理学、教育学、社会学、经济学、管理学的研究中也有大量地使用实验的方法获取所需要的数据。

2. 统计数据的间接来源

统计数据的间接来源主要是公开出版的或公开报道的数据，来源的渠道有很多。在我国，公开出版或报道的社会经济数据主要来自国家和地方的统计部门及各种报刊媒介，如公开出版的各类统计年鉴、定期发布的统计公告、统计部门和各级政府部门公布的有关资料、各类经济信息中心和信息咨询机构等提供的市场信息和行业发展的数据情报等；另外，广泛发布在互联网、各种报纸、杂志、图书、广播、电视传媒中的各种数据资料也属于间接数据。

相对而言，这种间接数据的搜集比较容易，采集数据的成本低，并且能很快得到。但是，间接数据也有很大的局限性，研究者在使用间接数据时要保持谨慎的态度。因为间接数据并不是为你特定的研究问题而产生的，因此针对你的研究所设置的指标体系来采集数据，并不是一件容易的事，如经常会碰到数据资料不够全面、数据的准确性不够、数据资料的口径可能不一致等问题。另外，提醒研究者需注意的是，在引用间接数据时，一定要注明数据资料的来源。这样做一是使你的研究成果可信，二是尊重他人的劳动成果。

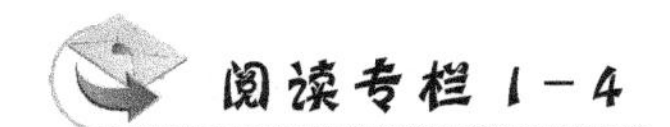

【拓展视频】

伪造、篡改统计资料

伪造统计资料，是指行为人没有任何客观事实根据，主观地编造虚假统计数据或者统计资料并报送的行为。构成伪造统计资料须具备两个条件：一是行为人主观上必须是故意的；二是必须有捏造虚假的统计资料并上报的行为。具体表现为，行为人所报送的统计数据或者统计资料，没有相应的原始记录、统计台账和其他相关的凭证。或者捏造一套原始统计资料和汇总资料。例如，某村实际上没有轧钢厂，但该村为了完成年初乡里下达的任务，在报送统计资料时凭空造出一个轧钢厂，并以该村的名义报送工业产值1000万元。

篡改统计资料，是指行为人利用某种职务或者工作上的便利条件，擅自修改现有的统计资料并报送的行为。构成篡改统计资料须具备两个条件：一是行为人在主观上必须是故意的，即明知被修改的统计资料是真实的，修改的结果必然导致数据失真，但仍然希望这种结果发生；二是必须有故意篡改统计资料的行为，例如，某县乡镇企业公司为了达到“全县乡镇企业稳步快速发展”和“明年日子好过”的目的，用“以丰补歉”的方法擅自对该县某村5个企业1995年实际上报的工业总产值22500万元进行修改，修改后的工业总产值只剩6200万元。

伪造和篡改统计资料区别在于：伪造统计资料是凭空捏造，无中生有；篡改统计资料是在现有的统计资料的基础上进行非法修改。

【拓展案例】

判断虚报、瞒报、伪造、篡改统计资料的标准：如果行为人是通过伪造或者篡改的手段而导致统计数据失实，则其行为应认定为伪造或者篡改统计资料的违法行为；如果行为人未通过伪造或者篡改的手段，而是由于其他原因导致统计数据失实，则其行为应认定为虚报或者瞒报统计资料的违法行为。

资料来源：天津统计信息网 http://www.stats-tj.gov.cn.

1.2.2 统计数据的类型

统计数据是对现象进行计量的结果。下面我们从不同角度说明统计数据的分类。

1. 分类数据、顺序数据和数值型数据

按照所采用的计量尺度不同，可以将统计数据分为分类数据、顺序数据和数值型数据。

1）分类数据

只能归于某一类别的非数字型数据，称为分类数据（Categorical Data）。例如，人口按照性别可分为男、女两类；企业按照经济性质可分为国有企业、集体企业、三资企业和个体企业等。这类数据是无序的，没有大小的比较。

为便于统计处理，对于分类数据可以指定数字代码表示。例如，用0表示男性，用1表示女性；用1表示国有企业，用2表示集体企业，用3表示三资企业，用4表示个体企业。

2）顺序数据

只能归于某一有序类别的非数字型数据，称为顺序数据（Rank Data）。例如，学生的考试成绩可以分为优、良、中、及格和不及格；消费者对产品的偏爱程度可以分为很喜欢、喜欢、一般喜欢、不喜欢，等等。这类数据是有序的，可以进行比较。

同样，对顺序数据也可以指定数字代码表示。例如，用1表示优，用2表示良，用3表示中，用4表示及格，用5表示不及格；用4表示很喜欢，用3表示喜欢，用2表示一般喜欢，用1表示不喜欢。

3）数值型数据

按照数字尺度测量的观测值，称为数值型数据（Metric Data）。我们所研究的数据大多是属于这类数据。数值型数据按取值方式可以分为离散数值型数据和连续数值型数据。例如，到现在为止你订过杂志的数量、你家里的人口数等，都属于离散数值型数据；你的身高、体重等，都属于连续数值型数据。

分类数据和顺序数据说明的是事物的品质特征，通常用文字表示；而数值型数据说明的是现象的数量特征，通常用数值表示。

2. 观察数据和实验数据

按照统计数据的收集方法，可以将统计数据分为观测数据和实验数据。

1）观察数据

通过调查或者观测而收集到的数据，称为观察数据（Observational Data）。这类数据是在没有对事物人为控制的条件下所得出的，有关社会经济现象的统计数据几乎都是观察数据。

2）实验数据

在实验中控制实验对象而收集到的数据，称为实验数据（Experimental Data）。在自然科学领域中应用时所使用的统计数据大多是实验数据。

3. 截面数据和时间序列数据

按照被描述的对象与时间之间的关系，可以将统计数据分为截面数据与时间序列数据。

1）截面数据

截面数据（Cross－Sectional Data）是指在相同或近似相同的时间点上所收集的数据，用来描述现象在某一时刻的变化情况。例如，2015 年我国各地区的 GDP 数据就属于截面数据。

2）时间序列数据

时间序列数据（Time Series Data）是指在不同时间上所收集到的数据，用来描述现象随时间而变化的情况。例如，1996—2015 年我国的 GDP 数据就属于时间序列数据。由一系列时间序列数据排列而得出的一组数据称为时间序列，又称为动态数列。对于时间序列的研究是统计学中的一个重要的内容。

区分统计数据的类型十分重要，因为对不同类型的数据将采用不同的统计方法来处理。

阅读案例 1－2

统计学在批判性思考中的应用

工程与科学中的试验研究一般都牵涉利用试验数据（样本）推断某个概念性总体的性质，而这个概念性的总体刻画了实验者感兴趣的现象。这个推断过程是科学方法的一个组成部分。基于试验数据的推断首先用来提出有关现象的理论，然后利用另外的样本数据来试验这个理论。

统计科学对这个过程是怎样发挥作用的？为了回答这个问题，我们必须注意基于样本数据的推断几乎都是有误差的，因为样本不能提供总体精确的映像。样本提供的信息特征依赖于选取的特定样本，因此不同样本得到的信息是不一样的。例如，假定你想估计美国石化工厂中，所有应力腐蚀破裂而导致合金钢损坏的比例，你调查了一个 100 个合金钢损坏的样本的原因，发现 47 个是应力腐蚀破裂导致的。这是否意味着在石化工厂中所有合金钢损坏都精确地有 47％是应力腐蚀破裂造成的呢？显然不是。假定你不知道合金钢损坏应力腐蚀破裂的真实百分比是44%。100个损坏的样本可能有47个是应力腐蚀破裂导致的，而另一个100个损坏的样本中可能只有42个。因此，基于样本的推断具有**不确定性**。

另一方面，假定一个石化工厂曾经有一次合金钢损坏率为81%，当给定样本损坏率为47%时，这是否是一个非常高的损坏率呢？统计理论用概率来度量关于推断的不确定性。这使得工程师和科学家有能力在有关总体的特殊假定下，计算观测到的特殊样本或者数据测量值的概率。这些概率用来评估关于样本推断的不确定性。例如，在给定的样本信息下，我们可以通过计算观测到如此高比例的机会，来确定工厂81%的合金钢损坏率是否非常高。

因此，统计学的主要贡献是，使得工程师和科学家能够用已知的可靠性度量做出推断（关于目标总体的估计及决策）。这样工程师可以根据数据做出明智的决策与推断，即统计学帮助工程师批判性地思考他们的结论。

资料来源：[美] William Mendenhall，Terry Sincich. 统计学 [M]. 梁冯珍，关静，等译. 北京：机械工业出版社，2009.

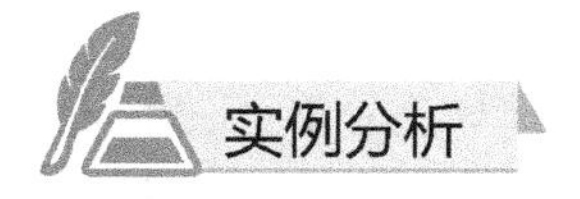

解读《2021年国民经济和社会发展统计公报-工业》

根据国家统计局网站公布的《2021年国民经济和社会发展统计公报》全国工业增加值及同比增长如图1.3所示。

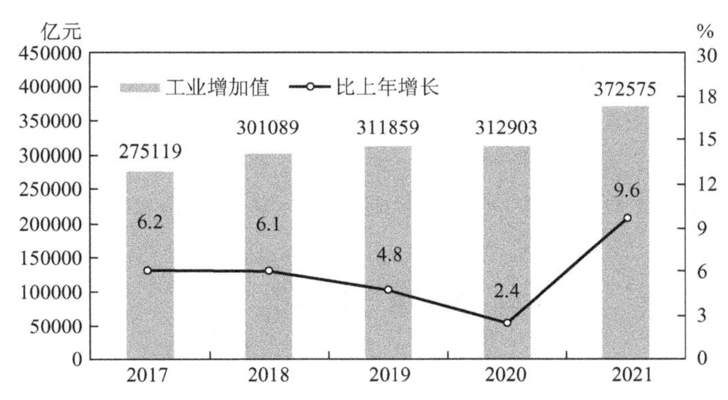

图1.3　2021年全国工业增加值及同比增长图

全年全部工业增加值372575亿元，比上年增长9.6%。规模以上工业增加值增长9.6%。在规模以上工业中，分经济类型看，国有控股企业增加值增长8.0%；股份制企业增长9.8%，外商及港澳台商投资企业增长8.9%；私营企业增长10.2%。分门类看，采矿业增长5.3%，制造业增长9.8%，电力、热力、燃气及水生产和供应业增长11.4%。

全年规模以上工业企业利润87092亿元，比上年增长34.3%。分经济类型看，国有控股企业利润22770亿元，比上年增长56.0%；股份制企业62702亿元，增长40.2%，外商及港澳台商投资企业22846亿元，增长21.1%；私营企业29150亿元，增长27.6%。分门类看，采矿业利润10391亿元，比上年增长190.7%；制造业73612亿元，增长31.6%；电力、热力、燃气及水生产和供应业3089亿元，下降41.9%。全年规模以上工业企业每百元营业收入中的成本为83.74元，比上年减少0.23元；营业收入利润率为6.81%，提高0.76个百分点。年末规模以上工业企业资产负债率为56.1%，比上年末下降0.1个百分点。全年全国工业产能利用率为77.5%。

资料来源：国家统计局

需要解决的问题：

（1）试描述该研究的统计目的；

（2）由2021年全国工业增加值及同比增长图可以看出哪些统计数据。

（3）调查了哪些企业；

（4）试描述该研究的统计分析过程。

一、学习目标

通过本案例的学习，要求学生结合实际问题熟练掌握基本的统计分析过程，正确理解统计学的基本概念。

二、案例分析

（1）该研究的统计目的是掌握2021年全部工业增加值及同比增长情况。

（2）由2021年全国工业增加值及同比增长图可以看出的统计数据如下：2017—2021年5年间的全国工业增加值及同比增长速度。根据图表数据表明：我国工业增加值在2017—2018年间保持平稳；2019年和2020年，由于新冠疫情影响，工业增加值增长缓慢，而同比增长速度有明显下降；2020年疫情好转叠加政策发力，工业增加值迅速增加，同比增长速度显著提升。

（3）调查了全国规模以上工业企业，按经济类型分包括：国有及国有控股企业、集体企业、股份制企业、外商及港澳台商投资企业和私营企业等；按门类分包括：采矿业、制造业、电力、热力、燃气及水生产和供应业。

（4）首先从宏观范围分析了全年全部工业增加值及其同比增长情况。接下来，具体分析了规模以上工业企业中不同类型的企业，如国有及国有控股企业、集体企业、股份制企业、外商及港澳台商投资企业、私营企业等工业增加值增长情况。

本章小结

本章是应用统计基础的开篇章，主要阐述统计学的基本理论和基本概念。通过本章的学习，要求对这门课程有一个初步的认识，正确的理解课程的研究对象、特点、研究过程及方法，熟练掌握贯穿于本门课程的基本概念，为系统学习全书各章节内容奠定理论基础。

关键术语

Statistics	统计学	Statistical data	统计数据
Statistical work	统计工作	Theoretical statistics	理论统计学
Applied statistics	应用统计学	Descriptive Statistics	描述统计

Inferential Statistics	推断统计	Population	总体
Sample	样本	Parameter	参数
Statistic	统计量	Symbol	标志
Indication	指标	Quantitative indication	数量指标
Qualitative indication	质量指标	Indicative system	指标体系
Categorical data	分类数据	Rank data	顺序数据
Metric data	数值型数据	Observational data	观察数据
Experimental data	实验数据	Cross－sectional data	截面数据
Time series data	时间序列数据		

知识链接

[1] [美] 尼尔·J. 萨尔金德．爱上统计学 [M]. 2版．史玲玲，译．重庆：重庆大学出版社，2011.

[2] 曾艳英．应用统计基础 [M]. 北京：机械工业出版社，2010.

[3] 贾俊平，何晓群，金勇进．统计学 [M]. 6版．北京：中国人民大学出版社，2015.

[4] 统计网络学习馆（台湾，论坛、统计教学等丰富内容）：http：//estat. ncku. edu. tw/.

[5]《管理统计学》国家级精品课程网站：http：//course. tju. edu. cn/gltjx/index. html.

[6] 浙江大学《应用统计学》国家级精品课程网站：http：//jpck. zju. edu. cn/tj/

习　题　1

一、选择题

1. 社会经济统计的研究对象是（　　）。

A. 抽象的数量特征和数量关系

B. 社会经济现象的规律性

C. 社会经济现象的数量特征和数量关系

D. 社会经济统计认识过程的规律和方法

2. 工业企业的设备台数、产品产值是(　　)。

A. 连续数值型数据

B. 离散数值型数据

C. 前者是连续数值型数据，后者是离散数值型数据

D. 前者是离散数值型数据，后者是连续数值型数据

3. 几位学生的某门课成绩（单位：分）分别是 67、78、88、89、96，“学生成绩”是(　　)。

A. 品质标志　　B. 数量标志　　C. 标志值　　D. 数量指标

4. 在全国人口普查中(　　)。

A. 男性是品质标志　　B. 人的年龄是离散数值型数据

C. 人口的平均寿命是数量标志　　D. 全国人口是统计指标

5. 下列指标中属于质量指标的是(　　)。

A. 社会总产值　　B. 产品合格率　　C. 产品总成本　　D. 人口总数

6. 指标是说明总体特征的，标志是说明个体特征的，(　　)。

A. 标志和指标之间的关系是固定不变的　　B. 标志和指标之间的关系是可以变化的

C. 标志和指标都只能用数值表示　　D. 只有指标才可以用数值表示

7. 统计指标按所反映的数量特点不同可以分为数量指标和质量指标两种。其中数量指标的表现形式是(　　)。

A. 绝对数　　B. 相对数　　C. 平均数　　D. 百分数

8. 要了解某地区的就业情况，(　　)。

A. 全部成年人是研究的总体　　B. 成年人口总数是统计指标

C. 成年人口就业率是统计标志　　D. 反映每个人特征的职业是数量指标

E. 某人职业是教师是标志值

9. 下列统计指标中，属于质量指标的有（　　）。

A. 工资总额　　B. 平均产品成本　　C. 出勤人数　　D. 人口密度

E. 合格品率

10. 下列各项中，属于连续型变量的有（　　）。

A. 基本建设投资额　　B. 岛屿个数

C. 国民生产总值　　D. 居民生活费用价格指数

E. 就业人口数

二、简答题

1. 区别下列概念。

(1) 统计与统计学。

(2) 总体与样本。

(3) 标志与指标。

(4) 数量指标与质量指标。

(5) 分类数据与数值型数据。

(6) 描述统计学与推断统计学。

2. 下面这些数据是分类数据、顺序数据还是数值型数据？如果是数值型数据，是离散型还是连续型？

(1) 性别：男，女。

(2) 体重：123，140.2 等。

(3) 汽车速度：78，64，45 等。

(4) 温度：78，64，85 等。

(5) 兄弟姐妹个数：0～2，3～5，6 个及以上。

(6) 成绩：A，B，C 等。

(7) 员工对企业某项改革措施的态度：赞成，中立，反对。

(8) 产品中的次品数：0，1，2，3，4，…。

3. 某大学欲了解在校大学生的身体素质，从中随机抽取 500 名在籍大学生，测量了他们的身高、体重。

(1) 从总体的两层含义分别给出研究问题的总体及其容量。

(2) 给出相应的样本及其容量。

（3）该大学对总体的什么特征感兴趣？

4. 根据总体的一般性定义，试指明下列调查研究中的总体、样本和个体。哪些是有限总体？哪些是无限总体？

（1）天津市 2015 年大学生应届毕业生初次就业的情况。

（2）2015 年全国国有企业经济效益情况。

（3）随机抽样得到 1000 名在校大学生上一年伙食费支出的数据，推断全校在校大学生上一年平均伙食费支出。

（4）某市质检部门从市场上抽取不同品牌的奶粉共 80 袋，试图对市场上销售的奶粉的质量做出评估。

（5）从中小企业板块随机抽取 40 支股票的连续 30 天的价格，分析该板块股票价格波动情况。

5. 某咨询公司准备在全市 200 万个家庭中抽取 2000 个家庭，据此推断该城市所有职工家庭的年人均收入。从数理统计的角度指出：

（1）这项研究的总体是什么？

（2）这项研究的样本是什么？

（3）这项研究的参数是什么？

（4）这项研究的统计量是什么？

6. 一家工厂的质量检验人员某日从该企业共随机抽取 100 件产品，以检验产品的合格率。根据这一事实回答下列问题：

（1）根据总体的一般性定义，指出此项统计研究的总体、个体和样本。

（2）指出此项统计研究的指标。

（3）指出此项统计研究所确定的指标是数量指标还是质量指标。

（4）指出此项统计研究的参数和统计量。

7. 某单位由 10 个部门组成一个总体，下面哪些是数量指标？哪些是质量指标？

（1）10 个部门的职工人数。

（2）第 3 个部门的职工年工资总额。

（3）该单位固定资产总值。

（4）第 9 个部门职工的年平均工资总额。

（5）10 个部门的平均劳动生产率。

8. 假设我国 2016 年 1～4 月份规模以上工业企业主要财务指标有关资料如表 1－2 所示。

表 1－2　2016 年 1～4 月份规模以上工业企业主要财务指标

分组		主营业务收入		利润总额	
		1～4 月/亿元	同比增长/%	1～4 月/亿元	同比增长/%
总计		335613.8	2.3	18442.2	6.5
其中	采矿业	13910.9	－13.1	－40.3	－104.8
	制造业	302110.2	3.4	16783.7	13.3
	电力、热力、燃气及水生产和供应业	19592.7	－1.6	1698.8	1.7

续表

分组		主营业务收入		利润总额	
		1～4月/亿元	同比增长/%	1～4月/亿元	同比增长/%
其中	国有控股企业	69817.1	−5.5	3265.5	−7.8
其中	集体企业	2041.1	−2.1	137.3	0.4
	股份制企业	234751.6	3.5	12316.4	7.4
	外商及港澳台商投资企业	76138.1	−0.5	4761.6	7.3
其中	私营企业	117489.3	5.9	6626.1	8.4

注：经济类型分组之间存在交叉，故各经济类型企业数据之和大于总计。

要求：(1) 试指出表1-2中的总体、总体单位、数量指标、质量指标。

(2) 为获得表1-2中的资料，应调查总体单位的哪些标志？哪些标志是品质标志？哪些标志是数量标志？

三、判断题

1. 对某市工程技术人员进行普查，该市工程技术人员的工资收入水平是数量标志。（　）

2. 社会经济统计学的研究对象是社会经济现象的数量方面，但它在具体研究时也离不开对现象质的认识。（　）

3. 品质标志表明单位属性方面的特征，其标志表现只能用文字表现，所以品质标志不能直接转化为统计指标。（　）

4. 品质标志说明总体单位的属性特征，质量指标反映现象的相对水平或工作质量，二者都不能用数值表示。（　）

5. 某一职工的文化程度在标志的分类上属于品质标志，职工的平均工资在指标的分类上属于质量指标。（　）

实际操作训练

1. 实训项目：消费者网上购物统计调查

实训目的：掌握统计调查中常用的统计基本概念，理解并会正确使用。

实训内容：一项调查表明，消费者每月在网上购物的平均花费是500元，他们选择在网上购物的主要原因是“价格便宜”。回答以下问题：

(1) 这一研究的总体是什么？

(2) “消费者在网上购物原因”是分类数据、顺序数据还是数值型数据？

(3) 研究者所关心的参数是什么？

(4) “消费者在网上购物的平均花费是500元”是参数还是统计量？

(5) 研究者所使用的主要是描述统计还是推断统计的方法？

2. 实训项目：高校在校学生的择业观念的统计调查

实训目的：掌握统计调查中常用的统计基本概念，理解并会正确使用。

实训内容：某科研机构对本市范围内的5所高校在校学生的择业观念情况进行了调查，以了解新时期大学生的择业倾向、择业心态及其成因。活动的主要目的是为政府制定大学生就业的政策法规、管理制度，增强宏观管理的科学性和针对性提供依据；为高校的有关大学生就业指导中心有针对性地做好大学生就业指导工作提供信息支持；为高校的大学生择业思想教育提供客观的依据，培养大学生正确的择业观和人生观。

在这次调查活动中，他们是如何确定统计总体和样本的？在调查中又有可能出现哪些统计概念呢？

3. 组成学习探讨小组，每组提出一项统计研究目的，列出为此而开展统计研究的总体和样本，并同时列出其中的标志（品质标志和数量标志）、指标（数量指标和质量指标）等，并尝试构建一套指标体系。

案例思考与讨论

解读《2021年国民经济和社会发展统计公报》部分内容

2021年是党和国家历史上具有里程碑意义的一年。在以习近平同志为核心的党中央坚强领导下，各地区各部门坚持以习近平新时代中国特色社会主义思想为指导，全面贯彻党的十九大和十九届历次全会精神，弘扬伟大建党精神，按照党中央、国务院决策部署，坚持稳中求进工作总基调，完整、准确、全面贯彻新发展理念，加快构建新发展格局，全面深化改革开放，坚持创新驱动发展，推动高质量发展。我们隆重庆祝中国共产党成立一百周年，实现第一个百年奋斗目标，开启向第二个百年奋斗目标进军新征程，沉着应对百年变局和世纪疫情，构建新发展格局迈出新步伐，高质量发展取得新成效，实现了“十四五”良好开局。我国经济发展和疫情防控保持全球领先地位，国家战略科技力量加快壮大，产业链韧性得到提升，改革开放向纵深推进，民生保障有力有效，生态文明建设持续推进。这些成绩的取得，是以习近平同志为核心的党中央坚强领导的结果，是全党全国各族人民勠力同心、艰苦奋斗的结果。

一、综合

初步核算，全年国内生产总值1143670亿元，比上年增长8.1%，两年平均增长5.1%。其中，第一产业增加值83086亿元，比上年增长7.1%；第二产业增加值450904亿元，增长8.2%；第三产业增加值609680亿元，增长8.2%。第一产业增加值占国内生产总值比重为7.3%，第二产业增加值比重为39.4%，第三产业增加值比重为53.3%。全年最终消费支出拉动国内生产总值增长5.3个百分点，资本形成总额拉动国内生产总值增长1.1个百分点，货物和服务净出口拉动国内生产总值增长1.7个百分点。全年人均国内生产总值80976元，比上年增长8.0%。国民总收入1133518亿元，比上年增长7.9%。全员劳动生产率为146380元/人，比上年提高8.7%。

年末全国人口141260万人，比上年末增加48万人，其中城镇常住人口91425万人。全年出生人口1062万人，出生率为7.52‰；死亡人口1014万人，死亡率为7.18‰；自然增长率为0.34‰。全国人户分离的人口5.04亿人，其中流动人口3.85亿人。

二、农业

全年粮食种植面积11763万公顷，比上年增加86万公顷。其中，稻谷种植面积2992万公顷，减少15万公顷；小麦种植面积2357万公顷，增加19万公顷；玉米种植面积

4332万公顷，增加206万公顷。棉花种植面积303万公顷，减少14万公顷。油料种植面积1310万公顷，减少3万公顷。糖料种植面积146万公顷，减少11万公顷。

全年粮食产量68285万吨，比上年增加1336万吨，增产2.0%。其中，夏粮产量14596万吨，增产2.2%；早稻产量2802万吨，增产2.7%；秋粮产量50888万吨，增产1.9%。全年谷物产量63276万吨，比上年增产2.6%。其中，稻谷产量21284万吨，增产0.5%；小麦产量13695万吨，增产2.0%；玉米产量27255万吨，增产4.6%。

三、固定资产投资

全年全社会固定资产投资552884亿元，比上年增长4.9%。固定资产投资（不含农户）544547亿元，增长4.9%。在固定资产投资（不含农户）中，分区域看，东部地区投资增长6.4%，中部地区投资增长10.2%，西部地区投资增长3.9%，东北地区投资增长5.7%。

在固定资产投资（不含农户）中，第一产业投资14275亿元，比上年增长9.1%；第二产业投资167395亿元，增长11.3%；第三产业投资362877亿元，增长2.1%。民间固定资产投资307659亿元，增长7.0%。基础设施投资增长0.4%。社会领域投资增长10.7%。

四、国内贸易

全年社会消费品零售总额440823亿元，比上年增长12.5%。按经营地统计，城镇消费品零售额381558亿元，增长12.5%；乡村消费品零售额59265亿元，增长12.1%。按消费类型统计，商品零售额393928亿元，增长11.8%；餐饮收入额46895亿元，增长18.6%。

五、对外经济

全年货物进出口总额391009亿元，比上年增长21.4%。其中，出口217348亿元，增长21.2%；进口173661亿元，增长21.5%。货物进出口顺差43687亿元，比上年增加7344亿元。对“一带一路”沿线国家进出口总额115979亿元，比上年增长23.6%。其中，出口65924亿元，增长21.5%；进口50055亿元，增长26.4%。

资料来源：国家统计局

根据以上案例回答下列问题：

（1）举例说明统计的研究对象是什么？

（2）案例中提到了什么统计总体？

（3）案例中提到的标志有几种？举例说明什么是指标？

（4）案例中用了什么研究方法？

解读2009年《中华人民共和国统计法》的修订内容

解读2009年《中华人民共和国统计法》的修订内容，分小组讨论：

（1）2009年新修订的《中华人民共和国统计法》有何意义？

（2）结合实际提出保障统计数据质量、提高统计公信力的建议和措施。

【相关法规】

【参考答案】

第2章

统计数据的收集、整理与显示

教学目标

通过本章学习，能够了解数据收集、整理和显示的含义；了解常用的统计调查方法；学会设计调查方案和调查问卷；了解统计数据的误差的来源；掌握数据分组和数据频数分布表编制的方法；了解常用统计图表的绘制方法。

教学要求

知识要点	能力要求	相关知识
数据收集	了解数据收集方法及常用的统计调查方式；能够设计调查方案和调查问卷	普查、重点调查、典型调查、抽样调查、统计报表、问卷设计
数据整理	能够根据数据类型及特征进行数据分组并编制频数分布表	单项式分组、组距式分组、向上累计、向下累计
数据显示	能够绘制和解释统计图表的含义	统计表、统计图

我们知道，统计学是一门应用性方法论学科，是用来处理分析现实经济现象的，而现实经济现象的表现就是数据，所以本章介绍对数据进行处理的第一个步骤，就是数据的搜集、整理与显示，本章是后面各章的基础。由于数据是分析的对象，所以必须通过合理有效的数据收集方法，才能得到高质量的数据。为了便于数据的分析，我们还要对收集到的数据进行整理，使其显示出一定的数量特征，对数据进行整理的技术也非常重要。

研 究 垃 圾

一般人听起来，研究垃圾是个荒唐的举动，对经营决策不会有什么帮助。但事实恰恰相反，著名的雪佛隆公司花重金聘请亚利桑那大学教授威廉雷兹对垃圾进行研究，教授每天尽可能多地收集垃圾，然后按垃圾的内容，以及所标明的产品的名称、质量、数量、包装形式等予以分类，从而获得了有关当地食品消费情况的准确信息，用雷兹的话说："垃圾决不会说谎和弄虚作假，什么样的人丢什么样的垃圾。"雪佛隆公司借此做出相应的决策，大获全胜，而其竞争对手却始终没有搞清雪佛隆公司的情报来源。

资料来源：陈明杰．市场调查奇招多 [J]. 现代企业，1995 (12).

以上的案例资料说明，调查研究是经营决策的前提，只有获得充分准确的信息才能做出科学的分析判断，决策才具有针对性。那么，我们应如何开展统计调查活动，以获得真实、可靠的数据呢？本章第一节将会为大家介绍统计数据的收集方法。

三大姓氏是如何统计的

姓氏是一种标记。在生物学研究上，可以用它来探讨一个国家的某些现象。关于姓氏的研究，表面上看起来是一门边缘学科，实际上它是我国优秀的文化遗产。中国人的姓氏反映了中国社会几千年进化的痕迹与传递的过程。

1982年，我国进行了一次全国性的人口普查。1986年此次普查的相关抽样数据被统计出来。国家统计部门根据相关的资料数据，开始对我国的姓氏做统计研究。1987年，统计出中国的姓氏有12000～13000个。同年，中国科学院正在进行有关姓氏研究的消息被一些媒体广泛传播。1987年5月2日，国家统计部门将此次姓氏统计中排名前一百位的姓氏公之于众，被称为"新百家姓"。"新百家姓"中，"李、王、张"位居前三甲。

【拓展知识】

据公安部治安管理局最近一次对全国户籍人口的统计分析显示：截至2015年，李姓是我国第一大姓，有9530万人，占全国人口总数的7.94%，也就是说每13个人中就有一个人姓李，就地区而言，李姓在北方诸省中所占比例较高，一般在8%以上。而在南方诸省中所占比例一般不足8%；尤其在东南沿海诸省中，比例仅在4%左右；第二大姓是王，有8890万人，占全国人口总数的7.41%；第三位是张姓，有8480万人，占全国人口总数的7.07%。

资料来源：中华统计学习网-新京报．

给出本案例的目的在于使读者对本章所讲的"统计数据的收集和整理"有一种具体的认识。在这里，读者看到了数据采集和数据录入的基本程序，从而明了数据的来源。

2.1 统计数据的收集

第1章介绍了获取数据的方法主要有两种，一是统计调查，二是科学实验。而取得反映社会经济现象总体数量全部或部分信息的数据资料，统计调查方式最为常用。统计调查就是按照统计研究的任务，运用科学的统计调查方法，有计划、有组织地向客观实际搜集资料的过程。它是对社会经济现象总体认识的开始，也是进行资料整理和分析的基础环节。统计调查的基本要求是准确性和及时性。进行统计调查工作，应拟订统计调查方案，以确定统计调查的目的、调查的对象、调查的项目等内容。实际工作中常用的统计调查方式有普查、重点调查、典型调查、抽样调查和统计报表等。

阅读案例 2-1

吉列公司的统计调查

男人长胡子，因而要刮胡子；女人不长胡子，自然也就不必刮胡子。然而，美国的吉列公司却把“刮胡刀”推销给女人，居然大获成功。

吉列公司创建于 1901 年，其产品因使男人刮胡子变得方便、舒适、安全而大受欢迎。进入 20 世纪 70 年代，吉列公司的销售额已达 20 亿美元，成为世界著名的跨国公司。然而吉列公司的领导者并不以此满足，而是想方设法继续拓展市场，争取更多用户。就在 1974 年，公司提出了面向妇女的专用“刮毛刀”。

这一决策看似荒谬，却是建立在坚实可靠的统计调查的基础之上的。

吉列公司先用一年的时间进行了周密的市场调查，发现在美国 30 岁以上的妇女中，有 65%的人为保持美好形象，要定期刮除腿毛和腋毛。这些妇女之中，除使用电动刮胡刀和脱毛剂之外，主要靠购买各种男用刮胡刀来满足此项需要，一年在这方面的花费高达 7500 万美元。相比之下，美国妇女一年花在眉笔和眼影上的钱仅有 6300 万美元，染发剂 5500 万美元。毫无疑问，这是一个极有潜力的市场。

根据调查结果，吉列公司精心设计了新产品，它的刀头部分和男用刮胡刀并无两样，采用一次性使用的双层刀片，但是刀架则选用了色彩鲜艳的塑料，并将握柄改为弧形以利于妇女使用，握柄上还印压了一朵雏菊图案。这样一来，新产品立即显示了女性的特点。

为了使雏菊刮毛刀迅速占领市场，吉列公司还拟订几种不同的“定位观念”到消费者之中征求意见。这些定位观念包括：突出刮毛刀的“双刀刮毛”；突出其创造性的“完全适合女性需求”；强调价格的“不到 50 美分”；表明产品使用安全的“不伤玉腿”，等等。

最后，公司根据多数妇女的意见，选择了“不伤玉腿”作为推销时突出的重点，刊登广告进行刻意宣传。结果，雏菊刮毛刀一炮打响，迅速畅销全球。

2.1.1 统计调查方案的确定

在通过统计调查统计数据之前，需要制订出一个周密、完整的调查方案，以指导整个调查工作。一个完整的统计调查方案应包括以下内容：

1. 确定调查目的

在调查方案中首先应明确本次调查的目的，它要回答的是为什么要调查，要解决什么样的问题。只有这些问题明确之后，才能确定向谁调查，调查什么及采用什么方法进行调查。

2. 确定调查对象和调查单位

调查对象和调查单位要解决的是向谁调查，由谁来提供所需资料的问题。调查对象是

根据调查目的确定的调查研究的总体或调查范围，调查单位是构成调查对象的每一个单位，是调查项目和指标的承担者或载体。例如，《农产量抽样调查制度》是国家统计局为取得高质量的农产品产量等相关指标数据，在全国范围内统一抽选样本调查、推算，并由直属调查队伍实施的抽样调查制度。2003 年全国共抽选了约 13 万个样本地块进行实割实测调查，并运用这些样本科学地推算全国粮食产量数据。

根据调查目的、调查对象、调查单位的概念，我们可以分析得出，此项调查的调查目的为国家统计局为取得高质量的农产品产量等相关指标数据；调查对象为全国所有农业用地；调查单位为所抽取的 13 万个样本中的每一个个体。

3. 设计调查项目和调查表

调查项目是调查的具体内容，它要回答的是调查什么问题。调查项目可以是调查单位的数量特征，也可以是调查单位的某种属性或品质特征。调查项目常以表格的形式来表现，称为调查表。

4. 方案设计中的其他内容

另外，调查方案还应明确调查所采用的方式和方法、调查时间、调查的组织与实施工作等。调查时间包括调查数据的所属时间（若为时点现象，要明确规定资料的统一时点，即标准时点；若为时期现象，要明确规定现象的起止时间）和调查的工作期限（指调查工作从开始到结束的时间长度，包括调查人员的选择、组织的培训，调查经费的来源和开支预算等，以及调查表格、问卷、调查员手册的印刷等）。例如，2010 年我国第六次人口普查规定的调查数据的所属时间为“2010 年 11 月 1 日 0 时”；普查的工作期限是“2010 年 11 月 1 日至 11 月 10 日完成普查的登记工作”。

【拓展案例】

2.1.2 常用的统计调查方法

1. 普查

普查是专门组织的一般用来调查属于一定时点上社会经济现象数量的全面调查，它是针对有限总体而言的。普查比其他任何一种调查都更能掌握全面、系统的国情、国力的基本统计资料。

普查通常是一次性的或周期性的，一般需要规定统一的标准调查时间。目的是避免调查数据的重复或遗漏。普查所采用的方式是利用基层单位原始记录和核算资料发表调查。由于普查的工作量大、时间性强、需要大量的人力和财力，因此普查的使用范围比较窄。

【拓展视频】

为了摸清、掌握重大国情、国力、基本情况而专门组织的普查，我国已经实施过的有人口普查、基本单位普查、工业普查、农业普查、第三产业普查和经济普查等。例如，我国第六次人口普查时间规定 2010 年 11 月 1 日零时为标准时点。

普查为各级政府制定国民经济和社会发展规划、出台政策措施等提供参考依据，也是其他统计调查方法顺利开展的基础，为其他调查确定调查范围等提供原始资料。

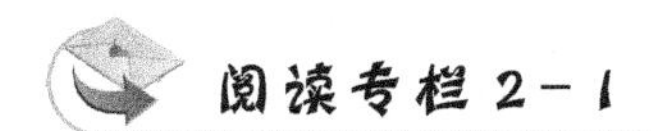

普查及种类

普查是指一个国家或一个地区为详细地了解某项重要的国情、国力和市情、市力而专门组织的一次性、大规模的全面调查，其主要是用来收集某些不能够或不适宜用定期的全面调查报表收集的信息资料。按照国务院规定，我国所进行的普查主要有人口普查、农业普查、工业普查、第三产业普查、基本单位普查等。其中，人口普查、第三产业普查、工业普查、农业普查每隔10年进行一次，分别在逢0、3、5、7的年份进行；基本单位普查，每隔5年进行一次，在逢1、6的年份进行。

2003年6月份经国务院批准，国家统计局印发了《关于推迟第二次三产普查并调整其他普查项目和周期的意见》通知，提出调整今后所有普查的项目设置和周期意见。其主要内容如下：

(1) 经济普查。将定于2003年进行的全国第三产业普查和计划于2005年及2006年分别进行的工业普查和基本单位普查合并，同时将建筑业纳入普查内容，统称为经济普查（即非农产业普查）。于2004年开展第一次全国经济普查。经济普查以企事业单位、机关团体和个体工商户为对象，主要普查第二、三产业的发展变化情况。该项普查以后每10年进行两次，在逢3、8的年份实施。

(2) 农业普查。以从事农、林、牧、渔业活动的单位和农户为对象，主要普查第一产业的发展变化情况。每10年进行一次，在逢6的年份实施。

(3) 人口普查。以自然人为对象，主要普查全国人口和住房以及与之相关的重要事项。每10年进行一次，在逢0的年份实施。

调整后的各项普查的项目设置和周期安排更加科学、合理，进一步加强了周期性普查和经常性抽样调查的相互配套，更好地适应国家编制国民经济和社会发展十年规划和五年计划的时间要求。

资料来源：天津统计信息网 http：//www.stats-tj.gov.cn.

2. 重点调查

重点调查是指只在调查对象中选择一部分重点单位进行调查，借以了解总体基本情况的一种非全面调查。所谓重点单位，是指在总体中有举足轻重地位的单位，其所要调查的数量特征值在总体的特征值总量中占有较大比重，能保证有足够的代表性。重点调查的特点是省时、省力，对重点单位的选择不带有主观性。

重点调查的目的是反映经济现象的基本情况。一般来说，当调查任务只要求掌握基本情况，而调查的部分单位又能达到对基本情况的掌握，即能比较集中地反映所研究的项目和指标时，采用重点调查比较适宜。例如，要了解我国棉花生产的一般情况，不需要对全国的棉田一一进行调查，只需要调查一些棉花集中产区的生产情况，如河南、山东、新疆等，因这些集中产区所产棉花在全国棉花产量中占有很大比例。

重点调查通常用于不定期的一次性调查，如专门设计和配备人员到现场调查。但有时也用于经常性的连续调查，如同报表制度结合，通过统计报表调查。

3. 典型调查

典型调查是根据调查目的和要求，在对研究对象进行全面分析的基础上，有意识地选择部分有代表性单位进行调查，它是一种非全面调查。典型调查的特点是调查范围小、调查单位少、具体深入、节省人力、物力和财力，对典型单位的选择带有主观性，即有意识地进行调查单位的选择，它更多地取决于调查者的主观判断与决策。

典型调查是为研究某种特殊的社会经济问题搜集详细的第一手资料，借以认识事物的本质特征、因果关系、变化趋势，为理论和政策性问题研究提供依据。其目的在于总结先进的经验和落后的教训。因此，若研究的目的是推广先进经验或为吸取落后的教训时，可选择典型调查的方法进行。选择典型单位时，在研究总体构成不是很复杂的情况下，可直接选择典型单位进行；若研究的总体比较复杂，则可运用划类选典的方法进行，即将调查总体划分为若干类，再从每类中选择若干个典型进行调查，以说明各类的情况。

典型调查的不足是在实际操作中选择真正有代表性的典型单位比较困难，而且容易受人为因素的干扰，从而可能导致调查结论有一定的倾向性。

知识要点提醒

重点调查与典型调查的区别与联系

联系：重点调查与典型调查都属于非全面调查方式，在调查时都是对选取的部分单位进行调查。

区别：①调查单位选取的方式不同。重点单位要选取其数量特征值在总体的特征值总量中占有较大比例的单位，使其能保证有足够的代表性，具有客观性；而典型单位则是有意识地选取部分有代表性的单位，单位的选择带有主观性。②调查目的不同。重点调查的目的是反映经济现象的基本情况；而典型调查的目的是推广先进经验或为吸取落后教训。

4．抽样调查

【拓展知识】

抽样调查是从调查对象中随机抽取一部分单位作为样本进行调查，并根据调查结果来推断总体数量特征的一种非全面调查。抽样调查的优越性表现在它的经济性、灵活性、时效性强，以及适应面广和准确性高上。

抽样调查主要用于调查工作量大、没条件或没必要进行全面调查及破坏性实验等情况。抽样调查必须遵循以下原则：①随机原则。所谓随机原则，就是要使所有调查单位被抽到的可能性相同。只有这样，才能保证所抽取的样本对总体具有较大的代表性。②最大抽样效果原则。所谓最大抽样效果原则，就是在既定的调查费用下使抽样估计误差尽可能小；或者是在给定的精确度下，使调查费用尽可能小。一般说来，节省调查费用和提高抽样调查结果的精确度的要求往往是矛盾的，抽样误差要求越小，调查费用要求就越大。在实际操作时，经常使用的方法是要求在给定的误差下，选择调查费用最省的抽样设计方案。

抽样调查是一种科学、可靠的调查统计方法，抽样调查所取得的数据就是用来推断或代表总体的。抽样调查与其他非全面调查相比具有以下特点：

第一，抽样调查从总体中抽选出来进行调查并用以推断总体的调查样本，是按照随机原则抽选出来的，由于不受任何主观意图的影响，因此总体中各个单位都有被抽中的可能性，能够保证被抽中的调查样本在总体中的合理、均匀分布，调查出现倾向性偏差的可能性是极小的，样本对总体的代表性很强。

第二，抽样调查是以抽选出的全部调查样本作为一个“代表团”来代表总体的，而不是用随意挑选出来的个别单位来代表总体，使调查样本具有充分的代表性。

第三，抽样调查所抽选的调查样本数量，是根据要调查的总体各个单位之间的差异程度和调查推断总体允许的误差大小，经过科学的计算确定的。由于在调查样本的数量上有可靠的保证，样本就会与总体实际十分接近。

第四，抽样调查中的样本误差，在调查前就可以根据调查样本数量和总体中各单位之间的差异程度进行计算，可以把样本误差控制在一定范围之内，调查结果的准确程度比较有把握。

【拓展知识】

与其他调查一样，抽样调查也会遇到调查的误差和偏误问题。通常抽样调查的误差有两种：一种是工作误差（也称登记误差或调查误差），另一种是代表性误差（也称抽样误差）。但是，抽样调查可以通过抽样设计、计算并采用一系列科学的方法，把代表性误差控制在允许的范围之内；另外，由于调查单位少，代表性强，所需调查人员少，工作误差比全面调查要小。特别是在总体包括的调查单位较多的情况下，抽样调查结果的准确性要高于全面调查。因此，抽样调查的结果是可靠的，是可以用来代表总体的。

【拓展知识】

知识要点提醒

表2-1为4种调查方式的区别。

表2-1　4种调查方式的区别

调查方式	调查目的	调查单位
普查	反映某一时点上社会经济现象的状态总量	全部调查
重点调查	了解被研究对象的基本情况，不能推算总体相应指标	选择某一标志值在总体标志值总量中占有较大比例的单位作为重点单位
典型调查	了解被研究对象的特征及发展变化趋势，可以近似推算总体数量	有意识的选取代表性单位作为典型单位
抽样调查	用样本指标数值推断总体相应指标数值	排除主观愿望，按随机原则抽取样本单位

阅读案例2-2

统计调查帮助A公司胜诉

美国的A公司生产著名的运动包，该公司发现B公司（一个大型的中心商业集团）引进一条生产线，生产的运动包与A公司的运动包形状几乎完全一样，消费者很难区分。A公司指控B公司，说B公司误导消费者，让消费者觉得自己购买的是A公司的产品，而实际买的是B公司的产品。为了证实这一点，由第三方进行了一次现场试验。实验者选择了两组妇女，给第一组妇女看的是A公司生产的包，包面上所有标签都去掉，所有的标识、说明都印在包的内层。给第二组妇女看的是B公司生产的包，包上的商标明显可见，所有的标签和悬挂物都按出售现场的样子保留。这样做的目的是希望通过这种实验了

解妇女们购买包时的选择标准。例如，她们能否区分出包的不同来源或品牌，她们依据什么进行识别或辨认，如果靠某些东西来辨认，那么这样做的理由是什么。

所调查的两组妇女都是200人，实验分别在芝加哥、洛杉矶和纽约的大型商场进行，调查采用拦截式面访。

实验结果表明，大多数消费者无法区分两种包的不同来源，她们购买包时的依据主要是包的款式，而A公司生产的包是名牌商品，这种包的款式是人们所熟悉的。这个结果支持了A公司的立场。调查数据帮助A公司在法庭上胜诉，B公司同意停止销售自己公司所生产的包。

资料来源：贾俊平，何晓群，金勇进．统计学［M］．2版．北京：中国人民大学出版社，2005.

5．统计报表

统计报表是按照国家有关法规的规定，自上而下地逐级提供基本统计数据的一种调查方式。统计报表的特点是由政府部门组织、采用统一的表格、自上而下布置、自下而上报告。统计报表是一种具有法律性质的报表。

统计报表制度是建立在企业的各项原始记录基础上的。原始记录是基层单位通过一定的表格形式，对生产和业务管理活动所进行的第一手记录。统计报表中的各项指标是以企业的原始记录资料来加以填报的，所以原始记录工作的质量直接影响到报表数字资料的真实性和可靠性，应充分认识其在企业管理中的地位。

统计报表的种类主要有：

（1）按调查范围不同分为全面报表和非全面报表。全面报表要求调查对象的每一个单位都填报；而非全面报表要求调查对象中的一部分单位填报。

（2）按报表内容和实施范围不同分为国家统计报表、部门统计报表和地方统计报表。

（3）按报送周期长短分为日报、旬报、月报、季报、半年报、年报。

（4）按报送单位不同分为基层统计报表和综合统计报表。

我国的统计报表制度经过几十年的推广应用，已建立了相当稳固、扎实的基础。

阅读专栏2-2

统计调查方法体系

我国的统计调查方法体系改革的目标是建立以必要的周期性普查为基础，经常性的抽样调查为主体，重点调查、科学核算等为补充的多种方法综合运用的统计调查方法体系。

我国现行的以全面调查为主的统计调查方法体系，是按照高度集中的计划经济体制和分级管理的要求建立起来的。随着改革开放的不断深入，我国的三资企业、私营经济、个体经济等多种经济成分迅速发展，给现行的统计调查工作带来许多新的问题。一方面，统计调查对象的规模迅猛扩展；另一方面，统计调查对象的构成日趋复杂，不仅多种经济成分同时并存，而且国有经济中也出现了承包经营、租赁经营等多种经营形式，特别是随着现代企业制度的建立和产权的流动与重组，不同所有制的经济主体投资于同一企业的状况日趋扩大，混合所有制的经济单位越来越多。由于利益格局的变化很大，被调查者对统计调查的合作与支持程度降低，统计信息在采集过程中的人为干扰现象增多，信息失真的风险性增大。

随着社会主义市场经济的发展，固守一种调查模式，仅仅依靠全面调查一种方法采集统计信息，已难以适应国家宏观调控和科学决策及部门、企业和社会公众的需要。为了从根本上解决调查对象复杂、调查方法单一的问题，国家统计局在总结统计调查实践经验的基础上，按照社会主义市场经济的要求，借鉴国际上成功的做法，对历史上形成的传统的统计调查方法体系进行了一系列的改革，充实和完善各项普查和专项调查，在规模以下工业、限额以下批发零售贸易业等更多行业和领域推广抽样调查，一个符合我国国情的、适应市场经济发展需要的、与国际通行规则接轨的新的统计调查体系正在逐步形成。

资料来源：天津统计信息网 http：//www. stats - tj. gov. cn.

2.1.3 调查问卷设计与问卷调查表的编码

1. 调查问卷设计

【拓展案例】

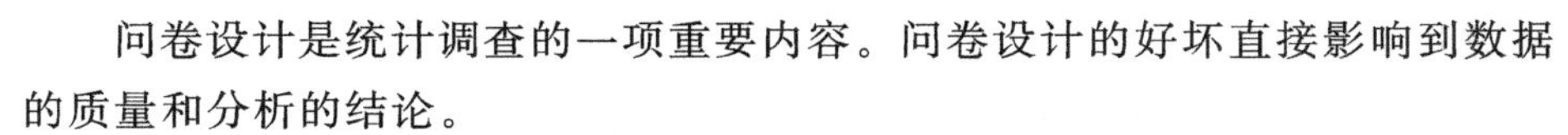

问卷设计是统计调查的一项重要内容。问卷设计的好坏直接影响到数据的质量和分析的结论。

1）问卷的基本结构

问卷是调查者根据调查目的和要求所设计的，一般都由开头部分、甄别部分、主题部分和背景部分组成。问卷的设计应简明扼要，问题应通俗易懂，以保证所收集资料的准确性。

（1）开头部分。

在自填式问卷中，写好开头部分（问候语）十分重要，它可以引起被调查者对调查的重视，消除顾虑，激发参与意识，以争取他们的积极合作。例如，下面是一份“天津广播听众调查问卷”中的开头部分：

先生/女士：

您好！我是天津广播听众收听情况的访问员，受天津人民广播电台的委托正在进行一项有关广播电台收听状况的调查。这次调查的目的，主要是了解我市听众收听天津人民广播电台节目的一些基本情况，为提高节目质量、推出优秀节目提供科学依据。

我们诚恳地希望本次调查能得到您的大力支持与合作。您的回答对天津人民广播电台搞好广播宣传具有非常重要的意义。请您按问卷的要求，将您收听天津人民广播电台节目的实际情况如实提供给我们。您的回答无所谓对错，请不必顾虑。谢谢您的合作！

（2）甄别部分。

甄别是先对被调查者进行过滤，筛选掉不需要的部分，确保被调查者合格，能够作为该调查项目的代表，从而符合调查研究的需要。例如，下面是一份“天津广播听众调查问卷”中的甄别部分：

S1. 请问您本人及家庭成员中，是否有在下列单位工作的成员：[单选]

广告公司……	1	终止访问
调查公司……	2	
广播电台……	3	
电视台……	4	
报纸/杂志社……	5	
以上都没有……	6	继续访问

S2. 请问您的年龄是：
20 岁以下 …………………………………………………… 1
20～30 岁 …………………………………………………… 2
30～40 岁 …………………………………………………… 3
40～50 岁 …………………………………………………… 4
50 岁以上 …………………………………………………… 5
S3. 请问您家有几口人？ ________人。

（3）主体部分。

主体部分是调查问卷的核心内容，它包括了所要调查的全部问题。

（4）背景部分。

背景部分主要是有关被调查者的一些背景资料。例如，下面是一份“天津广播听众调查问卷”中的背景部分：

F1. 年龄________周岁
F2. 性别：男 ………………………… 1　1　女 ………………………… 2
F3. 文化程度：［单选］
小学及以下 …………………………………………………… 1
初中、技术学校 ………………………………………………… 2
高中、中专 …………………………………………………… 3
大专、高职 …………………………………………………… 4
大学本科 ……………………………………………………… 5
研究生及以上 ………………………………………………… 6
F4. 职业：［单选］
学生 …………………………………………………………… 1
机关事业单位工作人员及公务员 ……………………………… 2
企业管理人员（包括经理、厂长及其他管理人员） ………… 3
公司职员 ……………………………………………………… 4
专业技术人员（教师、医生、护士、会计与工程师等具有专业技术职称的人） …… 5
自由职业者（包括律师、中介人员、撰稿人等 ………………… 6
工人（包括各类企业工人、不包括企业内退、病退人员 ……… 7
司机 …………………………………………………………… 8
商业、饮食业、服务业工作人员 ……………………………… 9
私营、个体业主 ……………………………………………… 10
无固定工作、下岗待业人员 …………………………………… 11
离退休人员（已领退休证，有退休金的人） ………………… 12
内退、病退人员 ……………………………………………… 13
家庭主妇 ……………………………………………………… 14
F5. 请问您有无驾照？［单选］
有 ………………………………… 1　没有 ………………………………… 2

2）设立问卷问题的注意事项

（1）提问的内容尽可能短。

如果提问的问题太长，不仅会给被调查者的理解带来一定的困难，也会使其感到厌烦，从而不利于对问题的回答。若问题比较复杂，应将其分为几个问题来问。

例如："我国越来越多的人去国外旅游。您曾经去别的国家旅游过吗？如果去过，您也许是为了欣赏风光才去的。那么，别国的风光对您决定出国旅游有多重要？"

可以分解成：

Q1：您出国旅游过吗？1—是；2—否（终止访问）。

Q2：那里的风光对您决定去旅游有多重要？

（2）问题设计的用词要准确，用语要含义明确。

例如，提问中用"最"，就不能是多选题，这是用词不当。再如，"您最近一段时间收听过广播电台节目吗？"，"最近"是指哪段时间，时间范围不明确，这是用语含义不明确。

（3）在问卷中的问题，必须是能够获得诚实回答的问题。

例如，某单位招聘人才，问题是：

当你受挫折后，你的反映是：a. 非常沮丧，长时间不能恢复正常情绪。b. 很沮丧，较长时间不能恢复正常情绪。c. 很沮丧，但很快能恢复正常情绪。d. 越失败，越受挫折，越想再干。

结果，绝大多数应聘者都选择了最后一个答案。这就是一个显然得不到诚实回答的问题。

（4）问题的不同提法，可能导致不同的回答结果。

例如，当你问某个被访者对某项服务的满意程度时，多数人回答是70%；而当你用同一个问题问同一个被访者对某项服务的不满意程度时，多数人回答可能是40%或50%，不一定是30%。

（5）尽量避免诱导性、否定性和敏感性问题。

例如，"专家们都认为这位教师讲课不错，您觉得怎么样？"，这就是诱导性问题；"您觉得这位教师的讲课不好吗？"，这就是否定性问题；"您的个人收入是多少？"，这就是敏感性问题。对于这类问题，被访者可能会拒绝回答，或者不诚实回答。

3）设立问卷答案的注意事项

（1）对单选问题，备选答案应当是一个空间的完整划分。例如：

您对这个部门的服务质量是否满意？

a. 非常满意　b. 比较满意　c. 一般　d. 不太满意　e. 不满意

这 5 个答案就是答案空间的完整划分。

（2）对单选问题，备选答案不应当是两个空间（层面）的混淆。

学生的学习成绩好，与老师的关系是：

a. 无关　b. 老师教法得当　c. 老师的责任心强　d. 老师的知识渊博

这里给出的 4 个备选答案，就是两个层面的问题。学生的学习成绩好，与老师有无关系，是一个层面问题（“关系”空间的问题），而老师教法是否得当、责任心是否强、知识是否渊博是另一个层面问题（“态度”空间的问题）。把它们放在一起，作为单选题的备选答案，是不正确的。但对于多选题，备选答案可以处于不同的层面。

（3）无论对多选题还是单选题，任何一个备选答案都不能有多重含义。例如：

> 您选择这份工作的目的是：
> a. 自己喜欢，收入高　b. 没有其他的工作可选择　c. ……

这里给出的第一个备选答案本身就包含了两层含义，即喜欢与收入，选择该答案的人，也可能是因为喜欢这份工作，也可能是不喜欢但由于其收入高而选择它。因此，当你统计出选择该答案的比例时，无法确定到底有多大比例的人是因为喜欢而选择这份工作，有多大比例的人是因为收入高而选择这份工作。因此，这个备选答案的设置是不妥当的。

（4）无论对多选题还是单选题，备选答案之间不能有包含关系。例如：

> 您选择这份工作的目的是：
> a. 没有别的工作可供选择　b. 确保全家人的生计　c. ……

选择答案 a 的，就必然会选择答案 b，既然没有别的工作可供选择，也就是说没有别的收入来源，那么这份工作就一定是为了确保全家人生计的。

【拓展知识】

4）问卷设计的基本原则

（1）主题鲜明。

从调查的主题出发拟订定问题，使提问的目的明确，重点突出，没有可有可无的问题。

（2）结构合理。

问卷中问题的安排先后必须有一定的逻辑顺序，符合被调查者的思维程序。在答题的安排上应该先封闭后开放，先易后难。

问卷中的问卷问题一般可以分为两类：一类是封闭性问题，另一类是开放性问题。封闭性问题是指对问题事先设计好了各种可能的答案，由被调查者从中选择。封闭性问题方便调查后的资料整理，但是对一些比较复杂的问题，有时很难把答案设计周全。因此，如何设计好封闭性问题的答案，是问卷设计中的一项重要内容。开放性问题是指对问题的回答未提供任何具体的答案，由被调查者根据自己的想法自由做出回答。例如，您对学校的教学管理有何更具体的看法？这就是一个开放性问题。开放性问题的优点是被调查者可以充分表达自己的意见和想法，缺点是给调查后的资料整理带来一定困难。一份问卷中的开放性问题不宜过多，而且开放性问题一般应放在后面，让被调查者有一定的思考和时间。否则会影响被调查者填写问卷的积极性，从而影响整个问卷的回答质量。

另外，把简单的、容易回答的问题放在问卷的前面，而复杂的、较难的问题放在问卷的后面，使被调查者开始时感到轻松，有兴趣继续回答下去。

(3) 适当控制回答时间。

对问卷的长度要适当控制，使被调查者回答问卷的时间一般不要超过 30 分钟，以免产生厌烦情绪，从而敷衍了事，影响调查质量。

(4) 便于计算机处理。

问卷设计要考虑易于编码、录入、汇总和数据出表等处理工作。

2. 问卷调查表的编码

问卷调查表的编码主要是方便数据的录入、整理和分析。

1) 单选题问卷调查表的编码

(1) 题号代号不能重复。问题的代号必须是唯一的，不可以重复。最好用英文字母加数字来表示。为方便调查资料的汇总和分析，问题的代号尽量不要用中文字。

(2) 同一量表的题号最好有相同的识别码。在同一份问卷中，当问卷题目较多时，可以分为几个调查表来设计。例如，调查学生的道德修养水平的形成情况时，可以将一份问卷分成 3 个表来设计，即表 1—父母影响表，表 2—教师行为表，表 3—学生自身因素表。可用 A_1，A_2，…作为表 1 中问题的代号，用 B_1，B_2，…作为表 2 中问题的代号，用 C_1，C_2，…作为表 3 中问题的代号。

(3) 名义或类别问题的代号最好与其意义内涵有关，以 3～5 个英文字母简写代表最好。例如，年龄为 AGE，年级为 YEAR，工作类别为 JOB，学生性别为 SSEX，教育程度为 EDU 等。

2) 复选题问卷调查表的编码

复选题问卷调查表的编码比单选题问卷调查表的编码要复杂一些。下面表 2-2 是一份简单的问卷调查表。

表 2-2 问卷调查表

您的性别：1 男生　　2 女生

您的职务：1 主任　　2 组长　　3 教师

一、您认为目前教改阻力来自哪些单位?（可复选）

1 教育行政单位　2 学校行政人员　3 家长团体　4 教师本身　5 其他团体

二、您认为目前教改对哪些人会有影响?（可复选）

1 教师　2 行政人员　3 学生　4 其他

第一题为复选题，内设 5 个选项，可用 5 个代号来表示，如 A_{11}，A_{12}，A_{13}，A_{14}，A_{15}。第二题也为复选题，内设 4 个选项，可用 4 个代号来表示，如 A_{21}，A_{22}，A_{23}，A_{24}。

该问卷的编码可做如表 2-3 所示设计。

表 2-3 变量编码表

NUM	SEX	JOB	A_{11}	A_{12}	A_{13}	A_{14}	A_{15}	A_{21}	A_{22}	A_{23}	A_{24}
001	1	1	1	0	1	1	0	1	1	0	1
002	1	2	0	0	1	1	1	1	0	0	0

编码表说明：NUM—编码；SEX—性别；JOB—职务。

A_{11}～A_{15}代表第一题中5个选项，选中者输入1，未选中者输入0；A_{21}～A_{24}代表第二题中4个选项，选中者输入1，未选中者输入0。

阅读案例2-3

新可乐的开发与味感测试问卷调查

这是发生在20世纪80年代上半叶美国的故事。1981年，可口可乐公司为了加强对百事可乐（Pepsi Cola）的市场竞争，拟在原有可乐品牌的基础上开发出一种较为“平淡柔软”的新可乐。新产品开发过程历时3年，研究和实验了许多配方，伴以一轮又一轮的产品测试。前后共有19万人以受试者身份参与味感测试，这些人分布在美国各地和其他一些国家。这些测试最终使公司决策者满怀信心地于1985年春推出了名为“New Coke”的新可乐，而原品牌就相应地称为“经典可乐”（Classic Coke）。

可口可乐公司组织了一场经典可乐、新可乐与百事可乐的味感测试，希望能够找到对下述问题的答案：消费者是否能够确实区分新可乐和经典可乐？新可乐和百事可乐的味道哪一个更招人喜欢？大多数年轻人是否更喜欢喝甜一点的可乐？如果允许人们免费取走一听可乐，他们是否会选取在刚刚的味感测试中属意的那个品牌？除此之外，还有其他一些问题有待回答。

本次调查在一家大型购物中心的两个进口处举行，采用配额抽样方法取得样本。测试遵照“双盲原则”，受试的3种可乐分布标上“K”“L”“M”标签，无论现场工作人员还是受试者都不知道哪个标签贴到哪个品牌上。3种可乐两两搭配，组成K/L、K/M和L/M三种组合。在实施时每种组合的两种品牌都是随机排序。受试者每饮完一种可乐，都得用清水漱口，然后再饮下一种可乐。要求每名受试者对每一组合给出其喜欢的一个品牌。

可乐问卷

应答人序号

请您尽可能准确回答下述问题，谢谢您的合作和对本调研项目的热情支持。

1. 针对下列每一组软饮料组合，指出您喜欢的一个。

(1) 经典可乐（K）或新可乐（L）

(2) 新可乐（L）或百事可乐（M）

(3) 经典可乐（K）或百事可乐（M）

2. 如果允许您免费取得一听可乐，您取哪一种？

(1) 新可乐________ (2) 经典可乐________ (3) 百事可乐________

(4) 其他________ (5) 都不做________

3. 您的性别：

(1) 女________ (2) 男________

4. 您家户主的职业是：

(1) 学生________ (2) 蓝领________ (3) 白领________ (4) 服务业职工________

(5) 家庭妇女________ (6) 农民________

5. 您最后的学历是：

(1) 初中________ (2) 高中未毕业________ (3) 高中毕业________

(4) 大学未毕业________ (5) 大专毕业________ (6) 本科毕业________

(7) 研究生未拿学位________ (8) 硕士或博士________

6. 您通常每周饮用几听可乐？

7. 您家的年收入是：

(1) 10000美元以下________ (2) 10000～不足15000美元________

(3) 15000～不足25000美元________ (4) 25000～不足35000美元________

(5) 35000～不足50000美元________ (6) 50000美元或其上________

8. 您的年龄：

(1) 14～不足20岁________ (2) 20～不足25岁________ (3) 25～不足35岁________

(4) 35～不足45岁________ (5) 45～不足55岁________ (6) 55～不足65岁________

(7) 65岁或其上________

9. 您的种族：

(1) 白种人/高加索人________ (2) 黑种人________ (3) 印度人________

(4) 西班牙裔________ (5) 东方人________ (6) 其他，请注明________

本次调查问卷回收有效问卷78份。经现场审核和集中审核两道把关，确认无误。交录入员将78份问卷的答案录入计算机文件。表2-4就是这份问卷的片段。

表2-4 调查问卷片段

序号	M/K	K/L	L/M	自取	性别	职业	教育	饮量	收入	年龄	种族
1	1	3	1	1	1	3	5	2	4	3	1
2	1	3	1	2	1	5	1	0	2	6	1
3	2	2	3	4	1	2	4	3	3	6	1
4	2	3	3	2	2	4	4	10	2	3	1
5	2	2	1	2	1	4	3	1	1	4	2
⋮	⋮	⋮	⋮	⋮	⋮	⋮	⋮	⋮	⋮	⋮	⋮
74	1	3	1	1	1	3	4	8	6	1	1
75	2	2	1	1	2	6	4	2	5	2	1
76	2	2	3	2	2	3	4	14	6	1	1
77	1	3	3	2	2	3	4	5	6	1	1
78	1	3	3	4	2	2	4	1	2	2	1

资料来源：Donald S. Tull and Del I. Hawkins，Marketing Research：Measurement and Method，Macmillan Publishing Company，New York，1978.

2.1.4 统计数据的误差

收集统计数据是统计研究的第一步，而如何保证统计数据的质量则是数据收集阶段应重点解决的问题，因为统计数据质量的好坏直接影响到统计分析结论的客观性与真实性。为确保统计数据的质量，在数据的收集、整理和分析等各个阶段，都应尽可能减少误差。

统计数据的误差是指统计数据与客观现实之间的差距。研究统计数据误差的主要目的是找出导致误差产生的原因，进而采取对策避免、减少误差或控制误差水平。统计数据误差主要来源于登记性误差和代表性误差。

1. 登记性误差（非抽样误差）

登记性误差是指由于调查者或被调查者的人为因素所造成的误差。无论是采用哪种调

查方式都可能产生登记性误差。调查者所造成的误差主要有：调查方案中有关的规定或解释不明确导致的填报错误；调查员粗心，在记录调查结果时出现错误；调查员的态度、情绪及责任心等。被调查者所造成的误差主要有：不理解调查方案中有关的规定或解释不明确导致的填报错误；因人为因素干扰形成的有意虚报或瞒报调查数据等。登记性误差理论上讲是可以消除的。

2. 代表性误差（抽样误差）

代表性误差是指用样本数据进行推断时所产生的误差。在抽样过程中，我们依据随机原则抽取样本，可能抽中这样一些个体组成的样本，也可能抽中另外一些个体组成的样本。根据不同的样本，可以得到不同的观测结果。例如，从全部学生中随机抽取20人组成样本并计算平均体重，由样本一得到的平均体重是52.35kg，由样本二得到的平均体重是50.26kg，由样本三得到的平均体重是53.19kg。3组不同的样本得到不同的结果，但是我们知道，总体真实的结果只有一个，尽管这个真实的结果我们不知道。

代表性误差并不是针对某个具体样本的检测结果与总体真实结果的差异而言，它描述的是所有样本可能的结果与总体真值之间的平均性差异。

代表性误差通常无法消除，但事先可以进行控制和计算。

知识要点提醒

影响代表性误差大小的因素

代表性误差的大小与多方面因素有关，最明显的是样本容量的大小和总体的离散程度的高低。①样本容量越大，代表性误差就越小。但是样本容量大，就意味着会消耗更多的人力、物力和财力，所以一味地追求较小的代表性误差，在某种意义上也是不可取的。②总体的离散程度越大，即总体中各个体之间的差异越大，抽样误差也就越大。因为有可能抽到特别大或特别小的个体，从而使样本结果偏大或偏小。

2.2 统计数据的整理

统计数据的整理是将收集到的各种原始数据条理化、系统化，使之符合统计分析与推断要求。统计数据整理的中心任务就是分组和编制频数分布表。

2.2.1 统计数据分组

统计数据分组就是根据统计研究的需要，将统计数据按照一定的标志划分为若干组成部分的一种统计方法。统计数据分组是对统计总体进行的一种定性分组，是统计认识客观事物的手段。通过对社会经济所涉及的方面进行重点的分组，达到对其一般及特殊性的认识。

统计数据分组的标志可以是品质标志，也可以是数量标志。通过分组，可以划分现象的类型、说明现象的内部结构、揭示现象与现象之间的依存关系。在统计数据分组过程中，选择什么样的标志就会形成什么样的分组体系，且分组标志一经确定，就突出了总体在此标志下的性质差异，而掩盖了总体在其他标志下的差异。所以，根据统计研究的目的，在对研究对象进行分析的基础上，应抓住具有本质性的区别及反映现象内在联系的标志来作为分组的标志。

1. 按品质标志分组

按品质标志分组就是按事物的品质特征进行分组。由于品质数据是用文字来表现的，每种表现即为一种类别，因此对品质型数据主要是做分类整理。例如，按所有制性质划分，我国的经济类型可以分为国有经济、集体经济、私营经济、个体经济、联营经济、股份制经济、外商投资经济，以及港、澳、台投资经济 8 组。

按品质标志分组，分组界限明确后，分组方法比较简单。

2. 按数量标志分组

按数量标志分组就是按事物的数量特征进行分组。由于数值型数据表现为具体的数值，因此对数值型数据主要是按照数值进行分组。例如，对学生成绩的分组，可以分为 60 分以下、60～70 分、70～80 分、80～90 分、90 分以上 5 个组。按数量标志分组，在选择分组标志后，还要合理确定各组的界限。因此，与按品质标志分组相比，按数量标志分组较为复杂。

统计中按数量标志分组的方法有单项式分组和组距式分组两种形式。

1）单项式分组

单项式分组就是把每一个变量值作为一组。这种分组方法通常只适合于离散变量且变量值较少的情况。采用的方法是，首先将原始数据资料按变量值大小进行升序排列；然后将相同的变量值分为一组；最后将数据资料分成若干组。例如，大学生按其曾经使用过的手机数分组，可以分为 0 个、1 个、2 个、3 个及以上四个组。

【例 2.1】 某车间 50 个工人看管机床台数资料如下：

3 6 2 4 3 2 6 4 3 2 4 2 5 2 6 2 3 5 4 3
2 3 6 5 4 2 4 3 2 2 3 5 4 5 6 2 2 6 4 3
2 6 3 4 5 4 5 2 3 5

试对数据进行分组。

解： 由于机器台数属于离散型变量，因此使用单项式分组方法。

首先将原始资料按变量值升序排列如下：

2 2 2 2 2 2 2 2 2 2 2 2 2 2
3 3 3 3 3 3 3 3 3 3 3
4 4 4 4 4 4 4 4 4 4
5 5 5 5 5 5 5 5
6 6 6 6 6 6 6

然后将相同变量值分为一组，最后将资料分成若干组。本例分组变量值为 2、3、4、5、6 五个。

2）组距式分组

组距式分组就是将全部变量值依次划分为若干区间，并将这一区间的变量值作为一组。这种分组方法通常只适合于连续变量或虽为离散变量但变量值较多的情况。组距式分组的关键问题是分组数目的确定和组距的确定。

在组距式分组中，如果各组的组距相等则称为**等距分组**；如果各组的组距不相等则称为**不等距分组**。例如，对学生成绩的分组可以分为 0～20 分、20～40 分、40～60 分、60～80 分、80～100 分 5 组，就是等距分组；而对人口年龄的分组可以分为 0～6 岁（婴幼儿组）、7～17 岁（少年儿童组）、18～59 岁（中青年组）、60 岁及以上（老年组）4 组，就是不等距分组。

一般来说，当变量值的变动比较均匀时，宜采用等距分组，便于进行对比分析；而当变量值的变动很不均匀，且变动幅度大时，则宜采用不等距分组。对于不等距分组的组数和组距的确定，必须结合现象的性质特点和统计研究的要求全面考虑。

下面重点介绍等距分组的基本步骤。

第一，数据排序。

将原始数据资料按变量值大小进行升序排列。

第二，分组数目的确定。

数据应分成多少组比较合适，通常与数据本身的特点和数据个数有关。由于分组的目的之一是观察数据分布的特征，因此组数的确定应以能够清楚地显示数据的分布特征和规律为原则。组数太少会使数据的分布过于集中，而组数太多又会使数据的分布过于分散，这样不便于观察数据分布的特征和规律。

具体做法是，首先根据数据个数，大体上确定所分组数。最好使每组所包含的数据个数，平均不少于 4 或 5 个。这里向大家介绍一种确定组数的经验公式，仅供大家参考。这一公式是美国学者斯特吉斯（H. A. Sturges）创用的，称为斯特吉斯经验公式，即

$$k=1+3.322\lg N \tag{2-1}$$

式中，k 为组数；N 为总体中的个体数，对结果四舍五入取整后为理论分组数目。根据这一公式，可以得出表 2－5 所示的组数参考标准。

表 2－5　分组组数参考表

N	15～24	25～44	45～89	90～179	180～359
k	5	6	7	8	9

第三，组距的确定。

组距的大小与组数的多少是相互制约的，它们之间呈反比例关系。组距越大，则可分的组就越少；组距越小，则可分的组就越多。

组距可根据全部数据的最大值和最小值及组数来确定，即

$$组距=(最大值-最小值)\div 组数$$

第四，组限的确定。

组限即为每个组的两个端点数值，分别为上限和下限。上限是各组的最大变量值，下限是各组的最小变量值。组限的选择应做到第一组的下限应略低于最小变量值，最后一组的上限应高于最大变量值。

对于离散变量和连续变量，组限的划分是不同的。对于离散型变量，由于其只能取整数，相邻组的上、下限可以不重叠。例如，某研究小组按人数分组可以分为 4～6 人、7～8 人、9～10 人等组。对于连续变量，相邻两组的组限应重叠，即上一组的上限同时也是

下一组的下限，用“上限不在内”原则解决不重问题，即当相邻两组的上、下限重叠时，恰好等于某一组上限的变量值不算在本组内，而计算在下一组内。例如，男人的身高可以分为140～160cm、160～180cm、180～200cm、200～220cm等组，且均为“左闭右开”区间。

当变量值变动范围较大时，为避免组数过多，可以采用开口组。开口组是指最小组为“……以下”，最大组为“……以上”。

各组的组距也是一个组的上限与下限之差。

第五，组中值的确定。

数据分组后，经常用组中值来反映组距分组中各组数据的一般水平。组中值是上、下限之间的中点数值，其计算公式为

$$组中值=(上限+下限)\div 2$$

实际工作中，对于开口组的组中值，一般是用相邻组的组距作为开口组的组距，因此，其组中值的计算公式近似为

$$组中值=下限+邻组组距/2(缺上限)或组中值=上限-邻组组距/2(缺下限)$$

用组中值来代表各组数据的一般水平，有一个假设条件，即各组数据在本组内呈均匀分布。

【例2.2】 某学校50位教师某月的工资（单位：元）资料如下：

2200，2100，4640，4580，3500，4080，2980，4000，3560，2850
3320，2470，3000，2540，3040，3680，4500，3210，3400，3320
4200，3780，3980，3800，4800，3210，2590，4400，3700，2740
3840，3400，4100，3350，4780，2600，4320，3130，4300，3890
3390，3300，3500，3280，4120，2340，3900，4450，2790，3280

试对数据进行分组。

解： 由于工资属于连续型变量，因此采用组距式分组方法。

(1) 将原始资料按升序进行排列结果为

2100，2200，2340，2470，2540，2590，2600，2740，2790，2850
2980，3000，3040，3130，3210，3210，3280，3280，3300，3320
3320，3350，3390，3400，3400，3500，3500，3560，3680，3700
3780，3800，3840，3890，3900，3980，4000，4080，4100，4120
4200，4300，4320，4400，4450，4500，4580，4640，4780，4800

(2) 计算极差R。

$$R=最大值-最小值=4800-2100=2700$$

(3) 确定组数和组距。由斯特吉斯经验公式

组数$k=1+3.322\lg N=1+3.322\lg 50\approx 1+3.322\times 1.699\approx 6.644\approx 7$；

组距$d=R/k=2700/7\approx 385.7$。

因此，取整数组距$d=400$，并进行等距分组。

(4) 确定组限。

取第一组下限为2050，则该组上限=下限+组距=2050+400=2450，由此得到7个组的上、下限如下：

2050～2450、2450～2850、2850～3250、3250～3650、3650～4050、4050～4450、450～4850。

（5）计算组中值。根据公式：

组中值=(上限+下限)÷2

可计算出7个组的组中值依次为2250、2650、3050、3450、3850、4250、4650。

阅读专栏2-3

统计分组

为了从数量方面深入地研究总体的特征，揭示统计总体中的矛盾，需要进行统计分组。

统计分组是根据研究的目的，按照一定的标志，将统计总体区分为若干个组成部分的一种统计方法。这些若干部分中的每一个部分就称为一个“分组”。例如，研究某一地区人口状况时，可按年龄这一标志将人口区分为不同年龄组。从这个例子可以看出，各组之间的年龄别是不同的，而每个组中人口所表现的年龄特征是相同的。正是因为这个特点，统计分组的根本任务就是区分事物之间存在的质的差异。通过分组，可以把总体中各个不同性质的单位区分开，使性质相同的单位归在一个组内。这样才能从数量方面剖析事物，揭示事物内部的联系，深入地研究总体的特征，认识事物的本质及规律性。

统计分组是基本统计方法之一，统计工作从始至终都离不开统计分组的应用，在统计调查方案中必须对统计分组做出具体规定，才能搜集到能够满足分组需要的资料。统计资料的整理的任务是使零散资料系统化，但怎样使资料系统化，本着什么去归类，这就取决于统计分组。因此，在取得完整、正确的统计资料前提下，统计分组的优劣是决定整个统计研究成败的关键，它直接关系到统计分析的质量。

目前，统计工作中常用的分组如按生产资料所有制性质分组、按国民经济行业分组、按单位隶属关系分组、按地区分组、按三次产业划分、企业按大中小型划分、按职业分类等，其中重要的分组都有全国统一的分类标准。

资料来源：天津统计信息网 http://www.stats-tj.gov.cn.

2.2.2 频数分布

在统计分组的基础上，将总体中所有的个体按某一标志进行归类排序，称为**频数分布**或**次数分布**。频数分布是统计整理的一种重要形式，通过对零乱、分散的原始数据资料进行有次序的整理，形成一系列反映总体各组之间个体分布状况的数列。

1. 频数与频数分布表

频数（Frequency）是指分布在各组内的数据个数，也称为**次数**。各组频数与全部频数之和的比值称为**频率或百分比**（Percentage），各组的频率大于0，各组频率的总和等于1。把各组及其相应的频数全部列出，并用表格的形式表现出来就是**频数分布表**。

由于统计分组是按照统计标志进行的，因此，频数分布相应的也有品质频数分布和变量频数分布两种。

1）品质频数分布

品质频数分布是指按照品质标志进行的分组所编制的频数分布。例如，某单位职工按受教育程度分组统计，可以得到表2-6所示的频数分布。

表 2-6 职工受教育程度的频数分布表

按受教育程度分组	频数/人数	频率/%
小学	1	6.25
初中	2	12.50
高中	2	12.50
大学	9	56.25
研究生	2	12.50
合　计	16	100

又如，某单位职工按职工性别分组统计，可以得到表 2-7 所示的频数分布表。

表 2-7 职工性别的频数分布表

按性别分组	频数/人数	频率/%
男职工	253	68.75
女职工	115	31.25
合　计	368	100

表 2-6 和表 2-7 所示的分组统计频数分布，都属于按照品质标志进行的分组所编制的频数分布。

2）变量频数分布

变量频数分布是指按照数量标志进行的分组所编制的频数分布。变量频数分布可以分为单项式频数分布和组距式频数分布。

（1）单项式频数分布。**单项式频数分布**是指每一组只有一个值进行分组形成的频数分布。分组后统计出每组变量出现的次数，即频数，并计算各个变量值出现次数占总次数的比例，即频率。最后，按变量值的大小顺序列出单项式变量数列，并形成频数分布表。例如，某单位职工按家庭人口分组统计，可以得到如表 2-8 所示的频数分布。

表 2-8 职工家庭人口的频数分布表

按家庭人口分组/人	频数/职工户数	频率/%
1	7	2.7
2	38	14.9
3	105	41.2
4	54	21.2
5	31	12.2
6	20	7.8
合　计	255	100

（2）组距式频数分布。**组距式频数分布**是指按组距式分组形成的频数分布。分组后仍然要统计出每组变量出现的次数，即频数，并计算各个变量值出现次数占总次数的比例，即频率。最后，按各组组限的大小顺序列出组距式变量数列，并形成频数分布表。例如，某单位按某种产品的销售量分组统计，可以得到如表 2-9 所示的频数分布。

表 2-9　某种产品的销售量的频数分布表

按销售量分组/台	频数/天数	频率/%
140～150	4	3.33
150～160	9	7.50
160～170	16	13.33
170～180	27	22.50
180～190	20	16.67
190～200	17	14.17
200～210	10	8.33
210～220	8	6.67
220～230	4	3.33
230～240	5	4.17
合　　计	120	100

表 2-9 所示的频数分布就是组距式频数分布。

2. 累计频数和累计频率

在数据整理中，我们除了上面的频数和频率的统计之外，有时还关心各有序类别或组在某一个变量值以上或以下的频数或频率。例如，在统计学生成绩时，我们除了统计学生在各个分数段的人数和百分比之外，还经常关心学生在某一分数以上或以下的人数。例如，及格（60 分以上）的人数有多少？及格的人数占总人数的比例有多大？不及格（60 分以下）的人数有多少？不及格的人数占总人数的比例有多大？这些统计内容就是有关的累计频数和累计频率统计。因此，我们有必要对频数分布表的内容加以扩展。

（1）累计频数（Cumulative Frequencies）。**累计频数**就是将各有序类别或组的频数逐级累加起来。其方法分为向上累计和向下累积两种，**向上累计**是从变量值小的一方向变量值大的一方累加频数；**向下累计**是从变量值大的一方向变量值小的一方累加频数。通过累计频数，我们可以很容易看出某一类别（或数值）以下或以上的频数之和。

（2）累计频率或百分比（Cumulative Percentages）。**累计频率**就是将各有序类别或组的频率逐级累加起来。其方法也分为为向上累计和向下累计两种。例如，某单位按某种产品的销售量分组统计，可以得到如表 2-10 所示的频数分布。

表 2-10　某种产品的销售量的频数分布表

频数分布			向上累计		向下累计	
按销售量分组/台	频数/天数	频率/%	累计频数	累计频率	累计频数	累计频率
140～150	4	3.33	4	3.33	120	100
150～160	9	7.50	13	10.83	116	96.67
160～170	16	13.33	29	24.16	107	89.17
170～180	27	22.50	56	46.66	91	75.84
180～190	20	16.67	76	63.33	64	53.34
190～200	17	14.17	93	77.50	44	36.67
200～210	10	8.33	103	85.83	27	22.50
210～220	8	6.67	111	92.50	17	14.17
220～230	4	3.33	115	95.83	9	7.50
230～240	5	4.17	120	100	5	4.17
合　　计	120	100	—	—	—	—

在表 2-10 中，由向上累计可以看出，某种产品有 93 天销售量在 200 台以下，占所统计天数（120 天）的 77.50%；由向下累计积可以看出，某种产品有 27 天销售量在 200 台以上，占所统计天数（120 天）的 22.50%。

2.2.3　统计表与统计图

统计表和统计图是数据资料整理的两种重要显示工具。运用统计表可把杂乱的数据有条理地组织在一张简明的表格内，即便于计算比较，又易于发现错误和遗漏。运用统计图可把数据形象、直观地显示出来，使人们在短时间内获得明晰的印象。正确地编制和使用统计图表是做好统计分析的最基本技能。

1. 统计表

统计表就是将统计调查所搜集到的数据资料经过汇总整理后，按一定顺序填在以纵横交叉的线条所绘制的表格内。

1）统计表的结构

统计表的形式多种多样，根据使用者的要求和统计数据本身的特点，我们可以绘制形式多样的统计表。

统计表的结构一般由表头、行标题、列标题和数字资料 4 部分组成。其中，表头应放在表的最上方，它说明的是统计表的主要内容；行标题和列标题通常安排在统计表的第一列和第一行，它所表示的是所研究问题的类别名称和变量名称；数字资料列在行标题与各列标题的交叉处。此外，必要时还可以在统计表的下方加上表外附加，主要包括资料来源、指标的注释和必要的说明等内容。

从统计表的内容上看，统计表包括主词和宾词两个部分。主词就是统计表要说明的总体及其各组成部分，宾词是用来说明总体的各种统计指标。统计表的构成如表 2 - 11 所示。

表 2 - 11　2008 年北京奥运奖牌榜（前十名）→表头

	国　家	金牌/枚	银牌/枚	铜牌/枚	
					} 列标题
行标题 {	中国	51	21	28	} 数字资料
	美国	36	38	36	
	俄罗斯	23	21	28	
	英国	19	13	15	
	德国	16	10	15	
	澳大利亚	14	15	17	
	韩国	13	10	8	
	日本	9	6	10	
	意大利	8	10	10	
	法国	7	16	17	
	合　计	196	160	184	

资料来源：北京奥运官方网站 http：//www.beijing2008.cn/.　　→附加

|——→ 主词 ←——|——————→ 宾词 ←——————|

2）统计表的设计

在编制统计表时应遵循以下几点原则：

（1）合理安排统计表的结构。例如，行标题、列标题、数字资料的位置应安排合理。

（2）表头一般应包括表号、总标题和表中数据的单位等内容。

总标题应简明确切地概括出统计表的内容，一般需要表明统计数据的时间、地点及何种数据，即标题内容应满足 3W（统计数据的时间、地点、何种数据的简称）要求。

（3）如果表中的全部数据都是同一计量单位，可放在表的右上角标明，若各指标的计量单位不同，则应放在每个指标后或单列出一列标明。

（4）表中的上、下两条线一般用粗线，中间的其他线要用细线，这样使人看起来清楚、醒目。

（5）在使用统计表时，必要时可在表的下方加上注释，特别要注明资料来源，以表示对他人劳动成果的尊重，方便读者查阅使用。

3）统计表的分类

（1）简单分组下的统计表。**简单分组**就是对被研究现象只按一个标志进行的分组。例如，大学生按其年龄、性别、所学专业等标志进行分组。简单分组只能说明被研究现象某一方面的差别情况。例如，表 2 - 12 是按一个品质标志（职位）进行分组的简单统计表，也是横截面数据统计表。

表 2-12 2009 年某公司中层干部的实际收入 （单位：万元）

职 位	实际收入
财务部经理	10
市场部经理	32
人事部经理	8.5
研发部经理	11
生产部经理	12
合 计	73.5

表 2-13 是按一个品质指标（时间）进行分组的简单统计表，也是时间序列数据统计表。

表 2-13 2010—2014 年北京市城镇人口数统计表 （单位：万人）

年 份	城镇人口数
2010	1686
2011	1740
2012	1784
2013	1825
2014	1858
合 计	8893

资料来源：中华人民共和国国家统计局 http：//www.stats.gov.cn/.

（2）复合分组下的统计表。**复合分组**就是采用两个或两个以上的标志结合起来进行分组。例如，大学生可先按性别进行分组，在此基础上，再按所学专业进行分组。采用复合分组可以对被研究的现象做更深入的分析，但也不宜采用过多的标志进行复合分组，以免组数过多，反而难以显示出事物的本质特征。例如，表 2-14 是一个先按地区，再按年份进行分组的复合统计表。

表 2-14 东北三省 2011—2014 年 GDP 对比表 （单位：亿元）

年份/年 地区	2011	2012	2013	2014 年
辽宁	22226.70	24846.43	27213.22	28626.58
吉林	10568.83	11939.24	13046.40	13803.14
黑龙江	12582.00	13691.58	14454.91	15039.38
合 计	45377.53	50477.25	54714.53	57469.10

资料来源：中华人民共和国国家统计局 http：//www.stats.gov.cn/.

表 2－15 是先按县名，再分别按家庭户、平均每户住房间数和人均住房建筑面积进行分组的复合统计表。

表 2－15　2000 年天津市辖县家庭户住房状况

县　　名	家庭户/户	平均每户住房间数/个	人均住房建筑面积/m²
宁河县	96343	2.83	21.21
静海县	165351	3.61	22.07
宝坻县	178523	3.56	20.53
蓟县	213705	2.51	19.53
合　　计	653922	12.51	83.34

资料来源：《2000 人口普查分县资料》。

表 2－16 是一个重叠排列表，即先按县名，再分别按平均受教育年限、15 岁及以上文盲人口和文盲率，最后按性别进行分组的复合统计表。

表 2－16　2000 年天津市辖县受教育程度统计表

县　　名	平均受教育年限/年		15 岁及以上文盲人口/人		文盲率/%	
	男	女	男	女	男	女
宁河县	7.89	6.98	6135	18433	4.55	13.56
静海县	7.89	7.00	10792	27681	5.06	13.02
宝坻县	8.08	6.97	7590	34409	3.14	13.87
蓟县	7.94	7.01	17228	52738	5.75	17.69
合　　计	31.8	27.96	41745	133261	18.50	58.14

资料来源：《2000 年人口普查分县资料》。

2. 统计图

统计图就是利用各种几何图形表现统计资料的形式。通过频数分布表，可以初步看出数据分布的一些特征和规律，但如果用图形来表示频数分布的结果，会更加形象和直观。在计算机运用日益普及的今天，统计图的制作可以借助于计算机来完成。常用的显示频数分布特征的图形有条形图、饼图、直方图和线形图等。

【拓展案例】

1）条形图

条形图（Bar Chart）是用宽度相同的条形的高度或长短来表示数据频数分布变化的图形，主要用于比较同类统计指标数值，分析同类指标在不同时间或地区的发展差异，一般适用于顺序和分类变量的分析。条形图的纵坐标可以是频数，也可以是频率（百分比）。例如，在表 2－6 中，职工受教育程度的频数分布表可以直观地用条形图来显示。图 2.1 是以频数（Frequency）为纵坐标的条形图。

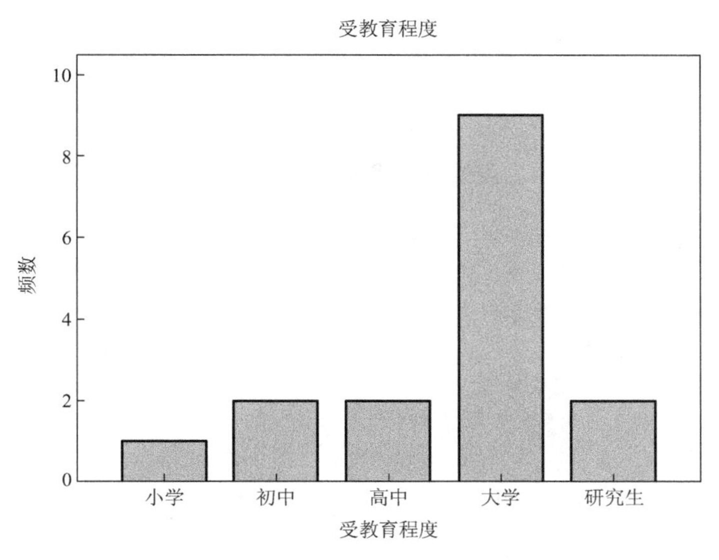

图 2.1 职工受教育程度条形图

2）直方图

直方图（Histograms Chart）是用矩形的面积来表示频数分布变化的图形。绘制直方图时，横轴表示各组组限，纵轴表示频数或频率，然后按分布在各组的频数及频率确定各组在纵轴上的坐标，并依据各组组距的宽度与频数的高度绘成直方图。直方图适用于定距形变量的分析。此外，我们还可以在直方图上附加正态分布曲线，以便于正态分布比较。例如，在表 2-6 中，职工受教育程度的频数分布表可以直观地用直方图来显示。图 2.2 是以受教育程度为横坐标、以频数（Frequency）为纵坐标的直方图，其中横坐标中的 1 代表小学，2 代表初中，3 代表高中，4 代表大学，5 代表研究生，并附加了正态分布曲线。

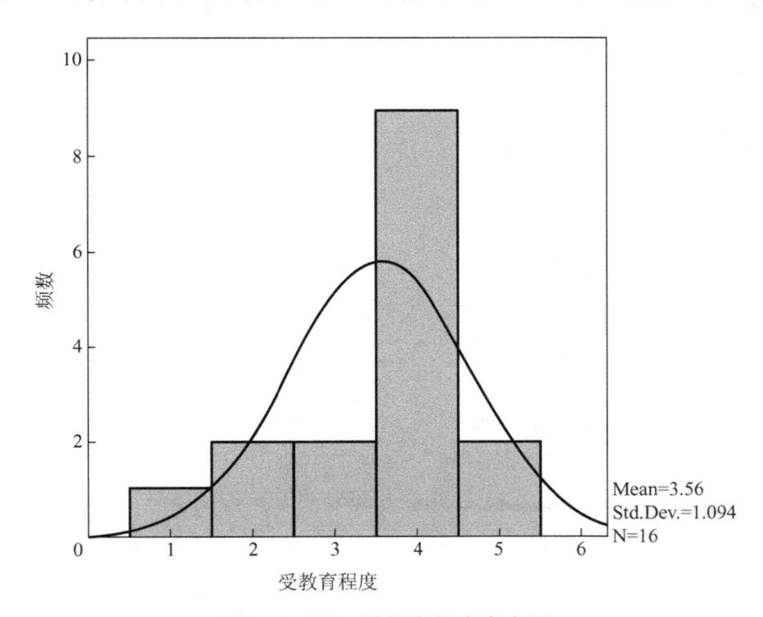

图 2.2 职工受教育程度直方图

知识要点提醒

直方图与条形图的异同

（1）都是用来反映数据的分布状况，适用于不同类型的数据。

（2）条形图是用条形的高度表示各类别频数的多少，其宽度（表示类别）则是固定的。

（3）直方图是用面积表示各组频数的多少，矩形的高度表示每一组的频数或百分比，宽度则表示各组的组距，其高度与宽度均有意义。

（4）直方图的各矩形通常是连续排列的，条形图则是分开排列的。

3）饼图

饼图（Pie Chart）是用圆形及圆内扇形的面积来表示频数分布变化的图形，利于研究事物内在结构组成等问题。饼形图中圆内的扇形面积可以表示频数，也可以表示频率（百分比）。但是，用饼图表示总体中各部分所占比例就比条形图要好一些。例如，在表2-6中，职工受教育程度的频数分布表可以直观地用饼图来显示。图2.3是职工受教育程度的饼图。

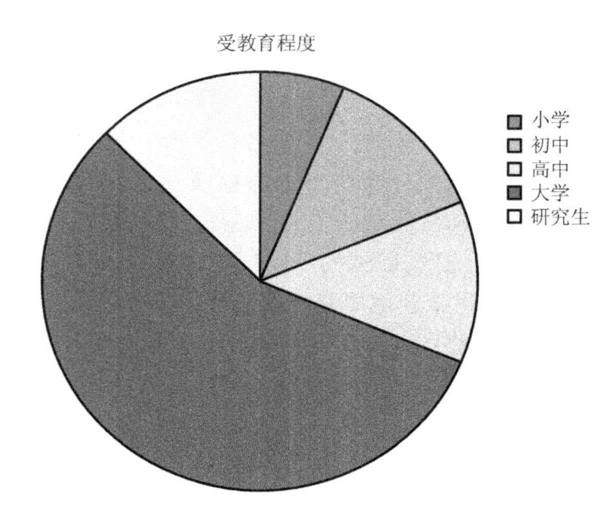

图2.3　职工受教育程度饼图

4）线形图

线形图（Line Chart）是用线条的上下波动来反映数据变换的一种统计图形，主要适用于描述现象在时间上的变化趋势、现象的分配情况和现象间的依存关系。图2.4是2008年南方区域及五省（区）全社会用电量走势。

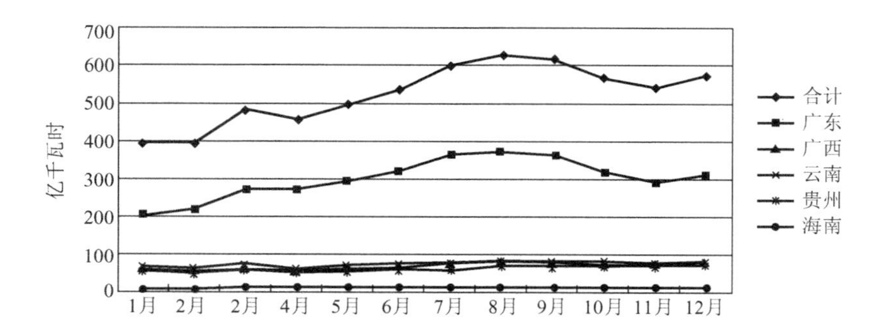

图2.4　2008年南方区域及五省（区）全社会用电量走势

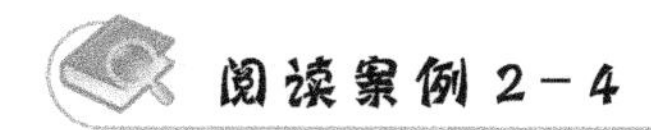

统计整理为经营者提供帮助

企业正处在信息化时代，它们之间的竞争越来越取决于信息的竞争。企业统计信息工作是对企业实行科学管理、监督整个企业活动的重要手段，是企业制订政策和计划的主要依据。统计信息参与企业决策势在必行。

一手机专营店的经营者为完善店内的销售工作而组织了一项统计调查，力求从调查中找到有用的信息，以便制订更好的销售策略来满足顾客的需求。

该手机专营店为了解人们在购买手机时关注的因素，随机调查了100名前来光顾本店的顾客，当问及“您在选购手机时最关注的问题是什么”时，给出的备选答案是：

A. 价格　B. 品牌　C. 售后服务　D. 功能　E. 外观

得到回答的原始数据记录如表2-17所示。

表2-17　100名回答的该问题的原始数据资料

B	A	D	B	B	D	C	B	D	E
D	A	E	B	B	D	D	A	B	D
A	D	B	A	A	E	D	D	B	B
B	D	D	D	D	A	B	D	D	A
D	B	C	D	D	B	C	C	B	D
D	A	D	B	B	D	E	D	D	B
E	D	A	D	E	D	B	B	A	D
B	D	B	D	D	A	B	D	D	C
A	D	B	A	B	D	E	B	D	B
D	B	D	E	D	B	D	D	B	D

根据以上原始数据，你能概括说出顾客对于手机的反映吗？

为了观察分析人们购买手机时最看重的情况，必须对资料的数据进行分类整理。经整理得到的频数分布表如表2-18所示。

表2-18　顾客购买手机关注情况频数分布表

关注类型	数量/人	频率/%
功能	43	43
品牌	30	30
价格	14	14
外观	8	8
售后服务	5	5
合　　计	100	100

由此可见，经过整理后，调查得到的数据被大大简化了，关注功能和品牌的消费者最多，占到调查总数的73%。同时，通过统计图（图2.5和图2.6），我们也可以得出相同的结论，即现在人们购买手机时普遍关注的是功能与品牌。

资料来源：曾艳英．应用统计基础［M］．北京：机械工业出版社，2010.

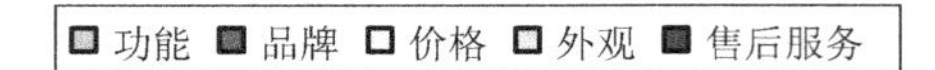

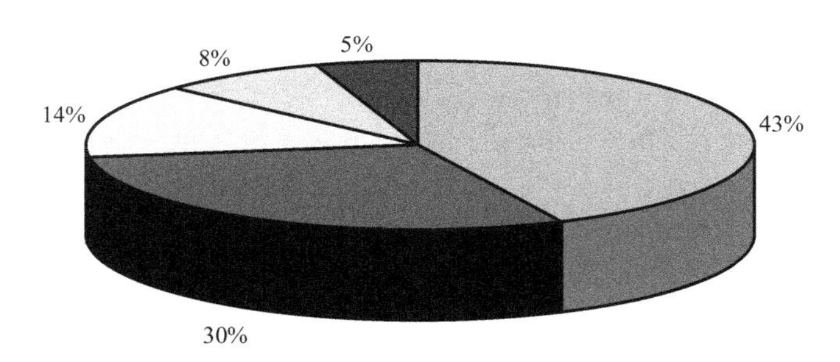

图2.5　购买手机关注因素饼图

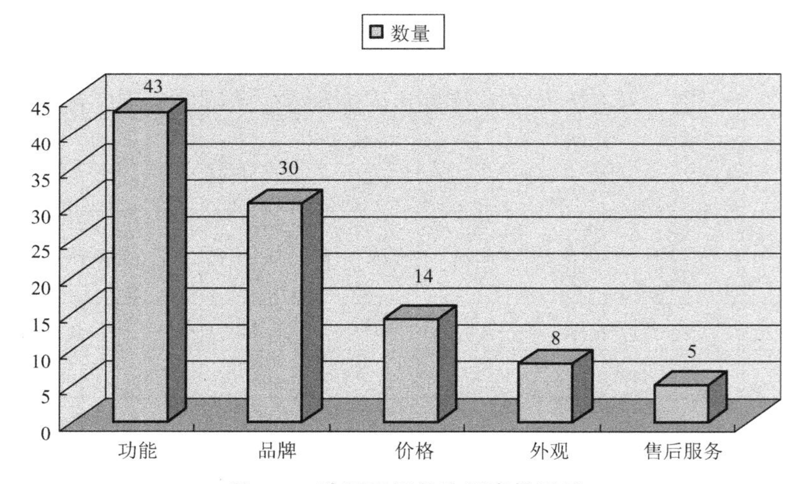

图2.6　购买手机关注因素柱形图

实例分析

在校大学生旅游情况调查

随着中国经济的高速发展，人民生活水平不断提高，越来越多的人出外旅游，而国家也制定了多个假期，以满足需要。旅游已逐渐成为人们娱乐生活中不可缺少的一部分。人们除了能享受到旅游过程中的惬意与放松，其实更多的是对生活的体味。对于大学生来说，除了国家法定节假日外，还有寒暑假，比较起来有更多的出游时间，而且当代大学生的求知欲非常强，消费水平也在不断提高。因此，越来越多的大学生喜欢出外旅游。

那么，大学生的旅游现状究竟如何？他们又有哪些需求？2016 年初，某高校学生在老师的指导下组成调研小组，对该校本科生的旅游状况进行了统计调查。通过对他们旅游的目的、方式、花费、地点等方面的调查，客观、真实地了解本科生旅游的实际情况，并且利用调查的数据进一步分析和探讨了大学生出游的观念和需求，为旅游机构进一步开发旅游市场提供可参考的依据。本次调查需要研究的问题是：

（1）指出本次调查的目的。

（2）确定使用的调查方法。

（3）设计出一份调查问卷。

（4）收集调查数据，并进行整理，写出调查分析报告。

一、学习目标

通过本案例的学习，要求学生掌握统计调查的基本流程和方法，能够对调查结果进行有效的分析。

二、案例分析

（1）调查目的： 了解当今大学生旅游的现状和需求，为大学生的旅游市场开发提供可行的建议。

（2）调查方法： 本案例的抽样调查的总体是某校本科毕业生。采用的抽样方法是两阶段抽样：第一阶段为分层抽样，以宿舍为抽样单位，按专业和性别分层；第二阶段为随机抽样，在第一阶段抽到的宿舍内随机抽取学生作为调查对象。该项调查共完成有效问卷 103 份，调查对象为大学一年级至大学四年级之间的已有过旅游经历的学生。

（3）调查问卷：

关于大学生旅游情况的调查问卷

您好！我们是某大学学生，现在我们需要对旅游情况进行一项调查，非常期望您能够抽出几分钟宝贵的时间参与我们的调查，请您认真回答下列问题，问题没有正确与错误之分，关键是能真实表达您的看法，非常感谢您的合作！

请填写您的基本信息：

姓名__________性别__________专业__________年级__________

以下各题请您在您要选择的选项“□”上划“√”。

1. 在大学期间您是否出外旅游过：□是　□否

2. 最喜欢德旅游目的地：□自然景点　□人文景点　□休闲度假村

3. 您一年出游几次：□1～2 次　□3～5 次　□5 次以上

4. 您旅游的主要目的（多选）：

□欣赏自然风景　□购物　□寻求刺激　□增长见识　□探险　□摆脱束缚
□摆脱学习压力　□结识新朋友　□其他

5. 影响您旅游地点选择的主要因素（多选）：

□时间（休假时间的长短、季节）　□旅游费用　□时间　□目的地资源吸引力
□交通便捷程度　□其他

6. 您旅游一般所需费用：□少于 200　□201～500　□501～800　□801～1000
□多于 1000

7. 您最喜欢的旅游方式(多选)：□自助旅行 □随团旅游 □骑自行车旅游 □徒步背包旅游 □野营 □探险旅行 □其他

8. 您的旅游信息主要来源于（多选）：

□直接获取（从旅行社）□报纸杂志 □电视广播 □朋友介绍 □网上浏览 □其他

9. 您是否愿意从旅行社获得相关咨询： □是 □否

10. 您旅行中主要选用的住宿方式：□住在亲戚/朋友家 □宾馆 □中小型旅馆 □野外露营

11. 您是否考虑随旅行社出游： □是 □否

12. 您旅行中主要选用的交通工具（多选）：□飞机 □轮船 □火车 □巴士 □自驾车 □脚踏车 □徒步 □其他

13. 您旅游途中您最关心的事情（多选）：

□住宿 □导游 □饮食 □交通 □天气 □卫生 □安全 □其他

14. 对于您在历次旅游过程中，最不满意的是：

□旅行社导游未尽职责 □旅行社降低等级标准 □旅行社擅自变更行程安排 □旅行社配套设施不完善 □其他

15. 您认为在景区内的餐厅就餐（多选）：

□不方便 □价格偏高 □卫生条件差 □服务差

16. 您旅游最喜欢去的地方是________________

理由：________________________________

17. 您旅游去过的地方最不喜欢的是：________________

理由：________________________________

调查员______________**审核员**______________**调查时间**______________

（4）调查分析报告。

① 关于旅游目的、次数和信息来源的选择。

从这次的调研数据来看，对于旅游的目的大学生们的选择各有不同，但从分析中可看出，出于摆脱学习压力、欣赏自然风光和增长见识的大学生占多数，如图 2.7 所示。此外，大学生一年出去旅游的次数在 1～2 次的占 85%，3～5 次的占 13%，而 5 次以上的仅占 2%。

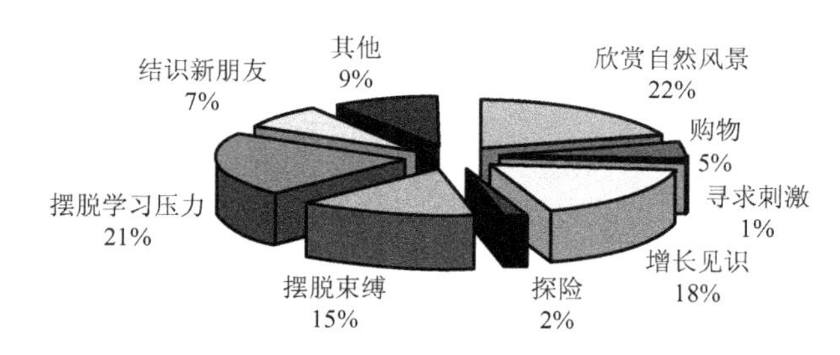

图 2.7 大学生旅游目的频率分布图

至于旅游信息的来源，主要还是以朋友之间的互相介绍为主，原因是一般朋友介绍的，总会认为是可以值得相信的旅游好地点。另外，大学生之间的互动性和相仿性也是很高的。也有一些大学生愿意从旅行社获得相关信息，因为毕竟是专业机构，信息的参考性较强。

② 关于旅游地点、方式和费用的选择。

调查资料显示，68%的人表示喜欢休闲度假村和自然景点，由于大学生就业、学习压力大，去一些自然中的景点是大部分人的首选地，那种超越自然的感觉，可以使他们暂时缓解学习压力，精神得到放松舒缓。影响大学生旅游地点的主要因素是时间和费用，因此，本市及周边地区则是学生们的首选。此外，调查结果也表明，大部分大学生比较钟情于欧洲。因为那里的历史文化、建筑风格和神秘气息深深地吸引了他们。

毋庸置疑，大学生目前的旅游方式还是以自助旅游为主，占到66%（图2.8），一般都是约三五个好友一起出游。

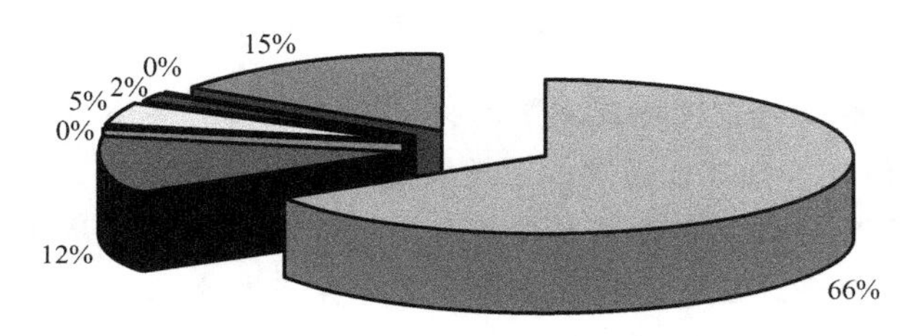

图2.8　大学生旅游方式频率分布图

大学生的旅游费用为500元以下的占了大部分（图2.9）。由于绝大多数的大学生还没有收入，生活费主要来源于父母，因此大多数人的消费观念还是比较理性的。

③ 关于旅游交通工具、住宿和就餐的选择。

至于旅游交通工具，选择乘坐火车和汽车的学生占了82%，只有2%的学生选择了飞机。关于住宿的问题，80%的人选择中小型旅馆，只有3%左右的人选择宾馆。从这次的分析数据来看，学生们普遍反映景区内就餐价格高；此外，有些景点的卫生条件和服务质量较差也是大学生比较关心的话题（图2.10）。因此，如果一个旅游景点想要吸引游客，除了价格因素外，还需要在服务水平等各方面下功夫。

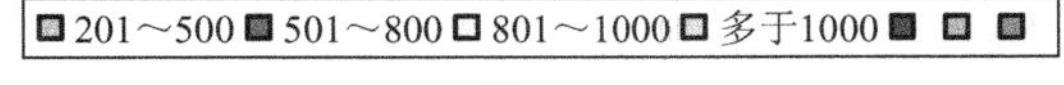

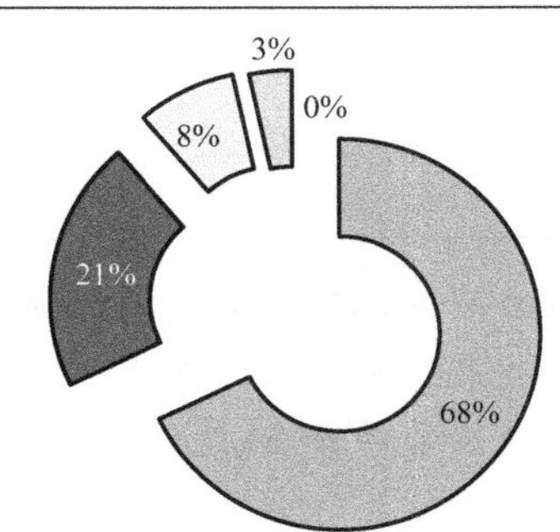

图2.9　大学生旅游费用频率分布图

④ 关于旅游影响因素的选择。

在众多影响大学生旅游的因素中，住宿、交通、天气、卫生、安全这5个方面被大学生认为对外出旅游是比较重要的。在本次调查中，大学生最为关注的就是天气因素，占了本次统计调查的33.3%。学生们大都喜欢在春、秋两季天气凉爽的时候出去旅游，因为碰上高温或阴雨天，影响旅游的好心情。另外，交通问题占了本次统计调查的34.7%。去旅游，学生们都希望不要在车上或任何其他交通工具上耽搁太久时间，因为旅游时间原本就

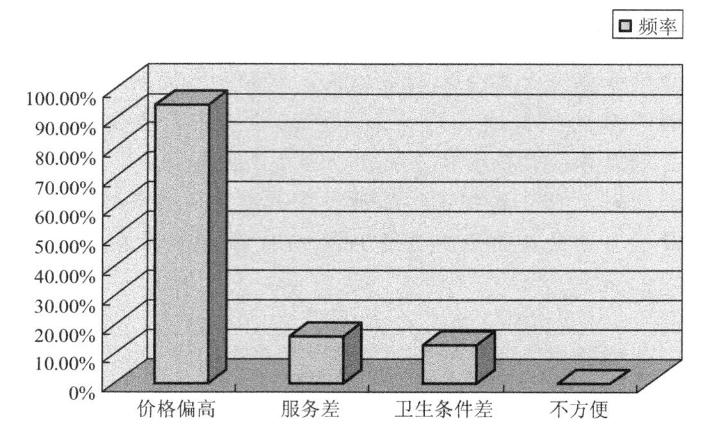

图 2.10　大学生对景区内就餐质量的评价分布图

很紧凑，这样浪费时间会让他们觉得玩得不尽兴。至于住宿、安全、卫生三者占了本次统计调查的23%，学生们认为只有住得安心、吃得放心、安全有保障，旅游起来才会开心。

综上所述，随着人民的生活水平不断提高，旅游消费变得越来越热，出外旅游已成为人们生活中必不可少的部分。在旅游群体当中，大学生是整个旅游市场的一个重要而又独立的组成部分。大学生作为社会的一个特殊群体，具有一定的经济独立能力和自我生活能力，有相对宽松的时间，具有更多的冒险精神和追梦遐想，这些促成了大学生旅游热。因此，大学生作为一支旅游生力军的地位确实不容忽视。当今全国高校数量已达2000多所，在校生人数超过2000万人，可见中国的大学生旅游是一个巨大的市场，值得旅游机构关注。

本章小结

统计主要研究现实生活中的数据，它通过收集、整理、描述和分析数据来帮助人们对事物的发展做出合理的判断，能够利用数据信息和对数据进行处理已成为信息时代每一位公民必备的素质。通过对本章的学习，要求学生能够灵活运用各种数据收集方法收集数据，掌握统计分组的方法和技巧，理解组距数列中有关概念，掌握频数分布表的编制方法。

关键术语

frequency	频数	percentage	频率
cumulative frequencies	累计频数	cumulative percentage	累计频率
bar chart	条形图	histograms chart	直方图
pie chart	饼形图	line chart	线形图

知识链接

[1] 曾艳英. 应用统计基础 [M]. 北京：机械工业出版社，2010.

[2] 贾俊平，何晓群，金勇进. 统计学 [M]. 6版. 北京：中国人民大学出版社，2015.

习 题 2

一、选择题

1. 对家用电器的平均寿命进行调查，应该采用（　　）。

A. 普查　　B. 重点调查　　C. 典型调查　　D. 抽样调查

2. 2009年6月新浪网进行的一项网络调查中，把调查问卷刊登在网站上，然后由感兴趣的网民自行填写。在回答问题的人员中有47.5%的人认为高考会改变个人一生的命运。对于此项调查，有媒体得出结论认为“全国居民中有47.5%的人认为高考会改变个人一生的命运”。这一结论（　　）。

A. 完全正确　　B. 不准确，因为没有给出置信区间

C. 不准确，因为样本缺乏对目标总体的代表性　　D. 不能确定

3. 在抽样调查中以下会造成非抽样误差的是（　　）。

A. 数据录入错误　　B. 被调查者拒答

C. 调查员编造数据　　D. 以上都对

4. 在问卷设计中，以下问题设计的最为合理的是(　　)。

A. 国家认为H1N1病毒是可防可治的，你认为呢?

B. 你喜欢足球和篮球运动吗?

C. 你经常上网吗?

D. 你上个月的总支出是多少?

5. 某组向上累计频数表示(　　)。

A. 大于该组上限的频数有多少　　B. 大于该组下限的频数有多少

C. 小于该组上限的频数有多少　　D. 小于该组下限的频数有多少

6. 某连续式组距分组数列，其末组为开口组，下限为500，又知其相邻组的组中值为480，则末组的组中值为（　　）。

A. 520　　B. 510　　C. 500　　D. 490

7. 统计分组时，若某标志值刚好等于相邻两组上、下限数值时(　　)。

A. 将此数值归入上限所在组　　B. 将此数值归入下限所在组

C. 归入这两组中任意一组均可　　D. 另立一组

8. 人口普查是（　　）。

A. 专门调查　　B. 非全面调查　　C. 经常性调查

D. 一次性调查　　E. 全面调查

9. 非全面调查方式包括（　　）。

A. 普查　　B. 抽样调查　　C. 全面统计报表　　D. 重点调查

E. 典型调查

10. 统计表从内容上看，由(　　)构成。

A. 总标题　　B. 主词　　C. 横行标题　　D. 纵栏标题

E. 宾词

二、简答题

1. 区别下列概念。

(1) 普查与统计报表。

(2) 重点调查与典型调查。

(3) 登记性误差与代表性误差。

(4) 品质标志与数量标志。

(5) 单项式分组与组距式分组。

(6) 频数与频率。

(7) 向上累计与向下累计。

2. 统计调查有哪几种主要组织形式？请分别比较它们的特点、作用和适用场合。

3. 重点调查中的重点单位和典型调查中的典型单位是怎样选取的？举例说明。

4. 问卷的基本结构是怎样的？

5. 怎样确定等距分组中的组距、组数和各组上下限？

6. 统计表从结构上看，一般要由几个部分组成？

7. 条形图、饼图、直方图和线形图各在什么情况下使用？

三、判断下列问卷中设置的问题是否存在不足之处

1. 您和您家里人对现有住房条件是否满意？

2. 绝大多数人对食堂的服务都很满意，您认为是这样吗？

3. 您对本餐厅是否满意？

4. 您是否有过婚前性行为？

5. 您最近看过电影吗？

四、计算题

1. 为了解 4 种品牌的罐装啤酒的市场占有率，在某超市随机记录了 50 名顾客购买啤酒的品牌，记录的原始数据如下：

A	B	C	C	D	B	A	D	E	C
C	B	A	D	D	B	A	A	C	B
C	C	C	A	B	A	D	A	A	C
D	C	D	A	A	A	C	B	A	C
A	C	B	D	D	A	A	C	B	C

试根据上面的资料编制频数和频率分布表。

2. 某班 40 名学生统计学考试成绩分别如下：

66	89	88	84	86	87	75	73	72	68
75	82	97	58	81	54	79	76	95	76
71	60	90	65	76	72	76	85	89	92
64	57	83	81	78	77	72	61	70	81

学校规定：60分以下为不及格，60～70分为及格，70～80分为中，80～90分为良，90～100分为优。

(1) 将该班学生分为不及格、及格、中、良、优5组，编制一张分数分配表。

(2) 指出分组标志及类型、分组方法的类型，分析本班学生的考试情况。

3. 某单位40名职工的月工资（元）情况如下：

2200，3110，2930，2890，2500，2300，2710，2450，2450，2450

2700，3200，3100，2390，2380，2470，3800，2740，3590，2410

2100，1130，1940，2510，2800，2200，2550，2570，2240，2540

2490，2600，2310，1890，2370，2610，2830，1620，2430，2430

假定组数为6，组距为500，试运用数值型数据整理的方法，采用重合组限设置进行等距分组，并计算频数分布、编制统计表和统计图。

4. 某企业生产某种零件需经6道工序，为提高质量，检查第三季度全部废品产生的原因。结果如表2-19所示。

表2-19　某企业第三季度全部废品产生的原因

工序名称	废品数/个
A_1	2600
A_2	1000
A_3	300
A_4	52
A_5	25
A_6	23
合计	4000

试绘制累计频数分布表，并进行分析。

5. 根据表2-20中数据之间的关系填空，并绘制直方图。

表2-20　变量值、频数、频率及累计频率的关系

变量值	频数	频率/%	累计频率/%
10以下			
10～30	85		44.1
30～50		21.8	
50～100	41	17.9	
100～200			94.32
200以上			
合计	229	100	

6. 填写表 2－21 中的空格，并绘制频数分布条形图。

表 2－21

按定额完成百分比分组/%	工人人数/人	频率/%	向上累计频率/%	向下累计频率/%
80～90	6			
90～100	18			
100～120	24			
120～150	12			
合计				

实际操作训练

1. 实训项目：学生饮食消费习惯的统计调查与分析

实训目的：掌握统计数据收集、整理和显示的方法，理解并会正确使用。

实训内容：学校后勤集团饮食服务中心想通过调查了解以下问题：

(1) 学生的饮食偏好。

(2) 学生对餐饮消费习惯。

(3) 学生对学校餐厅的评价及满意程度。

假设你是饮食服务中心的负责人，根据以上情况，请你：

(1) 设计出一份调查方案。

(2) 确定使用的调查方法。

(3) 设计出一份调查问卷。

(4) 收集调查数据，并进行整理，写出调查分析报告。

2. 实训项目：学生月消费支出情况调查

实训目的：掌握统计数据收集、整理和显示的方式，理解并会正确使用。

实训内容：随意抽取某专业两个班的学生，对连续 2 个月的月生活费支出情况进行调查，以此反映当代大学生的消费热点，研究学生学习生活需求。要求：

(1) 设计一个完整的调查方案

提示：调查项目应包括被调查学生的月生活费支出、生存所需的基本月生活费、学习费（学费、学习用具费、资料费等）、课外培训费、零食消费、娱乐消费（上网、看电影、郊游等）、其他消费。

(2) 设计出调查问卷。

(3) 利用课余时间实施调查。

(4) 搜集并整理原始数据资料，编制统计表，绘制合适的统计图。

(5) 将调查资料整理装订好，留待以后整理分析时使用。

案例思考与讨论

2008 北京奥运会奖牌数的分布及构成分析

2008 年 8 月 8 日至 2008 年 8 月 24 日在北京举办的第 29 届奥运会取得了巨大成功。国际奥委会主席罗格的评价是“一届真正的无与伦比的奥运会”。在本届奥运会上，中国体育代表团取得的金牌第一、奖牌总数 100 枚的历史最好成绩。在本届奥运会上，共设有奖牌 958 枚，其中金牌 302 枚，银牌 303 枚，铜牌 353 枚。表 2－22 是取得金牌总数前三名的国家所获得的奖牌分布情况。

表 2－22　取得金牌总数前三名的国家所获得的奖牌分布情况

排名	国家	男子				女子				公开组/混合组				总计			
		金	银	铜	总	金	银	铜	总	金	银	铜	总	金	银	铜	总
1	中国	24	10	8	42	27	11	19	57			1	1	51	21	28	100
2	美国	20	13	20	53	15	23	15	53	1	2	1	4	36	38	36	110
3	俄罗斯	12	8	20	40	11	13	8	32					23	21	28	72

需要分析的问题：

（1）要描述中国男、女代表队获得的奖牌数分布，你认为应该使用哪种图形？请画出这一图形。

（2）要描述中国体育代表团的奖牌总数的构成，你认为应该使用哪种图形？请画出这一图形。

（3）要比较中国、美国和俄罗斯 3 个国家的奖牌构成，你认为应该使用哪种图形？请画出这一图形。

【参考答案】

第3章

统计数据的特征描述

教学目标

通过本章的学习，要求了解数据特征测度的意义；了解数据的特征描述方法；了解集中趋势和离散程度的含义；熟练掌握集中趋势和离散程度各测度值的计算方法、不同方法的特点和应用场合。

教学要求

知识要点	能力要求	相关知识
集中趋势描述	掌握数据集中趋势的描述方法	平均数、众数、中位数、分位数
离散程度描述	掌握数据离散程度的描述方法	极差、四分位差、方差、标准差、变异系数、异众比率
分布形态描述	掌握数据分布形态的描述方法	峰度、偏度

统计数据经过整理与显示后，我们对数据分布的类型和特点就有了一个大致的了解，但这种了解只是表面上的。要进一步掌握数据分布的特征和规律，还需要找到反映数据分布特征的各个代表值。统计中对数据的特征描述主要从3个方面入手，即集中趋势的描述、离散程度的描述及分布形态的描述。

鳗鱼的公共繁殖场所

费希尔在1952年的一篇文章中举了一个例子，说明如何由基本的描述统计量的知识引出一个重要的发现。

20世纪早期，哥本哈根卡尔堡实验室的施密特发现不同地区所捕获的同种鱼类的脊椎骨和腮腺的数量有很大不同，是指在同一海湾内不同地点所捕获的同种鱼类也发现同样的倾向，然而，鳗鱼的脊椎骨的数量变化却不大。施密特从欧洲各地、冰岛、亚速尔群岛和尼罗河等几乎分离的海域里所捕获的鳗鱼的样本中，计算发现了几乎一样的均值和标准偏差值。

施密特由此推断：所有各个不同海域内的鳗鱼是由海洋中某公共场所繁殖的。后来名为“戴纳”的科学考察船在以此远征中发现了这个场所。

资料来源：[美] C. R. 劳. 统计与真理：怎样运用偶然性. 北京：科学出版社，2004.

对于此案例，施密特是如何做出推断的？在对鳗鱼样本中所计算出的均值和标准偏差值对推断有何作用么？通过本章有关样本数据的特征数的学习就可以明白其中的道理。

3.1 集中趋势的描述

集中趋势（Central Tendency）是指一组数据向某一中心值靠拢或集中的程度，测度集中趋势也就是寻找数据一般水平的代表值或中心值。在实际应用中，集中趋势的测度值主要是为了表示社会经济现象总体各单位某一标志在一定时间、地点和条件下达到的一般水平，经常被作为评价事物和决策的数量标准或参考。集中趋势的测度值主要有：平均数、众数、中位数和分位数。

3.1.1 平均数

【拓展知识】

平均数就是全部数据的算术平均，可以概括地反映全部数据的平均水平。平均数一般用 $\bar{x}$ 来表示。平均数是数据集中趋势的最主要测度值，它主要适用于数值型数据，但不适用于分类数据和顺序数据。根据所掌握数据资料的形式（即数据资料是否经过整理），我们可以将平均数分为简单平均数和加权平均数两种计算形式。

平均数掩盖贫困户

【拓展案例】

张家有钱一千万
九个邻居穷光蛋
平均起来算一算
个个都是张百万

1994年1月6日，山西日报的两位记者撰文《平均数掩盖贫困户》。文章反映，在一个户人均收入声称达千元的村里，71%的户人均纯收入不到500元，不到350元温饱线的占32%。平均数之所以达到千元，是因为村里有6户个体建筑大户的人均收入在3万元以上。

1994年3月4日，中国信息报记者撰文："根据调查测算，1993年我国农民人均纯收入的平均线已向千元大关冲刺，达921.4元，比上年增长137.4元，增长17.5%，值得注意的是，收入水平达此线的只有11个省份，占38%，这一百分数比去年下降了3个百分点，这表明，农民人均收入的平均线并不代表大多数农民的收入水平。"

《中国经济时报》2002年3月1日的《质疑"人均"统计数字》一文中报道说，中国房地产协会会长杨慎谈到，15年来，我国一直用"人均居住面积"来反映居民的住房水平，这一指标是不很科学的。当官的、有钱的永远住的都是大房子，有的别墅售楼广告牌标明200～400m^2，把那些官人和富人阶层的住房面积平均到普通老百姓的头上，这能算得上居民住房水平提高吗？

平均值是一种常用的统计指标，用来反映现象的集中趋势，然而在某些时候，平均值的描述作用会"失效"。统计学中描述现象集中趋势的指标很多，在分析过程中，我们应该根据数据的特征来选择恰当的统计指标，以求达到准确描述数据的目的。

1. 算术平均数（Mean）

1）简单算术平均数

简单算术平均数就是全部数据的算术平均数，适用于未经分组整理的原始数据资料。它是直接将各个数据相加，再除以数据个数。其计算公式为

$$\bar{x}=\frac{1}{n}\sum_{i=1}^{n}x_i \tag{3-1}$$

式中，x_1，x_2，…，x_n 是一组样本数据的观测值，n 为样本容量。

【例3.1】（未经整理的数值型数据平均数算例） 某班级20名学生的期末数学成绩（单位：分）是67，78，49，56，98，87，62，100，73，45，70，44，96，80，49，61、60，88，93，60，求该班学生的数学成绩的平均数。

解：由公式(3-1)，得

$$\begin{aligned}\bar{x}&=\frac{1}{n}\sum_{i=1}^{n}x_i\\&=\frac{1}{20}\times(67+78+49+56+98+87+62+100+73+45+\\&\quad 70+44+96+80+49+61+60+88+93+60)\\&=70.8(\text{分})\end{aligned}$$

即该班学生的数学平均成绩是70.8分。

2）加权算术平均数

加权算术平均数适用于已经分组整理并编制出频数分布的数据资料。它是通过各组标志值与各组频数相乘的总和除以各组频数之和得到的。其计算公式为

$$\bar{x}=\frac{\sum_{i=1}^{n}x_if_i}{\sum_{i=1}^{n}f_i}=\sum_{i=1}^{n}x_i\frac{f_i}{\sum_{i=1}^{n}f_i} \tag{3-2}$$

式中，x_i 是单项式分组形式下第 i 组的变量值或组距式分组形式下第 i 组的组中值；f_i 是第 i 组的频数；$\frac{f_i}{\sum_{i=1}^{n}f_i}$ 是第 i 组的频率；n 为组数。

【例 3.2】（已经整理的单项式分组数值型数据平均数算例） 根据第 2 章中的表 2－6 中的数据资料计算某单位职工的平均家庭人口数。

解： 显然，表 2－6 是一个单项式频数分布表。列表 3－1 如下：

表 3－1 职工家庭平均人口数的辅助计算表

家庭人口数 x_i	频数 f_i/户	频率 $\frac{f_i}{\sum_{i=1}^{n} f_i}$	$x_i \frac{f_i}{\sum_{i=1}^{n} f_i}$
1	7	0.027	0.027
2	38	0.149	0.298
3	105	0.412	1.236
4	54	0.212	0.848
5	31	0.122	0.610
6	20	0.078	0.468

由公式(3－2)，得

$$\bar{x} = \frac{\sum_{i=1}^{n} x_i f_i}{\sum_{i=1}^{n} f_i} = \sum_{i=1}^{n} x_i \frac{f_i}{\sum_{i=1}^{n} f_i}$$

$$= 0.027 + 0.298 + 1.236 + 0.848 + 0.610 + 0.468$$

$$= 3.487(\text{人})$$

即某单位职工的平均家庭人口数是 3.487 人。

【例 3.3】（已经整理的组距式分组数值型数据平均数算例） 根据第 2 章中的表 2－7 中的数据资料计算某单位某种产品的平均销售量的近似值。

解： 显然，表 2－7 是一个组距式频数分布表。列表 3－2 如下：

表 3－2 产品平均销售量的辅助计算表

按销售量分组/台	组中值 x_i	频数/天 f_i	频率 $\frac{f_i}{\sum_{i=1}^{n} f_i}$	$x_i \frac{f_i}{\sum_{i=1}^{n} f_i}$
140～150	145	4	0.0333	4.8285
150～160	155	9	0.0750	11.625
160～170	165	16	0.1333	21.9945
170～180	175	27	0.2250	39.375
180～190	185	20	0.1667	30.8395
190～200	195	17	0.1417	27.6315
200～210	205	10	0.0833	17.0765
210～220	215	8	0.0667	14.3405
220～230	225	4	0.0333	7.4925
230～240	235	5	0.0417	9.7995

由公式(3-2)，得

$$\bar{x}=\frac{\sum_{i=1}^{n}x_if_i}{\sum_{i=1}^{n}f_i}=\sum_{i=1}^{n}x_i\frac{f_i}{\sum_{i=1}^{n}f_i}$$

$$=4.8285+11.625+21.9945+39.375+30.8395+27.6315+17.0765+14.3405+7.4925+9.7995$$

$$=185.003(\text{台})$$

即某种产品的平均销售量是185.003台。

知识要点提醒

算术平均数的若干数学性质

(1) 平均数与总体单位数的积等于总体标志总量。

(2) 若每个变量值（x）加减一任意常数 α，则平均数也加减这个任意值 α。

(3) 若每个变量值（x）乘以一任意常数 α，则平均数也乘以这个任意值 α。

(4) 若每个变量值（x）除以一任意常数 α，则平均数也除以这个任意值 α。

(5) 各个变量值（x）与算术平均数 $\bar{x}$ 的离差和为零。

(6) 各个变量值（x）与算术平均数 $\bar{x}$ 的离差平方和为最小值。

2. 调和平均数

在实际问题中，由于所获得的观测数据有时不能直接采用算术平均数的计算公式，因此可以使用调和平均数（Harmonic Mean）的形式。

1）简单调和平均数

简单调和平均数是各个观测数据倒数的算术平均数的倒数。适用于未经分组整理的原始数据资料。其计算公式为

$$H=\frac{1}{\frac{\frac{1}{x_1}+\frac{1}{x_2}+\cdots+\frac{1}{x_n}}{n}}=\frac{n}{\frac{1}{x_1}+\frac{1}{x_2}+\cdots+\frac{1}{x_n}}=\frac{n}{\sum_{i=1}^{n}\frac{1}{x_i}} \tag{3-3}$$

2）加权调和平均数

加权调和平均数适用于已经分组整理并编制出频数分布的数据资料。其计算公式为

$$H=\frac{m_1+m_2+\cdots+m_n}{\frac{m_1}{x_1}+\frac{m_2}{x_2}+\cdots+\frac{m_n}{x_n}}=\frac{\sum_{i=1}^{n}m_i}{\sum_{i=1}^{n}\frac{m_i}{x_i}} \tag{3-4}$$

式中，m_i表示第 i 个单位或第 i 组标志值对应的标志总量。

当各组标志总量相等，即 $m_1=m_2=\cdots=m_n=m$ 时，公式(3-4)就变成了公式(3-3)的形式。即

$$H=\frac{\sum_{i=1}^{n}m_i}{\sum_{i=1}^{n}\frac{m_i}{x_i}}=\frac{nm}{m\sum_{i=1}^{n}\frac{1}{x_i}}=\frac{n}{\sum_{i=1}^{n}\frac{1}{x_i}} \tag{3-5}$$

事实上，调和平均数也是算术平均数的变形。下面举例说明公式(3－3)和公式(3－4)的含义及应用。

【例3.4】(简单调和平均数算例) 某超市香蕉、梨、苹果某日的销售价格分别是1.5元/斤、0.7元/斤、1.2元/斤，若3种水果各买3元钱，求该日3种水果的平均销售价格。

解： 从平均销售价格的实际意义出发，则平均销售价格＝销售额/销售量，而

$$销售额=3+3+3=3\times(1+1+1)=3\times3$$

$$销售量=\frac{3}{1.5}+\frac{3}{0.7}+\frac{3}{1.2}=3\times\left(\frac{1}{1.5}+\frac{1}{0.7}+\frac{1}{1.2}\right)$$

故平均销售价格为

$$H=销售额/销售量=\frac{3}{\frac{1}{1.5}+\frac{1}{0.7}+\frac{1}{1.2}}\approx\frac{3}{2.92857}\approx1.02439(元/斤)$$

此题可直接应用简单调和平均数公式(3－3)计算，即

$$H=\frac{n}{\sum_{i=1}^{n}\frac{1}{x_i}}=\frac{3}{\frac{1}{1.5}+\frac{1}{0.7}+\frac{1}{1.2}}\approx\frac{3}{2.92857}\approx1.02439(元/斤)$$

【例3.5】(加权调和平均数算例) 某超市香蕉、梨、苹果某日的销售数据如表3－3所示，计算3种水果该日的平均销售价格。

表3－3 某日3种水果的销售情况表

水果名称	销售价格/(元/斤)	销售额/元
香蕉	1.5	4500
梨	0.7	3500
苹果	1.2	7200
合计	—	15200

解： 从平均销售价格的实际意义出发，则平均销售价格＝销售额/销售量，而

$$销售量=销售额/销售价格=\frac{4500}{1.5}+\frac{3500}{0.7}+\frac{7200}{1.2}=14000(斤)$$

故平均销售价格为

$$H=\frac{4500+3500+7200}{14000}=\frac{15200}{14000}\approx1.0857(元/斤)$$

此例题可直接应用加权调和平均数公式(3－4)计算，即

$$H=\frac{\sum_{i=1}^{n}m_i}{\sum_{i=1}^{n}\frac{m_i}{x_i}}=\frac{4500+3500+7200}{\frac{4500}{1.5}+\frac{3500}{0.7}+\frac{7200}{1.2}}\approx1.0857(元/斤)$$

此例题若给出三种水果的销售价格分别是1.5元、0.7元、1.2元，销售量分别是3000、5000、6000斤，求其平均销售价格，则应用加权算术平均数公式即可，即

$$\bar{x}=\frac{销售额}{销售量}=\frac{\sum_{i=1}^{n}x_i f_i}{\sum_{i=1}^{n}f_i}=\frac{1.5\times3000+0.7\times5000+1.2\times6000}{3000+5000+6000}\approx1.0857(元/斤)$$

可见，采用两种计算公式所得结果完全相同。也就是说，调和平均数是算术平均数的另一种表现形式，只是二者计算时使用了不同的数据。在根据分组资料计算平均数时，若已知条件为各组的变量值（x_i）及其各组变量值总和（m_i）时，可采用加权调和平均数法计算平均数；若已知条件为各组的变量值（x_i）及其各组的频数（f_i）时，可采用加权算术平均数法计算平均数。

3. 几何平均数

几何平均数（Geometric Mean）的应用范围比较窄，通常用于计算平均比率和平均速度，即用于时间上有联系或有先后顺序关系的比率求平均。

1）简单几何平均数

简单几何平均数适用于未经分组整理的原始数据资料。其计算公式为

$$G=\sqrt[n]{x_1x_2\cdots x_n}=(\prod x_i)^{\frac{1}{n}} \tag{3-6}$$

2）加权几何平均数

加权几何平均数适用于已经分组整理并编制出频数分布的数据资料。其计算公式为

$$G=\sqrt[\sum_{i=1}^{n}f_i]{x_1^{f_1}x_2^{f_2}\cdots x_n^{f_n}}=\sqrt[\sum f_i]{\prod x_i^{f_i}} \tag{3-7}$$

【例3.6】（简单几何平均数算例） 某工艺品需要经过四道工序加工而成。已知第一道工序加工合格率为96%，第二道工序加工合格率为98%，第三道工序加工合格率为90%，第四道工序加工合格率为93%，求四道工序加工的平均合格率。

解：由公式(3-6)，得

$$G=\sqrt[n]{x_1x_2\cdots x_n}=\sqrt[4]{x_1x_2x_3x_4}=\sqrt[4]{0.96\times0.98\times0.90\times0.93}\approx0.942$$

即四道工序加工的平均合格率为94.2%。

【例3.7】（加权几何平均数算例） 某农场2003—2014年粮食产量增加值发展速度如表3-4所示。试计算该农场这一期间粮食产量增加值的平均发展速度。

表3-4 某农场粮食产量增加值发展速度

环比发展速度/%	时　期	次数 f
102	2003—2006	3
104	2006—2011	5
98	2011—2012	1
103	2012—2014	2

解：由公式(3-7)，得

$$G=\sqrt[\sum_{i=1}^{n}f_i]{x_1^{f_1}x_2^{f_2}\cdots x_n^{f_n}}=\sqrt[11]{1.02^3\times1.04^5\times0.98^1\times1.03^2}\approx102.71\%$$

需要说明的是，平均数是管理领域中应用最广泛的集中趋势测度值，几乎任何统计推断都离不开平均数。平均数的计算利用了全体数据，但却是一个容易受到数据中极端值影响的代表值，这个缺点有时会影响平均数的代表性。简单平均数大小只与变量值的大小有关；而加权平均数的大小不仅受各组组中值大小的影响，还受各组变量出现的频数即权数大小的影响。在这里，权数起权衡轻重的作用。如果某一组的权数较大，则说明该组的数据较多，那么该组数据的大小对均值的影响就越大，反之就越小。

【拓展知识】

知识要点提醒

平均值计算结果的说明

(1) 根据原始数据和分组资料计算的结果一般不会完全相等，根据分组数据只能得到近似结果。

(2) 只有各组数据在组内呈对称或均匀分布时，根据分组资料的计算结果才会与原始数据的计算结果一致。

3.1.2 众数

众数 (Mode) 是一组数据中出现次数最多的那个标志值，一般用 Mo 表示。从数据的分布层面看，频数分布中最常出现的标志值说明其最具有代表性，因此，众数也可以概括地反映全部数据的一般水平。在实际应用中，众数能够告诉我们最普遍、最流行的现象的特征，因而有助于进行科学的决策。众数主要适用于分类数据、顺序数据及数值型数据。

根据众数的定义，众数是频数分布中频数或频率最大的数值。因此，为了确定众数，必须先对数据资料进行分组，编制频数分布。众数的计算方法根据数据资料的分组方式不同而不同，一般可以分为根据品质型分组数据计算众数、根据单项式分组数据计算众数和根据组距式分组数据计算众数 3 种计算形式。

1. 根据品质型和单项式分组数据计算众数

这两种情况比较简单，只需要直接判断哪一组的频数最多，该组的标志值就是众数。

【例 3.8】(分类数据众数算例) 某城市居民关注广告类型的频数分布如表 3-5 所示，试确定广告类型的众数。

表 3-5 某城市居民关注广告类型的频数分布

广告类型	频数/人	频率/%
商品广告	112	56.0
服务广告	51	25.5
金融广告	9	4.5
房地产广告	16	8.0
招生招聘广告	10	5.0
其他广告	2	1.0
合计	200	100

解：这是一组根据分类数据所编制的频数分布表，其分组标志是广告类型。在表3-5中，居民关注最多的广告是商品广告，高达56%。由众数的定义可知，“商品广告”就是众数，即 Mo=商品广告。

【例3.9】（顺序数据众数算例） 某城市家庭对住房状况评价的频数分布如表3-6所示，试确定家庭对住房满意程度的众数。

表3-6 某城市家庭对住房状况评价的频数分布

满意程度	频数/户	频率/%
非常不满意	24	8
不满意	108	36
一般	93	31
满意	45	15
非常满意	30	10
合计	300	100

解：这是一组根据顺序数据所编制的频数分布表，其分组标志是满意程度。在表3-6中，家庭对住房状况评价最多的是不满意，达到36%。由众数的定义可知，“不满意”就是众数，即 Mo=不满意。

【例3.10】（单项式数值型数据众数算例） 某公司产品开发部有10名工作人员，他们在该公司的工作年限是2、4、3、3、3、2、1、5、6、3年，求他们工作年限的众数。

解：这是一组未经整理过的数值型数据。在计算众数之前，先对数据进行分组整理并编制频数分布表。其分组标志是工作年限，所得到的是一个单项式数值型频数分布表。

表3-7 工作人员的工作年限的频数分布

工作年限	频数/人	频率/%
1	1	10
2	2	20
3	4	40
4	1	10
5	1	10
6	1	10
合计	10	100

在表3-7中，工作年限是3年的人数最多，占40%。由众数的定义可知，众数是4，即 Mo=3。

2. 根据组距式分组数据计算众数

对于组距式分组数据，计算众数时首先要确定众数所在组，即众数组。在等距分组条件下，众数组就是出现次数最多的组。然后通过下面的下限公式或上限公式来计算众数。

下限公式：

$$Mo=L+\frac{\Delta_1}{\Delta_1+\Delta_2}\times d \tag{3-8}$$

上限公式：

$$Mo=U-\frac{\Delta_2}{\Delta_1+\Delta_2}\times d \tag{3-9}$$

式中，L、U 分别为众数组的下限和上限；Δ_1 是众数组与其前一组的频数之差；Δ_2 是众数组与其后一组的频数之差；d 是众数组的组距。

【例 3.11】（组距式数值型数据众数算例） 某商业银行有 40 个企业贷款，其数据整理如表 3－8 所示，据此计算企业贷款的众数。

表 3－8 商业银行企业贷款的频数分布

贷款数/万元	企业数/个
小于 300	2
300～700	6
700～1100	**13**
1100～1500	5
1500～1900	3
1900～2300	6
2300～2700	1
2700～3100	3
3100 及以上	1
合计	40

解： 这是一组根据组距式数值型数据所编制的频数分布表，而且是等距分组。由表 3－8 可以看出，众数组是 700～1100，$L=700$，$\Delta_1=13-6=7$，$\Delta_2=13-5=8$，$d=1100-700=400$。

由下限公式可得

$$Mo=L+\frac{\Delta_1}{\Delta_1+\Delta_2}\times d=700+\frac{7}{7+8}\times 400\approx 886.667(\text{万元})$$

需要说明的是，众数是一个位置特征数，它不受数据中极端值的影响，是品质型数据集中趋势的常用测度值。

3.1.3 中位数

中位数（Median）是将一组数据按一定顺序排列后，处于中间位置上的变量值，一般用 Me 表示。中位数将全部数据等分成两部分，一半数据比中位数大，另一半数据则比中位数小。中位数是位置代表值，它主要适用于顺序数据和数值型数据。根据所掌握数据资料的形式（即数据资料是否经过整理），可以将中位数分为两种计算形式。

1. 根据未分组数据计算中位数

根据未分组数据计算中位数时，先对数据进行排序，然后确定中位数的位置，最后确

定中位数的具体值。其公式为

$$中位数位置=\frac{n+1}{2} \tag{3-10}$$

式中，n 为数据的个数。若 n 为奇数，则中位数为对应于中位数位置的那个数值；若 n 为偶数，则中位数为对应于中位数位置左右相邻的两个数值的平均值。

【例 3.12】（数值型未分组数据的中位数算例） 在某中学随机抽取样本容量为 8 和 9 的两组样本数据，以调查教师的家庭月收入（单位：元）情况。

第一组数据：2300，3500，2900，4500，7000，3000，8100，3200

第二组数据：9200，3100，2700，4600，7800，3400，2600，6700，5000

试分别计算两组数据的中位数。

解：对于第一组数据，$n=8$，按从小到大顺序的排序结果为

	2300	2900	3000	3200	3500	4500	7000	8100
数据位置：	1	2	3	4	5	6	7	8

$$中位数位置=(n+1)/2=(8+1)/2=4.5$$

故

$$Me=(3200+3500)/2=3350(元)$$

对于第二组数据，$n=9$，按从小到大顺序的排序结果为

	2600	2700	3100	3400	4600	5000	6700	7800	9200
数据位置：	1	2	3	4	5	6	7	8	9

$$中位数位置=(n+1)/2=(9+1)/2=5$$

故

$$Me=4600(元)$$

2. 根据分组数据计算中位数

根据分组数据计算中位数时，数据的个数 $n=\sum f$，即各组频数之和。此时，

$$中位数位置=\frac{\sum f}{2} \tag{3-11}$$

再根据累积频数确定中位数所在组，然后再确定中位数的具体值。

（1）对于单项式分组数据，确定中位数所在的组之后，该组的变量值就是中位数。

【例 3.13】（顺序数据的中位数算例） 某高校对管理学院大学一年级的高等数学的期末考试成绩进行抽样调查，调查数据如表 3-9 所示。求学生考试成绩的中位数。

表 3-9 学生考试成绩的频数分布

考试成绩	学生人数/人	向上累计学生数
不及格	30	30
及格	45	75
中	93	168
良	108	276
优	24	300
合计	300	—

解：n=300，则

$$中位数位置=\frac{n}{2}=300/2=150$$

从向上累计学生数看，中位数应该在第三组，所以，Me=中。

【例 3.14】（单项式分组数据的中位数算例） 某大学研究生导师每年指导研究生的人数如表 3-10 所示，计算研究生人数的中位数。

表 3-10 研究生人数的频数分布

研究生人数	研究生导师数/人	向上累计	向下累计
1	25	25	150
2	38	63	125
3	56	119	87
4	21	140	31
5	8	148	10
6	2	150	2
合计	150	—	—

解：n=150，则

$$中位数位置=\frac{n}{2}=150/2=75$$

无论从向上累计还是从向下累计研究生导师数看，中位数都应该在第三组，所以，Me=3。

（2）对于组距式分组数据，确定中位数所在的组之后，通过下面的下限或上限公式计算中位数。

下限公式：

$$Me=L_{Me}+\frac{\frac{n}{2}-S_{Me-1}}{f_{Me}}\times d_{Me} \tag{3-12}$$

上限公式：

$$Me=U_{Me}-\frac{\frac{n}{2}-S_{Me+1}}{f_{Me}}\times d_{Me} \tag{3-13}$$

式中，L_{Me} 表示中位数所在组的下限；U_{Me} 表示中位数所在组的上限；S_{Me-1} 表示向上累计至中位数所在组前一组的频数；S_{Me+1} 表示向下累计至中位数所在组后一组的频数；f_{Me} 表示中位数所在组的频数；d_{Me} 表示中位数所在组的组距；n 表示各组频数之和。

【例 3.15】（组距式分组数据的中位数算例） 计算例 3.11 中某商业银行企业贷款的中位数。

解：根据表 3-8 中的数据资料，计算出企业贷款的累计频数，如表 3-11 所示。

表 3-11　商业银行企业贷款的累计频数表

贷款数/万元	企业数/个	向上累计企业数	向下累计企业数
小于 300	2	2	40
300～700	6	8	38
700～1100	**13**	**21**	**32**
1100～1500	5	26	19
1500～1900	3	29	14
1900～2300	6	35	11
2300～2700	1	36	5
2700～3100	3	39	4
3100 及以上	1	40	1
合　　计	40	—	—

$n=40$，则中位数位置$=40/2=20$，无论从向上累计还是从向下累计企业数看，中位数都应该在第三组，所以，中位数所在组是 700～1100。

$L_{Me}=700$，$S_{Me-1}=8$，$S_{Me+1}=19$，$f_{Me}=13$，$d_{Me}=1100-700=400$。由下限公式知，

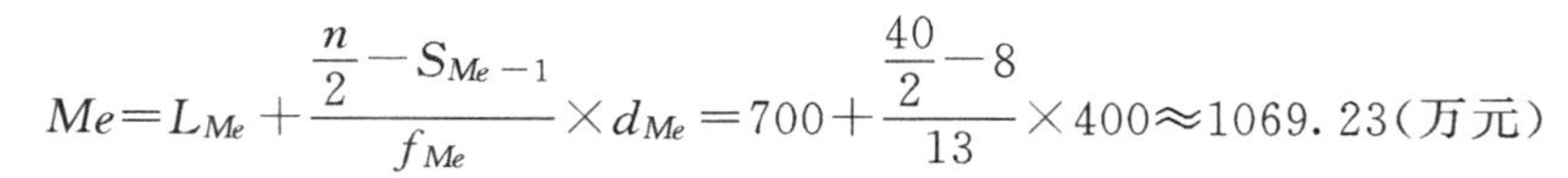

$$Me=L_{Me}+\frac{\frac{n}{2}-S_{Me-1}}{f_{Me}}\times d_{Me}=700+\frac{\frac{40}{2}-8}{13}\times 400\approx 1069.23(\text{万元})$$

【拓展知识】

需要说明的是，中位数很容易测定，它是一个位置代表值，不受极端值的影响，特别适宜于分布的偏斜程度较大和数据中存在极端值时的集中趋势描述。因此，在统计应用中，通常利用中位数反映收入、财产等数据的集中趋势。

知识要点提醒

平均数、中位数、众数的特点

算术平均数：①易受极端值影响；②数学性质优良，主要用于数值型数据；③数据对称分布或接近对称分布时应用。

中位数：①不受极端值影响；②数据分布偏斜程度较大时应用；③主要用于顺序数据。

众数：①不受极端值影响；②具有不唯一性；③数据分布偏斜程度较大时应用；④主要用于分类数据。

3.1.4　分位数

分位数是衡量数据位置的测定指标，与中位数相类似，它可以将一组数据顺序排列后，分割成 4 个、10 个、100 个相等部分等，等分后各分位点上的值分别称为四分位数(Quartile)、十分位数（Decile）和百分位数（Percentile）。分位数主要适用于顺序数据，

也可用于数值型数据，但不能用于分类数据。这里，我们重点介绍四分位数的计算，其他分位数与之类似。

四分位数就是一组数据排序后处于 25%和 75%位置上的值，也称为四分位点。四分位数有 3 个，分别是位于排序数据的 1/4、2/4 和 3/4 位置上的数值。显然，中位数就是中间的四分位数。通常所说的四分位数是指处在 1/4 位置上的数值（下四分位数）和处在 3/4 位置上的数值（上四分位数）。根据所掌握数据资料的形式（即数据资料是否经过整理），我们可以将四分位数分为两种计算形式。

1. 根据未分组数据计算四分位数

根据未分组数据计算中位数时，先对数据进行排序，然后确定四分位数所处的位置。计算公式为

$$Q_i\text{位置}=\frac{i(n+1)}{4},\quad i=1,2,3 \tag{3-14}$$

式中，Q_i是第 i 个四分位数，n 是数据个数。

若用 Q_L表示下四分位数（Lower Quartile），Q_U表示上四分位数（Upper Quartile），则 Q_L位置$=\frac{(n+1)}{4}$，Q_U位置$=\frac{3(n+1)}{4}$，Q_e位置$=\frac{2(n+1)}{4}$是中位数位置。

【例 3.16】（数值型未分组数据的四分位数算例） 计算例 3.12 中两组数据的四分位数。

解： 对于第一组数据，$n=8$，按从小到大顺序的排列结果为

	2300	2900	3000	3200	3500	4500	7000	8100
数据位置：	1	2	3	4	5	6	7	8

Q_L位置$=\frac{(n+1)}{4}=\frac{8+1}{4}=2.25$，$Q_U$位置$=\frac{3(n+1)}{4}=\frac{3\times(8+1)}{4}=6.75$

故

$$Q_L=2900+0.25\times(3000-2900)=2925(\text{万元})$$
$$Q_U=4500+0.75\times(7000-4500)=6375(\text{万元})$$

对于第二组数据，$n=9$，按从小到大顺序的排序结果为

	2600	2700	3100	3400	4600	5000	6700	7800	9200
数据位置：	1	2	3	4	5	6	7	8	9

$$Q_L\text{位置}=\frac{(n+1)}{4}=\frac{9+1}{4}=2.5，Q_U\text{位置}=\frac{3(n+1)}{4}=\frac{3\times(9+1)}{4}=7.5$$

故

$$Q_L=2700+0.5\times(3100-2700)=2900(\text{万元})$$
$$Q_U=6700+0.5\times(7800-6700)=7250(\text{万元})$$

2. 根据分组数据计算四分位数

根据分组数据计算四分位数时，数据的个数 $n=\sum f$，即各组频数之和。此时，首先要确定四分位数所在组，Q_L组位置$=\frac{n}{4}$，Q_U组位置$=\frac{3n}{4}$。然后再根据各组的累积频数确定四分位数的具体值。

（1）对于单项式分组数据，确定四分位数所在的组之后，该组的变量值就是四分位数。

（2）对于组距式分组数据，确定四分位数所在的组之后，类似于中位数的计算方法，通过下面的公式来计算四分位数。

$$Q_L = L_1 + \frac{\frac{n}{4} - S_{M1-1}}{f_{Q1}} \times d \tag{3-15}$$

$$Q_U = L_3 + \frac{\frac{3n}{4} - S_{M3-1}}{f_{Q3}} \times d \tag{3-16}$$

式中，L_1、L_3分别表示下四分位数和上四分位数所在组的下限；S_{M1-1}和S_{M3-1}分别表示下四分位数和上四分位数所在组以下各组的向上累计频数；f_{Q1}和f_{Q3}分别表示下四分位数和上四分位数所在组的频数；d表示下四分位数和上四分位数所在组的组距；n表示各组频数之和。

【例 3.17】（数值型分组数据的四分位数算例） 计算例 3.11 中数据的四分位数。

解：根据表 3-8 中的数据资料，计算出企业贷款的向上累计频数，如表 3-12 所示。

表 3-12 商业银行企业贷款的向上累计频数表

贷款数/万元	企业数/个	向上累计企业数
小于 300	2	2
300～700	6	8
700～1100	**13**	**21**
1100～1500	5	26
1500～1900	3	29
1900～2300	**6**	**35**
2300～2700	1	36
2700～3100	3	39
3100 及以上	1	40
合　计	40	—

$n=40$，Q_L组位置$=\frac{n}{4}=10$，Q_U组位置$=\frac{3n}{4}=30$。从向上累计企业数看，下四分位数Q_L应该在第三组，即 700～1100；上四分位数Q_U应该在第六组，即 1900～2300。

$L_1=700$，$L_3=1100$；$S_{M1-1}=8$，$S_{M3-1}=29$；$f_{Q1}=13$，$f_{Q3}=6$；$d=1100-700=2300-1900=400$。由公式(3-15) 和公式(3-16)，得

$$Q_L = L_1 + \frac{\frac{n}{4} - S_{M1-1}}{f_{Q1}} \times d = 700 + \frac{\frac{40}{4} - 8}{13} \times 400 \approx 761.54\ (\text{万元})$$

$$Q_U = L_3 + \frac{\frac{3n}{4} - S_{M3-1}}{f_{Q3}} \times d = 1900 + \frac{\frac{3\times 40}{4} - 29}{6} \times 400 \approx 1966.67(\text{万元})$$

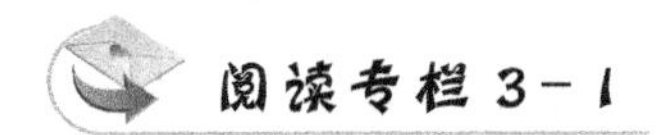

如何看待和使用平均数

平均指标是反映客观现象总体各单位某一数量标志一般水平的综合指标，其数值表现为平均数，故又称统计平均数。例如，某村播种冬小麦 100 亩，各个地块的小麦产量是不同的，有的高有的低。因此，为了正确地说明该村小麦产量的一般水平，就需要计算亩产量。假设该村小麦总产量 46000 斤，则平均亩产 460 斤。这 460 斤就是统计平均数。它具有两个特征：

(1) 它用一个代表性数值说明被研究总体的一般水平。

(2) 它把被研究总体某一数量标志在总体各个单位之间的差异抽象化了。

即把各个地块的小麦产量在数量上的差异给抽象化了，得到的是一个代表该村小麦产量一般水平的数值。

计算平均数的最常用的方法是简单算术平均数和加权算术平均数。

在上例中就是分别将各个地块的小麦产量直接相加得到总产量，再除以总亩数，得到平均亩产量。

加权算术平均数是将变量乘权数求出标志总量，把权数相加求出总体总量，然后按上述公式计算出平均数。该方法适用于复杂社会经济现象的统计分组资料计算平均数的情形。若将各个地块的产量按不同产量水平分成若干组，先将各组产量乘以各组的地块数求出各组的总产量后，相加求得全部地块的总产量，再除以地块总数，则这样计算的平均亩产量称为加权算术平均数。

使用平均数时应注意了解平均数的特点，在运用算术平均数时要特别注意极端值的影响，当数据中出现特大或特小值时，平均数的代表性将减弱。这时为了克服平均数掩盖下的总体内部构成变化的影响，需要计算组平均数来补充说明总平均数，有时也采用中位数和众数的方法来代表总体的一般水平。

中位数是将总体各单位某一数量标志值按大小顺序排列，处于数列中间位置的标志值即为中位数。例如，有 7 名工人生产某种产品，每个人的日产量（件）按顺序排列为 4，6，6，8，9，12，14，第 4 名工人处于中间位置，他的日产量 8 件即为中位数。又如，有 8 名工人，其日产量排列顺序为 4，6，6，8，9，12，14，15，则中间位置是处于第 4 名和第 5 名之间，故中位数为（8+9）÷2=8.5 件。众数是总体中出现次数最多的标志值，可以作为总体一般水平的近似值。例如，为了掌握集市上某种商品的价格水平，可用市场上最多成交量的价格来代表该商品的价格水平。中位数、众数都是位置型平均数，不受极端值的影响，当总体资料分布均匀呈对称形式时，算术平均数、中位数、众数是一致的。当总体资料为非对称分布时，三者之间会产生差异，分布偏斜程度越大，三者的差异越大，故中位数和众数不经常使用。

资料来源：天津统计信息网 http：//www. stats - tj. gov. cn.

3.1.5 集中趋势各测定指标之间的关系

【拓展知识】

作为集中趋势测定值的常用指标，众数、中位数和均值三者之间存在一定的数量关系，其数量关系的体现取决于资料的频数分布。

在对称的正态分布条件下，算术平均数等于众数等于中位数：$\bar{x}=Mo=Me$。在非对称正态分布的情况下，众数、中位数和平均数三者的差别取决于偏斜的程度。偏斜的程度越大，它们之间的差别越大；偏斜的程度越小，它们之间的差别越小。

当频数分配呈右偏（正偏）时，算术平均数受极大值的影响，一般有 $\bar{x}>Me>Mo$。

当频数分配呈左偏（负偏）时，算术平均数受极小值的影响，一般有 $\bar{x}<Me<Mo$。

在数量数据中，当数据呈现对称分布或近似对称分布时，以算术平均数作为集中趋势的代表值最好；当分布的偏斜程度较大时，算术平均数容易受到极端值的影响，不能很好地反映数据集中趋势，就有必要考虑使用中位数或众数。

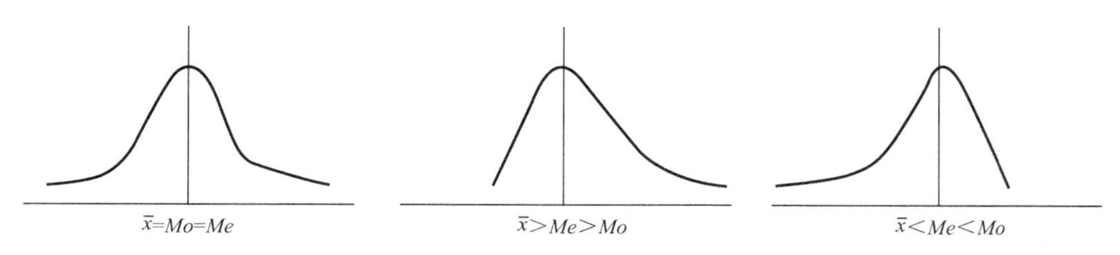

图 3.1　不同分布的众数、中位数和均值

3.2　离散程度的描述

数据的离散程度是数据分布的另一个重要特征，它所反映的是各变量值远离其集中趋势测度值的程度。集中趋势测度值作为一组数据的代表值，它的代表程度取决于该组数据的离散程度。数据的离散程度越大，集中趋势测度值对该组数据的代表性就越差；离散程度越小，其代表性就越好。在对总体进行综合分析时，将集中趋势测度值和离散程度测度值互相配合、互相补充，可以对总体进行比较全面的观察。描述数据的离散程度常用的测度值主要有极差、方差和标准差。

【拓展知识】

阅读案例 3-2

300 元平均工资的背后

李小姐有一个小工厂，管理人员有李小姐、6个亲戚；工作人员有5个领工、10个工人和1名学徒（现有员工工资如表3-13所示）。现在工厂需要增加一个新的工人。小张应征而来，与李小姐交谈。李小姐说："我们这里的报酬不错，平均工资是每周300元。"小张工作几天后，找到李小姐说："你欺骗了我，我已经问过其他工人，没有一个工人的工资超过每周200元，平均工资怎么可能是一周300元呢？"李小姐说："小张，平均工资是300元，不信，你看这张工资表。"

表 3-13　现有员工工资表

人员	李小姐	亲戚	领工	工人	学徒	合计
工资 x/元	2200	250	220	200	100	—
人数 f/人	1	6	5	10	1	23
$f\cdot x$/元	2200	1500	1100	2000	100	6900

从工资表可以看出，该厂平均工资尽管较高，但由于个体工资相差太大，平均数对整体的代表性较差。

这个案例说明在实际应用中，仅有平均数是不够的，还要考虑到数据的离散程度。在数据相对比较集中时，平均数才具有代表性。

3.2.1 极差和四分位差

1. 极差（Range）

极差也称为全距，是最简单、最直观的度量数据离散程度的方法，常用 R 表示。根据掌握的数据资料的不同形式，极差的计算方法有所不同。

1）根据未分组或单项式分组数据资料计算极差

对于未分组或单项式分组的数据资料，极差是一组数据的最大值与最小值之差，其计算公式为

$$R=\max(x_i)-\min(x_i) \tag{3-17}$$

2）根据组距式分组数据资料计算极差

对于组距式分组数据资料，极差也可以近似表示为：R=末组上限值－首组下限值。

2. 四分位差（Quartile deviation）

四分位差也称为内距，是下四分位数和上四分位数之差，常用 Q_d 表示。其计算公式为

$$Q_d=Q_U-Q_L \tag{3-18}$$

四分位差反映了中间50%的数据的离散程度，它不受极端值的影响，在一定程度上克服了用极差描述数据离散程度的不足。此外，中位数经常与四分位差结合使用。由于中位数处于数据的中间位置，因此四分位差的大小在一定程度上也说明了中位数对一组数据的代表程度。

【拓展案例】

3.2.2 方差和标准差

方差（Variance）与标准差（Standard Deviation）是测定一组数据离散程度的最常用的测度值，它反映了每个数据与其平均数相比平均相差的数值。方差是各变量值与其平均数离差平方的平均数，而标准差是方差的算术平方根。一般地，方差用 s^2 表示，而标准差用 s 表示。

根据掌握的数据资料的不同形式，方差和标准差的计算方法有所不同。

【拓展知识】

1. 根据未分组数据资料计算方差和标准差

对于未分组数据资料，方差和标准差的计算公式分别为

$$s^2=\frac{1}{n-1}\sum_{i=1}^{n}(x_i-\bar{x})^2=\frac{1}{n-1}\left(\sum_{i=1}^{n}x_i^2-n\bar{x}^2\right) \tag{3-19}$$

$$s=\sqrt{\frac{1}{n-1}\sum_{i=1}^{n}(x_i-\bar{x})^2} \tag{3-20}$$

2. 根据分组数据资料计算方差和标准差

对于分组数据资料，方差和标准差的计算公式分别为

$$s^2=\frac{\sum_{i=1}^{k}(x_i-\overline{x})^2 f_i}{\sum_{i=1}^{n} f_i}=\frac{\sum_{i=1}^{k} x_i^2 f_i-n\overline{x}^2}{\sum_{i=1}^{n} f_i} \tag{3-21}$$

$$s=\sqrt{\frac{\sum_{i=1}^{k}(x_i-\overline{x})^2 f_i}{\sum_{i=1}^{k} f_i}} \tag{3-22}$$

式中，x_i为单项式分组条件下的第 i 组的观测值或组距式分组条件下的第 i 组的组中值；f_i为第 i 组的频数；k 为所分组数；$n=\sum_{i=1}^{k} f_i$ 为数据个数。

需要说明的是，方差和标准差是根据全部数据计算的，它能比较准确地反映出全部数据的离散程度。与方差不同的是，标准差是有计量单位的，它的计量单位与变量值相同，因此其实际意义要比方差清楚。在对社会经济现象进行分析时，我们更多地使用标准差作为离散程度的度量值。

【例 3.18】（数值型分组数据的极差、四分位差、方差和标准差算例） 某大学管理学院工商管理系有 25 名教师，表 3-14 是他们在该学院任教年数的频数分布表。求该系教师在该学院任教年数的极差、四分位差、方差和标准差。

表 3-14 教师任教年数的频数分布表

任教年数/年	人数 f_i	组中值 x_i
1～5	9	3
6～10	5	8
11～15	5	13
16～20	3	18
21～25	0	23
26～30	1	28
31～35	2	33
合计	25	—

解： 这是一组等距分组数据资料。

（1）计算极差。

$$极差\ R=末组上限值-首组下限值=35-1=34(年)$$

（2）计算四分位差。

根据表 3-14 中的数据资料，计算出教师任教年数的向上累积频数，如表 3-15 所示。

表 3-15　教师任教年数的向上累积频数表

任教年数/年	人数 f_i	向上累计频数
1～5	**9**	**9**
6～10	5	14
11～15	**5**	**19**
16～20	3	22
21～25	0	22
26～30	1	23
31～35	2	25
合计	25	—

$n=25$，Q_L组位置$=\frac{n}{4}=6.25$，Q_U组位置$=\frac{3n}{4}=18.75$。从向上累积频数看，下四分位数Q_L应该在第一组，即1～5；上四分位数Q_U应该在第三组，即11～15。

$L_1=1$，$L_3=11$；$S_{M1-1}=0$，$S_{M3-1}=14$；$f_{Q1}=9$，$f_{Q3}=5$；$d=5-1=15-11=4$。由公式(3-15)和公式(3-16)，得

$$Q_L=L_1+\frac{\frac{n}{4}-S_{M1-1}}{f_{Q1}}\times d=1+\frac{\frac{25}{4}-0}{9}\times 4\approx 3.8(\text{年})$$

$$Q_U=L_3+\frac{\frac{3n}{4}-S_{M3-1}}{f_{Q3}}\times d=11+\frac{\frac{75}{4}-14}{5}\times 4\approx 14.8(\text{年})$$

故四分位差

$$Q_d=Q_U-Q_L=14.8-3.8=11(\text{年})$$

(3) 计算方差和标准差。

根据表3-14中的数据资料，计算出教师任教年数的方差的辅助计算表，如表3-16所示。

表 3-16　教师任教年数的方差的辅助计算表

任教年数/年	人数 f_i	组中值 x_i	$x_i f_i$	x_i^2	$x_i^2 f_i$
1～5	9	3	27	9	81
6～10	5	8	40	64	320
11～15	5	13	65	169	845
16～20	3	18	54	324	972
21～25	0	23	0	529	0
26～30	1	28	28	784	784
31～35	2	33	66	1089	2178
合计	25	—	280	—	5180

由表 3-16 中数据，得方差为

$$s^2=\frac{\sum_{i=1}^{k}x_i^2f_i-n\bar{x}^2}{\sum_{i=1}^{n}f_i}=\frac{1}{25}\left[5180-25\times\left(\frac{280}{25}\right)^2\right]=81.76$$

标准差为

$$s=\sqrt{81.76}=9.04(\text{年})$$

综上，该系教师在该学院任教年数的极差为 34 年，四分位差为 11 年，方差为 81.76，标准差为 9.04 年。

阅读案例 3-3

某连锁店经理年薪的确定

根据美国罗斯杨格人员服务的调查，美国连锁店经理的年薪范围是 30000～62000 美元。某连锁店老板想要聘请一位经理，那么该给经理多少年薪呢？为此，他调查了现有 30 家连锁店经理的年薪数据（单位：千美元）如下：33.7　45.4　44.0　47.5　59.6　45.1　37.7　43.9　48.3　53.0　39.2　42.9　51.0　35.6　41.5　49.5　45.4　58.2　55.4　62.3　32.2　45.9　47.6　56.2　48.8　31.3　51.2　43.2　56.8　54.4。那么他是怎样根据这些数据进行决策的呢？

首先，他计算了数据的平均数和标准差：$\bar{x}=46.9$（千美元），$\sigma=7.98$（千美元）。然后，他根据概率知识（即呈正态分布的变量数列，大约有 68%的数据落在平均数的 1 倍标准差范围内，大约有 95%的数据落在平均数的 2 倍标准差范围内，几乎所有的数据落在平均数的 3 倍标准差范围内）推断，美国连锁店经理中大约有 68%的连锁店经理的年薪在 38.92～54.88 千美元；大约有 95%的连锁店经理的年薪在 30.94～62.86 千美元；几乎 100%的连锁店经理的年薪在 22.96～70.84 千美元。

年薪的确定应以不增加额外成本又有利于网罗人才为原则。通过计算平均数和标准差，该连锁店的老板就可以根据自己的实力选择合适的年薪了。

资料来源：于声涛，杜树靖．统计学基础［M］．北京：对外经济贸易大学出版社，2005.

3.2.3　变异系数和异众比率

1. 变异系数

变异系数（Coefficient of Variation）是一组数据的标准差与其相应的平均数之比，是测度数据离散程度的相对指标。变异系数是一个无量纲的量，它适合比较不同现象或具有不同水平数据的离散程度。变异系数大的说明数据的离散程度也大，变异系数小的说明数据的离散程度也小。其计算公式为

$$V=\frac{s}{\bar{x}}\times 100\% \tag{3-23}$$

【例 3.19】（数值型数据的变异系数算例）　某单位销售部门所有职工的年平均工资 84700 元，标准差为 7640 元。这些职工的平均工作年数为 12 年，标准差为 2 年。职工年工资和工作年数哪一个的离散程度更大？

解： 这是两个不同总体之间离散程度的比较问题，而且具有不同的量纲。因此采用变异系数进行比较较为合理。

$$V_{\text{工资}}=\frac{s}{\bar{x}}\times100\%=\frac{7640}{84700}\times100\%\approx9.02\%$$

$$V_{\text{工作年数}}=\frac{s}{\bar{x}}\times100\%=\frac{2}{12}\times100\%\approx16.67\%$$

说明职工工作年数的离散程度要比工资的离散程度大。

知识要点提醒

变异系数的应用条件

当所对比的两个数列的水平高低不同时，就不能采用全距、平均差或标准差百行对比分析，因为它们都是绝对指标，其数值的大小不仅受各单位标志值差异程度的影响，而且受到总体单位标志值本身水平高低的影响；为了对比分析不同水平的变量数列之间标志值的变异程度，就必须消除水平高低的影响，这时就要计算变异系数。

2. 异众比率

异众比率（Variation Ratio）是一组数据的非众数的频数与全部数据个数的比率，也是测度数据离散程度的相对指标。异众比率也是一个无量纲的量，它经常与众数结合使用。Vr 越接近于0，则说明众数的代表性越好；Vr 越接近于1，则说明众数的代表性越差。其计算公式是

$$Vr=\frac{\sum_{i=1}^{n}f_i-f_{\mathrm{m}}}{\sum_{i=1}^{n}f_i}\times100\% \tag{3-24}$$

【例3.20】（数值型数据的异众比率算例） 计算例3.10的异众比率。

解： $n=\sum f=10$，$f_{\mathrm{m}}=4$，则

$$Vr=\frac{\sum_{i=1}^{n}f_i-f_{\mathrm{m}}}{\sum_{i=1}^{n}f_i}\times100\%=\frac{10-4}{10}\times100\%=60\%$$

阅读专栏3-2

平均和变异分析法

平均和变异分析法则是利用平均指标和变异指标分析社会经济现象的一般水平及差异的方法。

平均指标是同质总体中各单位某一指标值的平均数值，反映总体在一定时间、地点条件下的一般水平，如平均工资、单位产品成本、单位面积产量、平均单价等。变异指标则说明总体各单位标志值差异程度的指标，常用的变异指标是标准差和变异系数。使用平均和变异分析法应注意以下几点：

(1) 正确计算平均指标必须是同质总体的平均数。其公式为

平均指标＝总体各单位某标志值总和/总体单位数

分子、分母是同一总体的两个总量指标。

(2) 平均指标与变异指标结合运用，全面认识和评价总体，既能说明总体的一般水平，又能说明总体内部差异的程度。例如，甲单位月平均工资 1600 元，标准差为 60 元，变异系数（60÷1600）为 3.75%，乙单位月平均工资为 800 元，标准差为 40 元，变异系数为（40÷800）为 5%，说明甲单位工资水平高于乙单位，差异程度低于乙单位，平均工资的代表性高于乙单位。

(3) 用组平均数补充总平均数，正确认识总体结构对平均水平的影响。

(4) 结合典型事例进行分析。

资料来源：天津流计信息网 http：//www. stats - tj. gov. cn.

3.3 分布形态的描述

前面讲的集中趋势和离散程度是数据分布的两个重要特征，但要全面了解数据分布的特点，还应把握数据分布的形态。数据分布的形态主要指数据分布的形状是否对称、偏斜的程度及分布的扁平程度等。刻画数据分布形态的测度值主要有偏度和峰度。

3.3.1 偏度

偏度（Skewness）是指一组数据分布的偏斜方向和程度。其计算公式为

$$Sk = \frac{1}{n-1}\sum_{i=1}^{n}(x_i - \bar{x})^3/s^3 \tag{3-25}$$

式中，s 为标准差。

(1) 当数据分布对称时，离差三次方后正负离差可以相互抵消，因而偏度值等于零，如图 3.2(a) 所示。

(2) 当数据分布不对称时，偏度值为正值或负值。

当偏度值为正值时，表示正偏离差值较大，可以判断为正偏或右偏，偏度值数值越大，向右偏斜的程度就越大。偏度值为正值表示大于平均数的标志值分布较分散，分布曲线右边拉长尾巴，如图 3.2(b) 所示。

当偏度值为负值时，表示负离差数值较大，可以判断为负偏或左偏，偏度值的数值越大，向左偏斜的程度就越大。偏度值为负值表示小于平均数的标志值分布较分散，分布曲线左边拉长尾巴，如图 3.2(c) 所示。

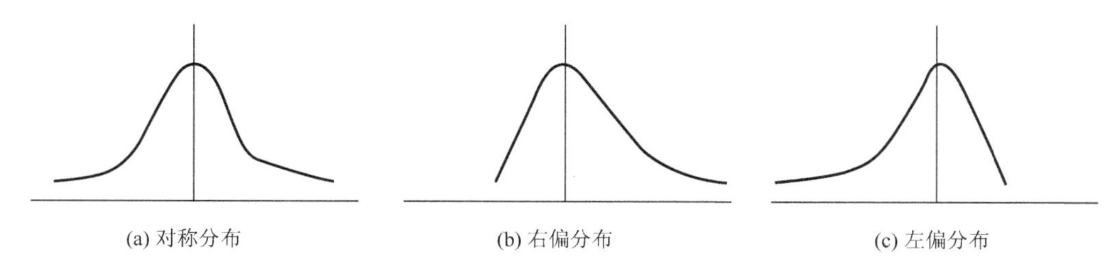

图 3.2 对称分布、右偏分布和左偏分布示意图

3.3.2 峰度

峰度（Kurtosis）是指一组数据分布的陡缓程度，它是与标准正态分布相比较而言的。其计算公式为

$$Ku = \frac{1}{n-1}\sum_{i=1}^{n}(x_i - \overline{x})^4/s^4 - 3 \tag{3-26}$$

(1) 当数据分布与标准正态分布的陡缓程度相同时，峰度值等于零，如图 3.3(a) 所示。

(2) 当数据分布的形状比标准正态分布更瘦更高时，峰度值大于零，称为尖峰分布。尖峰分布表明集中趋势显著，离散程度低，如图 3.3(b) 所示。

(3) 当数据分布的形状比标准正态分布更矮更胖时，峰度值小于零，称为平峰分布。平峰分布表明集中趋势不显著，离散程度大，如图 3.3(c) 所示。

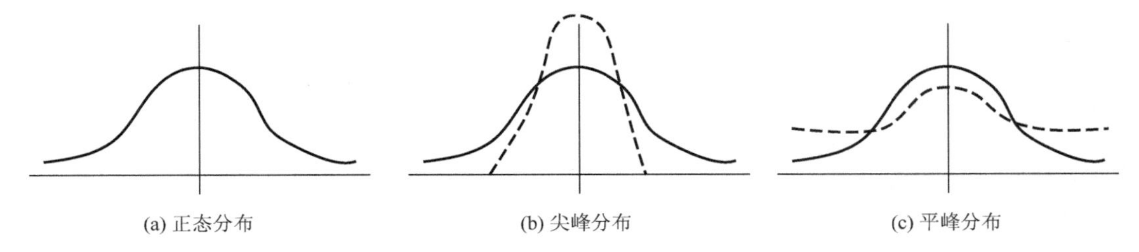

图 3.3　正态分布、尖峰分布和平峰分布示意图

需要说明的是，对于偏度和峰度，由于计算比较烦琐，在此不做举例说明。借助于计算机软件便可方便地求出结果，SPSS 统计分析软件就有此功能。

运动员成绩的统计分析

在奥运会男子 25m 手枪速射比赛中，每个运动员首先进行两个阶段的预赛，然后根据预赛总成绩确定进入决赛的运动员。进入决赛的运动员再进行两组每组 10 枪的射击，将预赛成绩加上决赛成绩确定最后的名次。

在 2008 年 8 月 16 日举行的第 29 届北京奥运会男子 25m 手枪速射决赛中，获得前 6 名的运动员最后两组共 20 枪的决赛成绩如表 3-17 所示。

表 3-17　第 29 届奥运会男子 25m 手枪速射决赛成绩　(单位：环)

姓　名	亚历山大·彼得里夫利(乌克兰)	拉尔夫·许曼(德国)	克里斯蒂安·赖茨(德国)	列昂尼德·叶基莫夫(俄罗斯)	基思·桑德森(美国)	罗曼·邦达鲁克(乌克兰)
名次	1	2	3	4	5	6
决赛成绩	10.1	8.4	9.9	8.8	9.7	9.8
	8.4	9.6	10.7	10.7	10.5	9.2
	10.3	10.2	9.0	9.7	9.0	10.3
	10.2	10.8	10.5	9.6	9.6	7.2

（续）

姓　　名	亚历山大·彼得里夫利（乌克兰）	拉尔夫·许曼（德国）	克里斯蒂安·赖茨（德国）	列昂尼德·叶基莫夫（俄罗斯）	基思·桑德森（美国）	罗曼·邦达鲁克（乌克兰）
名次	1	2	3	4	5	6
决赛成绩	10.4	10.5	10.3	10.0	9.0	9.9
	9.6	10.3	10.6	10.2	9.9	10.5
	10.1	9.8	10.0	10.1	9.2	10.4
	10.0	10.9	7.9	10.2	9.7	10.9
	9.9	10.3	10.7	9.4	9.9	10.5
	10.2	10.0	10.4	10.3	8.1	10.3
	10.8	9.5	9.5	10.4	9.3	10.2
	10.0	10.2	9.9	9.8	10.1	10.0
	10.3	10.7	10.1	8.9	10.5	9.8
	10.5	10.1	9.9	10.0	10.2	9.2
	9.6	10.3	10.3	10.0	10.0	8.3
	9.8	9.7	9.0	9.1	9.9	9.0
	10.4	9.3	9.8	9.5	9.5	9.4
	10.3	10.3	10.8	9.8	9.7	9.8
	9.1	10.0	10.3	10.7	9.9	10.4
	10.2	9.6	10.7	10.0	9.9	9.6

需要分析的问题：

（1）选择适当的统计量对上述数据进行描述和分析。

（2）对6个人的决赛成绩按9环以下、9～10环、10环以上进行分组，并选择适当的图形对分组后的射击成绩进行分析和显示。

一、学习目标

通过本案例的学习，要求学生掌握数值型数据的一些描述性统计量及其用途，并能根据这些统计量对数据进行有效的分析；掌握使用图表显示分组数据的能力。

二、案例分析

1. 6名运动员射击成绩的统计分析和比较

为分析6名运动员的射击成绩，可以从水平、差异及分布的形态等方面着手，分布计算有关的描述统计量。6名选手的各描述统计量如表3-18所示。

表 3-18　6 名选手设计成家的描述统计量

统计量	样本数	极差	最小值	最大值	均值	中位数	众数
亚历山大·彼得里夫利	20	2.4	8.4	10.8	10.010	10.15	10.30
拉尔夫·许曼	20	2.5	8.4	10.9	10.025	10.15	10.30
克里斯蒂安·赖茨	20	2.9	7.9	10.8	10.015	10.20	9.90
列昂尼德·叶基莫夫	20	1.9	8.8	10.7	9.860	10.00	10.00
基思·桑德森	20	2.4	8.1	10.5	9.680	9.80	9.90
罗曼·邦达鲁克	20	3.7	7.2	10.9	9.735	9.85	9.80
统计量	标准差	方差	变异系数	偏度	峰度	和	
亚历山大·彼得里夫利	0.5310	0.282	0.053	−1.660	3.712	200.2	
拉尔夫·许曼	0.5794	0.336	0.058	−1.014	1.997	200.5	
克里斯蒂安·赖茨	0.7213	0.520	0.072	−1.529	2.721	200.3	
列昂尼德·叶基莫夫	0.5295	0.280	0.054	−0.453	−0.175	197.2	
基思·桑德森	0.5606	0.314	0.058	−1.109	2.139	193.6	
罗曼·邦达鲁克	0.8616	0.742	0.089	−1.503	2.907	194.7	

从各运动员发挥的水平来看，平均成绩最高的是拉尔夫·许曼，为 10.025 环，最低的是基思·桑德森，仅为 9.680 环；而中位数最高的是克里斯蒂安·赖茨，为 10.20 环，最低的是基思·桑德森，仅为 9.80 环。

从各运动员发挥的稳定性来看，发挥最稳定的是亚历山大·彼得里夫利，标准差为 0.5310 环，变异系数为 0.053；其次是列昂尼德·叶基莫夫，标准差为 0.5295 环，变异系数为 0.054；发挥最不稳定的是罗曼·邦达鲁克，标准差为 0.8616 环，变异系数为 0.089，其极差高达 3.7 环。从最后的决赛总成绩看，最好的是拉尔夫·许曼，为 200.5 环，而最差的是基思·桑德森，仅为 193.6 环。

从各运动员射击成绩的分布来看，偏度系数最小的是列昂尼德·叶基莫夫，为−0.453，为轻微左偏；而其他 5 名选手的偏度系数均小于−1，有严重的左偏。这说明运动员在最初几枪的射击中，成绩普遍较低，说明运动员最初射击时有一定的紧张情绪。而后面的射击成绩较好，说明运动员的紧张情绪已经消除，逐渐进入状态。

2. 6 名运动员分组射击成绩的统计分析和比较

对分组数据的描述适用的统计量是频数或频率。根据分析的目的，可以对每名运动员的成绩分组统计（采用上限不在内的原则），并列出频数分布表，如表 3-19 所示。

表 3-19　6 名运动员射击成绩的频数分布表

按射击成绩分组	亚历山大·彼得里夫利		拉尔夫·许曼		克里斯蒂安·赖茨	
	频数/个	频率/%	频数/个	频率/%	频数/个	频率/%
9 环以下	1	5	1	5	1	5
9～10 环	5	25	6	30	7	35
10 环以上	14	70	13	65	12	60
合　计	20	100	20	100	20	100

（续）

按射击成绩分组	列昂尼德·叶基莫夫		基思·桑德森		罗曼·邦达鲁克	
	频数/个	频率/%	频数/个	频率/%	频数/个	频率/%
9 环以下	2	10	1	5	2	10
9～10 环	7	35	14	70	9	45
10 环以上	11	55	5	25	9	45
合计	20	100	20	100	20	100

从表 3-19 可以看出，总成绩最好的拉尔夫·许曼所进行的 20 次射击中，9 环以下占 5%，9～10 环占 30%，10 环以上占 65%；而总成绩最差的基思·桑德森所进行的 20 次射击中，9 环以下占 5%，9～10 环占 70%，10 环以上占 25%。

要描述 6 名运动员的成绩频数分布，可选用复式条形图，如图 3.4 所示。

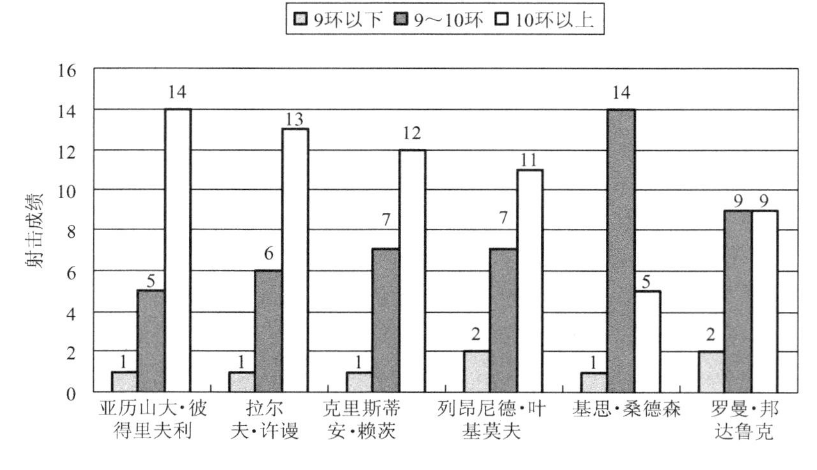

图 3.4　6 名运动员射击成绩的复式条形图

要描述每名运动员获得的射击成绩的构成情况，可选择饼图，如图 3.5 所示，为亚历山大·彼得里夫利射击成绩构成的饼图。

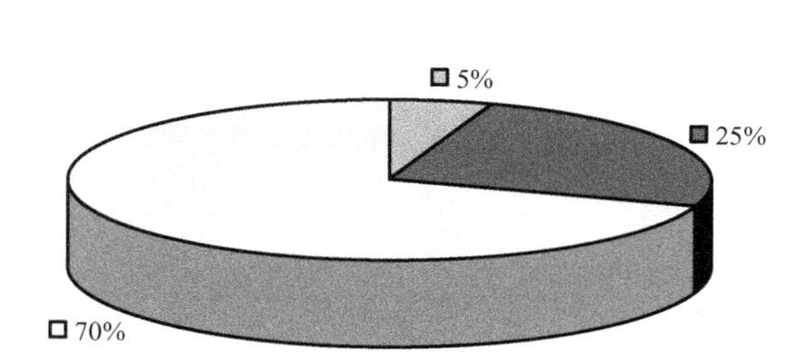

图 3.5　亚历山大·彼得里夫利射击成绩构成的饼图

本章小结

利用图表展示数据可以对数据分布的形状和特征有一个大致的了解，但要全面把握数据的分布特征，还需要找到反映数据分布特征的各个代表值。本章介绍了从三方面进行数据分布特征测度和描述的方法：集中趋势、离散程度和分布形态还介绍了分布特征值的计算方法、特点及其应用场合。

关键术语

Central tendency	集中趋势	Discrete Degree	离散程度
Mean	算术平均数	Harmonic mean	调和平均数
Geometric mean	调和平均数	Mode	众数
Median	中位数	Quartile	四分位数
Decile	十分位数	Percentile	百分位数
Range	极差	Variance	方差
Standard deviation	标准差	Coefficient of variation	变异系数
Variation ratio	异众比率	Skewness	偏度
Kurtosis	峰度		

知识链接

[1] 国家统计局网站：http：//www.stas.gov.cn.
[2] 曾艳英．应用统计基础 [M]．北京：机械工业出版社，2010.
[3] 贾俊平，何晓群，金勇进．统计学 [M]．6版．北京：中国人民大学出版社，2015.

习　题　3

一、选择题

1. 6个数据的平均数为10，其中的一个为5，那么其余5个数的平均数是（　　）。

A. 10　　B. 9　　C. 11　　D. 12

2. 甲、乙两个样本中，$S_{甲}^2=0.4$，$S_{乙}^2=0.2$ 则两个样本的波动情况是（　　）。

A. 甲的波动比乙大　　B. 乙的波动比甲大

C. 甲、乙波动一样大　　D. 无法比较

3. 如果10个数的平方和是370，方差是33，那么平均数是（　　）。

A. 1　　B. 2　　C. 3　　D. 4

4. 能反映一组数据与其平均数的离散程度的是（　　）。

A. 极差和方差　　B. 极差和标准差

C. 方差和标准差　　D. 以上都不对

5. 一组数据的方差为S^2，将这组数据中的每个数据都乘以2，所得到的一组新数据的方差是（　　）。

A. $\frac{S^2}{2}$　　B. S^2　　C. $2S^2$　　D. $4S^2$

6. 甲、乙两人在相同条件下各射靶10次，他们射击的环数的方差分别为$S_{甲}^2=2.4$，$S_{乙}^2=3.2$，则射击的稳定程度是（　　）。

A. 甲高　　B. 乙高　　C. 一样高　　D. 不能确定

7. 受极端值影响最大的测度值是（　　）。

A. 极差　　B. 异众比率　　C. 标准差　　D. 变异系数

8. 分组数据中，假定把变量值所对应的频数都缩小1/10，则加权平均数（　　）。

A. 不变　　B. 也缩小1/10　　C. 扩大10倍　　D. 无法确定

9. 一组数据的变异系数为0.6，标准差为30，则均值为（　　）。

A. 50　　B. 1.7　　C. 18　　D. 0.02

10. 某市场某种蔬菜早市、午市、晚市每千克价格分别为2.5元、3元、2元，假定早中晚销售量相同，则该蔬菜平均价格的计算公式为（　　）。

A. $\frac{2.5+3+2}{3}$　　B. $\frac{3}{\frac{1}{2.5}+\frac{1}{3}+\frac{1}{2}}$　　C. $\frac{3}{2.5+3+2}$　　D. $\frac{\frac{1}{2.5}+\frac{1}{3}+\frac{1}{2}}{3}$

二、简答题

1. 区别下列概念。

(1) 简单平均数与加权平均数；

(2) 算术平均数与调和平均数；

(3) 众数与中位数；

(4) 平均差与方差；

(5) 标准差与变异系数；

(6) 偏度与峰度。

2. 应从哪些方面对数据分布特征进行度量？为什么？

3. 集中趋势的测度值有哪些？各在什么情况下使用？

4. 离散趋势的测度值有哪些？常使用哪一种？

5. 标准化值的意义和用途是什么？

6. 某篮球队上场的5名球员有4名在1.9～2m，其中有1人身高为2.4m。要说明该队队员身高的一般水平，用哪一种集中趋势的测度值描述比较合适？为什么？

三、判断题

1. 根据分组资料计算得到的算术平均数是一个近似值。（　　）

2. 平均数的计算只适用于数值型数据。（　　）

3. 在描述数据集中趋势的指标值中，只有众数不受极端值影响。（　　）

4. 所有离散程度的测度值都受极端值影响。（　　）

5. 离散程度的测度值越高，说明集中趋势测度值的代表性越弱。（　　）

四、计算题

1. 某车间有甲、乙两个生产组，甲组平均每个工作的日产量为36件，标准差为9.6件；乙组工人日产量资料如表3-20所示。

表3-20 乙组工人日产量资料

日产量/件	工人数/人
15	15
25	38
35	34
45	13

(1) 计算乙组平均每个工作的日产量和标准差。

(2) 比较甲、乙两生产小组哪个组的平均日产量更有代表性。

2. 已知某中学初中三年级1、2两个班级学生的语文考试成绩分组如表3-21所示。

表3-21 某中学初中1、2两个班级学生的语文考试成绩分组

按成绩分组/分	1班学生人数/人	2班学生人数/人
60分以下	20	30
60～70	30	40
70～80	80	100
80～90	50	70
90以上	20	10
合计	200	250

(1) 分别计算两班学生的平均成绩。

(2) 分别计算两班学生成绩的标准差，比较两班学生平均成绩的代表性。

3. 有一个由10个正数组成的数列，已知其平均数和标准差分别为20和3。若从中减去一个为10的数，试求新数列的标准差。

4. 某工厂某车间早晚两班各有工人6名，每人日产零件数如下：

早班：6 0 13 16 19 20

晚班：9 11 12 14 18 20

根据上述资料，分别计算早、晚两班的极差和标准差，并加以比较说明。

5. 已知下列每组数据：

Ⅰ. 8 0 6 8 10 3 2 2 80

Ⅱ. 5 3 3 1 5 7 5 9 7

Ⅲ. 4 5 4 120 1 2 0 4

(1) 求每组的平均数。

(2) 求每组的中位数。

(3) 求每组的众数。

(4) 求每组的四分位数。

6. 调查了某管理学院30名教师，年龄如下：

63　61　54　57　56　40　38　33　33　45
28　22　23　23　24　22　21　21　45　42
36　36　35　28　25　37　35　42　35　53

（1）求样本平均数、样本方差、样本中位数、极差和众数。

（2）把样本分成组，组距相同，作出列表数据和直方图。

（3）根据分组数据计算样本平均数和样本方差。

（4）比较（1）和（3）样本平均数和样本方差的结果，说明结果不同的原因。

7. 某工厂统计了100天内的不合格产品如表3－22所示。

表3－22　某工厂100天内的不合格产品

不合格品数	0	1	2	3	4
天数	45	26	20	8	1

求样本平均数、众数、样本方差和样本标准差。

8. 某公司100名职工2016年9月份工资数据如表3－23所示。

表3－23　某公司100名职工2016年9月份工资数据

月收入/元	人数/人
800～1300	20
1300～1800	45
1800～2300	25
2300以上	10
合　　计	100

（1）计算该公司职工月工资的平均数。

（2）计算该公司职工月工资的众数和中位数。

（3）根据以上计算的平均数、众数和中位数，分析该公司职工月工资的偏度特征。

（4）计算该公司职工月工资的标准差。

9. 有人调查了465位篮球运动员某年的收入，发现他们的年收入以24.7万元为分布中心，但超过24.7万元的只有121人。试问这里的24.7万元指的是哪一种集中趋势值？球员收入分布呈什么形态？为什么？

10. 某公司的职工月工资为1000～5000元，现公司领导决定给公司全体员工增加工资。如果给每位员工增加300元，则

（1）全体员工工资的平均数、中位数和众数将分别增加多少？

（2）用极差、四分位数、方差和标准差分别衡量员工工资的差异程度，增加工资前后各个变异指标的数值会有什么变化？

（3）增加工资前后员工工资分布的偏度和峰度有无变化？

（4）如果每位员工增加工资的幅度定为各自工资的8%，则上述3个问题的答案又有什么不同？

11. 某次歌唱比赛，共有 9 位评委，其中有歌手甲和歌手乙分别得分情况如表 3－24 所示。

表 3－24　某次歌唱比赛歌手甲和歌手乙的得分情况

评委	1	2	3	4	5	6	7	8	9
歌手甲	8.1	7.9	7.9	8.2	8.2	7.8	8.2	8.3	8.0
歌手乙	8.0	7.9	7.8	9.5	8.1	7.9	7.8	8.0	7.9

采用数据集中趋势的度量方法，对歌手甲和歌手乙来排名次，谁应该排在前面？请加以讨论。

12. 某管理学院共有教师 50 人，分甲、乙两组，甲组教师 20 人，平均月收入 78 百元，标准差为 8 百元，乙组教师 30 人，平均月收入 72 百元，标准差为 10 百元。求全院 50 位教师的平均收入及标准差。

13. 某种电器有两种型号，单价分别为 3 千元和 4 千元，已知价格低的电器销售量是价格高的电器的 2 倍，求这种电器的平均销售价格。

14. 某城市甲、乙两个超市 3 种蔬菜的价格及销售额资料如表 3－25 所示。

表 3－25　某城市甲、乙两个超市 3 种蔬菜的价格及销售额资料

品　种	价格/(元/kg)	销售额/万元	
		甲超市	乙超市
1	0. 3	75	38
2	0. 3	40	80
3	0. 4	45	45

试比较该城市哪个超市蔬菜的平均价格高，并说明原因。

15. 某市场上有 3 种价格的香蕉，每千克分别为 4 元、6 元、10 元，试计算：

（1）各买十元钱，平均每千克多少钱？

（2）各买一千克，平均每千克多少钱？

实际操作训练

1. 实训项目：对学生考试成绩进行分析

实训目标：掌握统计数据分布特征值，理解并会正确使用。

实训内容：对自己所在学校的两个班的统计考试成绩进行对比，辨别哪一个班级的学习程度好。要求：

（1）统计两个班的统计学考试成绩。

（2）根据考试成绩编制频数分布表。

（3）计算两班的平均成绩、各分数段人数比例、标准差及标准差系数。

（4）对成绩进行分析。

2. 实训项目：大学生身高的统计分析

实训目标：掌握统计数据分布特征值，理解并会正确使用。

实训内容：分成两个调研小组，分别对所在年级的同学的身高进行随机抽样调查，要求两组抽取不同样本容量的样本。要求求出：

（1）哪一组调查人员在其所抽取的样本中得到的同学的平均身高较大？或者这两组样本的平均身高相同？

（2）哪一组调查人员在其所抽取的样本中得到的同学的身高的标准差较大？或者这两组样本的身高的标准差相同？

（3）哪一组调查人员有可能得到这两组全部样本的最高者或最低者？或者对两组调查人员来说，这种机会是否是相同的？

案例思考与讨论

亚太地区商学院学生申请 MBA 情况的统计分析

寻求工商管理专业较高的学历已是一种世界趋势。有调查表明，越来越多的亚洲人选择就读工商管理硕士（MBA）学位，将它当作通往成功的道路。在近一年来，亚太地区的学院里申请 MBA 的人数增长了 30%。根据亚太地区的 74 所商学院的报道，1997 年共有 170000 申请者竞争 1999 年的 11000 个全日制 MBA 学位。

在整个亚太地区，成千上万的人对于暂时搁置自己的工作并花两年的时间来接受工商管理系统教育显示了日益增长的热情。这些工商管理课程显然十分繁重，包括经济学、金融学、市场营销学、行为科学、劳工关系学、决策论、运筹学、经济法等。表 3－26 是 Asia公司提供的数据，显示了亚太地区 25 所知名商学院的情况：

表 3－26　亚太地区知名商学院信息统计表

商学院名称	录取名额	每系人数	本国学生学费/美元	外国学生学费/美元	年龄	国外学生比例/%	是否要求GMAT	是否要求英语测试	是否要求工作经验	起薪/美元
墨尔本商学院	200	5	24420	29600	28	47	是	否	是	71400
新南威尔士大学	228	4	19993	32582	29	28	是	否	是	65200
印度管理学院	392	5	4300	4300	22	0	否	否	否	7100
香港大学	90	5	11140	11140	29	10	是	否	否	31000
日本国际大学	126	4	33060	33060	28	60	是	是	否	87000
亚洲管理学院	389	5	7562	9000	25	50	是	否	是	22800
印度管理学院	380	5	3935	16000	23	1	是	否	否	7500
新加坡国立大学	147	6	6146	7170	29	51	是	是	是	43300
印度管理学院	463	8	2880	16000	23	0	否	否	否	7400
澳大利亚国立大学	42	2	20300	20300	30	80	是	是	是	46600

（续）

商学院名称	录取名额	每系人数	本国学生学费/美元	外国学生学费/美元	年龄	国外学生比例/%	是否要求GMAT	是否要求英语测试	是否要求工作经验	起薪/美元
南洋理工大学	50	5	8500	8500	32	20	是	否	是	49300
昆士兰大学	138	17	16000	22800	32	26	否	否	是	49600
香港理工大学	60	2	11513	11513	26	37	是	否	是	34000
麦夸里商学院	12	8	17172	19778	34	27	否	否	是	60100
Chulalongkorn 大学	200	7	17355	17355	25	6	是	否	是	17600
Monash Mt. Eliza 商学院	350	13	16200	22500	30	30	是	是	是	52500
亚洲管理学院	300	10	18200	18200	29	90	否	是	是	25000
阿德莱德大学	20	19	16426	23100	30	10	否	否	是	66000
梅西大学	30	15	13106	21625	37	35	否	是	是	41400
墨尔本皇家工商学院	30	7	13880	17765	32	30	否	是	是	48900
JamnalalBaja 管理学院	240	9	1000	1000	24	0	否	否	是	7000
柯廷理工学院	98	15	9475	19097	29	43	是	否	是	55000
拉合尔管理科学院	70	14	11250	26300	23	2.5	否	否	否	7500
马来西亚 Sains 大学	30	5	2260	2260	32	15	否	是	是	16000
De La Salle 大学	44	17	3300	3600	28	3.5	是	否	是	13100

要求对该表数据做出分析并写出分析报告，分析报告应包括：

（1）用描述统计的方法概括表中数据，并讨论你的结论；

（2）对变量数据的最大值、最小值、平均数及适当的分位数进行评价和解释；通过这些描述统计量，你对亚太地区的商学院有何看法或发现？

（3）对本国学生学费和外国学生学费进行比较；

（4）对要求或不要求工作经验的学校学生的起薪进行比较；

（5）对要求或不要求英语测试的学校学生的起薪进行比较；

（6）为了便于反映你希望反映的问题，请在分析报告中添加必要的图表。

【参考答案】

第4章

SPSS的简单应用

教学目标

通过本章的学习，要求了解SPSS的统计功能，熟悉SPSS使用界面；熟练掌握利用SPSS进行基本统计分析的方法。

教学要求

知识要点	能力要求	相关知识
IBM SPSS Statistics	熟悉SPSS使用界面	SPSS变量编辑和数据编辑窗口
建立数据文件	掌握SPSS变量定义的方法；掌握数据文件的编辑与合并方法	变量定义、数据输入、数据编辑、数据文件合并
用SPSS进行基本统计分析	掌握数据整理、分组的方法；掌握频数分析方法	数据整理、数据分析、基本描述统计量、频数分析
统计绘图	掌握基本统计图绘制方法	条形图、直方图、饼形图、散点图
多选题分析	掌握多选问题分析方法	多选问题的分解、多选问题频数分析

常见统计软件简介

SPSS的全称是Statistical Product and Service Solutions，即“统计产品与服务解决方案”软件，它是国际上最有影响的三大统计软件之一，由美国SPSS公司于20世纪70年代推出。2009年，SPSS公司宣布重新包装旗下的SPSS产品线，定位为预测统计分析软件（Predictive Analytics Software，PASW），软件以PASW Statistics为名，同年被IBM公司以12亿美元现金收购，自2010年8月发行19.0开始，SPSS正式更名为IBM SPSS Statistics（本书均简称“SPSS”）。迄今，SPSS公司已有40余年的成长历史。

S-PLUS基于S语言，并由MathSoft公司的统计科学部进一步完善。作为统计学家及一般研究人员的通用方法工具箱，S-PLUS强调演示图形、探索性数据分析、统计方法、开发新统计工具的计算方法，以及可扩展性。S-PLUS有微机版本和工作站版本，它是一个商业软件，可以直接用来进行标准的统计分析得到所需结果，但是它的主要的特点是可以交互地从各个方面去发现数据中的信息，并可以很容易地实现一个新的统计方法。

R软件是S语言的另一个实现版本。R的使用与S-PLUS有很多类似之处，这两种语言有一定的兼容性。S-PLUS的使用手册，只要稍加修改就可作为R的使用手册。所以有人说，R是S-PLUS的一个“克隆”。但S-PLUS是收费的，R是一个自由、免费、源代码开放的软件，它是一个用于统计计算和统计制图的优秀工具，近几年使用很广泛。

SAS系统全称为Statistics Analysis System，最早由北卡罗来纳大学的两位生物统计学研究生编制，并于1976年成立了SAS软件研究所，开始进行SAS系统的维护、开发、销售和培训工作，期间经历了许多版本。经过多年来的完善和发展，SAS系统在国际上已被誉为统计分析的标准软件，在各个领域得到广泛应用。

EViews是美国GMS公司1981年发行第1版的Micro TSP的Windows版本，通常称为计量经济学软件包。EViews是Econometrics Views的缩写，它的本意是对社会经济关系与经济活动的数量规律，采用计量经济学方法与技术进行“观察”。使用EViews软件包可以对时间序列和非时间序列的数据进行分析，建立序列（变量）间的统计关系式，并用该关系式进行预测、模拟等。EViews处理非时间序列数据照样得心应手。实际上，相当大型的非时间序列（截面数据）的项目也能在EViews中进行处理。

Stata是一套提供其使用者数据分析、数据管理及绘制专业图表的完整及整合性统计软件。它提供许多功能，包含线性混合模型、均衡重复反复及多项式普罗比模式。新版本的Stata的窗口接口，使用者自行建立程序时，软件能提供具有直接命令式的语法。

Statistica为一套完整的统计资料分析、图表、资料管理、应用程式发展系统，以及对其他技术、工程、工商企业资料挖掘应用等进阶分析的应用程式。此系统不仅包含统计上一般功能及制图程序，还包含特殊的统计应用（如社会统计人员、生物研究员或工程师）。全新的Statistica在功能上更提供了四种线形模型的分析工具，包括VGLM、VGSR、VGLZ与VPLS。对使用者而言，提供完整且具可选择性的使用者界面；方可广泛使用程式语言辅助精灵来建立一般的范围，或整合Statistica与其他应用程式进行计算，这些都是非常方便好用的模组。Statistica能提供使用者所有需要的统计及制图程序。另外，能够在图表视窗中显示各种分析，以及有别于传统统计范畴外的最新统计作图技术，皆获得许多使用者的好评。

在对数据进行处理时，大多是使用简单统计描述，画各种统计图表，或者进行t检验、方差分析、相关分析及回归分析。做这些统计分析时，大多可使用Windows下的Excel。Excel是一种使用极方便的电子表格软件，它有强大的数据管理功能，能制作各种统计图表，具有丰富的财会和统计函数，并且

Excel在“分析工具库”中提供了一组数据分析工具。使用这些分析工具时，只需指出数据所在的单元格和提供必要的参数，该工具就会使用适宜的统计或工程函数，对数据做处理，给出相应的结果。有些工具在输出时还能产生图表。

SPSS软件包集数据整理、分析过程、结果输出等功能于一身，数据处理速度快，功能强大，窗口操作人性化、简单化，因此使用较普及。本章针对本书中所涉及的统计学内容，简明地介绍IBM SPSS Statistics 22.0中常用统计分析方法的操作步骤和输出结果的解释，使读者很快实现对SPSS功能的基本掌握和应用。

4.1 IBM SPSS Statistics 22.0的界面

【拓展知识】

4.1.1 SPSS的主窗口

IBM SPSS Statistics 22.0的启动方法同一般常用软件的启动执行方法完全相同，只需按以下顺序操作即可：开始→程序→IBM SPSS Statistics 22。启动IBM SPSS Statistics 22后，弹出一个选择对话框，可以选择打开已经存在的数据文件，也可以做出其他选择。弹出对话框选项如下：

（1）New Files：新建文件。

（2）Recent Files：最近的文件。

（3）What′s News：新增功能。

（4）Modules and Programmability：模块和可编程性。

（5）Tutorials：教程。

（6）Don′t show this dialog in the future：再运行SPSS系统时不显示该对话框，直接进入数据编辑窗口。

在做出选择后单击“OK”按钮，或直接单击“Cancel”按钮，就可进入SPSS的数据编辑窗口。

4.1.2 数据编辑窗口

数据编辑窗口（IBM SPSS Statistics Data Editor）也称数据编辑器，是一个典型的Windows软件界面，从上到下由标题栏、菜单栏、工具栏、数据编辑区和系统状态显示区5部分组成。该界面和Excel极为相似，由若干行和若干列组成，每行对应了一个观测记录，每列则对应了一个变量。

1. 标题栏

标题栏显示了打开的数据文件名。

2. 菜单栏

菜单栏将SPSS常用的数据编辑、加工和分析的功能列了出来，使用者可根据自己的需求在打开的子菜单中选择需要的选项，完成特定的功能。菜单栏的名称及作用如下：

（1）File：文件操作。完成文件的打开、新建、保存、打印和关闭等操作。

(2) Edit：文件编辑。完成文本或数据内容的选择、复制、剪贴、查找和替换等操作。

(3) View：浏览编辑。完成文本或数据内容的状态栏、工具栏、字体、网格线和数值标签等功能的操作。

(4) Data：数据管理。完成数据变量名称和格式的定义，数据资料的选择、排序、加权，数据文件的转换、连接和汇总等操作。

(5) Transform：数据转换。完成数据的计算、重新编码和缺失值替代等操作。

(6) Analyze：数据分析。完成基本统计分析、均值比较、相关分析、回归分析、聚类分析、因子分析、对应分析等一系列统计分析方法的选择与应用。

(7) Direct Marketing：直销。提供了一组精心设计以改善直销活动效果的工具，它可以标志那些用于定义不同消费者群体的人口统计学、购买和其他特征，针对特定目标群体最大限度地提高正面响应率。

(8) Graphs：制作统计图形。完成条形图、饼图、直方图、散点图等统计图形的制作与编辑。

(9) Utilities：实用程序。有关命令解释、字体选择、文件信息、定义输出标题和窗口设计等。

(10) Add - ons：插件。可添加其他应用程序，可提供服务帮助，可编程延续。

(11) Window：窗口控制。可进行窗口的排列、选择和显示等。

(12) Help：帮助。帮助文件的调用、查询和显示等操作。

3. 工具栏

工具栏显示了常用的功能图形按钮，使用者可以直接单击某个按钮完成相应的功能，使操作更加快捷方便。

4. 数据编辑区

数据编辑区是显示和管理SPSS数据结构和数据内容的区域。它的左下方是窗口切换标签区，包含“Data View”和“Variable View”两个标签。“Data View”指数据视区，显示具体的数据内容，可以输入编辑数据；“Variable View”指变量视区，显示数据文件中变量的定义，包括变量的名称、类型、宽度、小数点位数等。

5. 系统状态显示区

系统状态显示区显示系统当前的运行状态。当系统等待使用者操作时，会出现“IBM SPSS Statistics Processor is ready”的提示信息，该信息可以作为检查SPSS是否成功安装和正常启动的手段。

4.2 建立数据文件

通常进行一项统计工作时，数据是新的数据，可以直接从SPSS数据编辑窗口输入。直接从SPSS数据编辑窗口建立数据文件的方法：首先应该给新的数据文件进行变量定义，然后使用者就可以逐个录入数据。

4.2.1 变量的定义

单击“Variable View”标签，定义变量（不要忘了保存）。下面介绍各变量的功能。

(1) Name：变量名称。其总长度不能超过64个字符（32个汉字）。定义变量名应注意：

① 第一个字符必须是字母或字符@、#或$之一。

② 后续字符可以是字母、数字、非标点字符和句点（.）的任意组合。

③ 变量名称不能包含空格。

④ 变量名称第一个位置中的#字符将变量定义为临时变量；只能使用命令语法创建临时变量；不能在创建新变量的对话框中将变量的第一个字符指定为#。

⑤ 第一个位置中的$符号表示变量为系统变量。$符号不能作为用户定义的变量的第一个字符。

⑥ 可在变量名称中使用句点、下画线和字符$、#及@。

⑦ 应避免用句点结束变量名称，因为句点可能被解释为命令终止符。只能使用命令语法创建以句点结束的变量；不能在创建新变量的对话框中创建以句点结束的变量。

⑧ 应避免使用下画线结束变量名称，因为这样的名称可能与命令和过程自动创建的变量名称冲突。

⑨ 不能将保留关键字用作变量名称。保留关键字有ALL、AND、BY、EQ、GE、GT、LE、LT、NE、NOT、OR、TO和WITH。

⑩ 可以用任意混合的大小写字符来定义变量名称，大小写将为显示目的而保留。

(2) Type：变量类型。单击变量类型，弹出“Variable Type”对话框，有9种类型可供选择，分别如下：

① Numeric：标准数值型。是系统默认的变量类型，默认总长度为8位，小数是2位。使用时可调整小数位数。这种变量类型最为常用。例如，原始数据235.66表示成标准数值型仍为235.66。

② Comma：带逗号的数值型。整数部分从右向左每3位一个逗号，其余同数值型变量。例如，原始数据6789401表示成带逗号的数值型为6，789，401。这种变量类型不常用。

③ Dot：带句号的数值型。以整数形式显示数据，从右向左每3位一个圆点（但不是小数点），应用逗号表示小数位置，但都显示0；其余同数值型变量。例如，则原始数据4.5895表示成带句号的数值型为45.895，00。这种变量类型不常用。

④ Scientific notation：科学计数型。例如，原始数据1231.3表示成科学计数型为1.2E+003。

⑤ Date：日期型。使用者可以从系统提示的日期显示形式中选择自己需要的。例如，选择mm/dd/yyyy形式，则2006年11月1日显示为11/01/2006。

⑥ Dollar：带美元符号的数值型。在有效数字前带有“$”符号，其余规定与标准数值型相同。例如，原始数据67.89表示成带美元符号的数值型为$67.89。

⑦ Custom Currency：自定义型。机器自动提示选择方法。

⑧ String：字符串型。选中该项后，使用者可以在数据输入时输入中文或英文符号。

⑨ Restricted Numeric (integer with leading zeros)：受限数值。值限于非负整数的变量。在显示值时，填充先导 0 以达到最大变量宽度。假定数据宽度设为 4，则“221133”显示为“1133”，而“22”显示为“0022”。

(3) Width：数据或字符串的宽度，默认的变量长度是 8 位。当变量为某些特定类型时，该设置无效，如日期型变量。

(4) Decimals：小数位数。默认的小数位数是 2 位。

(5) Label：变量标签。用来说明变量所代表的实际意义，可以输入 120 个字符。由于变量名常用英文字母加数字来表示，因此对变量名的具体意义做进一步的附加说明很重要，建议使用中文标签。例如，在定义“性别”这个变量时，可以用 Sex 表示其名称，输入“性别”作为其标签。

(6) Values：变量值标签。对变量可能取值附加的进一步说明。对分类变量往往要定义其取值的标签。例如，在统计中性别变量的取值常以“1”代表“男”，“2”代表“女”，定义其取值的方法是：单击“Values”按钮，弹出“Value Labels”对话框，在第一个“Value”编辑框输入数值“1”，在第二个“Value”编辑框输入标签“男”，单击“Add”按钮确认，即可定义“1＝‘男’”，依次再做类似的操作来定义其他变量的取值，最后单击“OK”按钮即可。

(7) Missing：缺失值。缺失值的含义是指在调查或实验当中因为被调查者不愿意回答或其他原因导致数据的缺失。为了保证分析结果的合理性，不希望这样的数据参与统计分析。在 SPSS 的数据表上任意一个空白的单元，都被认为是缺失值，用“.”表示。缺失值的定义方法如下：

单击“Missing”按钮，弹出一个“Missing Values”对话框，内有 3 个单选按钮：

① No missing values：没有缺失值。是系统的默认选项。

② Discrete missing values：离散缺失值。对于离散型缺失值，可以定义 1～3 个单一数据为缺失值。计算机遇到这些缺失值会作为特殊值处理，计算时跳过。例如，人的性别的数据资料，若规定男为 1、女为 2，则值为 0。3、4 都被认为是非法的。如果将这 3 个值分别输入到 3 个矩形框中，当数据文件出现这几个数据时，系统将按缺失值处理。

③ Range plus one optional discrete missing value：定义缺失值范围。指定范围为缺失值，同时指定另外一个不在这一范围内的单一数为缺失值。这种方式定义缺失值主要是针对连续变量的值。例如，如果定义变量“身高”的值中输入的错误数据有 1.40、1.90、1.95 和 2.03，而且在 1.90～2.03 没有正确的身高测试值，正确值在大于 1.40 和小于 1.90 的范围内，则可选择此种定义缺失值的方式。在“Low”参数框中输入 1.90，在“High”参数框中输入 2.03，在“Discrete value”参数框中输入 1.40。此外，多于 3 个缺失值的离散变量也可以用此方式定义缺失值。例如，对于“性别”变量值，如果规定男为 1、女为 2，在输入时输入了 3、5、6、9，可以在“Low”参数框中输入 3，在“High”参数框中输入 9。

需要说明的是，用户缺失值和系统缺失值的含义不同，系统缺失值主要是指计算机默认的缺失方式，如果在输入数据时空缺了某些数据或输入了非法的字符，计算机就把其界定为缺少值，这时的数据标记为“.”，而用户界定的缺失值则不会在数据显示时出现“.”。

(8) Columns：显示数据的宽度。定义数据在屏幕上该变量对应列的显示列宽。默认值为 8 个字符，范围是 1～255。显示宽度不影响机内值和分析运算结果，只影响显示。

（9）Align：字符排列方向。定义数据在单元中的对齐方式，有 3 种选择，即左对齐（Left）、右对齐（Right）和居中（Center）。

（10）Measure：数据测量类型。它是指变量是如何测量的，可有 3 种选择。

① Scale：尺度变量（连续变量）。是默认的类型，即使用距离或比率量尺测量的数据，如身高和体重。Scale 可以是数值型、日期型和货币型变量，但不能是字符串型变量。

② Ordinal：顺序变量。是指变量之间的顺序有实际意义，但没有距离关系。顺序变量可以用有序的数字作为代码，设置了值标签的变量被认为是有序的分类变量，可以作为分组变量，也可以参与某些分析过程的运算。Ordinal 可以是数值型和字符串型变量。

③ Nominal：分类变量。分类变量值之间没有顺序关系，只能作为分组变量使用。Nominal 与 Ordinal 一样，只是不要求变量有次序关系。

（11）Role：角色，可有 6 种选择。

① Input：输入。变量将用于输入（如预测变量、自变量）。

② Target：目标。变量将用于输出或目标（如因变量）。

③ Both：两者。变量将同时用于输入和输出。

④ None：无。变量没有角色分配。

⑤ Partition：分区。变量将用于将数据划分为单独的训练、检验和验证样本。

⑥ Split：拆分。设定此角色是为与 IBM® SPSS® Modeler 相互兼容。具有此角色的变量不会在 IBM SPSS Statistics 中用于拆分文件变量。

4.2.2 数据的输入

单击“Data View”标签，直接从数据编辑器中输入数据。SPSS 数据输入的操作过程与 Excel 基本类似，也是以电子表格的方式进行录入的。

录入数据时应首先确定当前数据单元，即将光标指到某个数据单元上，然后单击。数据录入可以逐行进行，录入完一个数据后按 Tab 键，于是当前单元的右边一个单元便自动成为当前单元；数据录入可以逐列进行，录入完一个数据后按 Enter 键，于是当前单元的下边一个单元便自动成为当前单元。如果数据已经输入成表格或 Excel 文件，则可以复制后粘贴到 SPSS 的数据编辑器中。数据输入的过程中要及时保存数据。

4.2.3 数据的编辑

SPSS 数据编辑的操作过程如下：

1. 修改数据

找到所要修改的数据，激活（双击），然后修改即可。

2. 插入或删除一行数据

1）插入一行数据

在某行前插入一新行。操作方法是首先单击该行的行头，使该行全部被选中，然后选择“Edit→Insert Cases”选项，或单击工具栏的“插入行 Insert Cases”图标，则系统自动在该行前插入一个新行。

2）删除一行数据

找到所要删除的行，单击该行的行头，使该行全部被选中，然后按 Delete 键，或选择 Edit→Clear 选项，则该行即被删除。

3. 插入或删除一个变量（列）

1）插入一个变量（列）

某个变量（列）前插入一新变量（列）。操作方法是首先单击该列的列头，使该列全部被选中，然后选择“Edit→Insert Variable”选项，或单击工具栏上的“插入列 Insert Variable”图标，则系统自动在该列前插入一个新变量（列）。

2）删除一个变量（列）

找到所要删除的列，单击该列的列头，使该列全部被选中，然后按 Delete 键，或选择“Edit→Clear”选项，则该列即被删除。

4.2.4 数据文件的合并

当需要输入的数据量较少时，可以由一个人直接从数据编辑器中输入数据；当输入的数据量较大时，经常将其分成几部分，由几个人分别输入数据。这样，一份完整的数据被分别存储为几个较小的 SPSS 数据文件。如果要分析这份数据，就必须将这几个较小的 SPSS 数据文件合并到一起。

1. 横向合并数据文件

横向合并数据文件就是将一份数据按变量分成几部分，然后分别输入数据并存储为几个较小的 SPSS 变量数据文件，最后将这几个变量数据文件中的数据左右对接，进行横向合并。SPSS 横向合并数据文件的操作过程如下：

（1）打开第一个数据文件。

（2）单击“Data→Merge Files→Add Variables...”选项，系统弹出一个“Add Variables to…”对话框。有两个如下选项。

① An open dataset：从当前打开的数据集选择合并文件，列表框中显示的是当前打开的可用数据集名称。

② An External SPSS Statistics data file：读取外部的数据文件进行合并，该项需要用户指定文件路径和文件名。

用户根据需要选择其中一种方式打开第二个数据文件即可。单击“Continue”按钮，系统将弹出“Add Variables from...”（横向合并数据文件）对话框，显示两个文件所含的变量信息。

左边“Excluded Variables”列表框列出了两个文件中的同名变量，只有这些变量可以作为关键变量。右边“New Active Dataset”列表框列出了在合并后新的文件中存在的变量。

附有［*］的变量表示第一个数据文件中的变量，附有［+］的变量表示被合并数据文件中的变量。

横向合并数据文件窗口的选项如下：

① 选中“Match cases on key variables”和“Cases are sorted in order of key variables

in both datasets”复选框，并从“Exclude Variables”列表框中选出作为关键变量的变量移至“Key Variables”列表框中。

② 指定提供合并数据的方式。SPSS有3种数据提供方式：Both files provide cases是SPSS系统默认的方式，指合并后的数据由原来两个待合并的文件数据组成；Non-active dataset is keyed table指保持第一个文件的数据不动，将第二个文件中的其他变量合并进来；Active dataset is keyed table指保持第二个文件的数据不动，将第一个文件中的其他变量合并进来。

③ 选中“Indicate case source as variable”复选框，表示在合并后的数据文件中创建一个新变量，用来区分合并后数据文件中的记录来自合并前的哪个文件，为0时表示来自第一个数据文件，为1时表示来自被合并数据文件。“Indicate case source as variable”复选框的右侧有一个文本框，用来输入要创建的那个新变量的名称，默认名称为“source01”。否则，本步可略去。

（3）单击“OK”按钮，即可完成两个数据文件的横向合并。合并结果显示在数据编辑窗口。

这里需要说明的是，在“Add Variable from...”（横向合并数据文件）对话框的下方有一行（5个）按钮，分别是“OK”“Paste”“Reset”“Cancel”“Help”按钮，这5个按钮在SPSS的统计分析对话框中经常出现，在此将它们的功能介绍如下：

（1）单击“OK”按钮，表示所有操作完成后，得到最后输出结果。

（2）单击“Paste”按钮，表示生成SPSS语句。

（3）单击“Reset”按钮，表示重新选择。当进行完第一组数据的分析之后，要单击“Reset”按钮，再进行下一组数据的分析。

【拓展视频】

（4）单击“Cancel”按钮，表示取消操作。

（5）单击“Help”按钮，表示操作帮助。

【例4.1】 将表4-1中的数据横向合并到表4-2中。

表4-1　某单位职工信息表（一）

职工号（zgh）	学历（xl）
1	1
3	3
5	2

表4-2　某单位职工信息表（二）

职工号（zgh）	性别（xb）	年龄（nl）	基本工资（sr）	职称（zc）
1	1	48	1014.00	1
2	1	49	984.00	2
3	2	54	1044.00	1
4	2	41	866.00	4
5	1	38	848.00	2

解：注意此例中的关键变量是“职工号”，表 4－1 中 2、4 号职工的学历数据空白，合并数据时按系统缺失值处理。在选中“Indicate case source as variable”复选框后，合并后的数据文件中创建一个新变量“source01”，合并后的结果如表 4－3 所示。

表 4－3　横向合并数据结果

zgh	xb	nl	sr	zc	xl	source01
1	1	48	1014.00	1	1	1
2	1	49	984.00	2	.	0
3	2	54	1044.00	1	3	1
4	2	41	866.00	4	.	0
5	1	38	848.00	2	2	1

2. 纵向合并数据文件

纵向合并数据文件就是将一份数据按观测量分成几部分，然后分别输入数据并存储为几个较小的 SPSS 观测量数据文件，最后将这几个观测量数据文件中的数据上下对接，进行纵向合并。SPSS 纵向合并数据文件的操作过程如下：

（1）打开第一个数据文件。

（2）单击“Data→Merge Files→Add Cases...”选项，系统弹出一个“Add Cases to...”对话框，有如下两个选项：

① An open dataset：从当前打开的数据集选择合并文件，列表框中显示的是当前打开的可用数据集名称。

② An External SPSS Statistics data file：读取外部的数据文件进行合并，该项需要用户指定文件路径和文件名。

用户根据需要选择其中一种方式打开第二个数据文件即可。单击“Continue”按钮，系统将弹出“Add Case From...”（纵向合并数据文件）对话框，显示两个文件所含的变量信息。

左边“Unpaired Variables”列表框列出了两个文件中的不同名变量。SPSS 默认这些变量的含义不同，且不放入合并后的新文件中。如果不接受这种默认，可选择其中的两个变量名并单击“Pair”按钮指定配对，表示它们的名称不同但数据含义是相同的，可进入合并后的数据文件中。或者，对某变量单击“Rename”按钮改名后再指定配对。也可单击“Pair”上边的按钮指定某变量不经任何匹配，强行进入合并后的数据文件中。否则，本步可略去。

右边“Variables in New Active Dataset”列表框列出了两个文件中的同名变量，SPSS 默认它们具有相同的数据含义，并将它们作为合并后新数据文件中的变量。如果不接受这种默认，可单击“Pair”上边的按钮将它们剔除到“Unpaired Variables”列表框中。否则，本步可略去。

附有［*］的变量表示第一个数据文件中的变量，附有［+］的变量表示被合并数据文件中的变量。

完成上述操作后，将左边列表框中的不同名变量选入到右边列表框中。

(3) 若要求合并后的数据能看出来自哪个数据文件，可以选中“Indicate case source as variable”复选框，操作同横向合并数据文件。

(4) 单击“OK”按钮，即可完成两个数据文件的纵向合并。合并后结果显示在数据编辑窗口中。

【例 4.2】 将表 4-4 中的数据纵向合并到表 4-2 中。

表 4-4　某单位职工信息表（三）

职工号（zgh）	性别（xb）	职称（zc）
6	2	4
7	1	3
8	2	3

解： 注意此例中表 4-4 中的变量是表 4-2 中的一部分。合并后的结果如表 4-5 所示。

表 4-5　纵向合并数据结果

zgh	xb	nl	sr	zc	Source01
1	1	48	1014.00	1	0
2	1	49	984.00	2	0
3	2	54	1044.00	1	0
4	2	41	866.00	4	0
5	1	38	848.00	2	0
6	2	.	.	4	1
7	1	.	.	3	1
8	2	.	.	3	1

4.3 用 SPSS 进行基本统计分析

4.3.1 数据整理

1. 数据排序

数据排序在数据分析过程中有很重要的作用。它便于数据的浏览、快速地找到数据的最大和最小值，同时也能够发现缺失值的数量和数据的异常值。SPSS 数据排序的操作过程如下：

(1) 选择“Data→Sort Cases”选项，弹出一个“Sort Cases”对话框。

(2) 将主排序变量从左面的列表框中选到右侧的“Sort by”列表框中，并在“Sort

Order”选项中选择按该变量是升序（Ascending）还是降序（Descending）排序。

（3）Save Sorted Data：将分类的数据另存为一个文件或索引。当左侧的变量被选入右侧的列表框时，激活该选框：选中“Save file with sorted data”复选框，激活“File”按钮，单击它即可指定保存文件的路径。

（4）单击“OK”按钮，即可完成数据的排序。排序结果显示在数据编辑窗口。

【例 4.3】 在例 4.1 中，将表 4－2 中的数据按基本工资（sr）进行升序排列。

解： 按基本工资（sr）进行升序排列的结果如表 4－6 所示。

表 4－6　数据排序结果

zgh	xb	nl	sr	zc
5	1	38	848.00	2
4	2	41	866.00	4
2	1	49	984.00	2
1	1	48	1014.00	1
3	2	54	1044.00	1

2. 分类汇总

分类汇总是按照某个指定的变量进行分类汇总计算，这种数据处理方法在实际数据分析中经常使用。例如，某中学想要了解高中一年级两个重点班的男、女学生之间及班级之间的数学考试成绩是否存在较大差异，最简单的做法就是分类汇总。分别按性别、班级计算其平均成绩，然后再进行比较。分类汇总的基本步骤：①选择分类变量；②选择汇总变量；③指定汇总的统计量。SPSS 分类汇总的操作过程如下：

（1）选择“Data→Aggregate...”选项，弹出一个“Aggregate Data”对话框。

（2）将分类变量选到“Break Variable(s)”列表框中，将汇总变量选到“Summaries of Variable(s)”列表框中。

（3）单击“Name & Label...”按钮，重新指定结果文件中的变量名及其标签，指定后单击“Continue”按钮，返回“Aggregate Data”对话框。若不指定，默认的变量名为原变量名后加“_1”。

（4）单击“Function...”按钮，弹出汇总统计量对话框，从中选择需要的汇总统计量，选择后单击“Continue”按钮，返回“Aggregate Data”对话框。汇总统计量很多，默认的是计算平均数。最常用的有平均数（Mean）、中位数（Median）、和数（Sum）、标准差（Standard Deviation）、最小值（Minimum）和最大值（Maximum）等。

（5）“Number of cases”复选框是将分组数据的个数以“N_BREAK”为默认变量名存入指定的结果文件中，也可以修改变量名。

（6）单选按钮 Add aggregated variable to...：定义一个新变量，储存分类汇总的结果；单选按钮 Create a new dataset containing...：创建一个只包含汇总结果的新数据文件；单选按钮 Write a new data file containing...：分类汇总的结果覆盖当前的数据文件。

（7）单击“OK”按钮，完成数据的分类汇总。汇总结果显示在数据编辑窗口。

【例 4.4】 某大学管理学院工商管理专业一年级两个班共有学生 50 人，期末高等数学考试成绩统计如表 4－7 所示。试对数学考试成绩分性别、班级计算平均数。

表 4－7　50 名学生考试成绩

班级（bj）	性别（xb）	考试成绩（X）
1	男生	82，62，45，89，78，90，67，78，80，76，55，77，30
	女生	77，67，98，93，81，78，73，81，69，78，99，100
2	男生	68，89，45，65，77，84，80，79，69，81
	女生	67，89，99，100，69，70，72，88，90，93，82，77，67，88，99

解：规定："1"表示男生，"2"表示女生。SPSS 数据文件中涉及的变量有班级、性别和考试成绩，其中班级和性别为分类变量，考试成绩为汇总变量，操作过程按照 SPSS 分类汇总的步骤进行。其中，在"Number of cases"复选框中，将分组数据的个数以"数据个数"为变量名存入指定的结果文件中，在"Create new dataset..."单选按钮中，将分类汇总结果以"例 4.4 分类汇总结果 .sav"为文件名保存。先按班级再按性别进行分类汇总的结果如表 4－8 所示，先按性别再按班级进行分类汇总的结果如表 4－9 所示。

表 4－8　50 名学生考试成绩分类汇总结果（一）

序　　号	bj	xb	mean	数 据 个 数
1	1	1	69.92	13
2	1	2	82.83	12
3	2	1	73.70	10
4	2	2	83.33	15

表 4－9　50 名学生考试成绩分类汇总结果（二）

序　　号	xb	bj	mean	数 据 个 数
1	1	1	69.92	13
2	1	2	73.70	10
3	2	1	82.83	12
4	2	2	83.33	15

2. 数据变换

数据变换是在原有变量数据的基础上，计算产生一些含有更丰富信息的新数据。例如，根据学生的某门课程的平时成绩、期中考试成绩和期末考试成绩计算总成绩；根据教师的教学工作量和科研工作量计算年末总工作量，等等。SPSS 数据变换的操作过程如下：

（1）选择"Transform→Compute Variable..."选项，弹出"Compute Variable"对话框。

（2）在"Target Variable"文本框中输入存放计算结果的新变量名。新变量的变量类型默认为数值型，使用者可以根据需要单击"Type&Label..."按钮进行修改，还可以对新变量加变量标签。

(3) 在“Numeric Expression”文本框输入或选择表达式值(注意:表达式中的变量必须从左侧列表框中选入)。

(4)“Function group”项列出了系统预装的函数。

(5) 单击“if...”按钮,打开条件表达式对话框,选择符合条件的个案进行变量计算。其中,“Include all cases”选项是指包括所有观测值,“Include if cases satisfies condition”选项是指包括符号条件的观测值。选择后单击“Continue”按钮,返回到“Compute Variables”对话框。此步可以省略。SPSS 系统默认的是“Include all cases”选项。

(6) 单击“OK”按钮,即可完成数据的变换。变换结果显示在数据编辑窗口。

【例 4.5】 10 名学生的语文和数学期末考试成绩如表 4-10 所示,按这两门课总成绩的 50%计算总成绩。

表 4-10 10 名学生两门课期末考试成绩

学生序号 (xh)	数学 (X_1)	语文 (X_2)
1	68	56
2	75	76
3	87	81
4	92	63
5	61	90
6	76	72
7	58	85
8	90	94
9	89	69
10	77	70

解: 用 X 表示变换后的总成绩,则 $X=(X_1+X_2)*0.5$。按照 SPSS 变量变换的操作步骤,得出以下变换结果,如表 4-11 所示。

表 4-11 10 名学生两门课期末考试成绩的变换结果

xh	X_1	X_2	X
1	68	56	62.00
2	75	76	75.50
3	87	81	84.00
4	92	63	77.50
5	61	90	75.50
6	76	72	74.00
7	58	85	71.50
8	90	94	92.00
9	89	69	79.00
10	77	70	73.50

4.3.2 数据分组

数据分组就是根据统计研究的需要，将数据按某种标准重新划分为不同的组别。SPSS 软件提供了单项式分组和组距式分组两种方法。

1. 单项式分组

单项式分组首先将全部变量值按分组变量值排序，分组结果为数据排序后的名次，存放在一个新的变量中。该变量的变量值标签是分组变量的变量值。具有相同变量值的数据被分在一组中。SPSS 单项式分组的操作过程如下：

（1）选择“Transform→Automatic Recode...”选项，弹出“Automatic Recode”对话框。

（2）将对话框左侧列表框的分组变量选择到右侧的“Variable→New Name”列表框中。

（3）在“New Name”按钮右侧的文本框内输入存放分组结果的新变量名，并单击“Add New Name”按钮。

（4）在“Recode Starting from”选项中选择单项式分组是按升序（Lowest value）进行还是按降序（Highest value）进行。

（5）单击“OK”按钮，完成单项式数据分组。分组结果显示在数据输出窗口和数据编辑窗口。

【例 4.6】 使用 SPSS 的单项式数据分组功能，对例 2.1 中的数据进行分组。

解： 由于机器台数属于离散型变量，因此使用单项式分组方法。本例分组变量（X）值为 2、3、4、5、6，名次分别为 1、2、3、4、5，并存放在新变量（X_1）中。按照 SPSS 单项式分组操作步骤，在数据输出窗口得到表 4－12，将数据编辑窗口中的输出结果加以整理得到表 4－13。

表 4－12 单项式数据分组输出结果（一）

X into X_1（机床台数）		
Old Value	**New Value**	**Value Label**
2	1	2
3	2	3
4	3	4
5	4	5
6	5	6

在表 4－12 中，“Old Value”表示分组变量 X 的值；“New Value”表示将分组变量（X）的值排序后的名次，存放在新变量（X_1）中；“Value Label”表示新变量（X_1）的标签值，它是分组变量（X）的值。

表 4-13 单项式数据分组输出结果（二）

grh	X	X_1	grh	X	X_1	grh	X	X_1	grh	X	X_1	grh	X	X_1
1	3	2	11	4	3	21	2	1	31	3	2	41	2	1
2	6	5	12	2	1	22	3	2	32	5	4	42	6	5
3	2	1	13	5	4	23	6	5	33	4	3	43	3	2
4	4	3	14	2	1	24	5	4	34	5	4	44	4	3
5	3	2	15	6	5	25	4	3	35	6	5	45	5	4
6	2	1	16	2	1	26	2	1	36	2	1	46	4	3
7	6	5	17	3	2	27	4	3	37	2	1	47	5	4
8	4	3	18	5	4	28	3	2	38	6	5	48	2	1
9	3	2	19	4	3	29	2	1	39	4	3	49	3	2
10	2	1	20	3	2	30	2	1	40	3	2	50	5	4

在表 4-13 中，第 1 列为工人序号（grh），第 2 列为工人看管的机器台数（X），第 3 列为将分组变量（X）的值排序后的名次（X_1）。例如，在第 3 列中，对应于 1 号工人的（X_1）的值是 2，表示他看管的机器台数 3 应分到第 2 组中。

2. 组距式分组

组距式分组是将全部变量值依次划分为若干个区间，并将这一区间的变量值作为一组。下面重点介绍 SPSS 等距分组的操作过程。

（1）首先将原始资料按升序进行排列并计算极差 R；其次由斯特吉斯经验公式确定组数和组距，即组数 $k=1+3.322\lg N$，组距 $d=R/k$；最后确定组限。取第一组下限略高于最小变量值，则该组上限＝该组下限＋组距。

（2）选择“Transform→Visual Binning...”选项，弹出“Visual Binning”对话框。将对话框左侧列表框中需要分组的变量选入到右侧的“Variables to Bin”列表框中，对话框底部有一个“Limit number of cases scanned to”复选框，其作用是当数据量很大时，需要设定参与分析的记录数目，以避免分析时间过长；若数据量不是很大，该选项可忽略。单击“Continue”按钮，弹出一个新的“Visual Binning”对话框。

（3）新的“Visual Binning”对话框设置如下：

① 左上侧的“Scanned Variable List”列表框：列表框中的变量正是刚才选择的变量，单击该变量，则右侧的很多文本框被激活。

② 左下侧的“Cases Scanned”灰色文本框是对应变量参与分析的记录数，“Missing Values”灰色文本框是对应变量参与分析时的缺失记录数。

③ 右上侧的“Current Variable”文本框显示的是当前变量，“Binned Variable”文本框输入分组变量名及标签，“Minimum”灰色文本框为变量的最小值，“Maximum”灰色文本框为变量的最大值。

④ 右下侧的“Upper Endpoints”选项组包含 2 个单选按钮，其中，“Include(＜＝)”单选按钮表示确定的一组的上限值包含在该组内，而“Exclude(＜)”单选按钮表示确定的一组上限值包含在下一组内。

单击“Make Cutpoints...”选项，弹出一个“Make Cutpoints”对话框，包括 3 个 Location 划分方法选项，第一个是 Equal Width Intervals 等间距划分框，在内部首先在“First Cutpoint Location”文本框中输入第一组的上限，然后在“Width”文本框中输入组距，这时将鼠标移动到“Number of Cutpoints”文本框中，系统自动计算出断点数目（组数＝断点数＋1）。单击“Apply”按钮返回到新的“Visual Binning”对话框。

⑤中下侧存放一个 Grid 表格，显示的是分组的上、下限，单击“Make Labels”按钮，表格里面的 Label 栏显示分组的提示。

（4）单击“OK”按钮，完成后首先出现一个信息提示对话框，说明创建新变量的情况。关闭该对话框后，在数据编辑器窗口显示变量分组结果。

【例 4.7】 用 SPSS 的组距式数据分组功能对例 2.2 中的数据进行分组。

【拓展视频】

解： 由于工资属于连续型变量，因此采用组距式分组方法。

（1）用 SPSS 数据排序功能将原始资料按升序进行排列结果如下：

2100，2200，2340，2470，2540，2590，2600，2740，2790，2850

2980，3000，3040，3130，3210，3210，3280，3280，3300，3320

3320，3350，3390，3400，3400，3500，3500，3560，3680，3700

3780，3800，3840，3890，3900，3980，4000，4080，4100，4120

4200，4300，4320，4400，4450，4500，4580，4640，4780，4800

（2）计算极差 R。

$$R=\text{最大值}-\text{最小值}=4800-2100=2700$$

（3）确定组数和组距。

由斯特吉斯经验公式

组数

$$k=1+3.322\lg N=1+3.322\lg 50=1+3.322\times 1.699\approx 6.644\approx 7$$

组距

$$d=R/k=2700/7\approx 385.7$$

因此，取整数组距 $d=400$，并进行等距分组。

（4）确定第一组上限。

取第一组下限为 2050，则该组

$$\text{上限}=\text{下限}+\text{组距}=2050+400=2450$$

（5）分组输出结果，如表 4-14 所示。

在表 4-14 中，第 1 列为教师序号（xh），第 2 列为教师工资（X），第 3 列为将分组变量（X）的值分组排序后的名次（X_1），即 7 个组按从小到大的顺序排列为 1、2、3、4、5、6、7。例如，在第 3 列中，对应于 1 号教师的 X_1 的值是 1，表示他的工资 2200 元应分到第 1 组中。

表 4-14 组距式数据分组

xh	X	X_1	xh	X	X_1	xh	X	X_1	xh	X	X_1
1	2200	1	16	3680	5	31	3840	5	46	2340	1
2	2100	1	17	4500	7	32	3400	4	47	3900	5
3	4640	7	18	3210	3	33	4100	6	48	4450	7
4	4580	7	19	3400	4	34	3350	4	49	2790	2
5	3500	4	20	3320	4	35	4780	7	50	3280	4
6	4080	6	21	4200	6	36	2600	2			
7	2980	3	22	3780	5	37	4320	6			
8	4000	5	23	3980	5	38	3130	3			
9	3560	4	24	3800	5	39	4300	6			
10	2850	3	25	4800	7	40	3890	5			
11	3320	4	26	3210	3	41	3390	4			
12	2470	2	27	2590	2	42	3300	4			
13	3000	3	28	4400	6	43	3500	4			
14	2540	2	29	3700	5	44	3280	4			
15	3040	3	30	2740	2	45	4120	6			

4.3.3 计算基本描述统计量

在统计研究中，我们经常对标准化后的数据资料进行统计分析，其目的是将不同的指标综合加总，从而排除不同量纲的影响。SPSS 提供了计算描述统计量的功能，它可以将原始数据资料转换成标准化值并以变量的形式存入数据编辑窗口中，以供进一步分析。将原数据变量 X 转换成标准化变量 Z_X 的公式为

$$\text{Z\_X}=\frac{X-\overline{X}}{S} \tag{4-1}$$

式中，$\overline{X}$ 表示原变量的平均数，S 表示原变量的标准差。

常用的描述统计量有平均数、和数、标准差、方差、最大值、最小值、极差、平均数标准误差、偏度和峰度等。SPSS 计算基本描述统计量过程如下：

（1）选择“Analyze→Descriptive Statistics→Descriptives...”选项，弹出一个“Descriptives”对话框。

（2）从左侧列表框选出需计算的变量放到右侧“Variable(s)”列表框中。

（3）若需要标准化变量，则选中“Save standardized values as variables”复选框，然后单击“OK”按钮，返回数据编辑窗口，则标准化后的变量显示在数据编辑窗口中，接下来可以选择该标准化变量进行描述性分析。否则，不做选择。

（4）单击“Options...”按钮，弹出“Descriptives：Options”对话框，指定计算哪些统计量。

① Mean 复选框：平均数。

② Sum 复选框：和数。

③ Dispersion 选项组：描述离散程度的统计量，包含 6 个复选框。

a. Std. deviation 复选框：标准差。

b. Variance 复选框：方差。

c. Range 复选框：极差。

d. Minimum 复选框：最小值。

e. Maximum 复选框：最大值。

f. S. E. mean 复选框：平均数标准误差，指样本平均数作为抽样样本的平均数与总体平均数的平均差异，即

$$\text{S. E. Mean}=\frac{\sigma}{\sqrt{n}} \tag{4-2}$$

④ Distribution 选项组：检验分布形态的统计量，包含 2 个复选框。

a. Kurtosis 复选框：偏度及其标准误差。

b. Skewness 复选框：峰度及其标准误差。

⑤ Display Order 项：计算结果输出顺序。包含 4 个单选按钮。

a. Variable list：按“Variable”列表框中排列的顺序输出。

b. Alphabetic：按各变量的字母排列顺序输出。

c. Ascending means；按平均数的升序顺序输出。

d. Descending means：按平均数的降序顺序输出。

⑥ 单击“Continue”按钮，返回到“Descriptives”对话框。

(5) 单击“OK”按钮，即可完成基本描述统计量的计算。计算结果显示在数据输出窗口。

【例 4.8】 从某中学某班级中抽出 14 名学生，他们的 5 门课程的期末考试成绩如表 4－15 所示，试计算以下两个问题：

(1) 语文考试成绩的基本描述统计量。

(2) 5 门课程考试成绩的平均数和标准差。

表 4－15 学生四门课程测验成绩 （单位：分）

语 文	数 学	物 理	化 学	生 物
61	85	78	62	65
77	74	73	69	60
75	79	68	74	64
74	71	81	86	75
78	74	69	77	57
68	47	87	68	75
65	60	74	69	69
74	68	65	66	63
58	74	75	63	74
62	76	59	57	57
70	74	62	82	55
76	77	69	82	73
72	77	87	75	71
70	87	57	68	71

解：(1) 根据 SPSS 计算基本描述统计量操作步骤，将输出结果整理后如表 4－16 所示。

表 4－16　语文考试成绩的基本描述统计量结果

	N	Range	Minimum	Maximum	Sum	Mean	
语文	Statistics	Statistics	Statistics	Statistics	Statistics	Statistics	Std. Error
	14	20	58	78	980	70	1.703
	Std.	Variance	Skewness		Kurtosis		
	Statistics	Statistics	Statistics	Std. Error	Statistics	Std. Error	
	6.373	40.615	−.614	.597	−.801	1.154	

由表 4－16 可以看出，14 名学生语文考试成绩的极差为 20 分，最低为 58 分，最高为 78 分；总成绩为 980 分，平均成绩为 70 分，平均数标准误差是 1.703 分；标准差为 6.373 分，方差为 40.615；偏度为－0.614<0，呈左偏分布，说明成绩较低的占多数，成绩较高的占少数；峰度为－0.801<0，呈平峰分布，说明成绩的分布与正态分布相比略有一些平峰。Std. Error 是偏度和峰度的平均数标准误差。

(2) 输出结果如表 4－17 所示。

表 4－17　五门课程考试的平均成绩及标准差

	N	Mean	Std. Deviation
语文	14	70.00	6.373
数学	14	73.07	9.980
物理	14	71.71	9.433
化学	14	71.29	8.407
生物	14	66.36	7.153

由表 4－17 可以看出，14 名学生的数学平均成绩最高，但其标准差也最大，说明学生的成绩差异比较大；生物平均成绩最低，但其标准差较小，说明学生的成绩差异比较小。

4.3.4　频数分析

SPSS 中的频数分析功能不仅可以产生详细的频数分布表，还可以按要求计算出基本描述统计量。另外，它还可以通过分析作出统计图。SPSS 频数分析的操作过程如下：

(1) 选择 “Analyze→Descriptive Statistics→Frequencies...” 选项，弹出 “Frequencies” 对话框。

(2) 从左侧列表框中将需要进行频数分析的变量选择到右侧的 “Variable(s)” 列表框中。

(3) 选中 “Display frequency tables” 复选框，要求输出频数分布表。如不需要可以忽略。

(4) 单击 “Statistics...” 按钮，弹出 “Frequencies: Statistics” 对话框。在该对话框可以进行输出基本描述统计量的设置，各选项含义如下：

① Percentile Values 选项组：指定百分位数，包括 3 个复选框。

a. Quartiles 复选框：输出 25%、50%、75%的百分位数。

b. Cut points for... equal group 复选框：输入 2～100 的整数，若输入 4，则用百分位数将数据 4 等分，输出 25%、50%、75%的百分位数。

c. Percentile(s) 复选框：输入 0～100 的数，若输入 2.5，则输出 2.5%的百分位数，然后单击“Add”按钮。

② Central Tendency 选项组：指定集中趋势统计量，包括 4 个复选框。

a. Mean 复选框：平均数。

b. Median 复选框：中位数。

c. Mode 复选框：众数。

d. Sum 复选框：和数。

③ Dispersion 选项组：指定离散程度统计量，包括 6 个复选框。

a. Std. deviation 复选框：标准差。

b. Variance 复选框：方差。

c. Range 复选框：极差。

d. Minimum 复选框：最小值。

e. Maximum 复选框：最大值。

f. S. E. mean 复选框：平均数标准误差。

④ Distribution 项：指定分布形态统计量，包括 2 个复选框。

a. Skewness 复选框：偏度。

b. Kurtosis 复选框：峰度。

⑤ Values are group midpoints 复选框：数据分组后选中该项，在计算百分位数和中位数时，用各组的组中值代表各组数据。

⑥ 单击“Continue”按钮，返回到“Frequencies”对话框。

（5）单击“Charts...”按钮，弹出“Frequencies：Charts”对话框。在该对话框可以进行输出统计图的设置，各选项含义如下。

① Chart Type 选项组：用于有关图形输出类型的选择，包括 4 个单选按钮。

a. None 单选按钮：不输出任何图形，是系统默认的方式。

b. Bar charts 单选按钮：条形图。

c. Pie charts 单选按钮：饼图。

d. Histograms 单选按钮：直方图。若选中“Show normal curve on histogram”复选框，则图中带有正态曲线。

② Chart Values 选项组：用于图形坐标含义的设置，包括 2 个单选按钮。

a. Frequencies 单选按钮：纵坐标表示频数。

b. Percentages 单选按钮：纵坐标表示百分比。

③ 单击“Continue”按钮，返回到“Frequencies”对话框。

（6）单击“Format...”按钮，弹出“Frequencies：Format”对话框。在该对话框可以设置有关输出的格式，各选项含义如下：

① Order by 选项组：用于设置频数表中变量的排列顺序，包括 4 个单选按钮。

a. Ascending values 单选按钮：数据按升序排列。

b. Descending values 单选按钮：数据按降序排列。

c. Ascending counts 单选按钮：频数按升序排列。

d. Descending counts 单选按钮：频数按降序排列。

② Multiple Variables 选项组：用于设置多变量项频数输出形式，包括 2 个单选按钮。

a. Compare variables 单选按钮：将变量的结果显示在同一表或图形中，是系统默认的方式。

b. Organize output by variables 单选按钮：将变量的结果显示在不同的表或图形中。

③ Suppress tables with many categories 复选框：用于设置频数表的输出范围。当频数分布表的分组数大于框中输入的值时，按该值表示的组数显示。

④ 单击“Continue”按钮，返回到“Frequencies”对话框。

(7) 单击“OK”按钮，即可完成频数分析的操作，频数分析结果显示在数据输出窗口。

【例 4.9】 对例 2.1 中的数据进行频数分析。

解：(1) 输出统计表结果，如表 4－18 和表 4－19 所示（不用对数据进行单项式分组，直接对原变主进行频数分析）。

表 4－18　基本描述统计量

N	**Valid**	**50**
	Missing	**0**
Mean		3.66
Std. Error of Mean		.199
Median		3.50
Mode		2
Std. Deviation		1.409
Variance		1.984
Skewness		.320
Std. Error of Skewness		.337
Kurtosis		−1.176
Std. Error of Kurtosis		.662
Range		4
Minimum		2
Maximum		6
Sum		183
Percentiles	2.5	2.00
	25	2.00
	50	3.50
	75	5.00

表4-18结果解释：第1行（Valid）为有效样本数；第2行（Missing）为没有缺失值；第3～14行为基本描述统计量；最后4行（Percentiles）为从上至下依次是2.5%、25%、50%和75%的百分位数的数值。

表4-19 频数分布表

		Frequency	Percent	Valid Percent	Cumulative Percent
Valid	2	14	28.0	28.0	28.0
	3	11	22.0	22.0	50.0
	4	10	20.0	20.0	70.0
	5	8	16.0	16.0	86.0
	6	7	14.0	14.0	100.0
	Total	50	100.0	100.0	

表4-19结果解释：第1列（Valid）为变量有效的值；第2列为分组变量取值；第3列（Frequency）为频数；第4列（Percent）为原始的百分比（频率），即含有缺失值的百分比；第5列（Valid Percent）为有效的百分比（频率），即不含有缺失值的百分比；第6列（Cumulative Percent）为向上累积的有效百分比（频率）。

由表4-19得到的分析结论如下：

本次调查的总工人数是50人，其中，看管2～6台机器的工人数依次为14、11、10、8、7人，占总人数的28%、22%、20%、16%、14%。看管少于4台机器的工人数达到50%。由于在机器台数这个变量中，无缺失值，因此百分比和有效百分比相同。

（2）输出统计图结果，如图4.1～4.3所示。SPSS频数分析功能只提供了简单的输出图形，若想使图形更加美观、显示的内容更加丰富，还可以根据需要对图形进行编辑。在SPSS菜单中专门设置了绘图（Graphs）功能，这部分内容后面会详细介绍。

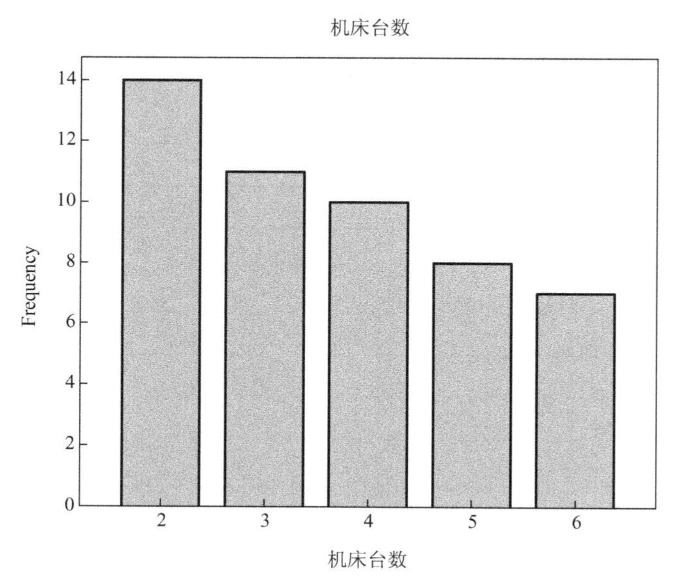

图4.1 条形图

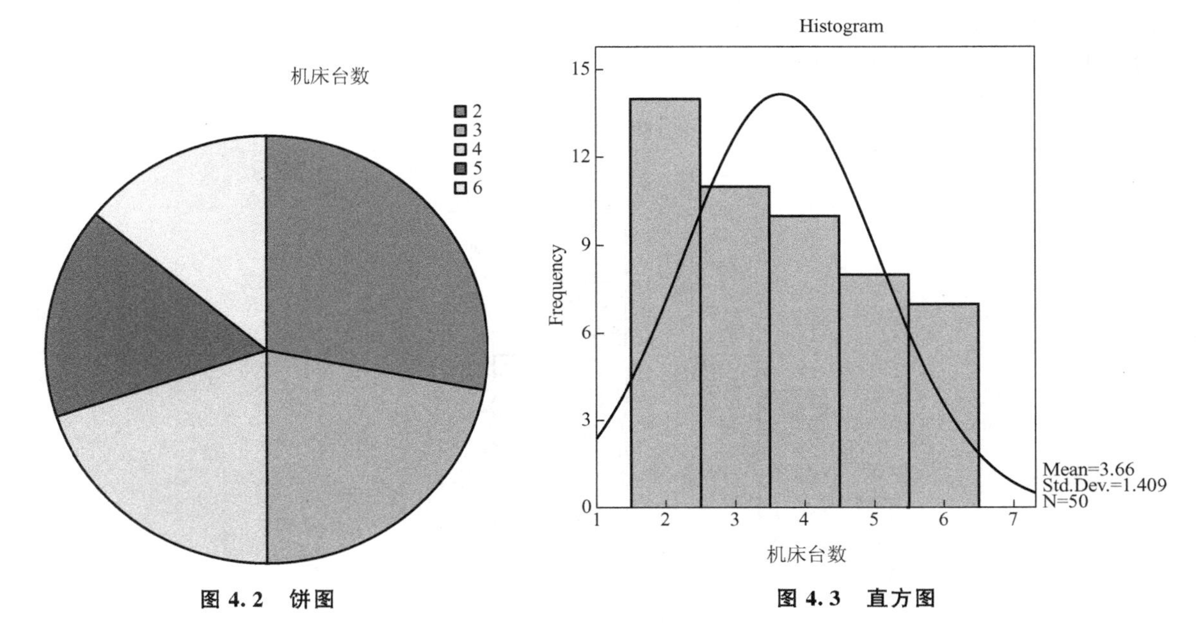

图 4.2　饼图　　　　**图 4.3　直方图**

本例中的条形图、饼图和直方图均使用频数作为纵坐标。条形图清楚地显示出看管 2 台机器的工人数最多，看管 6 台机器的工人数最少；饼图虽然通过扇形面积的大小也能反映出分类结果，但就本例而言，显然它不如条形图更直观；直方图上附有正态分布曲线，二者对比分析发现，该分布与正态分布相差甚远。

实际研究中，不必将所有形式的图形都输出来，选择什么形式的输出图形要根据实际问题而定。

【例 4.10】 对例 2.2 中的数据进行频数分析。

解：在用 SPSS 的组距式数据分组功能进行分组的基础上，对分组变量进行频数分析，得到频数分布表 4－20 和直方图 4.4。

【拓展视频】

表 4－20　频数分布表

		Frequency	Percent	Valid Percent	Cumulative Percent
Valid	＜2450	3	6.0	6.0	6.0
	2450～2849	6	12.0	12.0	18.0
	2850～3249	7	14.0	14.0	32.0
	3250～3649	12	24.0	24.0	56.0
	3650～4049	9	18.0	18.0	74.0
	4050～4449	7	14.0	14.0	88.0
	4450＋	6	12.0	12.0	100.0
	Total	50	100.0	100.0	

由表 4－20 得到的分析结论如下：

本次调查的总教师人数是 50 人，其中，工资在 3250～3649 元的人数最多，占总人数的24%，而工资低于2450元的人数最少，只占总人数的6%。由于在教师工资这个变量中，无缺失值，因此百分比和有效百分比相同。

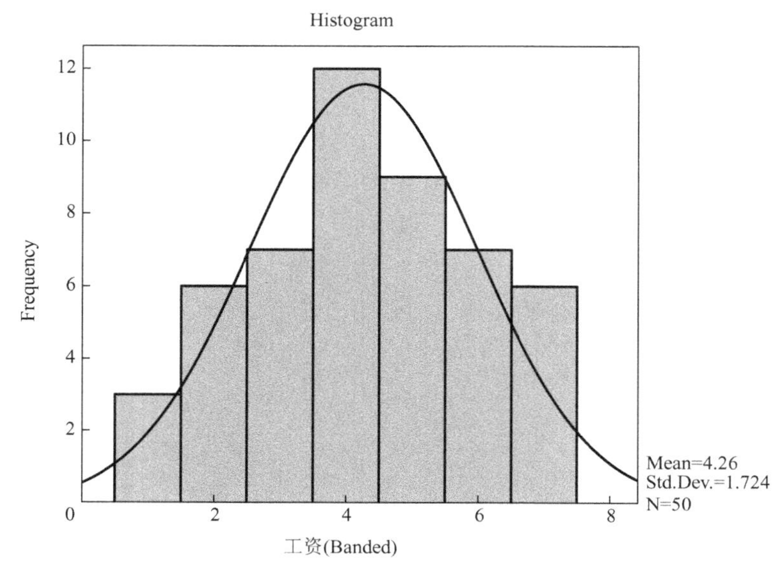

图 4.4　直方图

由图4.4可见，它与正态分布曲线拟和效果较好，因此可以认为工人工资变量近似服从正态分布。

4.4　统 计 绘 图

SPSS制图功能强，能绘制许多种统计图形，这些图形可以由各种统计分析过程产生，也可以直接从Graphs图形菜单中的一系列图形选项直接产生。下面重点介绍统计分析中常用的条形图、饼图、直方图、线形图和散点图的绘制。

4.4.1　统计图的绘制

1. 条形图

条形图（Bar）常用于表示单个变量的变化趋势或多个变量之间的比较。

条形图共有3种图示类型，分别是简单条形图（Simple）、分组条形图（Clustered）和分段条形图（Stacked）。其中，简单条形图是以若干平行且等宽的矩形表现数量对比关系，条间有间隙；分组条形图是由两条或两个条组成一组的条形图；分段条形图是以条形的全长代表某个变量的整体，条内的各分段长短代表各组成部分在整体中所占比例，每一段用不同线条或颜色表示。

条形图绘制采用的统计量描述模式，也可分为3种类型，即观测量分类描述模式（Summaries for groups of cases）、变量描述模式（Summaries of separate variables）和观测值模式（Values of individual cases）。其中，观测量分类描述模式对应分类轴变量中的每一种类观测量生成一个简单（分组或分段）图形；变量描述模式对应每个变量生成一个图形，即一个条或一个折点代表一个变量，这种模式至少要选择两个或两个以上、相同或不同的变量；观测值模式对应分类轴变量中的每一观测值生成一个图形。

下面重点介绍变量描述模式的条形图绘制方法，其他方法类似，读者有兴趣可自己练习操作即可。

SPSS 变量描述模式的条形图绘制操作过程如下：

（1）选择 Graphs→Legacy Dialogs→Bar 选项，弹出“Bar Charts”对话框。该对话框包含 3 种图示类型的单选和 3 种统计量描述模式的单选。我们选择分组条形图（Clustered）和变量描述模式(Summaries of separate variables)。选择后单击 Define 按钮进入“Define Clustered Bar：Summaries of Separate Variables”对话框。

（2）Category Axis 框：设置分类轴（默认的是横轴）变量。分类轴上各变量的排列位置是由分类变量中变量值的大小和字母顺序所确定的，数值最小或字母顺序最靠前的变量值排在分类轴的最左端。

（3）Bars Represent 列表框：存放除分类轴变量以外需要分析的其他变量。即从左侧窗口中将这些变量选择到右侧的“Bars Represent”列表框中。

（4）单击“Change Statistic...”按钮，设置变量汇总函数。系统默认以函数 Mean（平均数）对选入的变量进行汇总，这是常用的汇总方式。如若以其他的函数形式进行汇总，在“Change Statistic”对话框中提供了十几种函数可供选择，在此不一一列出。

（5）Template 框：图形模版格式。如果选择 Use chart specifications from 复选框，单击“File”按钮，则会弹出“Use Template from File”对话框，让所要生成的图形套用已有的模版格式。一般可直接输出图形，不套用模版格式。

（6）单击“Titles...”按钮，设置图形标题。在“Titles”对话框中，“Title”对话框设置主标题，在“Line1”和“Line2”文本框中可分别输入 72 个字符或 36 个汉字；“Subtitle”文本框设置副标题。

（7）单击“Continue”按钮，返回“Define Clustered Bar：Summaries of separate variables”对话框。

（8）单击“Options...”按钮，设置缺失值处理方式。在“Options”对话框中，有如下选项。

① Missing Values：用于选择缺失值处理方式。

a. Exclude cases listwise 单选按钮：剔除有缺失值的个案，是系统默认选项。

b. Exclude cases variable by variable 单选按钮：剔除变量中的缺失值。

c. Display groups defined by missing values 复选框：显示所定义的缺失值组。

② Display chart with case labels 复选框：显示观测值量的标签值。

③ Display error bars 复选框：在图形中显示误差条形图。

④ Error Bars Represent：用于选择误差条形图所表达的统计量。

a. Confidence intervals 单选按钮：误差条形图的表征，需要在级别后面的输入框制定需要的水平值，默认为 95.0。

b. Standard error 单选按钮：标准误差，需要在乘数后面的输入框指定标准误的倍数。

c. Standard deviation 单选按钮：标准差，需要在乘数后面的输入框指定标准差的倍数。

（9）单击“Continue”按钮，返回“Define Clustered Bar：Summaries of separate variables”对话框。

（10）单击“OK”按钮，得到输出的条形图。结果显示在数据输出窗口。

【例 4.11】 中国 2005—2014 年的出生率和死亡率数据资料如表 4－21 所示，试通过绘制条形图比较这段时间的出生率和死亡率。

表 4－21 中国 2005—2014 年的出生率和死亡率

年 份	出生率/%	死亡率/%
2005	12.40	6.51
2006	12.09	6.81
2007	12.10	6.93
2008	12.14	7.06
2009	11.95	7.08
2010	11.90	7.11
2011	11.93	7.14
2012	12.10	7.15
2013	12.08	7.16
2014	12.37	7.16

资料来源：《2015 中国统计年鉴》。

解：根据 SPSS 变量描述模式的条形图绘制操作步骤，我们设置“年份”为分类轴变量，以系统默认的函数 Mean 对出生率和死亡率两个变量进行汇总，则分别绘制出分组条形图和分段条形图，如图 4.5 和图 4.6 所示。

2. 饼图

饼图（Pie）主要用来表示组数不多的品质资料或间断性数量资料的内部构成，各部分百分比之和必须是 100%。

饼形图绘制采用的统计量描述模式与条形图类似，也可分为 3 种类型，即观测量分类描述模式（Summaries for Groups of Cases）、变量描述模式（Summaries of Separate Variables）和观测值模式（Values of Individual Cases）。SPSS 饼图绘制操作过程如下：

（1）选择“Graphs→Legacy Dialogs→Pie...”选项，弹出“Pie Charts”对话框。该对话框包含 3 种统计量描述模式的单选。我们选择观测值模式（Values of Individual cases）。选择后单击“Define”按钮，弹出“Define Pie：Values of Individual Cases”对话框。

（2）将选择分析变量存放在 Slices Represent 列表框。

（3）Slice Labels 选项组：分类轴的标记和排列方式。包括 2 个单选按钮。

① Case Number 单选按钮：表示以观测量的序号为标记来排列“Slices Represent”列表框内的变量值。

② Variable 单选按钮：表示以某变量的变量值为标记来排列 Slices Represent 列表框内的变量值。

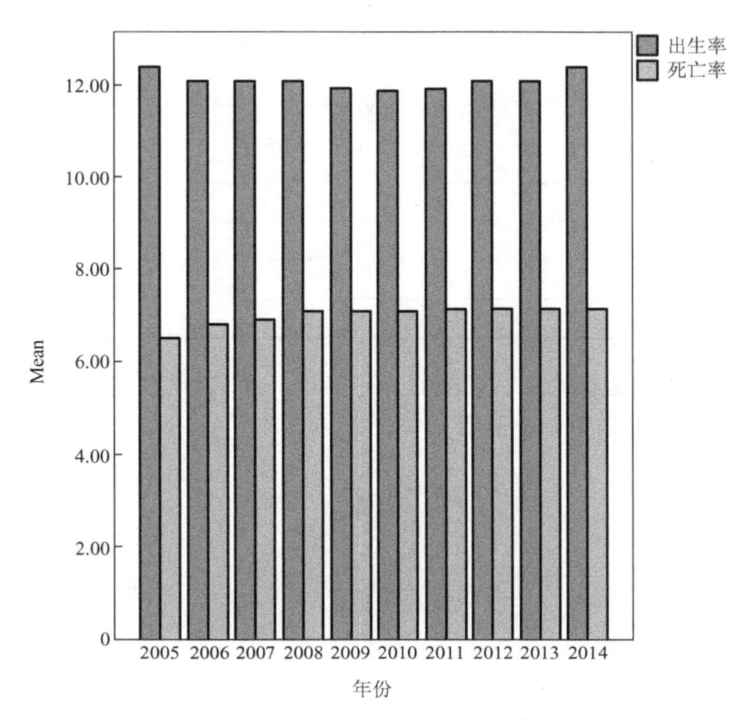

图 4.5　2005—2014 年出生率和死亡率的分组条形图

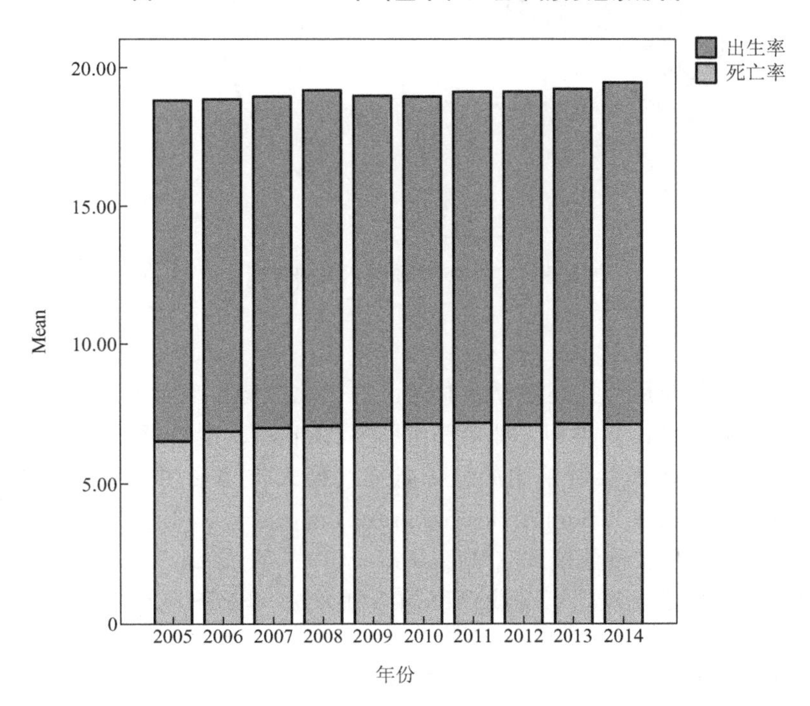

图 4.6　2005—2014 年出生率和死亡率的分段条形图

(4) 其他操作与条形图类似。最后单击"OK"按钮，得到输出的饼图。

【例 4.12】 某大学管理学院 2015 年教师的职称情况如表 4-22 所示。试通过绘制饼图来反映该学院教师职称的比例关系。

表 4-22 某大学管理学院 2016 年教师的职称情况

职　　称	人　　数
教授	9
副教授	15
讲师	34
助教	12
其他	15
合计	85

解：根据 SPSS 观测值模式的饼图绘制操作步骤，我们以"职称"的变量值为标记来排列人数，绘制出饼图，如图 4.7 所示。

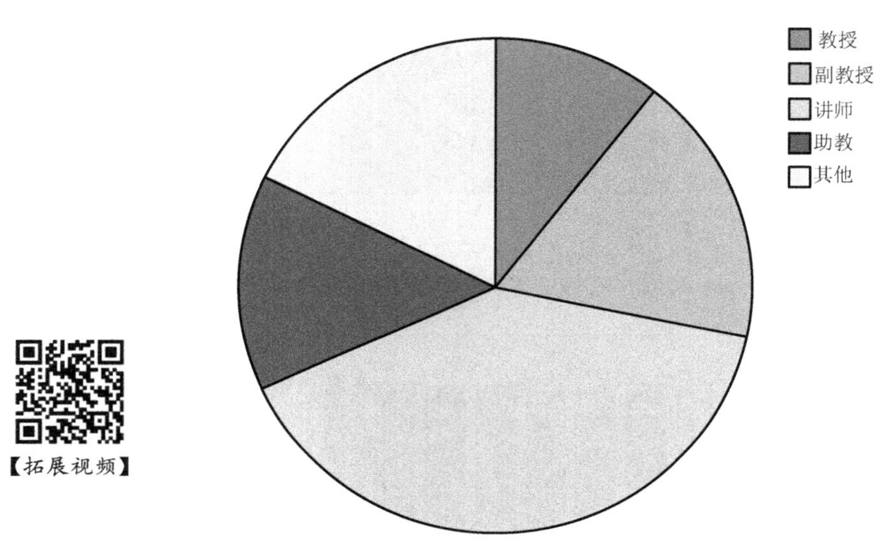

图 4.7 2016 年教师职称的饼图

3. 线形图

线形图（Line）主要用于描述现象在时间上的变化趋势、现象的分配情况和现象的依存关系等。线形图有 3 种图示类型，即单线形图（Simple）、多线形图（Multiple）和垂线形图（Drop-line）；线形图绘制采用的统计量描述模式与条形图类似，也可分为 3 种类型，即观测量分类描述模式（Summaries for groups of cases）、变量描述模式（Summaries of separate variables）和观测值模式（Values of individual cases）。

下面重点介绍变量描述模式下多线形图的绘制方法，SPSS 变量描述模式下多线形图的操作过程如下：

（1）选择"Graphs→Legacy Dialogs→Line..."选项，弹出"Line Charts"对话框。该对话框包含 3 种图示类型的单选和 3 种统计量描述模式的单选。我们选择多线形图（Multiple）和变量描述模式（Summaries of separate variables）。选择后单击"Define"按钮，弹出"Define Multiple Line：Summaries of separate variables"对话框。

（2）选择分析变量及其他相关设置。这部分操作与条形图类似，不再阐述。

【例 4.13】 某地区2006—2015年各季度某种商品销售量资料如下：

表 4-23 某地区 2006—2015 年各季度某种商品销售量 （单位：t）

年　份	第一季度	第二季度	第三季度	第四季度
2006	9	13	16	6
2007	11	14	17	10
2008	8	16	21	6
2009	10	12	20	8
2010	12	15	16	10
2011	15	17	25	11
2012	7	19	28	9
2013	17	28	50	20
2014	19	40	56	17
2015	21	49	60	25

试通过绘制线形图来反映该地区各季度某种商品销售量的年际变化。

解： 根据SPSS变量描述模式下多线形图的绘制操作步骤，我们设置"年份"为分类轴变量，以系统默认的函数Mean对4个季度的销售量进行汇总，则绘制出的线形图如图4.8所示。

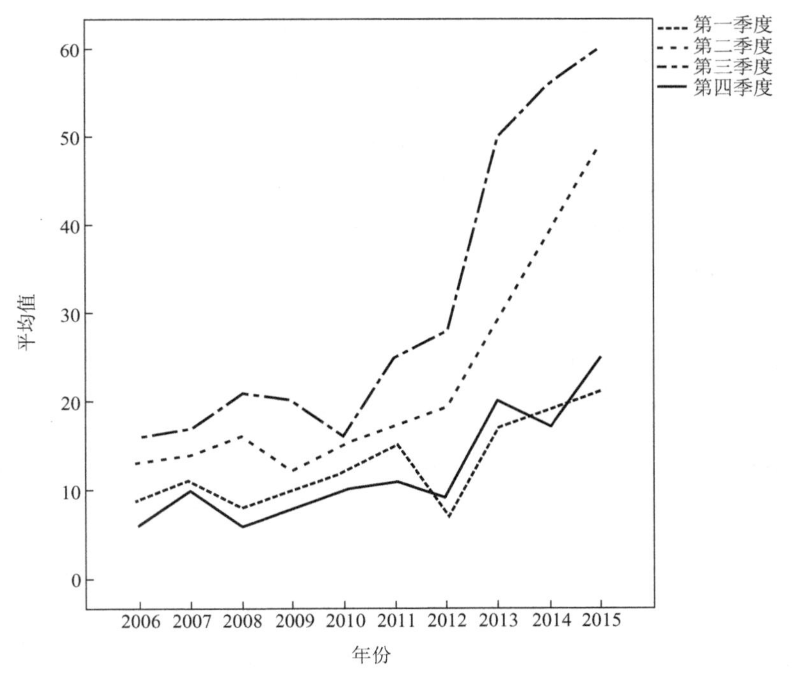

图 4.8 某地区 2006—2015 年各季度某种商品销售量的变化分析

4. 散点图

散点图（Scatter）是以点的分布反映变量之间相关情况的统计图形。散点图共有5种图示类型，分别是简单散点图（Simple）、重叠散点图（Overlay）、矩阵散点图（Matrix）和三维散点图（3-D）和个值散点图。其中，简单散点图只显示一对相关变量的散点图，

重叠散点图可显示多对相关变量的散点图，矩阵散点图是在矩阵中显示多个相关变量的散点图，三维散点图显示 3 个相关变量的散点图，个值散点图只描述一个变量在数轴上的分布，类似直方图。

SPSS 简单散点图操作过程如下：

（1）选择“Graphs→Legacy Dialogs→Scatter/Dot...”选项，弹出“Scatter/Dot”对话框，包括 4 个图示类型单选按钮。

① 简单散点图：选择“Simple Scatter”选项，然后单击“Define”按钮进入“Simple Scatterplot”对话框。指定某个变量为散点图的纵轴变量选入“Y Axis”框中，指定某个变量为散点图的横轴变量，选入“X Axis”框中。“Set Markers by”框和“Label Cases by”框不常用，可以省略。

② 重叠散点图：选择“Overlay Scatter”选项，然后单击“Define”按钮进入“Overlay Scatterplot Matrix”对话框。在左侧的变量框中选择一对变量进入“Y - X Pairs”框中，“Y Variable”是 Y 轴变量，“X Variable”是 X 轴变量，至少选择两对变量进入“Y - X Pairs”框中。

③ 矩阵散点图：选择 Matrix Scatter 选项，然后单击“Define”按钮进入“Scatterplot Matrix”对话框。在左侧的变量框中选择两个或两个以上的变量进入“Matrix Variables”框中，矩阵变量框内的变量顺序与散点图对角线变量的顺序相同。

④ 三维散点图：选择“3 - D Scatter”选项，然后单击“Define”按钮进入“3 - D Scatterplot”对话框。指定 3 个变量为散点图各轴的变量，分别进入“Y Axis”“X Axis”“Z Axis”框中。

⑤ 个值散点图：选择“Simple Dot”选项，然后单击“Define”按钮进入“Define Simple Dot Polt”对话框，选择要分析的变量进入“X - Axis Variable”框中。

（2）其他操作同条形图类似，不再阐述。

【例 4.14】 某地区 2005—2014 年的发电量与工业总产值、农业总产值的统计数据如表 4 - 24 所示。

表 4 - 24　2005—2014 年的发电量与工业总产值、农业总产值的统计数据

年　份	发电量 Y/亿度	工业总产值 X_1/亿元	农业总产值 X_2/亿元
2005	13320	1165.5	1304
2006	13404	1171.2	1325
2007	13602	1174.1	1360
2008	13796	1180.6	1395
2009	13921	1187.9	1465
2010	14153	1198.8	1465
2011	14449	1218.6	1545
2012	14733	1224.2	1620
2013	15162	1228.9	1736
2014	15595	1330.3	1816

（1）试绘制发电量与工业总产值的简单散点图。

（2）试绘制发电量与工业总产值、发电量与农业总产值的重叠散点图。

（3）试绘制发电量、工业总产值和农业总产值的矩阵散点图。

（4）试绘制发电量、工业总产值和农业总产值的 3－D 散点图。

解：（1）将“发电量”选入“Y Axis”框，“工业总产值”选入“X Axis”框。按照 SPSS 简单散点图的操作步骤，得到简单散点图 4.9。

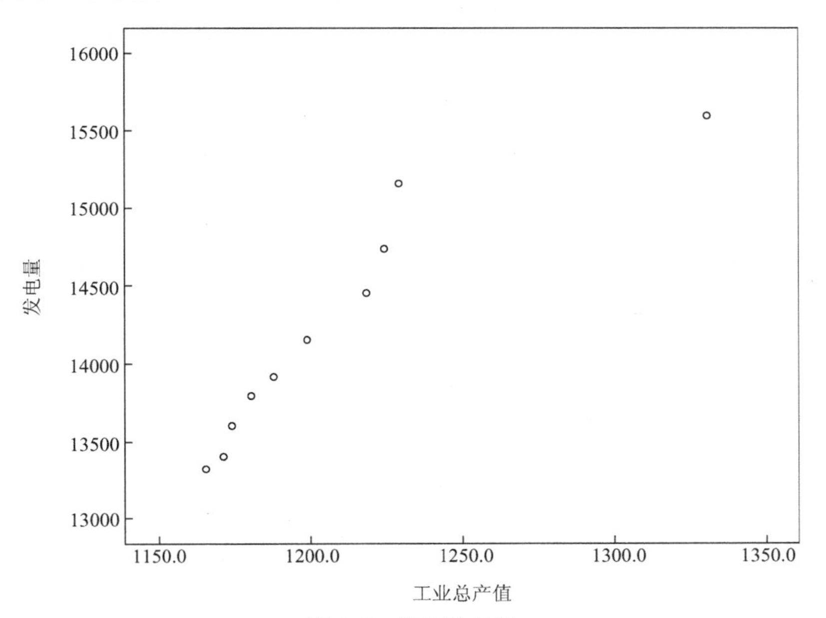

图 4.9　简单散点图

（2）将发电量与工业总产值、发电量与农业总产值分别选入“Y－X Pairs”框中，按照 SPSS 重叠散点图的操作步骤，得到重叠散点图 4.10。

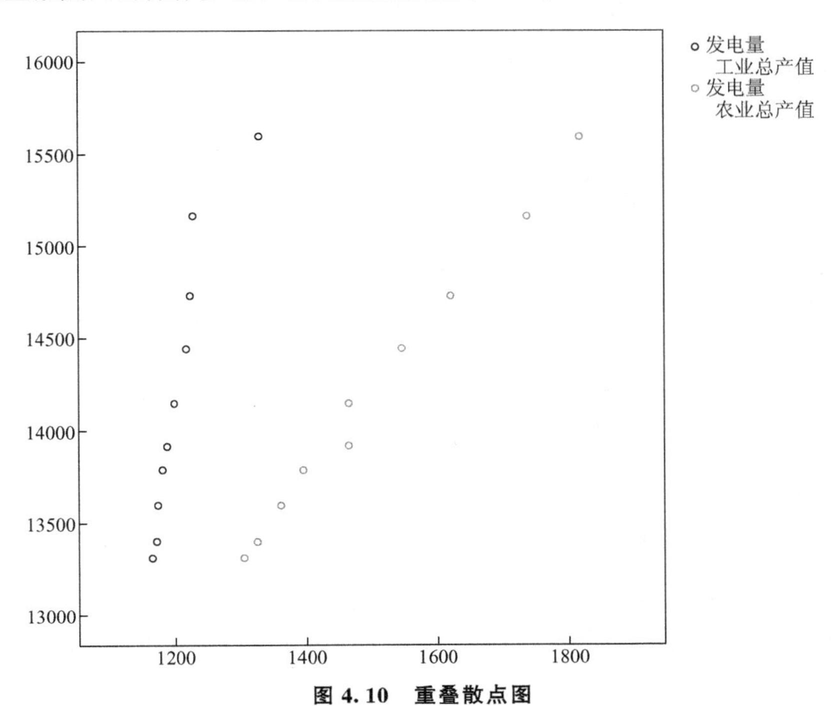

图 4.10　重叠散点图

（3）将发电量、工业总产值和农业总产值选入“Matrix Variables”框中，按照 SPSS 矩阵散点图的操作步骤，得到矩阵散点图 4.11。

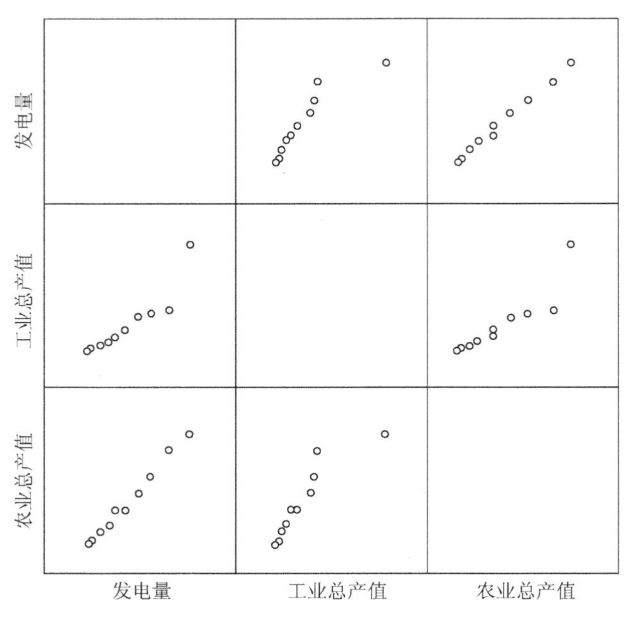

图 4.11 矩阵散点图

（4）将发电量、工业总产值和农业总产值分别选入“Y Axis”“X Axis”“Z Axis”框中，按照 SPSS 三维散点图的操作步骤，得到三维散点图 4.12。

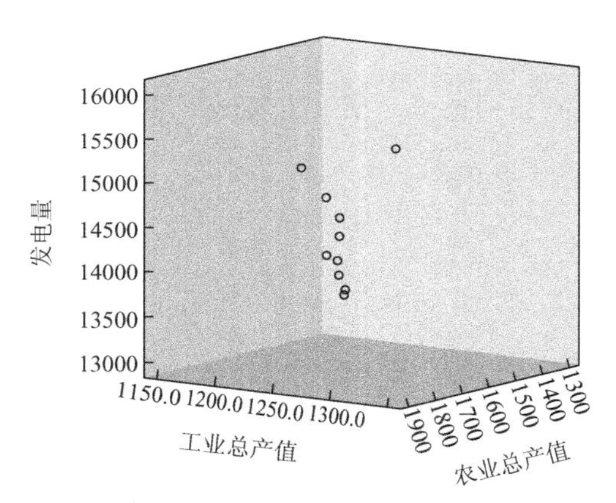

图 4.12 3-D 散点图

5. 直方图

直方图（Histogram）用于观察某个变量的分布情况，适用于连续型数据变量。SPSS 直方图操作过程如下：

（1）选择“Graphs → Legacy Dialogs → Histogram...”选项，弹出“Histogram”对话框。

（2）将需要分析的变量选入“Variable”框中。

（3）选择“Display normal curve”选项，设置显示正态分布曲线。系统默认不显示。

（4）其他操作同条形图类似。

4.4.2 统计图的编辑

1. 图形编辑窗口

选中要编辑的图形，双击后便可从输出窗口切换到“Chart Editor”图形编辑窗口，图形进入编辑状态。在图形编辑窗口内分为编辑图形的功能菜单和工具栏两部分，下面结合具体的图形编辑方法介绍与其相关的功能。

2. 设置图形中的数值标签

该功能可以显示条形图中的条形图、饼图中的扇、线图中的点所代表的数值，如频数或频率等，或散点图各个观测值的数值等。

操作方法：选择要显示的数值图列，在“Chart Editor”窗口菜单中选择“Elements→Show Data Labels”选项，则图形中所有的条内都标出数值。同时弹出“Properties”对话框，从中选择一种颜色后，单击“Apply”按钮，即可改变数值字体的原有颜色。

3. 转换坐标轴

在二维的条形图、线图、直方图中有两个坐标轴，我们可以转换坐标轴，使图形显示更美观。

操作方法：在“Chart Editor”窗口菜单中选择“Options→Transpose Chart”选项，即可将两个轴互换。

编辑后的条形图如图 4.13 所示。

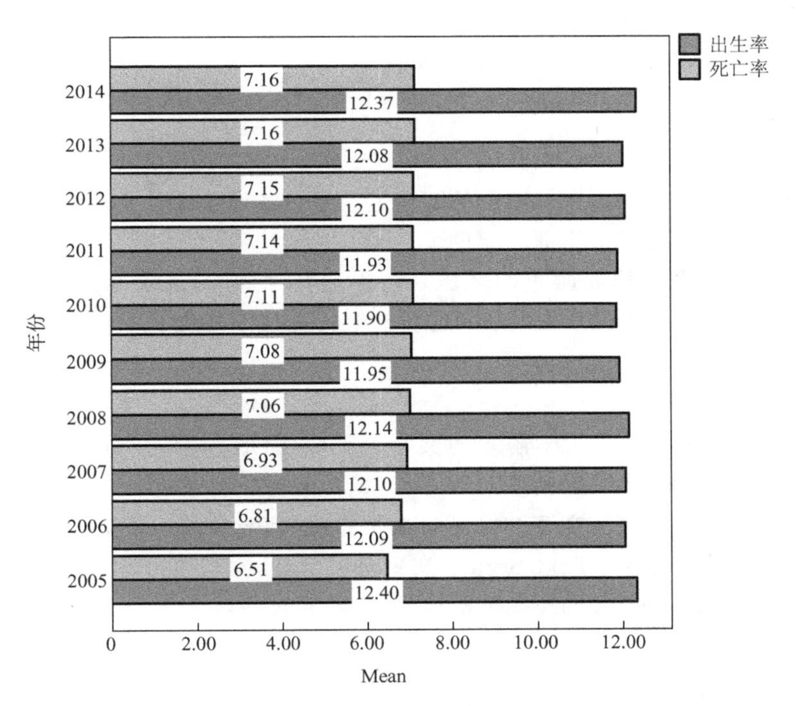

图 4.13 编辑后的条形图

4. 分离饼图

为了强调饼图中若干扇面，可以将它们从饼图中分离出来。

操作方法：选择要分离的扇面。在“Chart Editor”窗口菜单中选择“Elements→Explode Slice”选项，即可产生分离的扇面。单击“Return Slice”按钮恢复分离扇面。

5. 改变散点图点的样式

为了使散点图中的点显示更加清晰，可以对选中的点进行修饰。

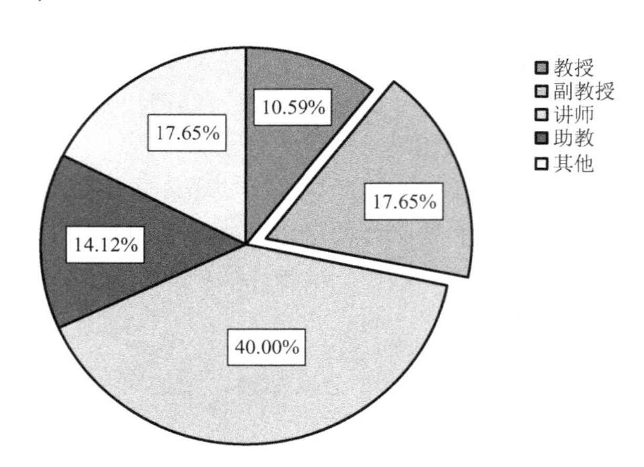

图 4.14 编辑后的饼图

操作方法：选中散点图中的点，右击选择“Properties Window”选项，弹出“Properties”对话框。在“Marker”选项卡中，选择点的类型（Type）、点的大小（Size）、点的外周线（Border Width）及点的颜色（Color）。

6. 修饰图形

1）填充与边框

填充功能是对图形中的整体或选中的区域进行填色或增加低纹；边框是对选中的区域增加线框，改变边框的线型、粗细、颜色。

操作方法：选中需要填充颜色的区域，右击选择“Properties Window”选项，弹出“Properties”对话框。在“Fill&Boder”选项卡中，选择填充颜色及边框颜色，最后单击“Apply”按钮即可。

2）修饰文字

图形中的文字包括 Text Box 输入的文本、Title 图形标题、Subtitle 副标题、Footnote 脚注、Axis Title 轴题、坐标 Axis Value Label 轴数值标签等。

操作方法：选中需要修饰文字的区域，右击选择“Properties Windows”选项，弹出“Properties”对话框，选择“Text Style”文字选项卡。

（1）Preview in Preferred Size：显示所选的文字的字体、字号、字样、颜色和排列方式。

（2）Font 文字栏：选择字体、字号及样式。

（3）Color 颜色栏：选择字的颜色。

（4）最后单击“Apply”按钮即可。

4.5 多选题分析

多选题分析是针对问卷调查中的多项选择问题的。它是根据实际调查需要，要求被调查者从问卷给出的若干个备选答案中选择一个以上的答案，然后计算这些多项选择的总频数和频率等。

4.5.1 多选问题的分解

通常，解决多选问题是将一个多项选择问题分解成若干个问题，对应设置若干个SPSS变量，分别存放被描述这些问题的几个可能备选答案。这样，对一个多选问题的分析就可以转化成对多个问题的分析，也就是对多个SPSS变量的分析。多选问题的分解方法通常有多选二分法和多选分类法两种。

1. 多选二分法

多选二分法（Multiple Dichotomies Method）只适用于笼统的多选问题中，即每人每次可以从备选答案中任意选择若干项。多选二分法是将多选问题中的每个备选答案设为一个SPSS变量，每个变量只有0或1两个取值，分别表示选择了该答案和不选择该答案。例如：

请问您不听广播的原因是什么？[复选]
没时间听—1　没有收听工具—2　没有收听习惯—3　对广播节目不感兴趣—4
其他媒体已经满足需要—5　音质不好、听不清楚—6　其他—7

显然，这是一个多选问题，不同的人选择答案的数目可能不同，每人每次最多可能会选7项。对于类似的问卷，可以把每一个备选答案作为一个变量来定义，共定义7个SPSS变量，每个变量只有0或1两种选择，其中0表示不选中，1表示选中。具体分解结果如表4-25所示。

表4-25　多选二分法举例

SPSS变量名	变量名标签	变　量　值
A1	没时间听	0—不选，1—选
A2	没有收听工具	0—不选，1—选
A3	没有收听习惯	0—不选，1—选
A4	对广播节目不感兴趣	0—不选，1—选
A5	其他媒体已经满足需要	0—不选，1—选
A6	音质不好、听不清楚	0—不选，1—选
A7	其他	0—不选，1—选

2. 多选分类法

多选分类法（Multiple Category Method）是指首先应估计多选问题中最多可能出现的答案个数，然后为每个答案设置一个SPSS变量。变量取值为多选问题中的备选答案。

例如，在前面广播收听的问题中，如果规定被调查者只能从7个备选答案中选择3个答案，则只需定义3个SPSS变量，分别表示第一选项、第二选项和第三选项。变量取值是1～7。具体分解结果如表4-26所示。

表 4-26　多选分类法举例

SPSS 变量名	变量名标签	变　量　值
A1	第一选项	1/2/3/4/5/6/7
A2	第二选项	1/2/3/4/5/6/7
A3	第三选项	1/2/3/4/5/6/7

4.5.2　多选题的频数分析

1. 定义多选变量集

定义多选变量集是将多选问题分解并设置成多个变量后，指定这些变量为一个集合，它是为多选问题的频数分析做准备。SPSS 定义多选变量集的操作过程如下：

（1）选择“Analyze→Multiple Response→DefineVariable Sets...”选项，弹出“Define Multiple Response Sets”对话框。

（2）从左侧列表框的变量清单中将该多选题的所有变量选择到右侧的“Variables in Set”列表框中。

（3）Variables Are Coded As 选项组：指定多选变量集中的变量分解方法。包括 2 个单选按钮。

① Dichotomies 单选按钮：表示以多选二分法分解，并在“Counted value”文本框中输入对哪组值进行分析。SPSS 规定等于该值的样本为一组，其余样本为另一组。例如，在“Counted value”文本框中可输入 1，表示对选中答案（如规定“1”表示“选中”答案）的样本组进行分析。

② Categories 单选按钮：表示以多选分类法分解，并在“Range”文本框和“through”文本框中分别输入变量取值的最小值和最大值。

（4）Name 文本框：为多选变量集命名。系统会自动在该名字前加字符 $。

（5）Label 文本框：多选变量集名标签。

（6）单击“Add”按钮，将定义好的多选变量集加到“Multiple Response Sets”列表框中。SPSS 可以定义多个多选变量集。

（7）单击“Close”按钮，即可完成多选变量集的定义。

2. 多选题的频数分析

多选变量集定义完后，就可以进行多选题的频数分析。SPSS 多选题频数分析的操作过程如下：

（1）选择“Analyze→Multiple Response→Frequencies...”选项，弹出“Multiple Response Frequencies”对话框。

（2）将左侧“Multiple Response Sets”列表框存放的多选项变量集选择到右侧的“Table(s) for”列表框中。

（3）Missing Values 选项组：指定是否处理缺式数据。包括 2 个复选框。

① Exclude cases listwise within dichotomies 复选框：适用于多选二分法。

② Exclude cases listwise within categories 复选框：适用于多选分类法。

（4）单击“OK”按钮，即可完成多选题的频数分析。分析结果显示在数据输出窗口。

【例 4.15】 在前面的广播收听调查问卷中，抽样调查 50 人。试针对表 4－25 和表 4－26 两种变量分解方法进行多选题的频数分析。

【拓展视频】

解：（1）表 4－25 是用多选二分法进行变量分解的。建立数据文件，如表 4－27 所示，按照 SPSS 多选题频数分析的操作步骤，得到输出结果如表 4－28 所示。

表 4－27 多选二分法数据文件

序　　号	A1	A2	A3	A4	A5	A6	A7
1	0	1	0	0	1	1	0
2	1	0	1	0	0	0	1
3	1	1	0	0	1	1	0
4	1	1	1	1	0	0	0
5	0	1	1	1	0	1	0
6	0	0	1	0	0	1	0
7	0	0	1	0	0	1	0
8	1	0	1	1	0	1	0
9	0	1	1	1	0	1	0
10	1	1	0	1	0	1	1
11	0	1	0	1	0	0	1
12	0	1	0	0	1	0	1
13	0	0	1	0	1	0	1
14	1	0	1	0	1	0	1
15	1	0	1	0	1	1	0
16	0	0	1	0	1	1	0
17	0	1	0	1	1	1	0
18	0	1	0	1	1	1	0
19	0	0	0	1	0	1	1
20	1	0	0	1	0	0	1
21	0	1	0	1	0	0	1
22	1	1	0	1	0	0	1
23	1	1	1	0	0	0	1
24	1	1	0	0	1	0	1
25	0	0	1	0	1	0	1
26	0	0	1	0	1	1	0
27	0	0	1	0	1	1	0
28	1	0	1	1	1	1	0

（续）

序　　号	A1	A2	A3	A4	A5	A6	A7
29	1	1	0	1	1	1	0
30	1	0	0	1	0	1	1
31	1	1	0	1	0	0	1
32	0	0	1	1	0	0	1
33	0	0	1	0	1	0	1
34	0	0	1	0	1	0	1
35	0	0	1	1	1	0	1
36	1	1	1	1	1	0	1
37	1	1	1	1	1	0	1
38	1	1	0	0	1	1	0
39	1	1	0	1	0	1	0
40	0	1	0	1	0	1	0
41	0	1	1	1	0	1	0
42	0	1	0	0	0	1	0
43	0	1	0	0	0	0	0
44	0	1	0	0	0	0	0
45	0	0	1	0	1	0	0
46	0	0	1	1	1	0	0
47	0	0	1	1	1	0	1
48	0	0	1	1	1	0	1
49	0	0	1	1	1	0	1
50	0	0	1	1	0	0	1

表 4-28　多选题的频数分析（二分法）

		Responses		Percent of Cases
		N	Percent	
$ x[a]	没时间听	19	10.9%	38.0%
	没有收听工具	25	14.3%	50.0%
	没有收听习惯	29	16.6%	58.0%
	对广播节目不感兴趣	28	16.0%	56.0%
	其他媒体已经满足需要	26	14.9%	52.0%
	音质不好、听不清楚	23	13.1%	46.0%
	其他	25	14.3%	50.0%
Total		175	100.0%	350.0%

a. Dichotomy group tabulated at value 1.

表 4－28 输出结果解释：

第 1 列表示二分法变量标签。

第 2 列（N）表示选中频数。即 50 名被调查者的总选中次数是 175 次，其中选中“没有收听习惯”的次数最多，达到 29 次。

第 3 列（Percent）表示选中百分比，即频率。例如，选择“没时间收听”的选中百分比为 10.9%（即为 19÷175×100%），它的分母是总选中次数 175。

第 4 列（Percent of Cases）也表示选中百分比，但其分母是样本数 50。通常该列数据只作参考。

（2）表 4－26 是用多选分类法进行变量分解的。建立数据文件，如表 4－29 所示，按照 SPSS 多选题频数分析的操作步骤，得到输出结果如表 4－30 所示。

表 4－29　多选分类法数据文件

序号	A1	A2	A3	序号	A1	A2	A3
1	1	3	6	26	2	3	7
2	3	5	7	27	1	4	6
3	1	2	4	28	3	4	5
4	1	5	7	29	1	2	7
5	6	3	4	30	2	3	5
6	1	2	7	31	1	3	5
7	2	3	4	32	3	4	6
8	2	3	7	33	1	6	7
9	3	6	7	34	2	3	5
10	1	2	3	35	2	5	7
11	5	6	7	36	3	4	5
12	2	6	7	37	5	6	7
13	1	4	6	38	1	2	3
14	1	3	7	39	2	3	5
15	2	4	6	40	5	6	7
16	1	3	4	41	1	3	5
17	2	5	7	42	2	5	6
18	4	5	6	43	3	4	6
19	1	2	4	44	1	2	7
20	3	5	6	45	2	3	4
21	1	6	7	46	2	3	6
22	3	5	6	47	4	5	6
23	2	4	7	48	1	4	7
24	1	3	4	49	2	4	5
25	4	5	6	50	1	2	3

表 4-30 多选题的频数分析（分类法）

		Responses		Percent of Cases
		N	Percent	
$ y[a]	没时间听	20	13.3%	40.0%
	没有收听工具	23	15.3%	46.0%
	没有收听习惯	26	17.3%	52.0%
	对广播节目不感兴趣	20	13.3%	40.0%
	其他媒体已经满足需要	21	14.0%	42.0%
	音质不好、听不清楚	21	14.0%	42.0%
	其他	19	12.7%	38.0%
Total		150	100.0%	300.0%

a. Group

表 4-30 输出结果解释：

第 1 列表示分类法变量标签。

第 2 列（N）表示选中频数。即 50 名被调查者的总选中次数是 150（即 50×3）次，其中选中“没有收听习惯”的次数最多，达到 26 次。

第 3 列（Percent）表示选中百分比，即频率。例如，选择“没时间收听”的选中百分比为 13.3%（即为 20÷150×100%），它的分母是总选中次数 150。

第 4 列（Percent of Cases）也表示选中百分比，但其分母是样本数 50。通常该列数据只作参考。

阅读案例

SPSS 和 Excel 软件在统计学中的应用及比较

SPSS 是 SPSS 公司研发的一套大型集成应用软件，具有完备的数据存取、数据分析、数据管理和数据展现等功能。Excel 是美国微软公司开发的在目前 Windows 环境下广泛使用的整合性软件包，一般被用于数学运算、制作分析图表、实现数据的自动处理、资料分析等。目前 SPSS 和 Excel 在统计学中已经成为最基本的数据处理软件之一，这两种软件在应用过程中有这不同的优势，也有着各自的不足和局限性。下面对这两种软件进行比较分析，以便在统计学的实际应用中选择更适配的软件。

1. SPSS 在统计学中的应用特点

1）操作界面直观

SPSS 界面是菜单式，主窗口名为 SPSS for Windows。在 SPSS 的主窗口中还有两个窗口：一个是数据管理窗口，其标题名称是“Newdata”，且默认为激活状态，而其数据管理器是一种典型的电子表格形式，用户可通过定义变量名、格式化数据类型后输入原始数值，并可根据需要对数据进行增删、剪贴、修改、存储等操作；另一个是结果输出窗口，标题名称是“! Output!”，启动时为非活动窗口，只有当完成一项处理后，才在该窗口显示处理过程提示和计算完成。

2）编辑、表格、图表功能

在 SPSS 的数据编辑窗口中，不仅可以进行增加、删除、复制及剪贴等常规操作，还可以对数据文件中的数据进行排序、转换、拆分、聚合、加权等操作，并可生成数十种风格的表格、图形、包括基本图和交互图。SPSS的高版本中，统计成果多被归纳为表格和（或）图形的形式。

3）与其他软件的链接

SPSS能打开Excel、DaBase、Foxbase、Lotus1-2-3、Access、文本编辑器等生成的数据文件。例如，与Excel的数据进行转换，操作方法如下：选择File→Open选项，进入“Open File”对话框，浏览并找到需要转换的文件“.xls”，选中该文件，双击文件（或单击“打开”按钮），在对话框的上方给出了文件的路径，“Read variable names from the first row of data”意思是询问是否将电子表格文件的第一行读作变量名。”Worksheet“后面的选项主要对需要转换的工作表格进行选择。假设选择首项A2与尾项D8的数据，则定义为A2：D8，将A2：D8包含的所有数据选入即将形成的数据文件，然后点击“OK”按钮即转换完毕。

4）统计分析功能齐全

SPSS包括了统计学中所采用的大部分统计方法。除了最常用的平均数的检验（Means）、*t*检验（t-Test）、方差分析（Anova）、回归分析（Reg）、相关分析（Corr）外，还包括了亲近性分析、可靠性分析、生存分析、生命表分析、聚类分析、快速聚类分析、模型统计等高级统计功能。

2. SPSS和Excel的应用比较

(1) SPSS提供的绘图系统能绘制各种统计图表，但操作仍需要一定的程序语言基础，操作方面不如Excel简便快捷。

(2) 利用Excel进行方差分析只能进行单因素或双因素（包括可重复双因素和无重复双因素）的方差分析，对于涉及两因素随机区组试验结果则不能进行分析，也不能运用于更复杂的三因素试验和裂区试验等结果的统计分析。即使进行单因素或双因素的方差分析也只能给出方差分析表，不能进行平均数的多重比较，更无法用字母标记法进行差异显著性结果。对于高级试验统计，如模型统计、多重响应分析等，使用Excel是无法完成的。此时，则应采用SPSS进行分析。

(3) SPSS程序模式化，但对于没有学习过计算机语言和程序设计的人员来说，程序编写显得烦琐而不宜掌握，其操作比Excel困难。

资料来源：蔡丽红. Excel和SPSS软件在卫生统计学中的应用及比较[J]. 企业科技与发展，2009(22)：101～102.

本章小结

本章主要介绍了SPSS 22.0中的基本功能和常用统计分析方法的操作步骤，主要包括建立数据文件、编辑价格数据和保存数据文件。此外，对数据观测量、变量进行编辑加工处理时，将主要使用“数据”（Data）菜单和“转换”（Transform）菜单；对数据的总体特征进行归纳时，将主要使用“分析”（Analyze）中的“描述”（Descriptive Statistics）菜单和“多重响应分析”（Multiple Response）选项。由于图表易于展示数字关系的特点，因此，在统计分析中，“图形”（Graphs）菜单使用极为广泛。

关键术语

SPSS 22.0	社会科学统计软件包22.0	SPSS data editor	数据编辑器
Variable View	变量视区	Data View	数据视区

知识链接

［1］杨世莹．SPSS 22 统计分析案例教程［M］．高健译．北京：中国水利水电出版社，2016.
［2］蔡建琼，于惠芳，朱志洪，等．SPSS统计分析实例精选［M］．北京：清华大学出版社，2006.
［3］SPSS 软件：http：//www. ibm. com/analytics/us/en/technology/spss/.
［4］EViews 软件：http：//www. eviews. com/download/download. html.
［5］Stata 软件：http：//www. stata. com.
［6］Statistica 软件：http：//www. statsoft. com.

习　题　4

一、选择题

1．下列有关变量名称的命名规则，错误的是（　　）。
A．每一个变量名称都必须是唯一的
B．第一个字符必须是中文或英文字母
C．变量名称可使用 64 个全/半角字符
D．变量名称允许使用任意大小写

2．下列有关变量可选用的主要数据类型，错误的是（　　）。
A．数值型　　B．日期　　C．时间　　D．字符串

3．下列有关“缺失值”（Missing Value）的叙述，错误的是（　　）。
A．单元格未输入内容，将自动被视为缺失
B．数值列若输入 0，将自动被视为系统缺失
C．除了系统缺失，也允许用户自定义缺失
D．自定义缺失可以是数值范围或不连续的离散数值

4．下列有关定义变量的叙述，错误的是（　　）。
A．若未自行命名，而直接输入数据，SPSS 将根据字段顺序以 VAR1，VAR2，VAR3，…进行命名
B．小数长度至少要比数据域的总长度少一位
C．标签是改变数据列名称在输出时的显示方式，若未定义将直接显示列名
D．数值是改变答案内容在输出时的显示方式，若未定义将直接显示其实际数据内容

二、简答题

1．SPSS 的变量的命名规则是什么？
2．如何定义变量的“标签”与“数值”？其作用是什么？
3．SPSS 软件的行、列分别代表什么？为何行、列不能互换？
4．SPSS 的变量有几种类型？
5．Column 和 Width 都表示变量的宽度，它们之间有何差异？
6．为什么要合并数据文件？合并数据文件有几种情况？
7．多选问题有哪两种分解方法？试举例说明这两种分解方法有什么区别。
8．表 4－31 是一种什么样的输出表？它与 Frequencies 过程产生的表格有什么区别？

表 4-31 输出表

	N	Percent	Percent of Cases
听戏看电影	87	23.6	48.1
看小说读报	151	40.9	83.4
唱歌跳舞	41	11.1	22.7
交朋友	43	11.7	23.8
下棋打牌	47	12.7	26.0
Total responses	369	100.0	203.9
Group			

三、上机实验题

1. 已知10名学生的成绩调查表如表4-32所示。对于“性别”变量，规定“男”用“M”表示，“女”用“F”表示；对于“不清”“缺考”等缺失数据，用不可能出现的数字“—8”表示。

表 4-32 10名学生的成绩调查表

变量标签	学号	性别	年龄	数学	物理	化学	英语
变量名	XH	SEX	YEAR	x1	x2	x3	x4
1	01	女	22	82	90	88	77
2	02	女	18	91	81	76	82
3	03	男	20	78	76	90	56
4	04	女	20	85	86	89	76
5	05	女	19	56	76	88	67
6	06	男	20	68	69	76	80
7	07	女	21	69	90	98	91
8	08	男	20	88	78	89	87
9	09	女	21	67	67	58	99
10	10	女	20	88	89	90	68

(1) 试按要求进行数据录入。

(2) 在04号学生后插入一个学生，编写他的考试资料并输入；删除05号学生。在数学成绩后插入语文，编写这门课程的考试成绩并输入；删除英语成绩。

2. 某大学一年级部分学生的期末考试成绩如表4-33～表4-35所示。

表 4-33 某大学一年级部分学生的期末成绩（一）

学号	高等数学	计算机文化基础
0301	67	78
0302	78	70
0307	90	92
0308	69	67
0309	88	96

表 4-34　某大学一年级部分学生的期末成绩（二）

学号	大学英语	思想品德
0312	88	67
0313	90	78
0314	56	90
0315	67	84

表 4-35　某大学一年级部分学生的期末成绩（三）

学号	大学英语	法律	思想品德
0301	70	90	89
0302	67	98	99
0303	78	87	92
0304	80	79	81
0305	65	99	78
0306	57	76	74
0307	45	65	67
0308	78	87	80
0309	88	92	83
0310	90	71	66
0311	76	60	80

（1）将表 4-33 中的数据横向合并到表 4-35 中，将表 4-34 中的数据纵向合并到表 4-35 中。

（2）将表 4-32 中的数据分性别对数学成绩进行汇总，并分别计算男生和女生的平均数学成绩。

（3）求出表 4-32 中 10 名学生 4 门课程的总成绩，并按总成绩进行升序排序。

3. 某市场调查公司发出 60 份调查问卷，询问顾客对某宾馆的服务质量的评价，回答分为极好（O）、非常好（V）、好（G）、一般好（A）、差（P）等级别，问卷调查结果如下：

G O V A A P P O V A A G G O P P A A O P
O P P A V V A V G G O P V A G V A O P O
G G O P P A V V A O P G A V V G A O P P

（1）编制频数分布表。

（2）绘制条形图。

（3）整理顾客关于对某宾馆服务质量的回答，并做出评价。

4. 90 名学生数学成绩如下。

58 38 88 72 56 52 69 37 45 77 98 67 56 76 78
89 60 56 89 90 67 99 80 73 67 89 50 44 66 78
34 67 83 71 69 99 87 68 59 60 76 89 77 57 72
50 78 98 67 50 67 99 89 91 84 64 89 78 94 88
45 78 98 74 69 71 78 80 95 67 78 90 80 65 77
68 72 90 98 78 69 95 89 78 74 72 69 87 81 80

（1）试进行分组。

（2）编制频数分布表。

（3）输出适当的统计量，如最高分、最低分、平均分、分位数、中位数和众数等。

（4）绘制直方图，并说明哪些分数附近的学生最多。

（5）绘制条形图，并说明其与直方图的差异。

（6）将这组数据分为 5 个等级：不及格、及格、中等、良好和优秀，绘制条形图，编制频数分布表。

（7）计算 90 个同学的数学成绩的方差和标准差。

（8）按成绩总分进行排序，并列出前 15 名学生。

5. 某地区所属 40 个民营企业 2014 年的产品销售额数据如表 4－36 所示。

表 4－36　40 个民营企业 2012 年的产品销售额数据　　（单位：万元）

152	124	129	116	100	103	92	95	127	104
105	119	114	115	87	103	118	142	135	125
117	108	105	110	107	137	120	136	117	108
97	88	123	115	119	138	112	146	113	126

（1）根据上面的数据进行适当分组。

（2）编制频数分布表，并计算出累计频数和累计频率。

6. 天津市 2010 年市天津市内各区县总人口如表 4－37 所示。试通过绘制饼图来反映市内各区县总人口的结构。

表 4－37　天津市 2010 年市内各区县总人口数

地　　区	和平区	河东区	河西区	南开区	河北区	红桥区
总人口/万人	27.35	86.09	87.06	101.82	78.84	53.15
地　　区	东丽区	西青区	津南区	北辰区	武清区	宝坻区
总人口/万人	57.00	68.47	59.31	66.90	94.94	79.91
地　　区	滨海新区	宁河县	静海县	蓟县		
总人口/万人	248.21	41.61	64.70	78.48		

资料来源：《天津市 2010 年第六次全国人口普查主要数据公报》

7. 表 4－38 给出了 2010—2014 年我国国内生产总值数据（按当年价格计算）

表 4-38 2010—2014 年我国国内生产总值数据 （单位：亿元）

年　份	国内生产总值	第一产业	第二产业	第三产业
2010	408903.0	39354.6	188804.9	180743.4
2011	484123.5	46153.3	223390.3	214579.9
2012	534123.0	50892.7	240200.4	243030.0
2013	588018.8	55321.7	256810.0	275887.0
2014	636138.7	58336.1	271764.5	306038.2

要求：(1) 绘制国内生产总值的线形图。

(2) 绘制第一、二、三产业国内生产总值的线形图。

(3) 根据 2014 年国内生产总值及其构成数据绘制饼形图。

8. 下面是一份问卷中的一道复选题：

> 请给下列选题画“√”
> A. 您想选择下列哪些择偶条件：
> 1—相貌　　2—文化水平　　3—气质风度　　4—志同道合
> 5—人品　　6—家庭条件　　7—个人收入　　8—其他

(1) 如果要求被调查者每人每次可以从备选答案中任意选择若干项，试进行多选问题的分解，并指明所采用的分解方法。

(2) 如果规定被调查者只能从 8 个备选答案中选择 3 个答案，试进行多选问题的分解，并指明所采用的分解方法。

(3) 针对 (1) 和 (2) 分解后的 SPSS 变量，分别建立一个样本容量为 20 的数据文件，并进行频数分析。

【参考答案】

第 5 章

统计假设检验

教学目标

通过本章的学习，正确理解统计推断的基本理论，掌握正态总体参数的假设检验的基本程序及 SPSS 软件的操作步骤，学会利用这些方法解决实际抽样中的问题。

教学要求

知识要点	能力要求	相关知识
假设检验的基本思想	能够理解假设检验的基本思想及基本步骤	双边检验和单边检验、零假设和备择假设、检验统计量和分布、显著性水平 α 和临界值、检验的依据和两类错误、统计假设检验中的 P 值
单样本均值、两个独立样本均值、配对样本均值、两个独立样本方差的检验	能够掌握均值及方差检验的基本步骤，并运用这些方法解决实际问题	零假设和备择假设、检验统计量和分布、显著性水平 α 和临界值、拒绝域和统计决策
单因素方差分析（多个独立样本均值的检验）	能够掌握单因素方差分析的基本步骤，并运用它解决实际问题	零假设和备择假设、离差平方和的分解、检验统计量和分布、显著性水平 α 和临界值、方差分析表和统计决策
SPSS 软件操作	能够熟练使用 SPSS 软件的均值检验功能并对输出结果进行正确解读	“One - Samples T Test”对话框、“Independent - Samples T Test”对话框、“Paired - Samples T Test”对话框、“One - Way ANOVA”对话框

统计假设检验是统计推断学的重要组成部分。在总体的分布函数完全未知或只知其形式、但不知其参数的情况下，为了推断总体的某些性质，提出关于总体的假设。根据不同的前提条件，有多种检验方法。本章结合 SPSS 统计软件，介绍常用的总体参数的 t 检验和 F 检验。

产品是否符合标准

在产品质量判断与管理中，抽检是常见的方法，尤其是带有破坏性的产品检验，如炮弹等军工产品、热处理后零件的性能、机床核心组装件的强度试验、电子管的寿命试验，等等。抽检的主要矛盾是如何实现可靠性和经济性的统一，也就是要寻求既保证一定的可靠性又使检验数量最少的抽检方案，抽取一定数量的具有代表性的产品，得出样本数据来进行分析，并对产品整体质量来进行统计推断。这就会出现两个问题：一是样本的特征数量能否反映总体特征？二是两种不同的样本参数是否存在差异？

例如，某种食品罐头的标准规格为每罐净重250g。某食品厂生产出一批这样的罐头，从中抽取了12罐，它们的数额为下面的数据（单位：g）：

每罐的净重数据如下

238.98　282.22　241.45　240.59　257.46　237.26

223.32　221.97　241.56　205.71　258.58　265.11

该食品厂想知道这批罐头是否符合标准。

企业在进行产品质量检查时都会遇到上述类似的问题。企业需要通过抽样来判断批量产品的质量是否达标，这可以用假设检验的方法做出推断。对于本案例，可以利用所取得的样本数据，直接计算出样本均值$\bar{x}=242.85$，总体均值250与样本均值242.85的差异是7.15。问题是需要弄清楚这7.15的差异产生的原因，一种情况是，二者相比没有什么差别，7.15的差异是由于抽样的随机性造成的；另一种情况是，抽样的随机性不可能造成这样大的差异，这批罐头的净重确实减少了。为了回答这个问题，我们可以采用假设检验的方法。

导入案例5-2

培训是否有效果

随着知识经济时代的到来，企业对员工的素质要求越来越高。除通过人才市场、猎头公司、网络媒体物色公司发展的合适人才外，更多的是立足企业现有资源，试图通过教育与培训达到提高员工素质要求的目的，以期实现“人尽其才，才尽其能”。但企业在花费大量人力、物力与财力后，一个现实而又敏感的问题随之摆在众人面前，培训究竟为企业带来多少效益？

例如，某企业为提高产品产量，决定对部分职工进行为期半年的培训。为了了解培训效果如何，将20个职工分成两组，每组10人，两组分别为未经过培训职工和经过培训职工，进行对比试验，记录当月产量，如表5-1所示。

表5-1　10名职工当月产量　（单位：件）

未经过培训	500	510	498	501	495	478	495	489	512	504
经过培训	508	510	509	506	504	490	498	500	512	505

现要问：企业培训是否有效果？也就是说，培训是否能提高职工的月产量？

如果将试验方法修改为：对同一组 10 个职工，对每个人分别记录其培训前后的月产量，做对比试验，并假设试验结果仍如表 5－1 所示，此时结论又如何？

本案例给出了企业培训试验中经常采用的对比方法。在前一种试验方法下，由于是对两组不同的职工分别进行试验，即一组未经过培训，一组经过培训，因此两组职工的月产量之间没有显著影响，是相互独立的，故称为“独立样本试验”。表 5－1 是从两个独立总体分布中获得的两组样本数据，此时就是要检验两个独立总体的均值之间是否存在显著差异。在后一种试验下，显然对同一组职工的培训效果进行对比试验，此时表 5－1 中的两组数据之间是不独立的，而且两组数据之间是一一对应的，不能打乱顺序，故称为“配对样本试验”。对于这类“配对样本试验”，由于数据的不独立性，就必须化为单个总体的数据来进行检验，对同样的数据，其检验结果与“独立样本试验”是截然不同的，用错方法就会导致错误的结论。

哪种教学方法效果最好

教学活动是一项千姿百态、极富创造性的活动，它离不开教师的思考、探索和创造。教师要留心于教学的方方面面，对纷繁的具体事物做出细致的理性思考。看哪些东西是应该剔除的糟粕，哪些东西是值得保留的“珍品”，哪些地方是值得探索的领地，从而在扬长避短中有所发现，有所创造。在教学中大胆地尝试一些新的教学方法，对不断提高教学效果是非常必要的。

例如，一位教师采用 3 种不同的教学方法进行教学，现在想要检查 3 种不同的教学方法的效果，为此随机地选取了水平相当的 15 位学生。把他们分成 3 组，每组 5 个人，每一组用一种方法教学，一段时间后，这位教师给这 15 位学生进行统考，统考成绩如表 5－2 所示。

表 5－2 采用不同教学方法的学生统考成绩表 （单位：分）

方法	统考成绩				
A_1（传统教学）	75	62	71	58	73
A_2（传统教学与多媒体教学结合）	81	85	68	92	90
A_3（多媒体教学）	73	79	60	75	81

现该教师希望了解的是：

（1）不同的教学方法是否对提高学生统考成绩有显著影响？

（2）若有显著影响，哪种教学方法最好？

（3）是否任意两种教学方法的效果之间都存在显著差异？

掌握以上信息对该教师制定今后的最佳教学方法有着非常重要的意义。在本案例的问题中，所研究的是分类型自变量（不同的教学方法）对数值型因变量（统考成绩）的影响。它们之间有没有关系？关系的强度如何？所采用的方法就是通过检验各总体的均值是否有显著差异来判断不同的教学方法对统考成绩是否有显著影响，这就是方差分析所要解决的问题。

5.1 统计假设检验的基本问题

5.1.1 统计假设检验的基本思想

阅读案例 5-1

餐馆促销活动的真实性是否应该被怀疑？

有一家本地的饭馆为了提高午餐时间的生意而宣布举行一次活动。为了促销，有20%的机打餐单将会根据随机的原则印有一个红星，这标志着这一顿午餐是免费的。你从活动开始后已经在这个饭馆里就餐了4次，但仍然没有遇上免费午餐。你是否会怀疑这次促销活动的真实性呢？如果你就餐8次后仍然没有遇上免费午餐，或就餐16次后仍然没有又该如何呢？你是应该开始抱怨呢？还是将这归于坏运气呢？

根据概率法则，你每次就餐而没获得免费午餐的机会是0.8，4次午餐都没有免费午餐的概率是$(0.8)^4 \approx 0.410$，这是很有可能的。连续失败8次的概率是$(0.8)^8 \approx 0.168$，这是不太可能的，但仍然很难就此决定要向消费者协会进行投诉。但16次都没有遇上免费午餐是非常不可能的，如果这家饭馆所宣称的20%的免费午餐机会是真实的话，其概率只有$(0.8)^{16} \approx 0.028$。

实际上，16次失败是如此的不可能，以至于你应该怀疑20%的餐单上有幸运红星的假设的真实性。当然，这里仍然有很小的概率是你被坏运气诅咒上了，但社会学家（是不相信所谓诅咒的）会得出结论认为20%的餐单上有幸运红星的假设应该被拒绝。这就是假设检验的逻辑。

资料来源：[美] Jack Levin，James Alan Fox. 社会研究中的基础统计学 [M]. 9版. 王卫东，译. 北京：中国人民大学出版社，2008.

所谓假设检验，顾名思义，就是先假设再检验。例如，求方程$x^2+2x-2=0$的根时，由直观猜测，可作假设：$x=0.8$，它究竟是不是该方程的（近似）根（在给定的精度内），可以将$x=0.8$代入该方程中来检验（判断）“假设”的真伪。

假设检验的基本思路是首先对总体参数值提出假设，然后再利用样本提供的信息去验证先前提出的假设是否成立。如果样本数据不能够充分证明和支持假设的成立，则在一定的概率条件下，应拒绝该假设；相反，如果样本数据不能够充分证明和支持假设是不成立的，则不能推翻假设成立的合理性和真实性。上述假设检验推断过程的依据是**小概率原理**，即发生概率很小的事件，在一次实验中是几乎不可能发生的。通常概率要多大才能算得上是小概率呢？假设检验把这个小概率称为显著性水平α，其取值的大小与我们能否做出正确判断有着相当大的关系。然而，α的取值并没有固定的标准，只能根据实际需要来确定。一般地，α取0.05，对于一些比较严格的情况，它可以取0.01或者更小。α越小，所做出的拒绝原假设判断的说服力就越强。

【期刊推荐】

总体参数的假设检验通常包括一个正态总体参数（均值和方差）的假设检验和两个正态总体参数（均值和方差）的假设检验。假设检验的常用方法有双边检验（即检验“等号”是否成立）和单边检验（即检验“不等号”是否成立）。

下面以具体实例阐述假设检验的基本原理。

【例 5.1】 对导入案例 5-1 进行假设检验。

分析思路：设罐头每罐净重为 X，$X \sim N(\mu, \sigma^2)$，σ^2 未知，问题是根据样本判断 $\mu=\mu_0=250$ 还是 $\mu \neq \mu_0=250$。为此，我们提出假设：

$$H_0: \mu=\mu_0=250 \text{（零假设）}$$

$$H_1: \mu \neq \mu_0=250 \text{（备择假设）}$$

由于要检验的假设涉及总体均值 μ 与 μ_0 是否有显著差异，故首先想到是否可借助样本均值 $\overline{X}$ 这一统计量来进行判断。$\overline{X}$ 是 μ 的无偏估计，$\overline{X}$ 的观察值的大小在一定程度上反映了 μ 的大小。因此若 $\overline{X}$ 与 μ_0 的差异不大，则说明 μ 与 μ_0 的差异不大。

在零假设 H_0 成立的情况下，$\overline{X}$ 与 μ_0 的差异 $|\overline{X}-\mu_0|$ 应较小，此时事件“$|\overline{X}-\mu_0|$ 较大”则为小概率事件，若该事件发生了，我们就怀疑零假设 H_0 的正确性而拒绝 H_0。考虑到 H_0 成立时，$\dfrac{\overline{X}-\mu_0}{S/\sqrt{n}} \sim t(n-1)$，$S$ 为样本修正方差，n 为样本容量，而衡量 $|\overline{X}-\mu_0|$ 的大小可归结为衡量 $\dfrac{\overline{X}-\mu_0}{S/\sqrt{n}}$ 的大小。基于上面的想法，我们可适当选定一正数 k，使当观测值 $\bar{x}$ 满足 $\dfrac{|\overline{X}-\mu_0|}{S/\sqrt{n}} \geqslant k$ 时就拒绝 H_0。

若给定一个较小的数 $\alpha(0<\alpha<1)$，k 可由式(5-1) 确定：

$$P\left\{\left|\frac{\overline{X}-\mu_0}{S/\sqrt{n}}\right| \geqslant k\right\}=\alpha \tag{5-1}$$

由于当 H_0 成立时，$T=\dfrac{\overline{X}-\mu_0}{S/\sqrt{n}} \sim t(n-1)$，由 t 分布的分位点的定义得 $k=t_{\alpha/2}(n-1)$。

于是，当 $P\{|T| \geqslant t_{\alpha/2}(n-1)\}=\alpha$ 时，表明小概率事件在一次试验中居然发生了，这样就有理由说假设 H_0 有问题，从而做出拒绝零假设 H_0 的结论；否则，便做出接受零假设 H_0 的结论，如图 5.1 所示。这里称 $T=\dfrac{\overline{X}-\mu_0}{S/\sqrt{n}}$ 为**检验统计量**，α 为**显著性水平**，$\pm t_{\alpha/2}(n-1)$ 为**临界点**，$|T| \geqslant t_{\alpha/2}(n-1)$ 为**拒绝域**，$|T| < t_{\alpha/2}(n-1)$ 为**接受域**。

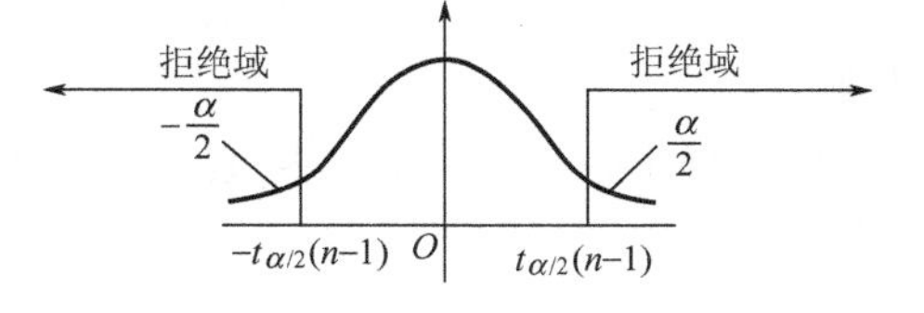

图 5.1 双边检验的拒绝域

知识要点提醒

零假设的内涵

零假设含有“无差别”的意思，起源于对肥料和药物使用的检验。首先假设处理过的样本与未处理过的样本不存在差别。零假设还称为虚无假设、原假设或拟定假设。备择假设又称为替换假设、对立假设。

【例 5.1】的解题过程：

第一步：提出假设：

$$H_0: \mu=\mu_0=250$$

$$H_1: \mu \neq \mu_0=250$$

第二步：选取适当的检验统计量，并确定出检验统计量的分布。

$$T=\frac{\overline{X}-\mu_0}{S/\sqrt{n}}\sim t(n-1) \tag{5-2}$$

第三步：根据样本观测值计算出检验统计量的值。

计算得 $\bar{x}=242.85$，$s=20.80$，$n=12$，T 的样本观测值为 $t=\frac{\bar{x}-\mu_0}{s/\sqrt{n}}=\frac{242.85-250}{20.80/\sqrt{12}}\approx-1.19$

第四步：在给定的显著性水平 $\alpha(0<\alpha<1)$ 下，查所选检验统计量服从的分布表，确定临界值。

取 $\alpha=0.05$，则查 t 分布分位数表得 $t_{0.025}(11)=2.2010$。

第五步：确定拒绝域并做出统计决策。

拒绝域为 $|T|>t_{0.025}(11)$。由于 $|t|=1.19<2.2010$，不落在拒绝域内，因此在 $\alpha=0.05$ 下，接受零假设 H_0，认为罐头每罐净重与250g之间无显著差异，符合质量标准。

【期刊推荐】

5.1.2 统计假设检验的基本步骤

综上所述，假设检验大致有如下的步骤：

(1) 根据实际问题的要求，提出零假设 H_0 和备择假设 H_1。

(2) 根据 H_0 的内容，选取适当的检验统计量，并能确定出检验统计量的分布。

(3) 根据样本观测值计算出检验统计量的值。

(4) 在给定的显著性水平 $\alpha(0<\alpha<1)$ 下，查所选检验统计量服从的分布表，确定临界值。

(5) 确定拒绝域并做出拒绝还是接受 H_0 的统计判断。

阅读案例 5-2

小概率原理的应用

小概率原理是人们在长期的实践中总结出来的并被广泛应用的一条原理，它也称为实际推断原理。利用小概率原理对事物进行推断是概率性质的反证法，一般是人们首先提出假设，然后在假设之下，构造一个达到小概率标准的小概率事件 A，最后做出鉴别。若导致不合理现象出现，即在一次实验中小概率事件 A 居然发生了，则拒绝假设；反之则接受假设。

下面以两个实例说明小概率原理在实际中的具体应用。

实例一：对某厂的产品进行质量检查，现从一批产品中重复抽样，共取200件样品，结果发现其中有4件废品，问我们能否相信此工厂出废品的概率不超过0.005?

分析：假设此工厂出废品的概率为0.005，一件产品要么是废品，要么不是废品，因此取200件产品来观察废品数相当于200次独立重复试验，所以由Bernoulli概型可知，200件产品出现废品的概率为 $P=C_{200}^{4}0.005^4\times(1-0.005)^{196}\approx0.015$。根据小概率原理，我们可以认为该工厂的废品率不超过0.005不可信。因为当工厂的废品率为0.005时，检查200件产品出现4件废品这一事件是一个小概率事件，但它在一次试验中竟然发生了，因而有理由怀疑假定的合理性不能接受假定，即该厂的废品率不超过0.005是不可信的。

实例二：某工作人员在某一个星期里，曾经接见访问者12次，所有这12次的访问恰巧都是在星期二或星期四。试求该事件的概率。是否可断定他只在星期二或星期四接见访问者？若12次访问没有一次是在星期日，是否可以断言星期日他根本不会客？

分析：假设接见具有随机性，那么12次接见访问者都在星期二或星期四的概率为 $2^{12}/7^{12} \approx 0.0000003$。即使接见可以是一星期中的任意两天，则其概率也只有 $C_7^2 2^{12}/7^{12}$，这个数值仍然很小，因而12次接见全部集中在星期二和星期四是小概率事件，而现在这种情况竟然发生了，因此有理由认为接见访问的日子是有规定的，只在星期二或星期四进行。若这12次访问没有一次在星期日，仍假定接见具有随机性，则此事件的概率为 $6^{12}/7^{12} \approx 1/6 \approx 0.0167$。这不是小概率事件，因此不能断言他在星期日根本不会客。

通过以上对小概率事件的分析可知，小概率事件是概率论中一个虽简单但颇有实用意义的原理，在日常生活中已有十分广泛的应用，常常在不经意间指导人们的实际生活，它是概率论的精髓，是统计学存在、发展的基础，为统计推断和决策提供了严格的数学依据。对待小概率事件，不能因为它发生的可能性很小而忽视它，因为如果事件重复多次，小概率事件迟早必会发生，更不能因此而惧怕小概率事件。

【期刊推荐】

资料来源：段向阳，刘东南．浅析小概率事件［J］．科技创新导报，2009(13)：255－256.

5.1.3 单边检验

在前面的统计假设检验原理的阐述中，我们所针对的问题是检验总体均值 μ 与 μ_0 是否有显著差异的问题（即零假设 $H_0: \mu=\mu_0$）。这类问题假设形式都是“等式”给出、有两个拒绝域、两个临界点，每个拒绝域的面积是 $\alpha/2$，因此称这类检验为**双边检验**。

在另外一些情况下，我们关心的假设问题带有方向性。有两种情况，一种是我们所考虑的数值越大越好，如某种产品的产量、使用寿命等；另一种是数值越小越好，如某种产品的废品率、生产成本等。根据人们的关注点不同，单边检验可以分为右边检验和左边检验。

1．单边检验与双边检验的不同之处

1）所提出的假设不同

右边检验 $H_0: \mu \leqslant \mu_0$，$H_1: \mu > \mu_0$；

左边检验 $H_0: \mu \geqslant \mu_0$，$H_1: \mu < \mu_0$。

2)拒绝域不同

假设总体 $X \sim N(\mu, \sigma^2)$，σ 为未知，$X_1, X_2, \cdots, X_n$ 是来自总体 X 的样本，给定显著性水平 α。

检验：$H_0: \mu \leqslant \mu_0$，$H_1: \mu > \mu_0$ 时，因 H_0 中的全部 μ 都比 H_1 中的 μ 要小，当 H_1 为真时，观察值 $\bar{x}$ 往往偏大，因此拒绝域的形式为 $T=\dfrac{\overline{X}-\mu_0}{S/\sqrt{n}} \geqslant k$，当 H_0 为真时，若 T 的观测值 $t \geqslant t_\alpha(n-1)$，则拒绝 H_0，认为 $\mu > \mu_0$，如图5.2所示。

类似地，检验 $H_0: \mu \geqslant \mu_0$，$H_1: \mu < \mu_0$ 时，若 $t \leqslant -t_\alpha(n-1)$，则拒绝 H_0，认为 $\mu < \mu_0$，如图5.3所示。

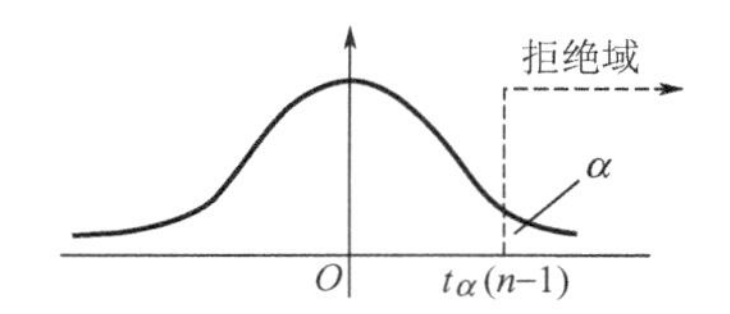

图 5.2　右边检验的拒绝域

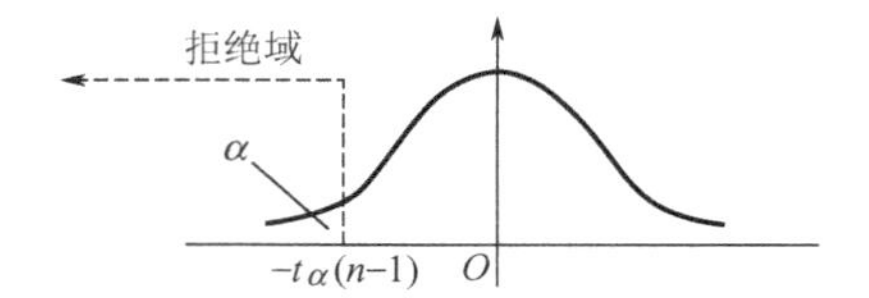

图 5.3　左边检验的拒绝域

2. 单边假设检验的注意事项

要根据研究目的来建立零假设和备择假设。一般来讲，应该先确定备择假设，再确定零假设。这是因为备择假设是我们所关心的，是想予以支持或证实的，因而比较清楚，容易确定。由于零假设与备择假设是对立的，只要确定了备择假设，零假设也就很容易确定出来。

1）零假设 H_0 对应大概率，备择假设 H_1 对应小概率

假设检验的目的是希望用小概率的事实推翻零假设所代表的结论，而在没有充分证据证明零假设所代表的结论错误之前，人们总是偏好于不能轻易否定它。统计决策者对于某一问题的态度，是通过设置零假设和备择假设来实现，通常偏好于把具有很大把握成立的假设定为零假设。因此在概率分配上，零假设 H_0 对应大概率，备择假设 H_1 对应小概率。

2）零假设 H_0 一定要设为“$\leqslant$”或“$\geqslant$”，相应的备择假设 H_1 要设为“$>$”或“$<$”，这是因为我们实际上就是在零假设 H_0 成立的前提下来建立理论分布的。

3）备择假设 H_1 的方向与想要证明其正确性的方向一致

这里的方向是指备择假设是通过定量化的数学表达式来描述检验者想要证明或支持的或较有说服力的结论，因此，必须选择好恰当的符号，才能使备择假设描述检验者的真正意图。

5.1.4　统计假设检验中的两类判断错误

统计假设检验是依据样本提供的信息进行判断的，也就是由部分来推断总体，因而假设检验不可能绝对正确，它也可能犯错误。具体情况如下：

1. 第一类错误

零假设 H_0 本是真的，而由于样本的随机性使样本统计量落入了拒绝域内，因而做出了否定 H_0 的判断。这类错误称为**第一类错误**，亦称为**弃真错误**。在管理中也称为**生产者的风险度**，记为 α。其大小为

$$P\{拒绝\ H_0 \mid H_0为真\}=\alpha$$

2. 第二类错误

零假设 H_0 本来不真，而由于样本的随机性使样本统计量落入了接受域内，因而做出了接受 H_0 的判断。这类错误称为**第二类错误**，亦称为**取伪错误**。在管理中也称为**使用者的风险度**，记为 β。其大小为：

$$P\{接受\ H_0 \mid H_0为不真\}=\beta$$

知识要点提醒

【期刊推荐】

进行统计推断要冒犯两类错误的风险

我们永远无法确定对于零假设是否做出了错误的决定，因为我们只检验了样本均值之间的差异，而不是总体均值之间的差异。只要我们没有掌握实际的总体均值，我们就会根据我们所做的决定而冒着犯第一类或第二类错误的风险。

对于上述两类错误，我们都希望尽量减少其发生的概率。但对于一定的样本容量，不能同时做到犯这两类错误的概率都很小。如果减小犯第一类错误的可能性，就会增大犯第二类错误的机会；若减小犯第二类错误的可能性，也会增大犯第一类错误的机会。一般来说，哪一类错误所带来的后果越严重，危害越大，在假设检验中就应当把哪一类错误作为首要的控制目标。若想希望犯两类错误的可能性都很小，解决的唯一办法是增大样本容量。然而，实际上样本容量的取得是有限制的，只能根据实际来确定。

【拓展案例】

阅读案例 5-3

筛选新药

制药公司总是不断研究新药。为了少数可能有效的化合物要试验数千种化合物，在制药行业称之为“药物筛选”。Dunnrtt（1978）认为药物筛选法在统计决策问题方面还处于初级阶段。在药物筛选中，可能会有两种行动：①“拒绝”这种药物，筛选另一种药物；②暂时“接受”这种药物，这种情况下进行进一步更加精细的试验。由于研究者的目的是找到一种具有疗效的新药，所以统计检验的零假设和备择假设应取如下形式：

H_0：对某种疾病药物没有疗效

H_1：对某种疾病药物具有疗效

Dunnrtt 解释与药物筛选过程关联的可能错误：“一种药物实际上具有疗效却被放弃（假阴性，对应第二类错误），这显然是令人不快的事情，其中总存在某些风险。另外，对一种实际上没有疗效的药物却继续进行高成本的试验（假阳性，对应第一类错误），浪费了时间和金钱，这些时间和金钱本可以去试验其他化合物。”

在以上两类错误中，哪个更严重？从制药公司角度而言，第一类是更严重的错误。因为制药公司可能会造成时间和金钱的无谓消耗；另外，从患者的角度而言，第二类错误是更严重的错误。因为此药物的及时研发可能会挽救无数患者的生命。无论哪种情况，计算α和β，评估假设检验导出的推断可靠性是重要的。

【期刊推荐】

资料来源：Tanur，J. M.，et al.，eds. Statistics：AGuide to the Unkown. San Francisco：Holden - Day，1978.

5.1.5 统计假设检验中的 p 值

在前面阐述的统计假设检验的基本原理中，我们是通过比较 t 统计值与临界点 k 之间的大小关系，来判断拒绝还是接受零假设的。与查表找临界点的一个等价判别方法就是 p 值判别法，SPSS 统计软件使用的就是这种判别方法。

【拓展知识】

1. 双边检验的情形

由前面所介绍的 t 检验可知，在零假设 H_0 成立的情况下，统计量 $T=\dfrac{\overline{X}-\mu_0}{S/\sqrt{n}}$ 的观测值为 t，若 $-k<t<k$，则接受零假设 H_0，否则拒绝 H_0。

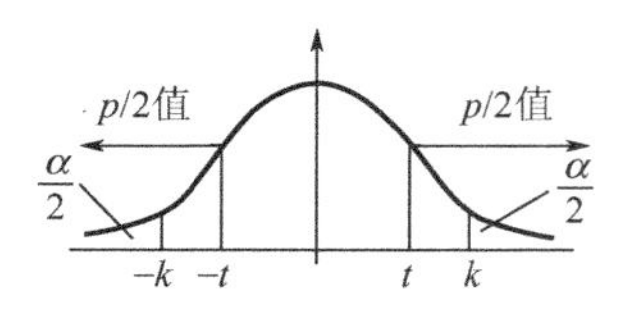

图 5.4 双边检验 p 值示意图

当 $t>0$，且 $t\leqslant k$ 时，$P(T>t)>\dfrac{\alpha}{2}$，此时接受 H_0；

当 $t>0$，且 $t>k$ 时，$P(T>t)<\dfrac{\alpha}{2}$，此时拒绝 H_0；

注意到 t 点外侧概率的表达式为 $P(T>t)$。显然，$t<0$ 的情形，结论相似。总之，在双边检验的情形下，比较 t 与临界点 k，与比较 t 的外侧概率 $P(T>t)$ 和 $\alpha/2$ 是等价的。

为方便起见，我们定义双边检验情况下检验统计量的 p 值为：t 统计值“外侧”概率的两倍。即双边检验情况下：

$$\text{检验统计量的 } p \text{ 值}=2P(T>t) \tag{5-3}$$

称检验统计量的 p 值为**统计值的显著性概率**。

据此，我们就可以简单地用 t 统计值的显著性概率 p，与显著性水平 α 比较：

若 $p<\alpha$，则表明 t 落在由 α 所决定的临界点的外侧，应当拒绝 H_0，接受 H_1。

若 $p>\alpha$，则表明 t 落在由 α 所决定的临界点的内侧，应接受 H_0。

2. 单边检验的情形

在单边检验的情况下，由于根据假设，已经事先得知 μ 与 μ_0 的关系（$\mu>\mu_0$ 或 $\mu<\mu_0$），因此，显著性水平 α 也就不需要分成两半，比较 t 与临界点 k，与比较 t 的外侧概率 $P(T>t)$ 和 α 是等价的。

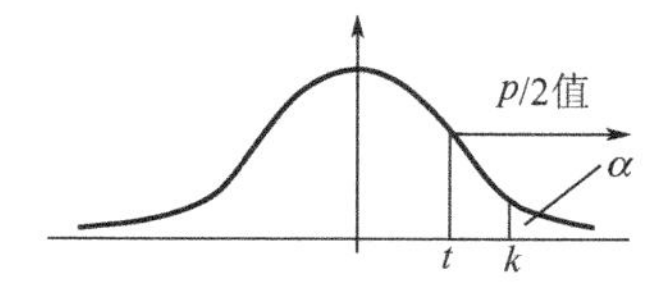

图 5.5 右边检验 p 值示意图

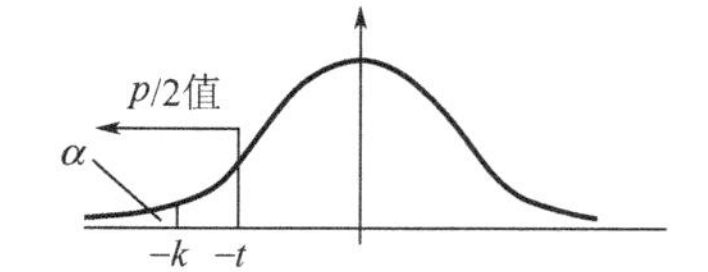

图 5.6 左边检验 p 值示意图

在单边检验的情形下，统计值的显著性概率 p 值仍然定义为

$$\text{检验统计量的 } p \text{ 值}=2P(T>t) \tag{5-4}$$

相应的判别方法是：

若 $p/2<\alpha$，则表明 t 落在由 α 所决定的临界点的外侧，应当拒绝 H_0，接受 H_1。

若 $p/2>\alpha$，则表明 t 落在由 α 所决定的临界点的内侧，应接受 H_0。

知识要点提醒

p 值和 α 值之间的差异

在假设检验中，研究者要事先确定显著性水平 α 值，这个选择是要基于牵涉第一或第二类错误的权衡，或简单地按照惯例，即 $\alpha=0.05$。α 代表着我们能允许的第一类错误的可能性。与之相比，p 值就是在零假设为真的假设下，所获得的样本结果比实测结果更为极端的概率，一般也称 p 值为实测显著性水平。它表明在某个总体的许多样本中，某一类数据出现的经常程度。或者说，p 值是当零假设成立时，得到所观测数据的概率。如果这个概率足够小，我们倾向于拒绝零假设。不同于 α 值，它是由数据本身所确定的，是来自于检验统计量的计算值。

5.2 正态总体均值和方差的统计假设检验

阅读案例 5－4

戈塞特与 t 检验

戈塞特（William Sealey Gosset），英国统计学家，出生于英国肯特郡坎特伯雷市，求学于曼彻斯特学院和牛津大学，主要学习化学和数学。1899 年，戈塞特进入都柏林的 A. 吉尼斯父子酿酒厂，在那里可得到一大堆有关酿造方法、原料（大麦等）特性和成品质量之间的关系的统计数据。提高大麦质量的重要性最终促使他研究农田试验计划，并于 1904 年写成第一篇报告《误差法则应用》。

戈塞特是英国现代统计方法发展的先驱，由他导出的统计学 t 检验广泛运用于小样本平均数之间的差别测试。他曾在伦敦大学 K. 皮尔逊生物统计学实验室从事研究（1906—1907），对统计理论的最显著贡献是《平均数的机误》(1908)。这篇论文阐明，如果是小样本，那么平均数比例对其标准误差的分布不遵循正态曲线。由于吉尼斯父子酿酒厂的规定禁止戈塞特发表关于酿酒过程变化性的研究成果，因此戈塞特不得不于 1908 年首次以“学生”（Student）为笔名，在《生物计量学》杂志上发表了“平均数的概率误差”。Gosset 在文章中使用 Z 统计量来检验常态分配母群的平均数。由于这篇文章提供了“学生 t 检验”的基础，为此，许多统计学家把 1908 年看作是统计推断理论发展史上的里程碑。后来，戈塞特又连续发表了《相关系数的概率误差》(1909)、《非随机抽样的样本平均数分布》(1909)、《从无限总体随机抽样平均数的概率估算表》(1917) 等论文。他在这些论文中，第一，比较了平均误差与标准误差的两种计算方法；第二，研究了泊松分布应用中的样本误差问题；第三，建立了相关系数的抽样分布；第四，导入了“学生”分布，即 t 分布。这些论文的完成，为“小样本理论”奠定了基础；同时，也为以后的样本资料的统计分析与解释开创了一条崭新的路子。由于戈塞特开创的理论使统计学开始由大样本向小样本、由描述向推断发展，因此，有人把戈塞特推崇为推断统计学的先驱者。

资料来源：中华文本库（http：//www.chinadmd.com/file/vier36waotsie 6ivawpcxr36－1.html）

5.2.1 单样本的 t 检验

单样本 t 检验的目的是利用来自某总体的小样本数据，推断该总体的均值是否与给定的检验值之间存在显著差异。例如，想要了解某大学本科生高等数学的学习情况，可以利用去年高等数学考试的成绩抽样数据，推断今年高等数学的平均成绩是否不低于 75 分。

设总体 $X \sim N(\mu, \sigma^2)$，σ^2 未知；X_1，X_2，…，X_n 是来自总体 X 的样本，$\overline{X}$ 与 S^2 分别为样本均值和样本方差。给定显著性水平 α，检验参数 μ。

检验步骤如下：

(1) 提出假设。

① $H_0: \mu = \mu_0$，$H_1: \mu \neq \mu_0$

② $H_0: \mu \geqslant \mu_0$，$H_1: \mu < \mu_0$

③ $H_0: \mu \leqslant \mu_0$，$H_1: \mu > \mu_0$

（2）选择检验假设 H_0 的统计量，并确定其分布。

$$T=\frac{\overline{X}-\mu_0}{S/\sqrt{n}} \sim t(n-1) \tag{5-5}$$

（3）根据样本观测值计算出该统计量的值 t。

（4）在给定的显著性水平 $\alpha(0<\alpha<1)$ 下，查所选统计量服从的分布表，确定临界值。

（5）确定拒绝域并做出判断。对应于 3 种假设的拒绝域形式分别如下：

① 拒绝域为 $|T| \geqslant t_{\alpha/2}(n-1)$。

② 拒绝域为 $T \leqslant -t_\alpha(n-1)$。

③ 拒绝域为 $T \geqslant t_\alpha(n-1)$。

注意：对于大样本数据，可用 S^2 代替 σ^2，采用标准正态分布统计量进行 Z 检验。

【例 5.2】 一家快餐厅出售富强粉花卷，按标准每个花卷的平均质量应该是 75g，市场管理员从一大框花卷中抽取 25 个作为一个简单随机样本，算得样本均值为 72g，样本标准差为 8g。在显著性水平 $\alpha=0.05$ 下，根据这些数据该管理员能得出花卷的平均质量小于 75g 的结论吗？假定每个花卷质量近似服从正态分布。

解：（1）提出假设 $H_0: \mu \geqslant 75$，$H_1: \mu < 75$。

（2）检验假设 H_0 的统计量为 $T=\frac{\overline{X}-\mu_0}{S/\sqrt{n}} \sim t(n-1)$。

（3）根据样本数据：$\bar{x}=72$，$s=8$，$n=25$，则 T 统计量的值为

$$t=\frac{\bar{x}-\mu_0}{s/\sqrt{n}}=\frac{72-75}{8/\sqrt{25}}=-1.875$$

（4）显著性水平 $\alpha=0.05$，查表知 $-t_{0.05}(24)=-1.7109$。

（5）由于 $t=-1.875<-1.7109$，所以拒绝 H_0，即认为每个花卷的平均质量是降低了。

5.2.2 两个独立样本的 t 检验

两个独立样本 t 检验的目的是利用来自两个总体的独立样本，推断两个总体的均值是否存在显著差异。例如，想要了解某大学经济学院和管理学院本科生高等数学的学习情况，可以利用去年高等数学考试的成绩抽样数据，推断今年两个学院高等数学的平均成绩是否有显著差异。

设总体 $X \sim N(\mu_1, \sigma_1^2)$，总体 $Y \sim N(\mu_2, \sigma_2^2)$，$X$ 与 Y 独立，且 $\sigma_1^2=\sigma_2^2$ 未知。X_1，X_2，…，X_{n1} 是来自总体 X 的样本，Y_1，Y_2，…，Y_{n2} 是来自总体 Y 的样本，$\overline{X}$、$\overline{Y}$ 与 S_1^2、S_2^2 分别为两样本均值和样本方差。给定显著性水平 α，检验参数 μ_1 与 μ_2。

检验步骤如下：

（1）提出假设

① $H_0: \mu_1=\mu_2 \quad H_1: \mu_1 \neq \mu_2$

② $H_0: \mu_1 \geqslant \mu_2 \quad H_1: \mu_1 < \mu_2$

③ $H_0: \mu_1 \leqslant \mu_2 \quad H_1: \mu_1 > \mu_2$

（2）选择检验假设 H_0 的统计量，并确定其分布

$$T=\frac{\overline{X}-\overline{Y}}{S_W\sqrt{\frac{1}{n_1}+\frac{1}{n_2}}}\sim t(n_1+n_2-2) \tag{5-6}$$

式中，$S_W=\sqrt{\frac{(n_1-1)\ S_1^2+\ (n_2-1)\ S_2^2}{n_1+n_2-2}}$。

（3）根据样本观测值计算出该统计量的值 t。

（4）在给定的显著性水平 $\alpha(0<\alpha<1)$ 下，查所选统计量服从的分布表，确定临界值。

（5）确定拒绝域并做出判断。对应于三种假设的拒绝域形式分别如下：

① 拒绝域为 $|T|\geqslant t_{\alpha/2}(n_1+n_2-2)$。

② 拒绝域为 $T\leqslant -t_{\alpha}(n_1+n_2-2)$。

③ 拒绝域为 $T\geqslant t_{\alpha}(n_1+n_2-2)$。

注意：对于大样本数据，可用 S_1^2 代替 σ_1^2，S_2^2 代替 σ_2^2，采用标准正态分布统计量进行 Z 检验。

【例 5.3】 对导入案例 5-2 进行独立样本检验。假定未经过培训和经过培训职工的月产量分别近似服从正态分布 $N(\mu_1,\sigma^2)$ 和 $N(\mu_2,\sigma^2)$，$(\alpha=0.05)$。

解：（1）提出假设：$H_0:\mu_1\geqslant\mu_2$，$H_1:\mu_1<\mu_2$。

（2）检验假设 H_0 的统计量为

$$T=\frac{\overline{X}-\overline{Y}}{S_W\sqrt{\frac{1}{n_1}+\frac{1}{n_2}}}\sim t(n_1+n_2-2)$$

式中，

$$S_W=\sqrt{\frac{(n_1-1)S_1^2+(n_2-1)S_2^2}{n_1+n_2-2}}$$

（3）根据样本数据计算得到：

$$n_1=10,\ n_2=10;\ \bar{x}=498.2,\ \bar{y}=504.2;\ s_1=9.931,\ s_2=6.613$$

则 T 统计量的值为

$$t=\frac{\bar{x}-\bar{y}}{s_W\sqrt{\frac{1}{n_1}+\frac{1}{n_2}}}=\frac{498.2-504.2}{\sqrt{\frac{(10-1)9.931^2+(10-1)6.613^2}{10+10-2}}\sqrt{\frac{1}{10}+\frac{1}{10}}}=-1.59$$

（4）由显著性水平 $\alpha=0.05$，查表知 $-t_{0.05}(18)=-1.7341$。

（5）由于 $t=-1.59>-1.7341$，所以接受 H_0，即认为培训对提高职工月产量无显著影响。

5.2.3 两个配对样本的 t 检验

两个配对样本的 t 检验的目的是利用来自两个总体的配对样本，推断两个总体的均值是否存在显著差异。例如，想要了解某大学本科生高等数学辅导班的学习效果，可以利用辅导前后高等数学考试的成绩配对抽样数据，推断辅导前后的高等数学成绩是否有显著差异。

一般地，设有 n 对相互独立的观测结果 (X_1,Y_1)，(X_2,Y_2)，…，(X_n,Y_n)，令 $D_1=X_1-Y_1,D_2=X_2-Y_2,\cdots,D_n=X_n-Y_n$，则 $D_1,D_2,\cdots,D_n$ 相互独立，$D_i\sim N(\mu_D,\sigma_D{}^2)$。

（1）提出假设：

① $H_0:\mu_D=0$，$H_1:\mu_D\neq 0$

② $H_0:\mu_D\geq 0$，$H_1:\mu_D<0$

③ $H_0:\mu_D\leq 0$，$H_1:\mu_D>0$

（2）选择检验假设 H_0 的统计量，并确定其分布。

$$T=\frac{\overline{D}}{S_D/\sqrt{n}}\sim t(n-1) \tag{5-7}$$

（3）根据样本观测值计算出该统计量的值 t。

（4）在给定的显著性水平 $\alpha(0<\alpha<1)$ 下，查所选统计量服从的分布表，确定临界值。

（5）确定拒绝域并做出判断。对应于3种假设的拒绝域形式分别如下：

① $|T|\geq t_{\alpha/2}(n-1)$。

② $T\leq -t_\alpha(n-1)$。

③ $T\geq t_\alpha(n-1)$。

【例 5.4】 对导入案例5-2进行配对样本检验。

解： 本题中的数据是成对的，即对同一个人测出一对数据。现在分别做出各对数据的差 $D_i=X_i-Y_i$，并假设 $D_i\sim N(\mu_D,\sigma_D^2)$。此问题属于单边检验。

（1）提出假设：$H_0:\mu_D\geq 0$，$H_1:\mu_D<0$。

（2）检验假设 H_0 的统计量为：$T=\dfrac{\overline{D}}{S_D/\sqrt{n}}\sim t(n-1)$。

（3）根据样本数据计算得到：$n=10$，$\overline{d}=-6$，$s_D=4.784$，则 T 统计量的值 $t=\dfrac{\overline{d}}{s_D/\sqrt{n}}=\dfrac{-6}{4.784/\sqrt{10}}\approx -3.966$。

（4）由显著性水平 $\alpha=0.05$，查表知 $-t_{0.05}(9)=-1.8331$。

（5）由于 $t=-3.966<-1.8331$，所以拒绝 H_0，即认为培训能提高职工的产量。

5.2.4 两个独立样本的 F 检验

两个独立样本的 F 检验的目的是利用来自两个总体的独立样本，推断两个总体的方差是否存在显著差异。检验两总体方差是否存在显著差异是进行两独立样本 t 检验的前提。

设总体 $X\sim N(\mu_1,\sigma_1^2)$，总体 $Y\sim N(\mu_2,\sigma_2^2)$，$X$ 与 Y 独立，且 μ_1 与 μ_2 未知。X_1，X_2，…，X_{n1} 是来自总体 X 的样本，Y_1，Y_2，…，Y_{n2} 是来自总体 Y 的样本，S_1^2、S_2^2 分别为两样本方差。给定显著性水平 α，检验参数 σ_1^2 与 σ_2^2。

（1）提出假设：

① $H_0:\sigma_1^2=\sigma_2^2$，$H_1:\sigma_1^2\neq\sigma_2^2$

② $H_0:\sigma_1^2\geq\sigma_2^2$，$H_1:\sigma_1^2<\sigma_2^2$

③ $H_0:\sigma_1^2\leq\sigma_2^2$，$H_1:\sigma_1^2>\sigma_2^2$

（2）选择检验假设 H_0 的统计量，并确定其分布。

$$F=\frac{S_1^2/S_2^2}{\sigma_1^2/\sigma_2^2}=\frac{S_1^2}{S_2^2}\sim F(n_1-1,\ n_2-1) \tag{5-8}$$

（3）据样本观测值计算出该统计量的值 F。

(4) 在给定的显著性水平 $\alpha(0<\alpha<1)$ 下，查所选统计量服从的分布表，确定临界值。

(5) 确定拒绝域并做出判断。对应于3种假设的拒绝域形式分别为：

① 拒绝域为 $F\geqslant F_{\alpha/2}(n_1-1, n_2-1)$ 或 $F\leqslant F_{1-\alpha/2}(n_1-1, n_2-1)$。

② 拒绝域为 $F\leqslant F_{1-\alpha}(n_1-1, n_2-1)$。

③ 拒绝域为 $F\geqslant F_{\alpha}(n_1-1, n_2-1)$。

【例 5.5】 某外资公司按两套计划对新招收的打字员进行培训，这些新雇员被交替分配到执行不同训练计划的两个组，第一组有22人，第二组有25人。培训结束后对每个雇员进行考核，假定考核结果都服从正态分布。第一组的样本方差 $s_1^2=70.3$，第二组的样本方差 $s_2^2=225.5$。该公司用 t 检验法来检验这两个组的得分均值是否有显著差异，试问这些数据是否足以使人对用 t 检验所必需的关于方差相等的假设提出怀疑？($\alpha=0.05$)

解： (1) 提出假设 $H_0:\sigma_1^2=\sigma_2^2$，$H_1:\sigma_1^2\neq\sigma_2^2$。

(2) 检验假设 H_0 的统计量为

$$F=\frac{S_1^2}{S_2^2}\sim F(n_1-1, n_2-1)$$

(3) 根据样本数据：$n_1=22$，$n_2=25$，$s_1^2=70.3$，$s_2^2=225.5$，计算 F 的值为 $F_0=s_1^2/s_2^2=70.3/222.5\approx0.316$。

(4) 由显著性水平 $\alpha=0.05$，查表知 $F_{0.025}(21, 24)\approx2.27$，$F_{0.975}(21, 24)=1/F_{0.025}(24, 21)=1/1.75\approx0.57$。

(5) 由于 $F_0=0.316<0.57$，所以拒绝 H_0，即认为两总体的方差有显著差异。

知识要点提醒

F 检验的简便计算

在进行独立样本的方差检验时，若规定检验统计量

$$F=\frac{\text{较大的样本方差}}{\text{较小的样本方差}}=\begin{cases}\dfrac{S_1^2}{S_2^2}, & \text{若 } S_1^2>S_2^2\\[2ex] \dfrac{S_2^2}{S_1^2}, & \text{若 } S_2^2>S_1^2\end{cases}$$

则拒绝域为 $F>F_{\alpha/2}$。

5.3 单因素方差分析

在实际应用中常常要探讨不同实验条件或处理方法对结果的影响。通常是比较不同实验条件下总体均值间差异。方差分析是检验多个总体均值间差异是否显著的一种统计方法。例如，体育科研中研究训练目标、方法和不同运动量对提高某项运动的成绩的影响，农业研究土壤、肥料、日照时间等因素对某种农作物产量的影响，等等。方差分析就是解决这类问题的有效方法。

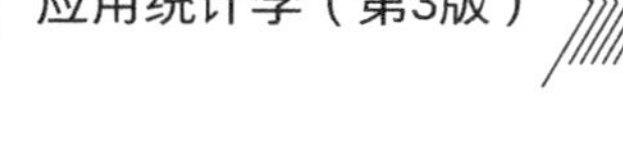

英国统计学家及遗传学家费希尔（R. A. Fisher）与方差分析

现代统计学的主要奠基者之一，英国统计学家和遗传学家费希尔，1890 年 2 月 17 日生于伦敦，1912 年毕业于剑桥大学数学系，后随英国数理统计学家 J. 琼斯进修了一年统计力学，1918 年任罗坦斯泰农业试验站实验室主任。1933 年，因为在生物统计和遗传学研究方面成绩卓著而被聘为伦敦大学终生教授；1943 年任剑桥大学遗传学教授；1959 年去澳大利亚，在联邦科学和工业研究组织的数学统计部做研究工作。1962 年 7 月 29 日卒于澳大利亚阿德莱德。

费希尔在英国的农业试验站工作时，从田间试验设计研究入手，发现一种农作物的亩产量与种子品种、播种量、农药等多种因素有关，为从统计上鉴别各因素的影响程度，提出了方差分析的基本原理和方法，发展了统计试验设计的基本思想。试验设计一直是统计学中一个很活跃的分支，应用于工业、农业、医疗卫生、生物技术、空间技术等许多学科领域。

资料来源：陈在余，陶应虎．统计学原理与实务［M］．北京：清华大学出版社，2009.

5.3.1 方差分析的基本概念

方差分析中常用的术语有以下几个。

（1）实验指标：将要考察的结果称为实验指标，用大写字母 X、Y 等表示。

（2）实验因素：影响实验指标的条件称为因素，常用大写字母 A、B、C 等表示。

（3）因素水平：因素所处的某种特定状态称为因素水平，常用代表该因素的字母加下标表示，如 $A_1, A_2, A_3, \cdots, B_1, B_2, B_3 \cdots$ 等表示。

（4）方差分析：对于影响一个指标的众多因素，若仅使一个（或一个以上）因素发生变化，而其他因素均保持不变（或控制在一定范围内），分析这一个（或一个以上）因素对指标的影响是否显著，称为单因素（或多因素）方差分析。

5.3.2 单因素方差分析的基本原理

1. 单因素方差分析的基本思路

【例 5.6】 对导入案例 5－3 进行方差分析。

分析思路：此例中，统考成绩为实验指标，用 X 表示；教学方法是影响统考成绩的因素，用 A 表示；采用 3 种不同的教学方法可看成 3 个因素水平，用 A_1、A_2、A_3 表示。为了便于分析，我们将表 5－2 中的数据加以整理得表 5－3。

表 5－3 学生统考成绩整理表

因素水平	统考成绩					合计	水平平均
A_1	$x_{11}=75$	$x_{12}=62$	$x_{13}=71$	$x_{14}=58$	$x_{15}=73$	$x_{1\cdot}=339$	$\bar{x}_{1\cdot}=67.8$
A_2	$x_{21}=81$	$x_{22}=85$	$x_{23}=68$	$x_{24}=92$	$x_{25}=90$	$x_{2\cdot}=416$	$\bar{x}_{2\cdot}=83.2$
A_3	$x_{31}=73$	$x_{32}=79$	$x_{33}=60$	$x_{34}=75$	$x_{35}=81$	$x_{3\cdot}=368$	$\bar{x}_{3\cdot}=73.6$
合计	—					$x_{\cdot\cdot}=1123$	$\bar{x}=74.87$

1）提出假设

若在不同的教学方法下，统考成绩 $X_i \sim N(\mu_i, \sigma^2)(i=1,2,3)$，且各 X_i 相互独立。此例即检验 $H_0: \mu_1=\mu_2=\mu_3$ 是否成立。因此，需要建立假设：

$$H_0: \mu_1=\mu_2=\mu_3=\mu, \quad H_1: \mu_1, \mu_2, \mu_3 \text{不全相等}$$

2）平方和及自由度的分解

（1）首先对总误差平方和进行分解。观察表 5-2 中的数据，我们不难发现：

① 全部数据之间存在差异。其差异程度用 $S_T = \sum_{i=1}^{3}\sum_{j=1}^{5}(x_{ij}-\bar{x})^2$ 来表示，称为总误差平方和。这部分差异除了包含随机波动引起的误差之外，还应包含由于因素 A 的不同水平作用所产生的误差。

② 在同一水平 A_i 下，5 个观测数据之间存在差异。其差异程度用 $S_E = \sum_{i=1}^{3}\sum_{j=1}^{5}(x_{ij}-\bar{x}_{i\cdot})^2$ 来表示，称为随机误差平方和（或组内平方和）。这部分差异只是由随机误差的影响引起的。

③ 3 个水平平均 $\bar{x}_{i\cdot}$ $(i=1,2,3)$ 之间存在差异。其差异程度用 $S_A = \sum_{i=1}^{3}\sum_{j=1}^{5}(\bar{x}_{i\cdot}-\bar{x})^2$ 来表示，称为效应平方和（或组间平方和）。这部分差异只是由因素效应的影响引起的。

因为

$$\begin{aligned} S_T &= \sum_{i=1}^{3}\sum_{j=1}^{5}(x_{ij}-\bar{x})^2 \\ &= \sum_{i=1}^{3}\sum_{j=1}^{5}[(x_{ij}-\bar{x}_{i\cdot})+(\bar{x}_{i\cdot}-\bar{x})]^2 \\ &= \sum_{i=1}^{3}\sum_{j=1}^{5}(x_{ij}-\bar{x}_{i\cdot})^2+\sum_{i=1}^{3}\sum_{j=1}^{5}(\bar{x}_{i\cdot}-\bar{x})^2+2\sum_{i=1}^{3}\sum_{j=1}^{5}(x_{ij}-\bar{x}_{i\cdot})(\bar{x}_{i\cdot}-\bar{x}) \end{aligned}$$

且

$$\sum_{i=1}^{3}\sum_{j=1}^{5}(x_{ij}-\bar{x}_{i\cdot})(\bar{x}_{i\cdot}-\bar{x}) = \sum_{i=1}^{3}(\bar{x}_{i\cdot}-\bar{x})\sum_{j=1}^{5}(x_{ij}-\bar{x}_{i\cdot}) = 0$$

所以 $S_T=S_E+S_A$。

（2）其次对自由度进行分解。根据自由度的定义可知：

① 总误差平方和 $S_T = \sum_{i=1}^{3}\sum_{j=1}^{5}(x_{ij}-\bar{x})^2$，求和项数共有 $3\times5=15$ 项，而存在 $\sum_{i=1}^{3}\sum_{j=1}^{5}(x_{ij}-\bar{x})=0$，因此总误差平方和 S_T 的自由度 $f_T=15-1=14$。

② 随机误差平方和 $S_E = \sum_{i=1}^{3}\sum_{j=1}^{5}(x_{ij}-\bar{x}_{i\cdot})^2$，求和项数共有 $3\times5=15$ 项，而存在 $\sum_{j=1}^{5}(x_{ij}-\bar{x}_{i\cdot})=0(i=1,2,3)$，因此随机误差平方和 S_T 的自由度 $f_E=15-3=12$。

③ 效应误差平方和 $S_A=\sum_{i=1}^{3}\sum_{j=1}^{5}(\bar{x}_{i\cdot}-\bar{x})^2$，求和项数共有 3 项，而存在 $\sum_{i=1}^{3}(\bar{x}_{i\cdot}-\bar{x})=0$，因此效应误差平方和 S_T的自由度 $f_A=3-1=2$。

所以 $f_T=f_E+f_A$。

3）显著性检验

由误差平方和的分解公式，我们看到 S_T由两部分构成，一部分是 S_E，另一部分是 S_A。当 S_T一定时，S_E与 S_A此消彼长。若 S_A大，S_E就小，表明 S_T主要是因素的不同水平引起的；反之，若 S_A并不明显大于 S_E，则表明不同水平对 S_T没有显著影响。因此我们可以用 S_A与 S_E的比值来度量因素对实验指标的影响程度。构造检验统计量为 $F=\frac{S_A/f_A}{S_E/f_E}=\frac{\bar{S}_A}{\bar{S}_E}\sim F(f_A,f_E)$，拒绝域为 $F\geqslant F_\alpha(f_A,f_E)$。

对于给定的显著性水平 $\alpha(0<\alpha<1)$，当检验统计量的观测值不小于临界值 $F_\alpha(f_A,f_E)$时，拒绝 H_0。也就是说，当组间的差异相对于组内的差异来说比较大时，因素效应对实验指标的影响显著，因此拒绝 H_0。

2. 单因素方差分析的一般计算步骤

设因素 A 有 s 个水平 $A_1,A_2,\cdots A_S$，在水平 $A_i(i=1,2,\cdots,s)$ 下进行 $n(n\geqslant 2)$ 次独立实验，结果如表 5－4 所示。

表 5－4 单因素方差分析数据表

	1	2	…	j	…	n	合计	水平平均
A_1	x_{11}	x_{12}	…	x_{1j}	…	x_{1n}	$x_{1\cdot}$	$\bar{x}_{1\cdot}$
A_2	x_{21}	x_{23}	…	x_{2j}	…	x_{2n}	$x_{2\cdot}$	$\bar{x}_{2\cdot}$
⋮	⋮	⋮	⋮	⋮	⋮	⋮	⋮	⋮
A_i	x_{i1}	x_{i2}	…	x_{ij}	…	x_{in}	$x_{i\cdot}$	$\bar{x}_{i\cdot}$
⋮	⋮	⋮	⋮	⋮	⋮	⋮	⋮	⋮
A_s	x_{s1}	x_{s2}	…	x_{sj}	…	x_{sn}	$x_{s\cdot}$	$\bar{x}_{s\cdot}$
合计	—	—	…	—	…	—	$x_{\cdot\cdot}$	$\bar{x}$

其中，x_{ij} 表示第 i 个水平进行第 j 次实验的可能结果（$i=1,2,\cdots,s;j=1,2,\cdots,n$）。

$$x_{i\cdot}=\sum_{j=1}^{n}x_{ij} \tag{5-9}$$

$$\bar{x}_{i\cdot}=\frac{1}{n}\sum_{j=1}^{n}x_{ij}=\frac{x_{i\cdot}}{n} \tag{5-10}$$

$$x_{\cdot\cdot}=\sum_{i=1}^{s}\sum_{j=1}^{n}x_{ij} \tag{5-11}$$

$$\bar{x}=\frac{1}{sn}\sum_{i=1}^{s}\sum_{j=1}^{n}x_{ij}=\frac{x_{\cdot\cdot}}{sn}=\frac{1}{s}\sum_{i=1}^{s}\bar{x}_{i\cdot} \tag{5-12}$$

假设：各个水平 $A_i(i=1,2,\cdots,s)$ 下的样本 $X_{i1},X_{i2},\cdots,X_{in}$ 来自正态总体 $N(\mu_i,\sigma^2)$，且设不同水平 A_i 下的样本之间相互独立。

1）提出假设

$$H_0:\mu_1=\mu_2=\cdots=\mu_s=\mu$$
$$H_1:\mu_1,\mu_2,\cdots,\mu_s\text{不全相等}$$

2）平方和及自由度的分解

(1) 总误差平方和（Sum of Squares for Total），简记为 S_T。它是全部观测值 x_{ij} 与总平均值 $\bar{x}$ 的误差平方和，反映了全部观测值之间的差异程度。其计算公式为

$$S_T=\sum_{i=1}^{s}\sum_{j=1}^{n}(x_{ij}-\bar{x})^2=\sum_{i=1}^{s}\sum_{j=1}^{n}x_{ij}^2-\frac{x_{\cdot\cdot}^2}{sn} \qquad (5-13)$$

总误差平方和的自由度 $f_T=s\times n-1$ (5-14)

(2) 随机误差平方和（Sum of Squares For Error），简记为 S_E。它是每个因素水平内各观测值 x_{ij} 与其组内水平平均值 $\bar{x}_{i\cdot}$ 的误差平方和，反映了同一因素水平下观测值之间的差异程度。其计算公式为

$$S_E=\sum_{i=1}^{s}\sum_{j=1}^{n}(x_{ij}-\bar{x}_{i\cdot})^2 \qquad (5-15)$$

随机误差平方和的自由度为

$$f_E=s\times n-s \qquad (5-16)$$

(3) 效应误差平方和（Sum of Squares For Factor A），简记 S_A。它是各组水平平均值 $\bar{x}_{i\cdot}$ 与总平均值 $\bar{x}$ 的误差平方和，反映了各因素水平的样本均值之间的差异程度。其计算公式为

$$S_A=\sum_{i=1}^{s}\sum_{j=1}^{n}(\bar{x}_{i\cdot}-\bar{x})^2=\sum_{i=1}^{s}\frac{x_{i\cdot}^{\ 2}}{n}-\frac{x_{\cdot\cdot}^2}{sn} \qquad (5-17)$$

效应误差平方和的自由度为 $f_A=s-1$ (5-18)

总误差平方和与随机误差平方和、效应误差平方和之间有如下关系：

$$S_T=S_E+S_A \qquad (5-19)$$

总误差平方和的自由度与随机误差平方和的自由度、效应误差平方和的自由度之间有如下关系：

$$f_T=f_E+f_A \qquad (5-20)$$

3）假设检验问题的统计量及拒绝域

检验的统计量的形式为

$$F=\frac{S_A/f_A}{S_E/f_E}=\frac{\bar{S}_A}{\bar{S}_E}\sim F(f_A,f_E) \qquad (5-21)$$

式中，$\bar{S}_A$ 为效应均方差，$\bar{S}_E$ 为随机均方差。

拒绝域的形式为

$$F\geqslant F_\alpha(f_A,f_E)$$

4）列出单因素方差分析表（表5-5）

表5-5 单因素方差分析表

误差来源	平方和	自由度	均方差	F比	临界值	显著性
因素A	S_A	$s-1$	$\bar{S}_A$	$F=\frac{\bar{S}_A}{\bar{S}_E}$	$F_\alpha(s-1,sn-s)$	
误差E	$S_E=S_T-S_A$	$sn-s$	$\bar{S}_E$			
总和T	S_T	$sn-1$				

5）做出统计决策

若检验统计量的观测值 $F\geqslant F_\alpha(s-1,\ sn-s)$，则拒绝 H_0，否则接受 H_0。

一般地，显著性水平 α 常取 0.05 和 0.01。若 $F\leqslant F_{0.05}(s-1,\ sn-s)$，则接受 H_0，认为因素A对实验指标的影响不显著；若 $F_{0.01}(s-1,sn-s)>F\geqslant F_{0.05}(s-1,sn-s)$，则拒绝 H_0，认为因素A对实验指标的影响一般显著；若 $F\geqslant F_{0.01}(s-1,sn-s)$，也拒绝 H_0，认为因素A对实验指标的影响特别显著。

【期刊推荐】

需要说明的是，上述的单因素方差分析的求解步骤是在每个因素水平下观测值的个数相等的情况下进行的。在实际问题中，对于每个因素水平下观测值的个数不相等的情况也可以做类似的分析和处理。

知识要点提醒

方差分析的实质

方差分析事实上非真正的对方差的分析，而是分析用离差平方和度量数据的变异。正如 Snedecor 所言："它是从可比组的数据中分解出可追溯到某些指定来源的变异的一种技巧"。

假设检验与方差分析

假设检验可用于两个总体的均值检验，对于多个总体，主要运用方差分析。假定现有4个总体均值分别为 μ_1、μ_2、μ_3、μ_4，如果用一般假设检验的方法（如 t 检验），一次只能研究两个样本，要检验4个总体的均值是否相等，则需要做6次检验（检验Ⅰ，$H_0:\mu_1=\mu_2$；检验Ⅱ，$H_0:\mu_1=\mu_3$；检验Ⅲ，$H_0:\mu_1=\mu_4$；检验Ⅳ，$H_0:\mu_2=\mu_3$；检验Ⅴ，$H_0:\mu_2=\mu_4$；检验Ⅵ，$H_0:\mu_3=\mu_4$）。很显然，做这样两两的检验十分烦琐。而且，每次检验两个的做法共需要进行6次不同的试验。如果 $\alpha=0.05$，每次检验犯第一类错误的概率相应地增加。做6次检验会使犯第一类错误的概率达到 $1-(1-\alpha)^6\approx0.265$，而置信水平则会降低到 $0.95^6\approx0.735$。因此，对于多个总体来说，随着增加个体显著性检验的次数，偶然因素导致差别的可能性也会增加（并非均值存在的差异），而方差分析同时考虑所有的样本，从而排出了累积错误的概率，避免拒绝一个真实的零假设，提供了检验效率。

资料来源：陈在余，陶应虎．统计学原理与务实［M］．北京：清华大学出版社，2009.

例5.6的解题过程：

（1）分析不同的教学方法对提高学生统考成绩是否有显著影响。

第一步：提出假设：

$$H_0:\mu_1=\mu_2=\mu_3=\mu$$

$$H_1:\mu_1,\mu_2,\mu_3\text{不全相等}$$

第二步：构造检验统计量及其分布：

$$F=\frac{S_A/(s-1)}{S_E/(sn-s)}=\frac{\overline{S}_A}{\overline{S}_E}\sim F(s-1,sn-s)$$

第三步：计算误差平方和

$$S_T=\sum_{i=1}^{3}\sum_{j=1}^{5}(x_{ij}-\overline{x})^2=\sum_{i=1}^{3}\sum_{j=1}^{5}x_{ij}^2-\frac{x_{\cdot\cdot}^2}{sn}=1457.733$$

$$S_A=\sum_{i=1}^{3}\sum_{j=1}^{5}(\overline{x}_{i\cdot}-\overline{x})^2=\sum_{i=1}^{3}\frac{x_{i\cdot}{}^2}{5}-\frac{x_{\cdot\cdot}^2}{15}=604.993$$

$$S_E=S_T-S_A=852.800$$

第四步：列出方差分析表，如表 5-6 所示。

表 5-6 方差分析表

方差来源	平方和	自由度	均方差	*F* 比	临界值	显著性
因素 A	604.993	2	302.467	4.256	$F_{0.05}=3.89$ $F_{0.01}=6.93$	*
误差 E	852.800	12	71.067			
总合 T	1457.733	14				

第五步：做出统计决策。

(1) 计算知统计量取值 $F=4.256$，临界值 $F_{0.05}=(2,12)=3.89$，$F_{0.01}(2,12)=6.93$。由于 $F_{0.05}(2,12)<F<F_{0.01}(2,12)$，因此拒绝 H_0，也就是说我们认为 3 种不同的教学方法对统考成绩的影响是一般显著的。

(2) 分析哪种教学方法效果最好。对于该问题可根据各 μ_i 的点估计 $\overline{x}_i$ 来确定。$\overline{x}_1=67.8$，$\overline{x}_2=83.2$，$\overline{x}_3=73.6$。可知教师采用多媒体与传统教学相结合的方法效果最好，学生的平均统考成绩达到 83.2 分。

(3) 分析任意两种教学方法的效果之间是否都存在显著差异。对于此问题，可以通过对各 μ_i 进行两两单边 t 检验的方法进行分析。

首先检验 μ_1 与 μ_2：

$$H_0:\mu_1=\mu_2,\quad H_1:\mu_1\neq\mu_2$$

$|t|=|-2.856|=2.856>t_{0.025}(8)=2.3060$，拒绝 H_0，说明第一种与第二种教学方法之间差异显著。

其次检验 μ_2 与 μ_3：

$$H_0:\mu_2=\mu_3,\quad H_1:\mu_2\neq\mu_3$$

$|t|=|1.705|=1.705<t_{0.025}(8)=2.3060$，接受 H_0，说明第二种与第三种教学方法之间差异不显著。

最后检验 μ_1 与 μ_3：

$$H_0:\mu_1=\mu_3,\quad H_1:\mu_1\neq\mu_3$$

$|t|=|-1.172|=1.172<t_{0.025}(8)=2.3060$，接受 H_0，说明第一种与第三种教学方法之间差异不显著。

5.4 用 SPSS 统计软件进行统计假设检验

5.4.1 One - Samples T Test 过程

（1）选择“Analyze→Compare Means→One - Sample T Test...”选项，弹出“One - Sample T Test”对话框。

（2）将需要检验的变量从左侧列表框通过中间的移动按钮选入到右侧的“Test Variables”列表框中。

（3）在“Test Value”文本框内输入已知的总平均数，默认值为 0。

（4）单击“Options...”按钮，弹出“One - Sample T Test：Options”对话框，用于定义相关的选项，有：

① 在 Confidence Interval Percentage：框内输入置信概率，默认为 95%。

② Missing Values 选项组：指定对缺失值的处理方式，包含两个单选按钮。

【拓展视频】

a. Exclude cases analysis by analysis 单选按钮：剔除本计算变量含有缺失值的数据。

b. Exclude cases listwise 单选按钮：剔除所有计算变量含有缺失值的数据。

③ 单击“Continue”按钮，返回到“One - Sample T Test”对话框。

（5）单击“OK”按钮，即可完成单样本均值检验的操作。

【例 5.7】 用 SPSS 统计软件求解例 5.1。

解：提出假设 $H_0: \mu=\mu_0=250$，$H_1: \mu\neq\mu_0=250$。

调用 SPSS 统计软件的 One - Sample T Test 功能，则输出结果如表 5 - 7(a)和表 5 - 7(b)所示。

表 5 - 7(a) 描述统计表（One - Sample Statistics）

	N	Mean	Std. Deviation	Std. Error Mean
每罐净重	12	242.8508	20.79799	6.00386

表 5 - 7(a) 说明：第 2 列是样本数；第 3 列是样本均值；第 4 列是样本标准差；第 5 列是样本均值标准误差$\left(\frac{s}{\sqrt{n}}\right)$，即 t 统计量的分母部分。

由表 5 - 7(a) 可知，12 个样本的一次平均罐头净重数额为 242.85g，标准差为 20.79799g，均值标准误差为 6.00386。

表 5 - 7(b) 说明：第 2 列是 t 统计量的观测值；第 3 列是自由度；第 4 列是 t 统计量的观测值的双边概率 p 值；第 5 列是样本均值与检验值的差，即 t 统计量的分子部分；第 6、7 列是样本均值与总体均值差的 95%的置信区间。

由表 5 - 7 (b) 可知，t 统计量的观测值为 -1.191，自由度是 11，t 统计值的显著性

概率 p 值等于 0.259，大于 $\alpha=0.05$，因此不应拒绝零假设 H_0，认为该批罐头符合标准。总体均值 μ 的 95%的置信区间（250.6364，256.0652）包括 0，由此也证实了上述推断。

表 5-7(b)　单样本 t 检验表（One-Sample Test）

	Test Value=250					
	t	df	Sig. (2-tailed)	Mean Difference	95% Confidence Interval of the Difference	
					Lower	Upper
每罐净重	-1.191	11	.259	-7.14917	-20.3636	6.0652

5.4.2 Independent-Samples T Test 过程

（1）选择"Analyze→Compare Means→Independent-Samples T Test..."选项，弹出"Independent-Samples T Test"对话框。

（2）将需要检验的变量从左侧列表框通过中间的移动按钮选入到右侧的"Test Variable(s)"列表框中。

（3）将分组变量从左侧列表框通过中间的移动按钮选入到右侧的 Grouping Variable 列表框中。

（4）单击"Define Groups..."按钮，弹出"Define Groups"对话框，包含两个单选按钮。

① Use specified values 单选按钮：用于分类变量，在"Group 1:"和"Group 2:"文本框中分别输入分组变量的值（如 1 和 2）。

② Cut point 单选按钮：用于连续变量，在框内输入一个值作为分割值，将数据分为两组。

③ 单击"Continue"按钮返回到"Independent-Samples T Test"对话框。

（5）单击"Options..."按钮，弹出"Independent-Samples T Test: Options"对话框，其内容设置与"One-Samples T Test"完全相同，此处不再重复。

（6）单击"OK"按钮，即可完成独立样本均值检验的操作。

知识要点提醒

独立样本 t 检验在建立数据文件时的注意事项

在建立独立样本 t 检验的数据文件时，要定义两个变量，一个是检验变量，按顺序输入两个独立样本的全部数据；另一个是分组变量，如用"1"代表第一个样本，用"2"代表第二个样本，则对应第一个样本数据全部输入 1，对应第二个样本的全部数据对应输入 2。

【例 5.8】 用 SPSS 统计软件求解导入案例 5-2 的前一种实验。

解： 提出假设 $H_0: \mu_1=\mu_2$，$H_1: \mu_1 \neq \mu_2$。

调用 SPSS 统计软件的 Independent-Samples T Test 功能，则输出结果如表 5-8(a) 和表 5-8(b) 所示。

【拓展视频】

表 5-8(a) 描述统计（Group Statistics）

	组别	N	Mean	Std. Deviation	Std. Error Mean
月产量	未培训	10	498.20	9.931	3.140
	培训	10	504.20	6.613	2.091

表 5-8（a）是两组职工月产量的基本描述量。可以看出两组职工月产量的样本平均值有一定差异，这种差异是否显著需要通过以下检验完成。

表 5-8(b) 两独立样本 t 检验表（Independent Samples Test）

①		Levene's Test for Equality of Variances		t-test for Equality of Means						
		F ②	Sig. ③	t ④	df ⑤	Sig. (2-tailed) ⑥	Mean Difference ⑦	Std. Error Difference ⑧	95% Confidence Interval of the Difference ⑨	
									Lower	Upper
月产量	Equal variances assumed	.874	.362	−1.59	18	.129	−6.000	3.773	−13.927	1.927
	Equal Variances not assumed			−1.59	15.670	.132	−6.000	3.773	−14.012	2.012

表 5-8（b）结果解释：对两组职工月产量的检验，是分两步来进行的。

第一步：方差齐性检验，即两总体方差是否相等的 F 检验（第②、③列）。F 值为 0.874，对应的统计值的显著性概率值 $p=0.362$。如 $\alpha=0.05$，由于概率 $p>0.05$，可认为两总体方差无显著差异。

第二步：两总体均值的检验（第④、⑤、⑥列）。

由于两总体方差无显著差异，因此应看 Equal Variances assumed（假设方差相等）的 t 检验的结果。T 统计量的观测值为 $t=-1.59$，对应的统计值的显著性概率值 $p=0.129>\alpha=0.05$，因此认为两总体的均值无显著差异，即培训对提高职工月产量没有显著效果。若两总体方差有显著差异，则应看 Equal Variances not assumed（假设方差不相等）的 t 检验的结果。

表 5-8（b）中的第⑦列（Mean Difference）和第⑧列（Std. Error Difference）分别是 t 统计量的分子和分母，第⑨列为两总体均值差的 95%的置信区间的下限和上限。由于 0 包含在该置信区间内，因此也从另一个角度证实了上述推断。

5.4.3 Paired－Samples T Test 过程

功能实际上是和“One－Samples T Test”过程相重复的（等价于已知总体均数为0的情况）。

（1）选择“Analyze→Compare Means→Paired－Samples T Test...”，弹出“Paired－Samples T Test...”对话框。

（2）从左侧列表框中同时选中两个成对变量，通过中间的移动按钮将其移入到右侧的Paired Variables列表框内。

（3）Current Selections项：显示被选中的成对变量。

（4）单击“Options...”按钮，弹出“Paired－Samples T Test：Options”对话框，其内容设置与One－Samples T Test完全相同，此处不再重复。

（5）单击“OK”按钮，即可完成配对样本均值检验的操作。

【拓展视频】

【例5.9】 用SPSS统计软件求解导入案例5－2的后一种实验。

解： 提出假设 $H_0: \mu_D \geqslant 0$，$H_1: \mu_D < 0$。

调用SPSS统计软件的Paired－Samples T Test功能，则输出结果如表5－9(a)、表5－9(b)和表5－9(c)所示。

表5－9(a) 描述统计表（Paired Samples Statistics）

		Mean	N	Std. Deviation	Std. Error Mean
Pair 1	未经过培训	498.20	10	9.931	3.140
	经过培训	504.20	10	6.613	2.091

表5－9(a)表明，职工培训后较培训前的平均产量有明显增长。这种增长是否显著需要通过以下检验完成。

表5－9(b) 简单相关系数及检验（Paired Samples Correlations）

		N	Correlation	Sig.
Pair 1	未经过培训 & 经过培训	10	.910	.000

表5－9(b)表明，职工培训前后平均产量的简单相关系数达到0.910，对应的统计值的显著性概率值 $p=0.000<\alpha=0.05$，说明二者有显著的正线性相关关系。

表5－9(c) 两配对样本t检验（Paired Samples Test）

		Paired Differences					t	df	Sig. (2－tailed)
		Mean	Std. Deviation	Std. Error Mean	95% Confidence Interval of the Difference				
					Lower	Upper			
Pair 1	未经过培训－经过培训	−6.000	4.784	1.513	−9.422	−2.578	−3.966	9	.003

表 5-9(c) 表明，由于 t 统计值的显著性概率值 $p=0.003$，而 $p/2=0.0015<\alpha=0.05$，因此拒绝 H_0，接受 H_1，即认为培训后较培训前职工的平均月产量有显著增长。

5.4.4 One-Way ANOVA 过程

(1) 选择"Analyze→Compare means→One-Way ANOVA..."选项，弹出"One-Way ANOVA"对话框。

(2) 从左侧列表框中选择观测变量(指标)，通过中间的移动按钮移入到右侧的"Dependent List"列表框内。

(3) 从左侧列表框中选择因素变量，通过中间的移动按钮移入到右侧的"Factor"列表框内。

(4) 依次单击"Contrasts..."按钮和"Post Hoc..."按钮，弹出"One-Way ANOVA：Contrasts 对话框和 One-Way ANOVA：Post Hoc Multiple Comparisions"对话框，由于这两个对话框太专业，也较少用，此处略。

(5) 单击"Options..."按钮，弹出"One-Way ANOVA：Options"对话框。

① Statistics 项：选中"Descriptive"复选框，输出基本描述统计量，其他选项略。

② Missing Values 项：定义缺失值的处理方式。其内容设置与"One-Samples T Test"完全相同，此处不再重复。

③ 单击"Continue"按钮，返回到"One-Way ANOVA"对话框。

(6) 单击"OK"按钮，即可完成单因素方差分析的操作。

【拓展视频】

【例 5.10】 用 SPSS 统计软件求解导入案例 5-3。

解：提出假设：$H_0:\mu_1=\mu_2=\mu_3=\mu$，$H_1:\mu_1$，$\mu_2$，$\mu_3$ 不全相等。调用 SPSS 统计软件的 One-Way ANOVA 功能，则输出结果如表 5-10 和表 5-11 所示。

表 5-10(a) 基本描述统计量(Descriptives)

	N	Mean	Std. Deviation	Std. Error	95% Confidence Interval for Mean		Minimum	Maximum
					Lower Bound	Upper Bound		
1	5	67.80	7.396	3.308	58.62	76.98	58	75
2	5	83.20	9.524	4.259	71.37	95.03	68	92
3	5	73.60	8.234	3.682	63.38	83.82	60	81
Total	15	74.87	10.204	2.635	69.22	80.52	58	92

由表 5-10(a) 可以看出，3 种教学方法的样本平均值有一定差异，这种差异是否显著需要通过以下检验完成。

表 5-10(b) 方差分析表（ANOVA）

	Sum of squares	df	Mean squares	F	Sig.
Between Groups	604.933	2	302.467	4.256	.040
Within Groups	852.800	12	71.067		
Total	1457.733	14			

表 5-10(b) 说明：第 1 列为方差来源，第 2 列为平方和（Sum of Squares），第 3 列为自由度（df），第 4 列为均方和（Mean Square），第 5 列为 F 统计量的观测值，第 6 列为 F 统计值的显著性概率。

由表 5-10(b) 可以看出，统考成绩的总误差平方和（Total）为 1457.733，如果仅考虑教学方法对学生统考成绩的影响，则在统考成绩的总误差平方和中，不同的教学方法可解释的总误差（Between Groups）为 604.933，随机因素可解释的总误差（Between Groups）为 852.800，它们的均方差分别为 302.467 和 71.067，相除得 F 统计量的观测值为 4.256，对应的 F 统计值的显著性概率值 $p=0.040<\alpha=0.05$，因此拒绝零假设 H_0，认为 3 种不同的教学方法对统考成绩的影响是显著的。

大学生网络依赖状况的统计推断

网络被认为是 20 世纪人类最伟大的发明之一，它在发挥着重要作用的同时也带来一些新的社会问题。当代大学生是利用计算机网络这一新技术的主力军，同时，他们在使用网络过程中表现出来的网络依赖问题也显得日益突出。为此，某高校教师组织本科学生成立一个调研小组，进行了抽样调查。

外国学者 Young 认为，病态赌博与病态互联网使用的内在特性最为相似，都是一种不涉及被摄入体内的成瘾物的冲动控制性障碍。根据此观点，她修改了病态赌博诊断标准并用于在线调查互联网成瘾问题。Young 根据修改后的病态赌博诊断标准制定的互联网成瘾的评定项目如下：

(1) 你是否迷恋互联网或其他网上服务，并在下线后仍然念念不忘？

(2) 你是否感到有必要花更多的时间去网上寻求满足感？

(3) 你能控制自己是否上网吗？

(4) 如果减少了上网时间或停止上网，你是否会感到不安或愤怒？

(5) 你上网是否为了逃避问题或为了减轻无助感、犯罪感、焦虑、抑郁？

(6) 你是否欺骗家人或朋友以隐瞒你上网的频度和在线时间？

(7) 你是否为了上网而不惜冒失去某个重要关系、工作、受教育机会或谋职机会的风险？

(8) 你的上网时间是否总是比原先预计的长？Young 指出，如果被试对其中 5 个问题答“是”，就被认为是“上瘾”。这一标准符合病态赌博的诊断标准，因此可以区分出正常

的互联网使用和病态的互联网使用。（Young，1996）

调研小组借鉴了 Young 的指标，并且对除第 3 个问题外的每个问题回答“是”的得 1 分，回答“否”的得 0 分；第 3 个问题回答“否”的得 1 分，回答“是”的得 0 分。在界定网络依赖程度上，把总得分为 0～1 看作无依赖；得分 2～3 为轻度依赖；得分 4～5 为较重依赖；得分 6～8 为严重依赖。

通过随机抽样方法抽取最终的调查对象，做深入细致的调查。抽取样本量 134，问卷收回 134 份，经过数据输入整理，最后有效问卷 100 份，问卷有效率 74.6%。样本的基本构成如表 5－11 所示，由于篇幅所限，原始数据资料略。

表 5－11　样本基本构成表

性　　别		家庭所在地		高中所学学科		调 研 对 象	
女	41	农村	40	理科	70	本科生	32
男	59	城镇	60	文科	30	研究生	68
合计	100	合计	100	合计	100	合计	100

需要分析的问题：

（1）对大学生网络依赖程度现状进行描述性分析。

（2）网络依赖程度是否真的在男生与女生之间、文科生与理科生之间、城镇学生与农村学生之间、研究生与本科生之间存在明显的差异？

一、学习目标

通过本案例的学习，要求学生熟练掌握抽样调查、假设检验和方差分析的基本方法及其应用。考核学生对假设检验与方差分析的理解程度。

二、案例分析

1. 大学生网络依赖程度现状的描述性分析

通过对调查数据进行分组整理并进行频数分析，得到表 5－12 所示的结果。

表 5－12　大学生网络依赖状况表

		Frequency	Percent	Valid Percent	Cumulative Percent
Valid	严重依赖	3	3.0	3.0	3.0
	较重依赖	13	13.0	13.0	16.0
	轻度依赖	34	34.0	34.0	50.0
	无依赖	50	50.0	50.0	100.0
	Total	100	100.0	100.0	

从本次调查结果来看，大学生网络依赖问题是存在的。完全无网络依赖的大学生占 50%，轻度依赖的占 34%，较重依赖和严重依赖的分别占 13%和 3%。

2. 学生的个性特征对网络依赖程度影响的差异性分析

网络依赖程度在男生与女生之间、文科生与理科生之间、城镇学生与农村学生之间、研究生与本科生之间是否存在明显的差异呢？研究小组进一步运用了SPSS中的独立样本t检验功能来推断网络依赖程度是否在不同个人基本特征上存在真实的差异。

1）性别对网络依赖程度的影响差异

H_0：男女生间网络依赖程度无明显差异

H_1：男女生间网络依赖程度有明显差异

用独立样本t检验，得出统计结果如表5-13(a)所示。

表5-13(a) 描述统计（Group Statistics）

组别		N	Mean	Std. Deviation	Std. Error Mean
依赖	女	41	1.71	.680	.106
	男	59	1.68	.899	.117

表5-13(a)可以看出男生和女生对网络依赖的样本平均值有一定差异，这种差异是否显著需要通过以下检验完成，如表5-13(b)所示。

表5-13(b) 两独立样本t检验表（Independent Samples Test）

		Levene's Test for Equality of Variances		t-test for Equality of Means		
		F	Sig.	t	df	Sig. (2-tailed)
依赖	Equal variances assumed	4.040	.047	.177	98	.860
	Equal Variances not assumed			.186	97.247	.853

观察t检验值，看下一行的结果，t统计量的显著性（双尾）概率$p=0.853>0.05$，即接受零假设。说明男女生间的网络依赖程度无明显差异。

2）文理科生对网络依赖程度的影响差异

H_0：文理科生间网络依赖程度无明显差异

H_1：文理科生间网络依赖程度有明显差异

用独立样本t检验，得出统计结果如表5-14(a)所示。

表5-14(a) 描述统计（Group Statistics）

组别		N	Mean	Std. Deviation	Std. Error Mean
依赖	理科	70	1.66	.849	.102
	文科	30	1.77	.685	.146

表5-14(a)可以看出文科生和理科生对网络依赖的样本平均值有一定差异，这种差异是否显著需要通过以下检验完成，如表5-14(b)所示。

表 5-14(b)　两独立样本 t 检验表（Independent Samples Test）

		Levene's Test for Equality of Variances		t-test for Equality of Means		
		F	Sig.	t	df	Sig. (2-tailed)
依赖	Equal variances assumed	2.027	.158	−.581	90	.563
	Equal Variances not assumed			−.650	43.107	.519

观察 t 检验值，看上一行的结果，T 统计量的显著性（双尾）概率 $p=0.563>0.05$，即接受零假设。说明文理科生间的网络依赖程度无明显差异。

3）家庭所在地不同的学生对网络依赖程度的影响差异

H_0：家庭所在地不同的学生间的网络依赖程度无明显差异

H_1：家庭所在地不同的学生间的网络依赖程度有明显差异

用独立样本 t 检验，得出统计结果如表 5-15(a) 所示。

表 5-15(a)　描述统计（Group Statistics）

组别		N	Mean	Std. Deviation	Std. Error Mean
依赖	农村	40	1.68	.917	.145
	城镇	60	1.70	.743	.096

表 5-15（a）可以看出农村和城镇学生对网络依赖的样本平均值有一定差异，这种差异是否显著需要通过以下检验完成，如表 5-15(b) 所示。

表 5-15(b)　两独立样本 t 检验表（Independent Samples Test）

		Levene's Test for Equality of Variances		t-test for Equality of Means		
		F	Sig.	t	df	Sig. (2-tailed)
依赖	Equal variances assumed	1.056	.307	−.150	98	.881
	Equal Variances not assumed			−.144	71.590	.886

观察 t 检验值，看上一行的结果，T 统计量的显著性（双尾）概率 $p=0.881>0.05$，即接受零假设。说明来自城镇和农村的学生间的网络依赖程度无明显差异。

4）研究生和本科生对网络依赖程度的影响差异

H_0：研究生和本科生间的网络依赖程度无明显差异

H_1：研究生和本科生间的网络依赖程度无明显差异

用独立样本 t 检验，得出统计结果如表 5-16(a)所示。

表 5-16(a)　描述统计（Group Statistics）

组别		N	Mean	Std. Deviation	Std. Error Mean
依赖	研究生	68	1.76	.866	.105
	本科生	32	1.53	.671	.119

表 5-16(a) 可以看出研究生和本科生对网络依赖的样本平均值有一定差异，这种差异是否显著需要通过以下检验完成，如表 5-16(b) 所示。

表 5-16(b)　两独立样本 t 检验表（Independent Samples Test）

		Levene's Test for Equality of Variances		t-test for Equality of Means		
		F	Sig.	t	df	Sig. (2-tailed)
依赖	Equal variances assumed	1.811	.182	1.345	98	.182
	Equal Variances not assumed			1.473	76.775	.145

观察 t 检验值，看上一行的结果，T 统计量的显著性（双尾）概率 $p=0.182>0.05$，即接受零假设。说明研究生与本科生间的网络依赖程度无明显差异。

3. 结论

通过以上调查结果的呈现和分析，我们可以得到如下结论：

(1) 大学生中确实存在一定程度上的网络依赖问题。此次调查显示，50%的学生无网络依赖，34%的学生有轻度网络依赖，13%的学生有较重网络依赖，以及 3%的学生有严重网络依赖。

(2) 网络依赖程度在某些特征上没有明显的差异。调查发现，女生与男生在网络依赖程度上无明显差异；文科生与理科生在网络依赖程度上无明显差异；来自农村与城市的学生在网络依赖程度上无明显差异；研究生与本科生在网络依赖程度上也无明显差异。

本章小结

假设检验是统计推断的重要组成部分，方差分析是一种重要的统计推断方法，在一定意义上可以说是假设检验问题的推广。本章讲述了 SPSS 统计分析软件中涉及的这两部分的基本理论及方法，主要包括以下内容：单样本的均值检验、独立样本的均值检验、配对样本的均值检验、独立样本的方差检验及单因素方差分析。

关键术语

hypothesis testing	假设检验	null hypothesis	零假设
alternative hypothesis	备择假设	significance level	显著性水平
between means	抽样分布	critical value	临界值

type Ⅰ error　第一类错误　type Ⅱ error　第二类错误
two-tailed test　边检验　one-tailed test　单边检验
one-way analysis of variance　单因素方差分析
sum of squares within-groups　组内平方和
sum of squares between-groups　组间平方和
total sum of squares　总平方和　analysis of variance table　方差分析表

知识链接

[1] 赖国毅，陈超．SPSS17 中文版-统计分析典型实例精粹［M］．北京：电子工业出版社，2010.
[2] 贾俊平，郝静．统计学案例与分析［M］．北京：中国人民大学出版社，2010.

习　题　5

一、选择题

【拓展知识】

1．若两正态总体方差未知但相等，且抽样的样本容量较小，做均值差检验时应采用(　　)。

A．Z 检验　　B．t 检验
C．χ^2 检验　　D．F 检验

2．在一次假设检验中，当显著性水平 $\alpha=0.01$，零假设被拒绝时，则用 $\alpha=0.05$，(　　)。

A．一定会被拒绝　　B．一定不会被拒绝
C．有可能拒绝零假设　　D．需要重新检验

3．某工厂生产某种产品，按规定每件产品的平均重量不得低于 25kg，则假设检验形式为(　　)。

A．$H_0: \mu \leqslant 25\text{kg}$，$H_1: \mu > 25\text{kg}$　　B．$H_0: \mu \geqslant 25\text{kg}$，$H_1: \mu < 25\text{kg}$
C．$H_0: \mu = 25\text{kg}$，$H_1: \mu \neq 25\text{kg}$　　D．$H_0: \mu < 25\text{kg}$，$H_1: \mu \geqslant 25\text{kg}$

4．方差分析中的零假设是关于所研究因素(　　)。

A．各水平方差是否相等　　B．各水平的均值是否相等
C．同一水平内部数量差异是否明显　　D．各水平之间的相关关系是否密切

5．单因素方差分析中，$H_0: \mu_1=\mu_2=\cdots=\mu_p$，则 H_0 的拒绝域为（　　）。

A．$F>F_{\alpha/2}$　　B．$F>F_{\alpha}$　　C．$F<F_{\alpha/2}$　　D．$F<F_{\alpha}$

6．若 $H_0: \mu \leqslant \mu_0$，抽出一个样本，其均值 $\bar{x}<\mu_0$，则(　　)。

A．肯定拒绝零假设　　B．有可能拒绝零假设
C．肯定接受零假设　　D．有可能接受零假设

7．显著性水平 α(　　)。

A．是当零假设正确时却被拒绝的概率
B．实际上是犯第一类错误的概率
C．实际上是犯第二类错误的概率
D．取值越大，则犯第一类错误的概率就越大
E．就是临界值，即检验接受域与拒绝域的分界点

8. 在假设检验中，若检验结果是接受零假设 H_0，则下面结论中(　　)成立。

A. 零假设一定成立　　B. 根据样本值尚不能推翻零假设

C. 不能保证零假设为真　　D. 可能会犯第二类错误

E. 备择假设一定成立

9. 若 X 服从 $N(\mu, \sigma^2)$，且 σ^2 未知，$H_0: \mu=\mu_0$ 的拒绝域为（　　）。

A. $t \leqslant -t_{\alpha/2}$　　B. $t \geqslant -t_{\alpha/2}$　　C. $t \leqslant t_{\alpha/2}$　　D. $t \geqslant t_{\alpha/2}$

E. $|t| \leqslant t_{\alpha/2}$

10. 显著性水平 α 与检验拒绝域的关系是（　　）。

A. 显著性水平提高意味着拒绝域扩大　　B. 显著性水平提高意味着拒绝域缩小

C. 显著性水平降低意味着拒绝域扩大　　D. 显著性水平降低意味着接受域扩大

E. 显著性水平提高或降低不影响拒绝域的变化

二、简答题

1. 区别下列概念。

(1) 零假设与备择假设。

(2) 双边检验与单边检验。

(3) 左边检验与右边检验。

(4) 拒绝域与接受域

(5) 第一类错误与第二类错误。

(6) 两个独立样本与两个配对样本的 t 检验。

(7) 效应误差平方和与随机误差平方和。

2. 统计假设检验中的 p 值是什么？怎样根据 p 值进行假设检验？

3. 假设检验主要包括哪些步骤？

4. 如果单因素方差分析的结果是：不同方案的效果均值有显著差异，是否意味着两方案之间的均值，都有显著差异？

5. 判断下列问题是双边检验还是单边检验，并建立零假设和备择假设。

(1) 一种产品的标准长度为 10cm，要检验某天生产的产品的平均长度是否符合标准要求。

(2) 环保部门想检验某餐馆一天所用的快餐盒平均是否超过 500 个。

(3) 某公司经理希望他的推销员注意差旅费的限额，经理要求推销员每日平均费用保持在 60 元。做出这个规定一个月后，得到每日费用的一个样本。经理利用这个样本考虑费用是否在规定的限额之内。

(4) 某企业每月发生事故的平均次数是 4 次，该企业准备制订一项新的安全生产计划，希望新计划能减少事故次数，试检验这一计划的有效性。

(5) 我国进口的一批特种电缆，规定平均直径为 1mm，这批货物到达后，要确定是否应当接受。

(6) 丽华厂有批产品 10000 件，按规定的标准，出厂时次品率不得超过 3%，质量检验员从中任意抽取 100 件，发现其中有 5 件次品。检验这批产品能否出厂。

(7) 某农研所研究不同品种的水稻的产量，要检验甲品种水稻的平均亩产量与乙品种水稻的平均亩产量是否有显著差异。

(8) 据现在的推测,矮个子的人比高个子的人寿命要长一些。通过统计美国 31 个自然死亡的总统寿命,来推断上述推测是否正确。

(9) 一个年级有 8 个小班,他们进行了一次数学考试,检验各班级的平均分数有无显著差异。

(10) 某地区高考负责人想知道能不能说某年来自农村中学的考生比来自城市中学的考生的平均成绩低。

6. 在 SPSS 统计软件操作中,请回答:

(1) One - Samples T Test 模块与 Paired - Samples T Test 模块有什么关系?

(2) Independent - Samples T Test 模块与 Paired - Samples T Test 模块的数据存放方式有何不同?

(3) 在 Independent - Samples T Test 模块,进行两均值是否相同的检验时,为什么一定要选择 Levene(方差齐次性)检验?

(4) 在 One - Way ANOVA 模块中,定义的变量有几个?都是什么?数据的输入有何区别?

7. 某工厂用自动打包机打包,每包标准质量 100kg。为了保证生产的正常运作,每天开工后需要现试机,检查打包机是否有系统偏差,以便及时进行调整。某日开工后在试机中共打了 9 个包,测得 9 包的质量(单位:kg)如下:

99.3　98.7　100.5　101.2　98.3　99.7　99.5　102.1　100.5

现希望做出判断,明确打包机是否需要进行调整。

(1) 做出零假设和备择假设。

(2) 写出检验用统计量及其分布。

(3) 若采用 SPSS 统计分析软件,得到的统计分析结果如表 5 - 17 所示。

表 5 - 17　One - Sample Test

	Test Value=100					
	t	df	Sig. (2 - tailed)	Mean Difference	95% Confidence Interval of the Difference	
					Lower	Upper
weight	-.055	8	.957	-.02222	-.9540	.9096

试对该表进行解释,说出表中每一列的具体含义。

(4) 根据表中的计算结果,说明检验的结论是什么。(α 可取 0.05)

8. 为了保护自然环境和国家资源,防止汽车尾气对大气环境的污染而引起公害,保障人民生命安全与健康。国家特制定了环境质量标准、污染物排放标准、污染物控制标准等。若汽车发动机排放标准的一个指标平均低于 20 个单位,就符合北京市实行的汽车尾气排放标准。现在改进技术前后,分别抽查了 20 台发动机之后,得到下面的排放数据:

技术调整前:20.2,22.5,20.8,23.2,21.0,22.6,19.5,22.0,19.0,25.6,19.7,20.3,25.5,21.7,23.2,19.6,19.1,24.4,22.5,21.3。

技术调整后 17.0,21.7,17.9,21.9,20.7,21.4,17.3,21.8,24.2,20.4,19.9,18.2,20.3,19.1,20.1,18.5,18.7,19.7,18.9,19.0。

试分析技术改进前后汽车尾气排放是否有显著差异。(α 可取 0.05)

(1) 做出零假设和备择假设。

(2) 若采用 SPSS 统计分析软件，得到的统计分析结果如表 5-18 所示。

表 5-18 Paired Samples Test

		Paired Differences					t	df	Sig. (2-tailed)
		Mean	Std. Deviation	Std. Error Mean	95% onfidence Interval of the Difference				
					Lower	Upper			
Pair 1	改进技术前-改进技术后	1.850	2.3237	.5196	.7625	2.9375	3.561	19	.002

对该表进行解释，说明检验的结论是什么。

9. 设有 3 台机器，用来生产规格相同的铝合金薄板。取样，测量薄板的厚度精确至千分之一厘米，得结果如表 5-19 所示。

表 5-19 薄板的度测量结果

机器 1	机器 2	机器 3
0.236	0.257	0.258
0.238	0.253	0.264
0.248	0.255	0.259
0.245	0.254	0.267
0.243	0.261	0.262

假设第 i 台机器生产的薄板厚度 x_i 服从 $N(\mu_i, \sigma^2)$ $(i=1,2,3)$，要考察这 3 台机器生产的薄板厚度有无显著差异?

(1) 指出该案例中的实验指标、因素及因素水平各代表什么。

(2) 做出零假设和备择假设。

(3) 若采用 SPSS 统计分析软件，得到的统计分析结果如表 5-20 所示。

表 5-20 薄板的厚度统计分析结果

	Sum of Squares	df	Mean Square	F	Sig.
Between Groups	.001	2	.001	32.917	.000
Within Groups	.000	12	.000		
Total	.001	14			

对该表进行解释，说出表中每一列的具体含义。

（4）根据表中的计算结果，说明检验的结论是什么。

三、判断题

1. 零假设正确的概率等于 α。 （ ）
2. 如果零假设被拒绝，那么检验证明备择假设是正确的。 （ ）
3. 假设的所有检验中，犯第一类和第二类错误的概率 α 和 β 满足 $\alpha+\beta=1$。 （ ）
4. 按假设检验的形式，可以把假设检验分为左边检验与右边检验。 （ ）
5. 当 H_0 为真时拒绝 H_0，犯了“弃真”错误。 （ ）
6. 假设检验犯两类错误的概率可以同时控制。 （ ）
7. 方差分析是一种比较总体方差差异的统计方法。 （ ）
8. 方差分析是一种推断变量间因果联系是否存在的统计方法。 （ ）

四、计算题

1. 在某个城市，家庭每天的平均消费额为 90 元，从该城市中随机抽取 15 个家庭组成一个随机样本，得到样本均值为 84.50 元，标准差为 14.50 元。在 $\alpha=0.05$ 的显著性水平下，检验假设 $H_0:\mu=90$，$H_1:\mu\neq 90$。

2. 一家汽车生产企业在广告中宣称“该公司的汽车可以保证在 2 年或 24000km 内无事故”，但该汽车的一个经销商认为保证“2 年”这一项是不必要的，因为有用户反映在 2 年内汽车行驶的平均里程超过 24000km。假定这位经销商要检验假设 $H_0:\mu\leqslant 24000$，$H_1:\mu>24000$，抽取容量 $n=32$ 个汽车的随机样本，计算出两年行驶里程的平均值为 24517km，标准差为 1866km。（$\alpha=0.05$）

3. 某市环保局对空气污染物质 24h 的最大容许量为 94μg/m^3，在该城市中随机选取的测量点来检测 24h 的污染物质量。数据（单位：μg/m^3）如下：

82，97，94，95，81，91，80，87，96，77

设污染物质量服从正态分布，据此数据，你认为污染物质量是否在容许范围内？（$\alpha=0.05$）

4. 某公司最新研制的汽车发动机排放标准采用新兴的技术，投入了大量的人力、物力精心研制。经测试其发动机排放的一个指标平均低于 20 个单位。有关人员在抽查了 10 台发动机之后，得到下面的排放数据：

17.0，21.7，17.9，22.9，20.7，22.4，17.3，21.8，24.2，25.4

究竟能否认为该指标均值低于 20？（$\alpha=0.05$）

5. 从一个方差未知的正态总体中抽得样本（-0.2，-0.9，-0.6，0.1），总体均值为 μ。试在 $\alpha=0.05$ 的水平下，

（1）检验 $H_0:\mu=0$，$H_1:\mu\neq 0$。

（2）检验 $H_0:\mu\geqslant 0$，$H_1:\mu<0$。

（3）检验 $H_0:\mu\leqslant 0$，$H_1:\mu>0$。

（4）前三者的结论有矛盾吗？为什么？

6. 因卷烟的尼古丁含量有明确规定，对于某卷烟厂生产的两种卷烟，为清楚该厂两种卷烟产品的尼古丁含量差异是否很大，以便调整生产工艺，所以用假设检验方法分析两种烟的尼古丁含量有无显著差异。

现分别对两种卷烟的尼古丁含量做 6 次试验，结果如下：

甲：25　28　23　26　29　22

乙：28　23　30　35　21　27

若卷烟的尼古丁含量服从正态分布，且方差相等，试问这两种香烟的尼古丁含量有无显著差异？($\alpha=0.05$)

7. 某地区高考负责人猜测某年来自农村中学的考生比来自城市中学的考生的平均成绩低。已知总体服从正态分布且方差大致相同，由抽样获得如下资料：

农村中学考生：$n_1=15$，$\overline{x}_1=495$，$S_1=55$；

城市中学考生：$n_2=17$，$\overline{x}_2=545$，$S_2=50$。

这些样本数据是否支持这位负责人的猜测？($\alpha=0.05$)

8. 要估计两家连锁店日平均营业额是否有差异，在第一分店抽查 20 天，得平均值为 2380 元，样本标准差为 361 元，第二分店抽查 25 天，得平均值为 2348 元，样本标准差为 189 元。问在 $\alpha=0.05$ 和 $\alpha=0.01$ 水平下第一分店的日营业额是否高于第二分店的日营业额（设营业额服从正态分布且方差相等）。

9. 有两台机器生产金属部件，分别在两台机器所生产的部件中各取一容量 $n_1=60$ 和 $n_2=40$ 的样本，测得部件重量的样本方差分别为 $s_1^2=15.46$ 和 $s_2^2=9.66$，设两样本相互独立，两总体分别服从正态分布 $N(\mu_1,\sigma_1^2)$ 和 $N(\mu_2,\sigma_2^2)$，试在水平 $\alpha=0.05$ 下检验假设 H_0：$\sigma_1^2=\sigma_2^2$，$H_1:\sigma_1^2\neq\sigma_2^2$。

10. 设 X 与 Y 为两个独立总体，且 $X\sim N(\mu_1,\sigma_1^2)$，$Y\sim N(\mu_2,\sigma_2^2)$。抽样后，测试计算数据为：

$$X:n_1=7,\ \overline{x}=8,\ S_1^2=80$$

$$Y:n_2=9,\ \overline{y}=13,\ S_2^2=30$$

在 $\alpha=0.05$ 条件下，检验 $H_0:\sigma_1^2:\sigma_2^2=3:2$。

(1) 做出零假设和备择假设。

(2) 写出检验用统计量。

(3) 计算统计量的值。

(4) 查表求出临界值。

(5) 写出检验结论。

11. 企业为了提高生产效率，让车床更好的加工零件，自动车床采用新旧两种工艺加工同种零件，测得的加工偏差（单位：μm）分别如下：

旧工艺：2.7　2.4　2.5　3.1　2.7　3.5　2.9　2.7　3.5　3.3

新工艺：2.6　2.1　2.7　2.8　2.3　3.1　2.4　2.4　2.7　2.3

设测量的加工偏差服从正态分布，所得的两个样本相互独立，且总体方差相等。试问自动车床在新旧两种工艺的加工精度有无显著差异？($\alpha=0.01$)

12. 人们一般认为广告对商品促销起作用，但是否对某种商品的促销起作用并无把握。为了证实这一结论，随机对 15 个均销售该种商品的商店进行调查，得到数据如表 5-21 所示。

表 5-21　15 个销售某商品的商店的调查结果

商店	1	2	3	4	5	6	7	8	9	10	11	12	13	14	15
广告前	2	2	2	2	2	3	3	3	2	3	2	3	2	3	3
广告后	2	3	3	4	4	2	3	4	3	3	4	2	3	4	4

请以显著性水平 $\alpha=0.05$ 检验广告对该种商品的促销有无作用。

13. 随机地选了 8 个人，分别测量了他们在早晨起床时和晚上就寝时的身高，得到表 5-22 所示的数据。

表 5-22　8 个人在早晨起床时晚上就寝时的身高　（单位：cm）

序　号	1	2	3	4	5	6	7	8
早上（x_i）	172	168	180	181	160	163	165	177
晚上（y_i）	172	167	177	179	159	161	166	175

设各对数据是来自正态总体 $N(\mu_D, \sigma_D^2)$ 的样本，问早晨的身高和晚上的身高是否有显著差异？（$\alpha=0.05$）

14. 某次单因素方差分析所得到的一张不完全的方差分析表如表 5-23 所示。

表 5-23　方差分析表

来　源	离差平方和	自由度	均方差	F 值
组间		3		$F=9.16$
组内	370	7		
总和				

（1）请依次填上空格中的数字。原方差分析问题中的因子分成几个水平？为什么？

（2）说明此方差分析的零假设和备择假设。

（3）在显著性水平为 $\alpha=0.10$ 时，说明方差分析的结果是什么。

15. 黑手机有很多质量问题，其中电池是很重要的一个方面，待机时间很短，同时电压不稳，导致手机经常自动关机或者死机。质检部门对 3 种品牌的手机电池进行了检测，检测结果如表 5-24 所示。

表 5-24　质检部门对 3 种品牌的手机电池的检测数据

品牌 1	品牌 2	品牌 3
40	26	39
48	34	40
38	30	43
42	28	50
45	32	50

试在显著性水平 $\alpha=0.05$ 下检验 3 种品牌电池的平均寿命有无显著的差异。

16. 从某学校同一年级中随机抽取 19 名学生，再将他们随机分成 4 组，在 2 周内 4 组学生都用 120min 复习同一组英语单词，第一组每个星期一一次复习 60min；第二组每个星期一、三两次各复习30min；第三组每个星期二、四、六、三次各复习20min；第四组每天（星期天除外）复习10min。2周复习之后，相隔2个月再进行统一测验，其结果如表5-25所示。运用方差分析法可以推断分析的问题：这4种复习方法的效果之间有没有显著性差异？($\alpha=0.05$ 和 $\alpha=0.01$)

表5-25 4组学生英语单词测验成绩表

序号	第一组A	第二组B	第三组C	第四组D
1	24	29	30	27
2	26	25	28	31
3	20	21	32	32
4	28	27	30	33
5		28	26	
6		30		

五、上机实验题

1. 某生产冰箱的企业随机地对其国内12家专卖店及大中型商场专卖柜中的40台冰箱的返修率进行了调查，调查结果如表5-26所示。已知同类产品的标准返修率为1.1%，是否可判定近年来企业生产的冰箱出现了一定的系统因素而导致质量出现了问题？（取显著性水平 $\alpha=0.05$）

表5-26 40台冰箱的返修率调查报告 （单位：%）

2.2	2.1	0.9	1.2
2.1	2.9	0.9	1.3
1.7	1.8	1.0	1.4
1.5	1.6	1.5	0.9
1.4	1.1	1.3	1.2
1.3	1.0	1.2	1.4
1.2	1.8	1.4	1.5
1.1	1.4	1.0	1.3
1.0	1.3	1.1	1.2
0.9	1.2	1.3	1.0

2. 某生产电视机的企业现从采用新管理模式的电视机生产线和传统管理模式的电视机生产线各随机抽取10条，记录其月产量如表5-27所示。又假设这两组生产线的实际产量均近似服从正态分布，判断新的管理模式和传统的管理模式对生产线产量有无显著差异。($\alpha=0.05$)

表5-27 10条电视机生产线月产量表

序号	1	2	3	4	5	6	7	8	9	10
新管理模式产量/台	2000	2120	2000	2200	2100	2400	2030	2100	2008	2160
传统管理模式产量/台	1803	1980	2005	1900	2000	2200	1600	2000	1901	2001

3. 在某地小学中随机抽取30名肥胖儿童和30名正常儿童，测定其血中LPO含量结果如下：

肥胖组：

9.21，9.22，9.22，9.22，9.23，9.24，9.24，9.25，9.25，9.26，9.27，9.27，9.28，9.36，9.36，9.36，9.37，9.37，9.36，9.36，9.36，9.35，9.35，9.35，9.35，9.33，9.33，9.33，9.20，9.20

正常组：

7.50，7.51，7.51，7.52，7.53，7.53，7.54，7.55，7.56，7.57，7.54，7.55，7.58，7.58，7.59，7.59，7.59，7.60，7.60，7.60，7.60，7.61，7.61，7.62，7.62，7.63，7.63，7.64，7.64，7.64

试检验肥胖儿童血中LPO含量是否高于正常儿童。($\alpha=0.05$)

4. 某保健品生产部为了检验某种减肥茶的效果，在用户中抽取了15人，调查得到他们饮用某种减肥茶前后的体重数据如表5-28所示。

表5-28　15个用户饮用某种减肥茶后的体重数据　（单位：kg）

编号	1	2	3	4	5	6	7	8	9	10	11	12	13	14	15
饮用前	66	70	83	82	62	93	79	85	78	75	61	89	61	94	91
饮用后	74	54	88	80	68	91	63	75	70	65	44	77	42	94	91

试以$\alpha=0.05$的显著性水平，检验该种减肥茶的效果是否显著。

5. 某企业为提高产品产量，决定对部分职工进行为期3个月的培训。为了了解培训效果如何，从经过培训的职工和未经过培训的职工群体中各随机地抽取10名，记录当月产量。又假定这两组职工的实际产量均近似地服从正态分布，经统计，10名职工的产量分别如下：

培训前：10，11，14，14.5，9，9.5，8，12，13，15（单位：万个）；

培训后：12，13，13.5，16，11，9，10，14，10，15（单位：万个）。

现在我们要求通过这些统计数据来判断该企业的培训效果，也就是说检验培训对职工产量提高有无显著性影响。($\alpha=0.05$)

6. 某工厂为了提高生产效率，实行早、中、晚三班工作制。工厂管理部门想了解不同班次工人劳动效率是否存在明显的差异。每个班次随机抽出了7个工人，得工人的劳动效率（件/班）资料如表5-29所示。试分析不同班次工人的劳动效率是否有显著性差异。($\alpha=0.05$)

表5-29　工人的劳动效率

早　班	中　班	晚　班
34	49	39
37	47	40
35	51	42
33	48	39
33	50	41
35	51	42
36	51	40

其中，早班的工作时间为：8:00～12:00；中班的工作时间为：14:00～18:00；晚班的工作时间为：20:00～23:00。

7. 为了对几个行业的服务质量进行评价，消费者协会在零售业、旅游业、航空公司、家电制造业分别抽取了不同的企业作为样本。其中零售业抽取7家，旅游业抽取6家，航空公司抽取5家，家电制造业抽取5家。每个行业中所抽取的这些企业，在服务对象、服务内容、企业规模等方面基本上是相同的。然后统计出最近一年中消费者对总共23家企业投诉的次数，如表5-30所示。

试分析不同行业的投诉次数是否有显著差异。($\alpha=0.05$)

表5-30 最近一年中消费者对23家企业的投诉次数

零售业	旅游业	航空公司	家电制造业
57	68	31	44
66	39	49	51
49	29	21	65
40	45	34	77
34	56	40	58
53	51		
44			

8. 某眼镜实业有限公司为了调查销售额是否受促销方式的影响，通过数据的调查获得如表5-31所示的数据。

表5-31 调查销售额是否受促销方式影响的调查数据

促销方式 / 销售额 / 调查序号	被动促销	主动促销	无
1	26	30	23
2	22	23	19
3	20	25	17
4	30	32	26
5	36	48	28
6	28	40	23
7	30	41	24
8	32	46	30

试分析不同的销售方式对营业额是否有显著影响。($\alpha=0.05$ 和 $\alpha=0.01$)

实际操作训练

1．实训项目：大学英语四级考试成绩的统计推断

实训目的：学会运用独立样本 t 检验和配对样本 t 检验的原理和方法解决实际问题。

实训内容：了解你所在专业大学英语四级的通过情况，收集样本数据，利用本章学到的理论和方法进行统计推断的实践。需要分析的问题如下：

(1) 随机抽取男生和女生各若干人作为样本，获得大学英语四级考试成绩的数据资料，推断男生和女生大学英语四级考试成绩是否有显著差异。

(2) 随机抽取参加过英语四级考试培训的学生若干人作为样本，获得培训前后大学英语四级考试成绩的数据资料，推断培训前后大学英语四级考试成绩是否有显著差异。

2. 实训项目：大学生日常生活费支出的统计推断

实训目的：学会运用单样本 t 检验、独立样本 t 检验和单因素方差分析的原理和方法解决实际问题。

实训内容：调研了解大学生日常生活费支出情况。从你所在的学院中，随机抽取大学一年级到四年级在校本科生男女各 25 人（数量也可自己掌握）作为样本。调查问卷所涉及的指标包括性别、所在年级、家庭所在地区（标明来自于城市还是农村）、平均月生活费。通过抽样调查获得大学生月平均生活费支出的数据资料。需要分析的问题如下：

(1) 检验你自己的月平均生活费是否高于全校学生的月平均生活费。

(2) 检验男女学生的月平均生活费是否有显著差异。

(3) 检验来自城市与农村学生的月平均生活费是否有显著差异。

(4) 检验不同年级学生的月平均生活费是否有显著差异。

(5) 综合以上统计推断，写出统计分析报告。

3. 实训项目：不同的促销方式对企业竞争力的影响分析

实训目的：学会运用独立样本 t 检验或单因素方差分析的原理和方法解决实际问题。

实训内容：在如今的超市经营中，各种各样的促销活动繁多，如广告宣传、有奖销售、特价销售、买一送一等。毋庸置疑，各大超市进行促销活动的目的是要增加销售量，增强本企业的市场竞争力。但是究竟促销行为对增强企业的竞争力是否有显著影响？选择哪种促销方式有利？这一直是企业极为关注的问题。

请组成小组，通过实际调研了解超市常用的促销方式，收集不同的促销方式下的销售额数据资料，利用本章学到的理论和方法进行统计推断的实践。需要分析的问题是如下：

(1) 不同的促销方式对该类商品销售额的增长是否有显著影响？若有显著影响，哪种销售方式效果最好？

(2) 是否任意两种销售方式的效果之间都存在显著差异？

案例思考与讨论

对于大学毕业生工薪的统计分析与推断

很多测评机构在比较各个高校的实力或比较不同高校培养的大学生受社会欢迎的程度时，不仅使用到就业率等指标，还经常用大学毕业生的工薪高低来衡量。要反映一个学校

所培养的大学生的工薪水平，显然不宜用该校全部学生工薪的最高水平或最低水平，否则容易受到个别极端值（统计上也称为异常值）的影响，通常应采用该校全部学生工薪的平均水平、工薪达到一定水平的毕业生比例等统计指标来衡量。为此，随机抽取一定数量的大学毕业生构成的样本，通过对样本调查所获取的数据来推断总体的平均水平或某一比例等数量指标。

我国某高校从最近一年毕业生且在某地区就业的学生中随机抽取36名进行调查，所得的样本数据如表5-32所示，表中的工薪是指大学毕业生工作满一年后的第一个月的工薪。

表5-32 大学毕业生工薪的抽样调查数据

序号	工薪/元	序号	工薪/元	序号	工薪/元
1	3300	13	3180	25	3718
2	4100	14	4160	26	3800
3	4600	15	3260	27	3380
4	4000	16	3380	28	1250
5	2700	17	3700	29	4060
6	4500	18	4050	30	3600
7	3100	19	3500	31	4260
8	3900	20	5500	32	3620
9	4200	21	3700	33	4350
10	3900	22	4800	34	3750
11	3250	23	4300	35	3680
12	3800	24	3900	36	4080

思考与讨论问题：

（1）以3000、3500、4000、4500为组限，将样本数据进行分组，并编制变量数列，绘制直方图，观察样本数据的分布特征。建议用SPSS工具来完成这一任务。

（2）高校就业指导部门认为：在该地区就业的该校毕业生毕业一年后首月工薪的平均水平不低于3700元。试对这个问题进行假设检验，在显著性水平$\alpha=0.05$下，抽样调查结果能否支持学校就业部门的上述看法？

（3）有人认为“该校全部毕业生毕业后一年首月工薪在4500元以上者所占比例达10%”，若要根据案例中的调查数据对此命题进行假设检验，可否采用Z检验（正态检验）？为什么？检验结果又如何？

【参考答案】

第6章

相关及回归分析

教学目标

通过本章的学习，了解经济现象之间的相关关系，掌握相关分析与回归分析的基本程序及SPSS软件的操作步骤，学会对现象之间的相关关系进行分析和预测。

教学要求

知识要点	能力要求	相关知识
相关分析	能够判断变量之间的相关关系及相关程度	相关关系、相关分析、相关系数
一元线性回归分析	能够建立一元线性回归模型并进行分析和预测	回归分析的含义、一元线性回归模型、参数的最小二乘估计、回归方程的拟合优度检验、回归系数的统计检验、利用回归方程进行预测
多元线性回归分析	能够建立多元线性回归模型并进行分析和预测	多元线性回归模型、回归参数的估计
非线性回归分析	能够建立非线性回归模型并进行分析和预测	非线性回归模型、回归参数的估计
SPSS统计软件操作	能够熟练使用SPSS软件的相关和回归分析功能并对输出结果进行正确解读	“Bivariate Correlations”对话框、“Linear Regression”对话框、“Cure Estimation”对话框

【拓展知识】

相关分析与回归分析是处理变量之间关系的一种常用统计方法。利用这种方法可以定量地建立一个变量关于另外一个或几个变量的数学表达式（即数学模型），利用这个数学表达式，可以对该变量进行预测或控制。近年来，这种方法已被广泛应用于教育学、经济学、社会学、医学、心理学和生物学等诸多领域，并取得了一定成效。本章结合SPSS统计软件，介绍常用的相关分析、回归分析方法。

消费和收入——2015 诺贝尔经济学奖研究之一

2015 年诺贝尔经济学奖于北京时间 10 月 12 日揭晓，该奖项单独授予美国普林斯顿大学经济学系安格斯·迪顿（Angus Deaton）教授，以表彰其在消费、收入、贫穷与福利方面的研究贡献。此次授奖旨在表彰迪顿在 3 个核心方面所做出的杰出贡献，其中之一就是 1990 年迪顿发现了消费和收入之间的实际关系，即“迪顿悖论”。

社会收入有多少用于支出？有多少用于储蓄？为了解释资本信息与商业周期，有必要理解收入与消费之间的时间变化关系。在 20 世纪 90 年代前后，迪顿发表若干论文，证明主流消费理论无法解释二者之间的实际关系。迪顿认为，如果从整体收入与消费数据出发进行研究，应综合研究个体消费如何随个体收入而变化，其变化关系与整体数据大不相同。迪顿的研究清楚地表明，分析个体数据是我们理解整体数据的关键，而迪顿的研究方法也日渐为宏观经济学所广泛接受。

迪顿的研究工作表明，在理性预期下，将总体数据应用于永久收入理论和生命周期假说，得到了消费应该并不比收入平滑的结论，然而观测到的现实数据却显示消费比收入平滑。该结论即著名的“迪顿悖论”。解决问题的关键在于研究个体消费者的收入与消费行为，而不是总体的平均（代表性个体），个体的收入波动方式与平均收入波动方式完全不同。其进一步的研究表明，消费的变化与预期收入呈正相关，对于不可预期的收入并不敏感。

消费者如何将其收入在各个时期进行分配？这对于制定促进消费的经济政策至关重要。消费的波动与投资的波动是宏观经济波动的主要原因，总消费与总储蓄相对应，对一个国家的资本形成与经济周期起着举足轻重的作用。传统的永久收入理论和生命周期假说认为，消费比收入更平滑，即消费的波动要小于收入的波动，这是因为消费者的消费支出不是由其当期收入决定的，而是由其持久收入决定的，而持久收入相比当期收入要更平滑。

资料来源：人民论坛网，2015.

从 2015 诺贝尔经济学奖得主安格斯·迪顿的研究成果看，社会消费与居民收入之间存在必然联系，但这种联系不是一一对应的函数关系，二者之间的关系是客观的，而且有较高的密切程度。那么，这两者之间存在多密切的联系，是什么性质的联系，能不能把它们之间的关系确定下来，可否根据居民的收入情况数据来预测社会消费品零售总额等，这正是相关分析及回归分析要解决的主要问题。

商业银行不良贷款的影响因素分析与预测

自商业银行产生，风险就与之相伴、形影不离。与一般工商企业的最大不同在于商业银行是利用客户的存款和其他借入款作为主要的营运资金进行经营。自有资本占比低这一特点决定了商业银行具有较强的内在风险性。随着现代经济的不断发展，商业银行所面临的风险呈现出更为复杂多变的特征。从对象上看，商业银行所面临的风险已经由单一的借贷产生的信用风险演变为包括信用风险、市场风险、操作风险等在内的多类型风险；从性质上看，商业银行所面临的风险从最初的局部风险演变为全球风险。

据中国银行监督管理委员会（简称银监会）初步统计，截至2015年年底，我国境内商业银行（包括国有商业银行、股份制商业银行、城市商业银行（简称城商行）、农村商业银行（简称农商行）和外资银行）不良贷款余额12744亿元，较2014年年末的8426亿元新增4318亿元，增幅达到51.25%。不良贷款率为1.67%，同比上涨0.42个百分点，环比三季度末上升0.08个百分点。按照机构类型来分，农商行和股份制商业银行不良贷款增幅最高，农商行的不良增幅甚至超过了70%。股份制商业银行不良贷款余额2536亿元，较2014年年末的1619亿元，增加917亿元，增幅为56.64%，不良贷款率为1.53%，较年初上升0.42个百分点。农商行不良贷款余额1862亿元，较2014年年末的1091亿元增加771亿元，增幅为70.67%，不良贷款率为2.48%，较年初的1.87%上升0.61个百分点。同期，大型银行2015年年末不良贷款余额7002亿元，较2014年年末4765亿元增加2237亿元，增幅为46.95%，不良贷款率为1.66%，同比上升0.43个百分点。城商行不良贷款余额1213亿元，较2014年年末的855亿元增加358亿元，增幅为41.87%，不良贷款率1.4%，较年初上升0.24个百分点。外资银行不良贷款余额130亿元，较2014年年末的96亿元增加34亿元，增幅为35.42%，不良贷款率1.15%，较年初上升0.34个百分点。

2015年不良贷款有四大风险点，首先就是农商行和农业银行首当其冲，其次西部地区贷款风险凸显，再次是公司贷款恶化较快，最后是批零、制造业是重灾区。对于2016年银行不良贷款的趋势，大部分机构的判断依然是将加速释放。东兴证券估计，2016年我国银行业不良贷款规模将超2万亿元。中信建投对2016年银行业不良市场展望时预计，2016年不良贷款余额增加4800亿～5400亿元，不良率将逼近2%。不良贷款的加速暴露，给银行带来尤为明显的影响是净利润增速疲乏。银监会统计数据显示，2015年年末，商业银行净利润15926亿元，同比增幅仅有2.43%。不良贷款的增加对银行业而言压力倍增，对于不良资产处置市场而言却是风口。2016年国务院常务会议明确提出，支持银行加快不良贷款处置。银监会主席尚福林在2016年全国银行业监督管理工作会议上提出，提升银行业市场化、多元化、综合化处置不良资产的能力。开展不良资产证券化和不良资产收益权转让试点，逐步增强地方资产管理公司处置不良资产的功效和能力。

2015年年末，银行业金融机构总资产199.35万亿元，比上年同期增长15.67%，其中商业银行总资产155.83万亿元，同比增长15.6%。同期商业银行资本充足率13.45%，一级资本充足率11.31%，核心一级资本充足率10.91%。这是一份令世界惊异与称羡的业绩报告。的确，在世人眼里，新中国成立60年来，特别是改革开放30年中国商业银行业发生了历史巨变，中国商业银行业的整体实力和抗风险能力已今非昔比。但尽管如此，我国商业银行的不良贷款问题仍十分严峻，由之可能引起的金融动荡也是不可忽略的难题，必须采取措施加以解决。

随着我国经济的飞速发展，找出影响商业银行不良贷款的主要影响因素，进行科学合理地分析和预测，以尽可能地防范和化解不良贷款问题迫在眉睫。

资料来源：轻金融综合海通证券、一财网。

不良贷款问题一直是国际银行业面临的重大问题。美国的银行在20世纪70年代和80年代曾有过南美债务危机，近年日本银行也存在大量的坏账。我国的工、农、中、建四大国有独资商业银行（以下简称四大商业银行）也一直为大量的银行不良资产所困扰。商业银行大量不良贷款的存在，已经对商业银行的正常经营与发展产生了严重影响，使金融对经济承担助推器的功能难以有效发挥。目前，我国商业银行的巨额的不良贷款形成原因复杂，外部原因主要是国家产业政策调整、金融体系不完善、信用风险等，内部原因主要是银行内部控制缺陷、操作风险、银行队伍人员素质不高等。通过相关分析和回归分析方法对影响商业银行不良贷款的主要因素进行科学地分析及合理地预测，可以有效地防范和降低产生不良贷款的风险。

6.1 相关分析

6.1.1 变量间的关系

在现实生活中，普遍存在变量之间的关系。统计分析的目的就在于如何根据统计数据确定变量之间的关系形态及其关联程度，并探索出其内在的数量规律性。

变量之间的关系一般来说可以分为确定性和非确定性两种。确定性关系是指存在某种函数关系。然而，更常见的变量之间的关系表现出某种不确定性，这种既有关联，又不存在确定性的关系，称为相关关系。

【拓展案例】

1. 确定性关系

确定性关系能够用确定的函数表达式表达变量之间的关系，这种关系是我们所熟悉的。设有两个变量 X 和 Y，变量 Y 随变量 X 的变化而变化，并完全依赖于 X，当变量 X 取一定值时，Y 可以依确定的关系取相应的值，则 Y 是 X 的函数，记为 $Y=f(X)$，其中 X 称为自变量，Y 称为因变量。例如，出租汽车费用 Y 与行驶里程 X 及每公里单价 P 之间的关系可用 $Y=PX$ 来表示，即在每公里单价 P 确定时，给出行驶里程 X 便可唯一地确定出汽车费用 Y，这时 Y 与 X 是一一对应的确定性关系。

2. 相关关系

1）相关关系的含义

相关关系（Correlation）是现实中普遍存在的变量之间的关系，它无法用确定的函数表达式表达。对于一个变量的一个数值，往往有另一个变量的许多可能值相对应。例如，家庭的支出与收入之间的关系，收入确定后，支出并不随之而定。收入高的家庭一般来说支出水平也高，但对于同等收入水平的家庭其支出并不一定一样。对于这种不确定变量显然不能用函数关系进行描述，但是通过大量样本数据资料的观察与研究，我们就会发现许多变量之间确实存在一定的客观规律性。相关分析与回归分析正是描述与探索不确定变量之间关系及其规律的统计方法。

2）相关关系的类型

根据变量之间的影响方向和影响程度等，相关关系可以分为不同类型。

根据变量之间的相关方向，相关关系可分为正相关和负相关。**正相关**是指当一个变量的数量增加（或减少）时，另一个变量的数量也随之增加（或减少）；**负相关**是指当一个变量的数量增加（或减少）时，另一个变量的数量随之减少（或增加）。

根据变量之间的相关程度，相关关系可分为完全相关、完全不相关和不完全相关。**完全相关**是指变量之间是函数关系；**完全不相关**是指变量之间彼此互不影响，其数量变化各自独立；**不完全相关**是介于完全相关和完全不相关之间。一般的相关关系都是指完全不相关。

根据变量之间的相关形式，相关关系可分为线性相关和非线性相关。**线性相关**是指变量之间的关系近似地表现为一条直线；**非线性相关**是指变量之间的关系近似地表现为一条曲线。

根据所研究的变量的个数，相关关系可分为单相关、复相关和偏相关。**单相关**是指研究两个变量的相关关系；**复相关**是指研究一个变量对两个或两个以上变量的相关关系；**偏相关**是指在研究多个变量之间的相关关系时，假定其他变量不变，只研究其中两个变量的相关关系。

6.1.2 相关分析的含义及表现方法

相关分析（Correlation Analysis）是根据实际观察的数据资料，在具有相关关系的变量之间，对现象之间的依存关系的表现形式和密切程度的研究，它处理的是一种相互关系。

我们可以用两种方法来表现变量间的相关关系，一种方法是通过比较直观的散点图来表现，另一种方法是通过相关系数来反映。通过图形和数值两种方式，能够有效地揭示变量之间关系的强弱程度。

1. 散点图

散点图（Scatter Plots）就是将数据以点的形式画在直角平面上，通过点组成的图形来观察两变量之间的相关关系。其具体做法如下：用横坐标代表自变量 X，纵坐标代表因变量 Y，通过观察或实验可以得到若干组数据（x_i，y_i），将其在平面直角坐标系中用点来表示，称之为散点，这样的图形称为散点图。变量 Y 与 X 的散点图如图 6.1 所示。

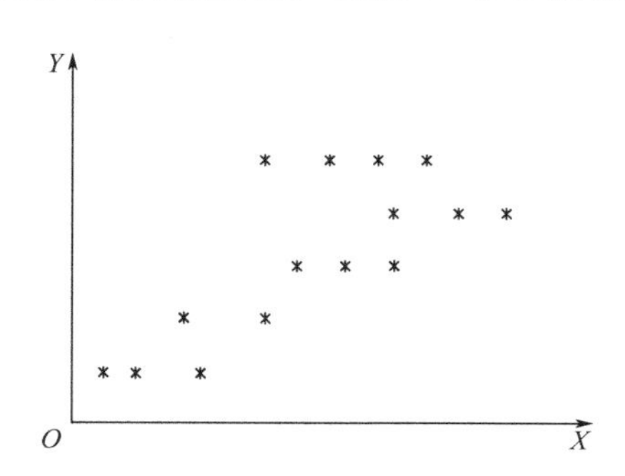

图 6.1 变量 Y 与 X 的散点图

散点图是研究相关关系的直观工具，一般在进行详细的定量分析之前，可以利用它对变量之间存在的相关关系的方向、形式和密切程度进行大致判断。我们可以借助于 SPSS 统计软件来绘制散点图，具体操作过程在第 4 章已有详细介绍。

2. 相关系数（Correlation Coefficient）

通过散点图，我们对变量之间的相关关系的存在进行了定性的判断。而统计学是一门计量科学，需要我们在定性研究的基础上进一步做定量分析，即不仅要知道变量之间是否相关，还要进一步知道相关的程度和方向。为此，我们引入相关系数，以数值的形式比较精确地反映变量间相关的强弱程度。

1）相关系数的定义

相关系数（Pearson's Correlation Coefficient），又称 Pearson **相关系数**（软件中常用

此名称)，它是根据样本数据计算的对两个变量之间线性关系强弱的度量值，用 r 来表示。若相关系数是根据总体全部数据计算的，则称为总体相关系数，记为 ρ。

2）样本相关系数的计算公式

设 (x_i,y_i) $(i=1,2,\cdots,n)$ 是来自总体 (X,Y) 的样本，$\bar{x}=\frac{1}{n}\sum_{i=1}^{n}x_i$，$\bar{y}=\frac{1}{n}\sum_{i=1}^{n}y_i$，则样本相关系数的计算公式为

$$r=\frac{\sum_{i=1}^{n}(x_i-\bar{x})(y_i-\bar{y})}{\sqrt{\sum_{i=1}^{n}(x_i-\bar{x})^2\sum_{i=1}^{n}(y_i-\bar{y})^2}}=\frac{S_{xy}}{\sqrt{S_{xx}S_{yy}}} \tag{6-1}$$

式中，

$$S_{xy}=\sum_{i=1}^{n}(x_i-\bar{x})(y_i-\bar{y})=\sum_{i=1}^{n}x_iy_i-\frac{1}{n}\sum_{i=1}^{n}x_i\sum_{i=1}^{n}y_i \tag{6-2}$$

$$S_{xx}=\sum_{i=1}^{n}(x_i-\bar{x})^2=\sum_{i=1}^{n}x_i^2-\frac{1}{n}\left(\sum_{i=1}^{n}x_i\right)^2 \tag{6-3}$$

$$S_{yy}=\sum_{i=1}^{n}(y_i-\bar{y})^2=\sum_{i=1}^{n}y_i^2-\frac{1}{n}\left(\sum_{i=1}^{n}y_i\right)^2 \tag{6-4}$$

r 无单位，$-1\leqslant r\leqslant 1$。

知识要点提醒

使用 Pearson 相关系数的要求

要正确地将 Pearson 相关系数作为测量变量 X 和 Y 之间相关性的一个指标，必须考虑以下要求：

(1) 线性关系。Pearson 相关系数只用于侦测 X 和 Y 之间的线性关系。

(2) 随机抽样。样本成员必须是随机地从一个用来进行显著性检验的总体中抽取的。

(3) 正态分布。对相关系数进行显著性检验要求 X 和 Y 在总体中都呈正态分布。在小样本中，不符合正态分布要求的情况将会严重影响检验的有效性。但是，当样本规模超过了 30 个案例时，这个要求就不那么重要了。

3）相关系数的意义

(1) $0<r<1$ 表示两个变量间存在正线性相关关系；

(2) $-1<r<0$ 表示两个变量间存在负线性相关关系；

(3) $r=0$ 表示两个变量间不存在线性相关关系；

(4) $|r|=1$ 表示两个变量间存在完全线性相关关系；

(5) $|r|$ 越接近于 0，表示两个变量间的线性相关程度越低；

(6) $|r|$ 越接近于 1，表示两个变量间的线性相关程度越高。

【期刊推荐】

变量 Y 与 X 间的相关系数示意图如图 6.2 所示。

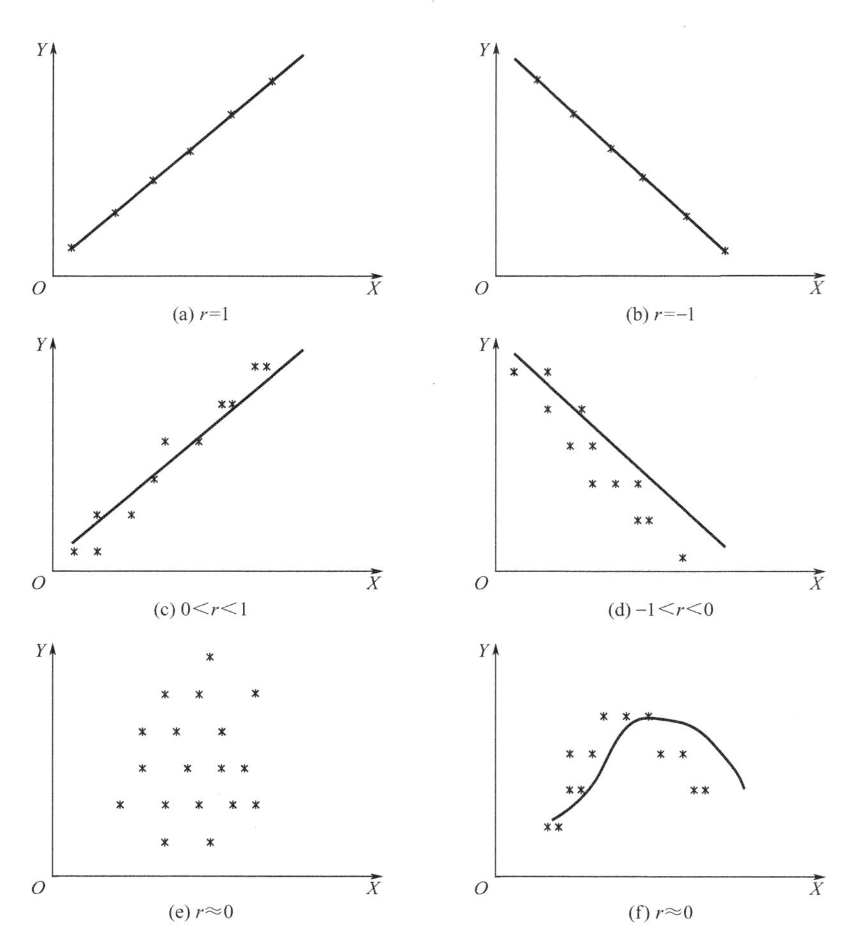

图 6.2　变量 Y 与 X 间的相关系数示意图

根据样本数据计算出的相关系数 r 值一般都在 -1 和 1 之间，在判断两个变量之间的线性相关程度时，表 6－1 中的相关等级划分标准可以提供参考，但是这种参考标准必须建立在相关系数通过显著性检验的基础之上。

表 6－1　相关系数等级划分

r 的取值	$\|r\|<0.3$	$0.3\leqslant\|r\|<0.5$	$0.5\leqslant\|r\|<0.8$	$\|r\|\geqslant 0.8$
相关程度	不线性相关	低度线性相关	中度线性相关	高度线性相关

4）相关系数的检验

计算样本相关系数的目的是用来说明样本来自的两总体之间是否具有显著的线性相关性。但是，由于存在抽样的随机性和样本数量较少等原因，通常导致推断的可信程度不高。因此需要通过假设检验的方式对样本来自的两个总体是否存在显著的线性相关进行统计推断。相关系数检验的步骤如下：

（1）提出假设，$H_0:\rho=0\quad H_1:\rho\neq 0$。

（2）构造检验统计量。

在 H_0 成立时，检验统计量

$$t=\frac{r\sqrt{n-2}}{\sqrt{1-r^2}}\sim t(n-2)$$

（3）给定显著性水平 α，查表确定临界点 $t_{\frac{\alpha}{2}}(n-2)$。

（4）确定拒绝域：$|t|\geqslant t_{\frac{\alpha}{2}}(n-2)$。

（5）做统计决策：若 $|t|\geqslant t_{\frac{\alpha}{2}}(n-2)$，则拒绝 H_0，说明两总体之间线性关系显著；否则，认为两总体之间线性关系不显著。

需要说明的是，SPSS统计软件中的相关系数检验结论是通过检验统计量的显著性概率 P 值来做出的。也就是说，如果 P 值小于给定的显著性水平 α，则应拒绝零假设 H_0，认为两总体之间线性关系显著。本章后面的显著性检验都是根据检验统计量的显著性概率 P 值进行决策的。

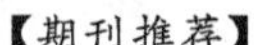

阅读案例 6-1

教堂数与监狱服刑人数同步增长

美国印第安纳州的地区教会想要筹款兴建新教堂，提出教堂能洁净人们的心灵，减少犯罪，降低监狱服刑人数的口号。为了增进民众参与的热诚和信心，教会的神父收集了近15年的教堂数与在监狱服刑的人数进行统计分析。结果却令教会大吃一惊。最近15年教堂数与监狱服刑人数呈显著的正相关。那么是否可以由此得出，教堂建得越多，就可能带来更多的犯罪呢？经过统计学家和教会神父深入讨论，并进一步收集近15年的当地人口变动资料和犯罪率等资料做进一步分析，发现监狱服刑人数的增加和教堂数的增加都与人口的增加有关。教堂数的增加并非监狱服刑人数增加的原因。至此，教会人士总算松了一口气。

资料来源：吴柏林．现代统计学［M］．台北：五南图书出版有限公司，1999.

知识要点提醒

运用相关系数判断两个变量相关程度高低时的注意事项

在实际应用中，运用相关系数判断两个变量相关程度高低时需注意：

（1）相关系数是一个无量纲的量，它可以进行比较。

（2）两个变量相关程度的高低取决于相关系数绝对值的大小，而不是相关系数数值的大小。

（3）相关系数是一种对称测量，因此相关关系不等于因果关系。

（4）计算相关系数要求变量值对应的项数 n 要大一些，否则，不易做出正确判断；另外，极端值也可能影响相关系数。

【例6.1】 在【导入案例6-1】中，主要探讨的是社会消费品零售总额与居民收入之间的相关关系。下面通过2014年全国16个省市城镇居民消费支出与人均可支配收入的数据资料，分析居民消费与收入之间的相关关系，要求计算城镇居民消费支出与人均可支配收入之间的相关系数并进行显著性检验。（显著性水平 $\alpha=0.05$）

表 6-2　2014 年各省市消费支出与可支配收入数据　（单位：千元）

省　市	可支配收入	消费支出	省　市	可支配收入	消费支出
北京	44.49	36.06	上海	45.96	43.01
天津	28.83	28.49	江苏	27.17	28.32
河北	16.65	12.17	浙江	32.66	26.88
山西	16.54	12.62	安徽	16.79	12.95
内蒙古	20.56	19.83	福建	23.33	19.09
辽宁	22.82	22.26	江西	16.73	12.00
吉林	17.52	13.66	山东	20.86	19.18
黑龙江	17.40	15.22	河南	15.69	13.08

资料来源：《2015 中国统计年鉴》

解：(1) 绘制散点图。调用 SPSS 的绘制散点图功能，得到城镇居民消费支出与人均可支配收入的散点图，如图 6.3 所示。

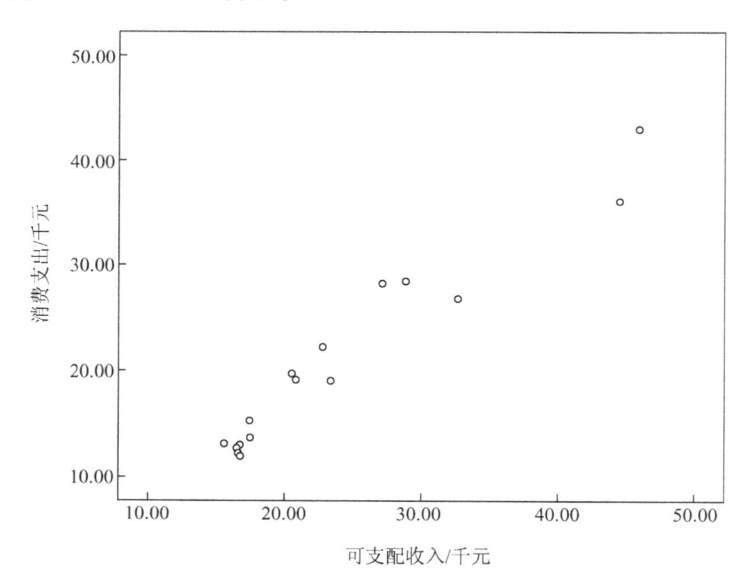

图 6.3　城镇居民消费支出与人均可支配收入的散点图

由图 6.3 可以看出，城镇居民消费支出与人均可支配收入呈明显的线性趋势。

(2) 计算相关系数并进行显著性检验。城镇居民消费支出与人均可支配收入相关系数辅助计算表如表 6-3 所示。

表 6-3　城镇居民消费支出与人均可支配收入相关系数辅助计算表

省　市	可支配收入 X	消费支出 Y	X^2	Y^2	XY
北京	44.49	36.06	1979.36	1300.32	1604.31
天津	28.83	28.49	831.17	811.68	821.37
河北	16.65	12.17	277.22	148.11	202.63
山西	16.54	12.62	273.57	159.26	208.73

（续）

省　市	可支配收入 X	消费支出 Y	X^2	Y^2	XY
内蒙古	20.56	19.83	422.71	393.23	407.70
辽宁	22.82	22.26	520.75	495.51	507.97
吉林	17.52	13.66	306.95	186.60	239.32
黑龙江	17.40	15.22	302.76	231.65	264.83
上海	45.96	43.01	2112.32	1849.86	1976.74
江苏	27.17	28.32	738.21	802.02	769.45
浙江	32.66	26.88	1066.68	722.53	877.90
安徽	16.79	12.95	281.90	167.70	217.43
福建	23.33	19.09	544.29	364.43	445.37
江西	16.73	12.00	279.89	144.00	200.76
山东	20.86	19.18	435.14	367.87	400.09
河南	15.69	13.08	246.18	171.09	205.23
合计	384.00	334.82	10619.10	8315.86	9349.83

根据相关系数公式(6-1)～公式(6-4)得

$$S_{xy}=\sum_{i=1}^{n}x_iy_i-\frac{1}{n}\sum_{i=1}^{n}x_i\sum_{i=1}^{n}y_i=9349.83-(1/16)\times384.00\times334.82=1314.15$$

$$S_{xx}=\sum_{i=1}^{n}x_i^2-\frac{1}{n}\left(\sum_{i=1}^{n}x_i\right)^2=10619.10-(1/16)\times384.00^2=1403.10$$

【期刊推荐】

$$S_{yy}=\sum_{i=1}^{n}y_i^2-\frac{1}{n}\left(\sum_{i=1}^{n}y_i\right)^2=8315.86-(1/16)\times334.82^2\approx1309.333$$

$$r=\frac{S_{xy}}{\sqrt{S_{xx}S_{yy}}}=\frac{1314.15}{\sqrt{1403.1}\times\sqrt{1309.33}}\approx0.969$$

即城镇居民消费支出与人均可支配收入之间的相关系数为0.969，说明二者之间存在高度的正线性相关关系。

相关系数的显著性检验如下：

① 提出假设，$H_0:\rho=0$；$H_1:\rho\neq0$。

② 计算检验统计量的值：

$$t=\frac{r\sqrt{n-2}}{\sqrt{1-r^2}}=\frac{0.969\times\sqrt{16-2}}{\sqrt{1-0.969^2}}\approx14.82$$

③ 显著性水平 $\alpha=0.05$，$t_{0.025}(14)=2.1448$。由于 $t>t_{0.025}(14)$，因此拒绝 H_0，说明城镇居民消费支出与人均可支配收入之间线性关系显著。

6.2 一元线性回归分析

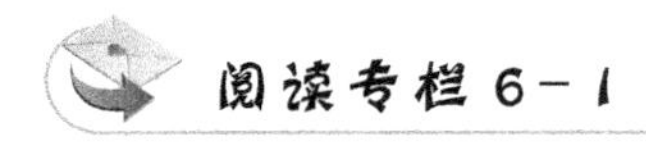

“回归”名称的由来

回归分析起源于生物学研究，是由英国生物学家兼统计学家弗朗西斯·高尔顿（Francis Galton，1822—1911）在19世纪末研究遗传学特性时首先提出来的。为了研究父代与子代身高的关系，高尔顿搜集了1078对父亲及其儿子的身高数据。他发现这些数据的散点图大致呈直线状态，也就是说，总的趋势是父亲的身高增加时，儿子的身高也倾向于增加。但是，高尔顿对试验数据进行了深入的分析，发现了一个很有趣的现象——回归效应。因为当父亲高于平均身高时，他的儿子的身高比他更高的概率要小于比他更矮的概率；当父亲矮于平均身高时，他的儿子的身高比他更矮的概率要小于比他更高的概率。它反映了一个规律，即这两种身高父亲的儿子的身高，有向他们父辈的平均身高回归的趋势。对于这个一般结论的解释是，大自然具有一种约束力，使人类身高的分布相对稳定而不产生两极分化，这就是所谓的回归效应。高尔顿依试验数据还推算出儿子身高（Y）与父亲身高（X）的关系式 $Y=a+bX$，它代表的是一条直线称为回归直线，并把相应的统计分析称为回归分析。高尔顿在1889年发表的著作《自然的遗传》中，提出了回归分析方法以后，这一方法很快就应用到经济领域中来，而且这一名词也一直为生物学和统计学所沿用。

资料来源：何晓群等．应用统计分析［M］．北京：中国人民大学出版社，2002.

6.2.1 回归分析的含义与分类

相关分析只是定性和定量地告诉我们变量间是否存在相关关系，以及相关程度是否密切，在此基础上，若想进一步揭示变量间的变动规律，则是相关分析本身不能解决的问题。回归分析帮助我们解决了这个难题，通过回归分析，建立起了变量间的数学表达式，进而确定一个或几个变量的变化对另一个特定变量的影响程度。

1. 回归分析的含义

所谓**回归分析**（Regression Analysis），就是在分析变量之间相关关系的基础上，进一步考察变量之间的数量变化规律，并通过回归方程（Regression Equation）的形式加以描述和反映变量之间的关系，帮助人们准确把握变量受其他一个或多个变量影响的程度，进而为控制和预测提供依据。回归分析主要涉及两类变量，一类是解释变量，也称为因变量（Dependent Variable），记为Y；另一类是被解释变量，也称为自变量（Independent Variable），记为X_1，X_2，…，X_n。回归分析正是要建立Y关于X_1，X_2，…，X_n的回归方程，并在给定X_1，X_2，…，X_n的条件下，通过回归方程来预测Y的平均值。

回归分析与相关分析既互相补充、密切联系，又存在本质的区别。首先，相关分析需要回归分析来表明变量间的具体联系，而回归分析应该建立在相关分析的基础上，通过相关分析确定了变量相关后，再进行回归分析才有意义。其次，回归分析研究的是相关关系中的因果关系，自变量和因变量的地位不同，变量互换位置后，回归方程就发生变化；而相关分析研究的既包括因果关系，也包括共变关系，变量互换位置后，相关系数不变。

2. 回归分析的分类

按照不同的分类方法，可以将回归分析划分为多种类型。根据所处理的自变量的个数，可将其划分为一元回归分析和多元回归分析。如果研究的是一个自变量与因变量之间的关系，则称为**一元回归分析**；如果研究的是两个或两个以上自变量与因变量之间的关系，则称为**多元回归分析**。根据所建立的回归方程的形式，可将其划分为线性回归分析和非线性回归分析。线性回归分析是回归分析最基本的内容，而一元线性回归分析又是线性回归分析的基础。因此，本章重点讨论一元线性回归分析的问题。

6.2.2 一元线性回归模型

1. 一元线性回归模型的建立

设因变量为 Y，自变量为 X，对于 X 的不全相同的取值 $x_1, x_2, \cdots, x_n$，得到 Y 的 n 个对应的观测值 $y_1, y_2, \cdots, y_n$，这 n 对观测值可记为 $(x_1, y_1), (x_2, y_2), \cdots, (x_n, y_n)$。我们的目的是从这 n 对观测值中寻求自变量 X 和变量因 Y 之间的关系和变动规律。

首先画出两个变量 X 和 Y 的散点图，即把 $(x_i, y_i)(i=1,2,\cdots,n)$ 标在直角坐标系中，如图 6.4 所示。若这 n 个散点呈直线趋势，则认为 Y 与 X 的关系是线性相关关系。此时，Y 和 X 的关系可以用一元线性回归模型来表示。

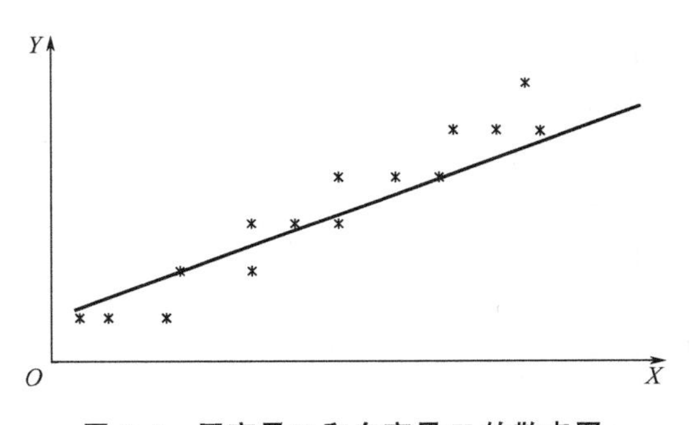

图 6.4 因变量 Y 和自变量 X 的散点图

建立一元线性回归模型：

$$Y = a + bX + \varepsilon \qquad (6-5)$$

式中，因变量 Y 的变化可由两部分来解释。一部分是由自变量 X 的变化引起的 Y 的线性变化部分，即 $Y = a + bX$；另一部分是由于其他随机因素引起的 Y 的变化部分，即 ε。由此可以看出，一元线性回归模型是因变量 Y 和自变量 X 之间的非一一对应的统计关系的良好诠释，即当 X 的值给定后，Y 的值并非唯一，但它们之间又通过 a 和 b 保持着密切的线性关系。a、b 为回归模型中的待定参数，a 为回归常数，b 为回归系数 (Regression Coefficient)；ε 为随机误差，它是一个随机变量，一般假设 $\varepsilon \sim N(0, \sigma^2)$。

【期刊推荐】

对于每个观测值 (x_i, y_i)，根据公式(6-5) 应满足：

$$y_i = a + bx_i + \varepsilon_i \qquad (6-6)$$

式中，ε_i 表示第 i 次观测的随机误差，$\varepsilon_i \sim N(0, \sigma^2)$，且各 ε_i 相互独立，$i=1, 2, \cdots, n$。

2. 一元线性回归方程的建立

在回归模型 (6-5) 中，X 是一般变量，可以严格控制和精确测量；Y 为随机变量。对公式(6-5) 两端取数学期望，即得一元线性回归方程：

$$E(Y) = a + bX \qquad (6-7)$$

式中，a 和 b 是待定参数，b 为回归系数，它表示自变量 X 每变化一个单位，因变量 Y 的

平均变化量。由于总体参数 a 和 b 是未知的，因此必须利用样本观测值去估计它们。估计的回归方程为

$$\hat{Y}=\hat{a}+\hat{b}X \tag{6-8}$$

或

$$\hat{y}_i=\hat{a}+\hat{b}x_i(i=1,2,\cdots,n) \tag{6-9}$$

6.2.3 参数的最小二乘估计

根据散点图 6.4，我们可以做出很多条直线来表示两个变量之间的线性关系，究竟用哪条直线效果最好呢？我们想到找出距离观测值的各个点平均来说最近的那条直线，根据这个原则来确定回归直线方程中的待定参数 $\hat{a}$ 和 $\hat{b}$，这种确定参数的方法称为最小二乘法（Method of Least Squares）。

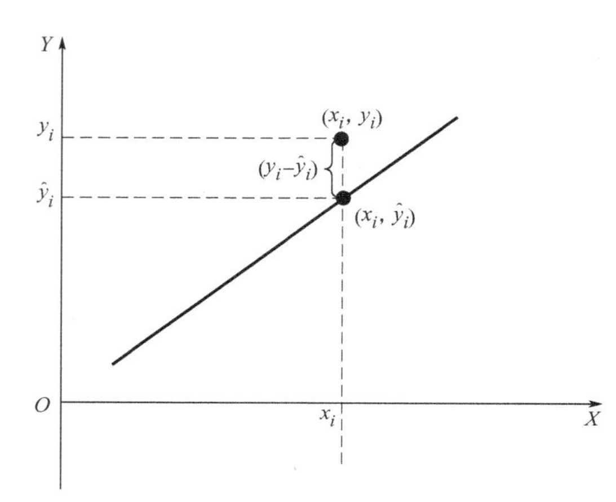

图 6.5 最小二乘法原理

换言之，最小二乘法就是使实际观测值的 y_i 与理论回归值的 $\hat{y}_i=\hat{a}+\hat{b}x_i$ 之间的差的平方和取最小值，即要选择的参数 $\hat{a}$ 和 $\hat{b}$，应满足使残差平方和：

$$SS_E=\sum_{i=1}^{n}(y_i-\hat{y}_i)^2=\sum_{i=1}^{n}(y_i-\hat{a}-\hat{b}x_i)^2 \tag{6-10}$$

取最小值。最小二乘法原理如图 6.5 所示。

为此，分别令 SS_E 对 $\hat{a}$ 和 $\hat{b}$ 的偏导数等于 0，即

$$\begin{cases}\dfrac{\partial SS_E}{\partial \hat{a}}=-2\sum_{i=1}^{n}(y_i-\hat{a}-\hat{b}x_i)=0\\ \dfrac{\partial SS_E}{\partial \hat{b}}=-2\sum_{i=1}^{n}(y_i-\hat{a}-\hat{b}x_i)x_i=0\end{cases} \tag{6-11}$$

整理得方程组：

$$\begin{cases}n\hat{a}+\hat{b}\sum_{i=1}^{n}x_i=\sum_{i=1}^{n}y_i\\ \hat{a}\sum_{i=1}^{n}x_i+\hat{b}\sum_{i=1}^{n}x_i^2=\sum_{i=1}^{n}x_iy_i\end{cases} \tag{6-12}$$

称此方程组为**正规方程组**。

解此正规方程组，得

$$\begin{cases}\hat{b}=\dfrac{S_{xy}}{S_{xx}}\\ \hat{a}=\bar{y}-\hat{b}\bar{x}\end{cases} \tag{6-13}$$

$$S_{xy}=\sum_{i=1}^{n}(x_i-\overline{x})(y_i-\overline{y})=\sum_{i=1}^{n}x_iy_i-\frac{1}{n}\sum_{i=1}^{n}x_i\sum_{i=1}^{n}y_i \tag{6-14}$$

$$S_{xx}=\sum_{i=1}^{n}(x_i-\overline{x})^2=\sum_{i=1}^{n}x_i^2-\frac{1}{n}\left(\sum_{i=1}^{n}x_i\right)^2 \tag{6-15}$$

$$S_{yy}=\sum_{i=1}^{n}(y_i-\overline{y})^2=\sum_{i=1}^{n}y_i^2-\frac{1}{n}\left(\sum_{i=1}^{n}y_i\right)^2 \tag{6-16}$$

知识要点提醒

配合最佳的回归直线模型的条件

为使配合的直线模型最佳，应当遵循下列条件：

(1) 两个变量之间确实存在显著的相关关系。

(2) 两个变量之间确实存在直线相关关系。

(3) 应根据最小二乘法原理配合一元线性回归模型。

【例 6.2】 为研究高等数学的学习情况对统计学学习的影响，现从某大学管理学院选修这两门课程的学生中随机抽取 10 名学生，调查他们的高等数学与统计学的考试成绩，调查结果如表 6-4 所示。

表 6-4　10 名学生高等数学与统计学考试成绩

学生编号	1	2	3	4	5	6	7	8	9	10
高等数学成绩 X	86	90	79	76	83	96	68	87	76	60
统计学成绩 Y	81	91	82	81	81	96	67	90	78	58

试求统计学考试成绩 Y 对于高等数学考试成绩 X 的回归方程。

解： (1) 绘制散点图，如图 6.6 所示。

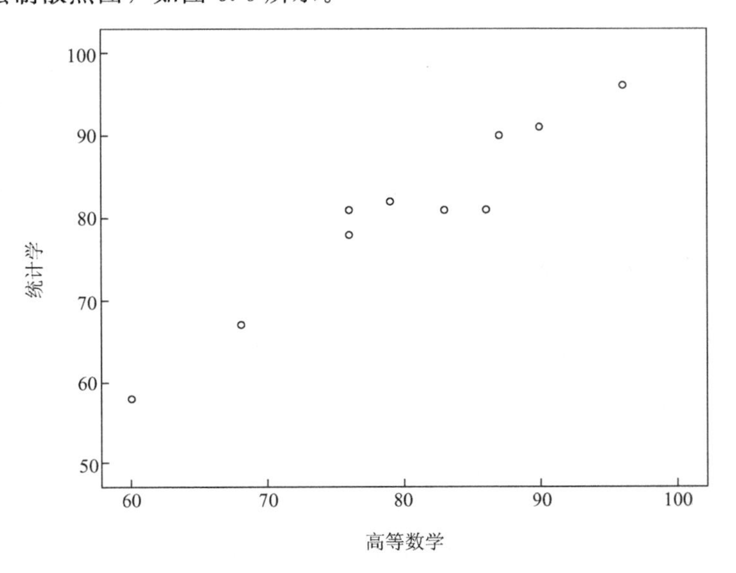

图 6.6　高等数学和统计学考试成绩的散点图

由散点图6.6可以初步判断高等数学考试成绩 X 与统计学考试成绩 Y 之间为线性相关关系。

（2）设直线回归方程为 $\hat{Y}=\hat{a}+\hat{b}X$，计算 $\hat{a}$、$\hat{b}$，如表6-5所示。

表6-5 $\hat{a}$ 和 $\hat{b}$ 的辅助计算表

学生编号	高等数学成绩 X	统计学成绩 Y	X^2	Y^2	XY
1	86	81	7396	6561	6966
2	90	91	8100	8281	8190
3	79	82	6241	6724	6478
4	76	81	5776	6561	6156
5	83	81	6889	6561	6723
6	96	96	9216	9216	9216
7	68	67	4624	4489	4556
8	87	90	7569	8100	7830
9	76	78	5776	6084	5928
10	60	58	3600	3364	3480
合计	801	805	65187	65941	65523

由公式(6-13)～公式(6-15)，得

$$S_{xy}=\sum_{i=1}^{n}x_iy_i-\frac{1}{n}\sum_{i=1}^{n}x_i\sum_{i=1}^{n}y_i=65523-0.1\times801\times805=1042.5$$

$$S_{xx}=\sum_{i=1}^{n}x_i^2-\frac{1}{n}\left(\sum_{i=1}^{n}x_i\right)^2=65187-0.1\times801^2=1026.9$$

因此

$$\hat{b}=\frac{S_{xy}}{S_{xx}}=1042.5/1026.9\approx1.0152$$

$$\hat{a}=\bar{y}-\hat{b}\bar{x}=805/10-1.0152\times801/10\approx-0.8175$$

故回归方程为

$$\hat{Y}=-0.8175+1.0152X$$

6.2.4 一元线性回归的统计检验

在前面的讨论中，我们首先通过散点图来初步判断两个变量是否存在线性相关关系，在此基础上建立线性回归模型，得出估计回归方程。由于该方程是根据样本数据得出的，因此它是否真实地反映了自变量 X 和因变量 Y 之间的关系，需要通过检验后才能够证实。

1. 回归方程的拟合优度检验

回归方程的拟合优度检验用于检验样本观测点与回归直线的接近程度。如果各观测点聚集在回归直线附近，则说明回归直线对观测值的拟合程度好，从而评价回归方程对样本数据的代表程度高，用回归方程对实际问题进行分析和预测的效果好。

1）判决系数

判决系数（Coefficient of Determination）是说明回归直线拟合程度的一个度量值，它的引入是从离差平方和的分解入手的。

（1）离差平方和的分解。总离差平方和（Total Sum of Squares）：

$$SS_T = \sum_{i=1}^{n}(y_i - \bar{y})^2 \qquad (6-17)$$

总离差平方和是因变量 Y 的实际观测值与其均值的离差（$y_i - \bar{y}$）的平方和，它反映了 Y 的 n 次实际观测值之间的全部差异性。

回归平方和（Regression Sum of Squares）：

$$SS_R = \sum_{i=1}^{n}(\hat{y}_i - \bar{y})^2 \qquad (6-18)$$

回归平方和是因变量 Y 的理论回归值与其均值的离差（$\hat{y}_i - \bar{y}$）的平方和，它反映了自变量 X 的不同取值变化对因变量 Y 的线性影响。

剩余（残差）平方和（Residual Sum of Squares）：

$$SS_E = \sum_{i=1}^{n}(y_i - \hat{y}_i)^2 \qquad (6-19)$$

剩余平方和是因变量 Y 的实际观测值与理论回归值的离差（$y_i - \hat{y}_i$）的平方和，它反映了除自变量 X 以外的其他因素（如 X 对 Y 的非线性影响、测量误差等）对因变量 Y 的影响。

可以证明，3 个离差平方和的关系是

总离差平方和＝回归平方和＋剩余平方和

即离差平方和的分解公式为

$$SS_T = SS_R + SS_E \qquad (6-20)$$

离差平方和分解如图 6.7 所示。

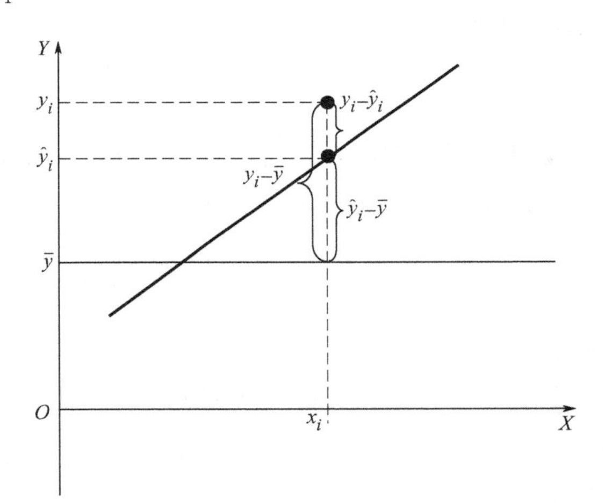

图 6.7 离差平方和分解

（2）离差平方和的计算。由于按公式(6－17)～公式(6－19)计算 3 个离差平方和太麻烦，因此可以对其进行整理得到较简便的计算公式。

$$SS_T = \sum_{i=1}^{n}(y_i - \bar{y})^2 = S_{yy} = \sum_{i=1}^{n} y_i^2 - \frac{1}{n}\left(\sum_{i=1}^{n} y_i\right)^2 \qquad (6-21)$$

$$SS_R = \sum_{i=1}^{n}(\hat{y}_i - \bar{y})^2 = \hat{b}^2 S_{xx} = \hat{b}^2\left(\sum_{i=1}^{n} x_i^2 - \frac{1}{n}\left(\sum_{i=1}^{n} x_i\right)^2\right) \qquad (6-22)$$

$$SS_E = \sum_{i=1}^{n}(y_i - \hat{y}_i)^2 = SS_T - SS_R \qquad (6-23)$$

(3)判决系数。将离差平方和分解公式两边同除以 SS_T，得

$$1 = \frac{SS_R}{SS_T} + \frac{SS_E}{SS_T} \qquad (6-24)$$

显然，各个实际观测点越是聚集在回归直线附近，SS_R在SS_T中所占的比例就越大，回归直线拟合的就越好。我们将这一比值定义为判决系数，记为R^2。

判决系数公式为

$$R^2=\frac{SS_R}{SS_T}=1-\frac{SS_E}{SS_T} \tag{6-25}$$

【拓展案例】

式中，R^2取值在0至1之间，R^2越接近于1，表明回归方程对实际观测值的拟合优度越高；R^2越接近于0，表明回归方程对实际观测值的拟合优度越低。在一元线性回归分析中，判决系数也是简单相关系数的平方，因此它的统计意义与简单相关系数是一致的。

2）估计标准误差

估计标准误差（Standard Error of the Estimate）是从另一个角度说明回归直线拟合程度的度量值，它的引入是从剩余（残差）平方和SS_E入手的。

我们前面所得到的回归方程，是根据最小二乘法原理使剩余平方和SS_E取最小值确定的。因此，SS_E值的大小，是评价回归方程拟合优度的又一个标准，它是衡量除自变量X对因变量Y的线性影响以外，Y随机波动大小的一个估计值。其值小，说明实际观测点平均距回归直线近，根据回归方程进行实际分析和预测的精度高。由此，我们得到如下的估计标准误差公式：

$$\hat{\sigma}=\sqrt{\frac{SS_E}{n-2}} \tag{6-26}$$

【例6.3】 在例6.2的基础上，计算判决系数及估计标准误差。

解：（1）计算判决系数。由例6.2的计算结果已知，$S_{xx}=1026.9$，$\hat{b}=1.0152$。

$$S_{yy}=\sum_{i=1}^{n}y_i^2-\frac{1}{n}\left(\sum_{i=1}^{n}y_i\right)^2=65941-0.1\times805^2=1138.5$$

$$SS_T=S_{yy}=1138.5$$

$$SS_R=\hat{b}^2S_{xx}=1.0152^2\times1026.9\approx1058.355$$

$$R^2=\frac{SS_R}{SS_T}=\frac{1058.355}{1138.5}\approx0.9296$$

$R^2\approx0.9296$，表明估计回归方程解释了总离差的92.96%，即在统计学考试成绩的变动中，有92.96%是由高等数学的考试成绩所决定的。可见，统计学考试成绩与高等数学的考试成绩有比较强的线性关系。

（2）计算估计标准误差。

$$SS_E=SS_T-SS_R=1138.5-1058.355=80.145$$

$$\hat{\sigma}=\sqrt{\frac{SS_E}{n-2}}=\sqrt{\frac{80.145}{10-2}}\approx3.1651$$

$\hat{\sigma}\approx3.1651$，表明根据高等数学的考试成绩来预测统计学的考试成绩时，平均的预测误差是3.1651。

2. 回归方程的显著性检验——F检验

回归方程的显著性检验，是检验因变量Y和自变量X之间的线性关系是否显著，它的基本出发点与拟合优度检验非常相似。检验的步骤如下：

(1)提出假设，H_0：线性关系不显著；H_1：线性关系显著。

(2)构造检验统计量。回归方程的显著性检验采用方差分析的方法来构造检验统计量。在离差平方和分解公式 $SS_T = SS_R + SS_E$ 中，对于一个具体实验来说，SS_T 是一个定值，如果 SS_R 远大于 SS_E，则表示因变量 Y 和自变量 X 之间的线性关系显著；否则，便认为线性关系不显著。

当 H_0 为真时，检验统计量 $F=\dfrac{SS_R/1}{SS_E/(n-2)} \sim F(1, n-2)$

(3) 给定显著性水平 α，查表确定临界点 $F_\alpha(1, n-2)$。

(4) 确定拒绝域：$F \geqslant F_\alpha(1, n-2)$。

(5) 列出方差分析表，做出统计决策。如果检验统计量的值 $F \geqslant F_\alpha(1, n-2)$，则拒绝 H_0，认为因变量 Y 和自变量 X 之间的线性关系显著；反之，就认为线性关系不显著。方差分析表如表 6-6 所示。

表 6-6　方差分析表

方差来源	平方和	自由度	均方差	F 值	显著性
回归平方和	SS_R	1	$V_R = SS_R$	$F = V_R/V_E$	
剩余平方和	SS_E	$n-2$	$V_E = SS_E/n-2$		
总平方和	SS_T	$n-1$			

3. 回归系数的显著性检验——t 检验

回归系数的显著性检验是进一步检验自变量 X 对因变量 Y 的影响是否显著。如果总体相关系数 $b=0$，总体回归直线是一条水平线，表明自变量 X 的变化对因变量 Y 没有影响。因此，回归系数的显著性检验就是检验回归系数 b 与 0 之间是否有显著差异。检验的步骤如下：

(1) 提出假设，$H_0: b=0$；$H_1: b \neq 0$。

(2) 构造检验统计量。

当 H_0 为真时，检验统计量为 $t=\dfrac{\hat{b}}{\hat{\sigma}}\sqrt{S_{xx}} \sim t(n-2)$

(3) 给定显著性水平 α，查表确定临界点 $t_{\frac{\alpha}{2}}(n-2)$。

(4) 确定拒绝域：$|t| \geqslant t_{\frac{\alpha}{2}}(n-2)$。

(5) 做出统计决策：当 $|t| \geqslant t_{\frac{\alpha}{2}}(n-2)$ 时，拒绝 H_0，认为自变量 X 对因变量 Y 的影响显著，反之，就认为自变量 X 对因变量 Y 的影响不显著。

【拓展案例】

需要说明的是，在一元线性回归分析中，回归方程的显著性检验等价于回归系数的显著性检验，对实际问题进行分析时，两者只做其一即可。

【例 6.4】 在例 6.2 和例 6.3 的基础上，试进行回归方程的显著性检验和回归系数的显著性检验。($\alpha=0.05$)

解：(1) 回归方程的显著性检验。

第一步：提出假设，H_0 为线性关系不显著，H_1 为线性关系显著。

第二步：计算检验统计量 $F=\dfrac{SS_R/1}{SS_E/(n-2)}$，列出方差分析表。

表 6-7 方差分析表

方差来源	平方和	自由度	均方差	F 值	显著性
回归平方和	1058.355	1	1058.355		
剩余平方和	80.145	8	10.0181		
总平方和	1138.5				

第三步：做统计决策。由于 $F>F_{0.05}(1,8)=5.32$，因此拒绝 H_0，认为统计学考试成绩与高等数学考试成绩的线性关系显著。

(2) 回归系数的显著性检验。

第一步：提出假设，H_0 为 $b=0$，H_1 为 $b\neq0$。

第二步：计算检验统计量 $t=\dfrac{\hat{b}}{\hat{\sigma}}\sqrt{S_{xx}}=\dfrac{1.0152}{3.1651}\sqrt{1026.9}\approx10.2785$。

第三步：做统计决策。由于 $t>t_{0.025}(8)=2.752$，因此拒绝 H_0，认为高等数学考试成绩对统计学考试成绩有显著的影响。

6.2.5 利用回归方程进行预测

前面我们对回归方程进行了统计检验，如果回归方程通过了各种检验，同时被证明有较高的拟合度，就可以利用它来进行预测。所谓**预测**就是指通过自变量 X 的取值估计或预测因变量 Y 的取值。这里主要介绍根据估计回归方程进行的点预测和区间预测方法。

1. 点预测

点预测就是对于自变量 X 的一个新的给定值 x_0，根据估计回归方程得到因变量 Y 的一个估计值，即在 $X=x_0$ 处，Y 的点预测值为

$$\hat{y}_0=\hat{a}+\hat{b}x_0 \tag{6-27}$$

由于点预测不能给出估计的精度，即点预测值 $\hat{y}_0$ 与实际值 y_0 之间是有误差的，因此在对 Y 的实际值进行预测时，通常是在一定的显著性水平下，给出其置信水平为 $1-\alpha$ 的置信区间，这就是区间预测。

2. 区间预测

区间预测就是对于自变量 X 的一个新的给定值 x_0，根据估计回归方程得到因变量 Y 的一个置信水平为 $1-\alpha$ 的置信区间。

在 $X=x_0$ 处，Y 的置信水平为 $1-\alpha$ 的置信区间为

$$\left[\hat{a}+\hat{b}x_0\pm t_{\frac{\alpha}{2}}(n-2)\hat{\sigma}\sqrt{1+\frac{1}{n}+\frac{(x_0-\bar{x})^2}{S_{xx}}}\right] \tag{6-28}$$

式中，$\hat{\sigma}=\sqrt{\dfrac{SS_E}{n-2}}$，$S_{xx}=\sum\limits_{i=1}^{n}(x_i-\bar{x})^2=\sum\limits_{i=1}^{n}x_i^2-\dfrac{1}{n}\left(\sum\limits_{i=1}^{n}x_i\right)^2$。

知识要点提醒

利用回归直线方程进行预测需要注意的问题

回归直线方程是根据自变量和因变量的实际观测值的实际影响数值配合出来的，因此，在所观察到的自变量最大值与最小值之间进行内推预测较为适宜。若要进行外推预测，则意味着假设自变量对因变量的影响作用仍然不变，这可能会与实际情况不符，因此在进行外推预测时，自变量的给定值与观察的最大值（或最小值）之间的差距越小越好。

【例 6.5】 在例 6.2 中，如果估计某学生的高等数学考试成绩是 85 分，试根据估计回归方程对其统计学考试成绩进行点预测和区间预测。($\alpha=0.05$)

解：（1）点预测。

由例 6.2，估计回归方程为

$$\hat{Y}=-0.8175+1.0152X$$

因此，当高等数学考试成绩 $x_0=85$ 时，统计学考试成绩的点估计值为

$$\hat{y}_0=-0.8175+1.0152x_0=-0.8175+1.0152\times 85\approx 85$$

即高等数学考试成绩为 85 分的那个学生，他的统计学考试成绩估计约为 85 分。

（2）区间预测。

由例 6.2，$S_{xx}=1026.9$；由例 6.3，$\hat{\sigma}=3.1651$。当 $\alpha=0.05$，查表得 $t_{0.025}(8)=2.3060$。

因此，当高等数学考试成绩 $x_0=85$ 时，统计学考试成绩的区间估计值为

$$\left[\hat{a}+\hat{b}x_0\pm t_{\frac{\alpha}{2}}(n-2)\hat{\sigma}\sqrt{1+\frac{1}{n}+\frac{(x_0-\bar{x})^2}{S_{xx}}}\right]$$
$$=\left[85\pm 2.752\times 3.1651\times\sqrt{1+\frac{1}{10}+\frac{(85-80.1)^2}{1026.9}}\right]$$
$$\approx[85\pm 9]$$

也就是说，我们能以 95%的概率推断，高等数学考试成绩为 85 分的那个学生，他的统计学考试成绩在 76～94 分。

阅读案例 6－2

宝丽来公司利用回归分析调整生产

1947 年，宝丽来公司创始人埃德文·兰德博士（Dr. Edwin Land）宣布，他们在研究即时显像技术方面迈出了新的一步，使一分钟成像成为可能。紧接着，公司开始拓展用于大众摄影的业务。宝丽来的第一台相机和第一卷胶卷诞生于 1949 年。在那以后，公司不断地在化学、光学和电子学方面进行试验和发展，以生产具有更高品质、更高可靠性和更为便利的摄影系统。

宝丽来公司的另一项业务是为技术和工业提供产品。它正致力于使即时显像技术在现代可视的通信环境下，成为日益增长的成像系统中的关键部分。为此，宝丽来公司推出了多种可进行即时显像的产品，以供专业摄影、工业、科学和医学之用。除此之外，公司还在磁学、太阳镜、工业偏振镜、化工、传统的涂料和全息摄影的研制和生产力方面有自己的业务。

用于衡量摄影材料感光度的测光计，可以提供许多有关于胶片特性的信息，如它的曝光时间范围。

在宝丽来中心感光实验室中，科学家们把即时显像胶片置于一定的温度和湿度下，使之近似于消费者购买后的保存条件。然后，再对其进行系统地抽样检验和分析。他们选择专业彩色摄影胶卷，抽取了已保存1～13个月不等的胶卷，以便研究它们保存时间和感光速率之间的联系。它们之间相应变动的关系可用一条直线或线性关系近似地表示。

运用回归分析，宝丽来公司建立起一个方程式，它能反映出胶卷保存时间长短对感光速率的影响：

$$y=-19.8-7.6x$$

式中，y为胶卷感光速率的变动；x为胶卷保存时间（月）。

从这一方程式可以看出，胶卷的感光速率平均每月下降了7.6个单位。通过此分析得到的信息，有助于宝丽来公司把消费者的购买和使用综合起来考虑，调整生产，提供顾客需要的胶卷。

资料来源：戴维·R. 安德森，丹尼斯·J. 斯威尼，托马斯·A. 威廉斯. 商务与经济统计[M]. 张建华，王健，冯燕奇，等译. 北京：机械工业出版社，2003.

6.3 多元线性回归分析

在许多实际问题中，还会遇到一个因变量和多个自变量的线性相关问题，这需要用多元线性回归分析的方法来解决。多元线性回归模型是一元线性回归模型的扩展，其基本原理与一元线性回归分析类似。因此，本节对于二者相类似的内容，仅给出结论；而对于某些不同之处做比较详细的说明。

6.3.1 多元线性回归模型与方程

1. 多元线性回归模型

涉及p个自变量的多元线性回归模型可表示为

$$Y=b_0+b_1X_1+b_2X_2+\cdots+b_pX_p+\varepsilon \tag{6-29}$$

式中，ε是随机误差，满足$\varepsilon \sim N(0,\sigma^2)$；$b_0,b_1,b_2,\cdots,b_p$是待定参数，$b_0$为回归常数，$b_1,b_2,\cdots,b_p$为偏回归系数。

对于每个观测值$(x_{1i},x_{2i},\cdots,x_{pi};y_i)$，根据式(6-29)应满足：

【拓展知识】

$$y_i=b_0+b_1x_{1i}+b_2x_{2i}+\cdots+b_px_{pi}+\varepsilon_i \tag{6-30}$$

式中，ε_i表示第i次观测的随机误差，满足$\varepsilon_i \sim N(0,\sigma^2)$，且各$\varepsilon_i$相互独立，$i=1,2,\cdots,n$。

2. 多元线性回归方程

多元线性回归方程是描述因变量Y的平均值或期望值如何依赖于自变量$X_1,X_2,\cdots,X_p$的方程。多元线性回归方程的形式为

$$E(Y)=b_0+b_1X_1+b_2X_2+\cdots+b_pX_p \tag{6-31}$$

【拓展知识】

式中，$b_0,b_1,b_2,\cdots,b_p$是待定参数，b_i表示假定其他变量不变，当X_i每变动一个单位时，Y的平均变动值。

由于总体参数$b_0,b_1,b_2,\cdots,b_p$是未知的，因此必须利用样本观测值去估计它们。估计的多元线性回归方程为

$$\hat{Y}=\hat{b}_0+\hat{b}_1X_1+\hat{b}_2X_2+\cdots+\hat{b}_pX_p \tag{6-32}$$

或

$$\hat{y}_i=\hat{b}_0+\hat{b}_1x_{1i}+\hat{b}_2x_{2i}+\cdots+\hat{b}_Px_{pi} \quad (i=1,2,\cdots,n) \tag{6-33}$$

知识要点提醒

偏回归系数告诉我们什么?

偏回归系数表示了其他因素不变时，相应解释变量对因变量的“净影响”。

6.3.2 参数的最小二乘估计

多元线性回归分析同样采用最小二乘法来估计待定参数。就是要求求得的 $\hat{b}_0,\hat{b}_1,\cdots,\hat{b}_p$，满足使残差平方和 $SS_E=\sum_{i=1}^{n}(y_i-\hat{y}_i)^2=\sum_{i=1}^{n}(y_i-\hat{b}_0-\hat{b}_1x_{1i}-\cdots-\hat{b}_px_{pi})^2$ 取最小值。

根据最小二乘法的要求，可得求解各参数的方程组如下：

$$\begin{cases}\dfrac{\partial SS_E}{\partial\hat{b}_0}=0\\[2ex]\dfrac{\partial SS_E}{\partial\hat{b}_j}=0\end{cases} \quad (j=1,2,\cdots,p) \tag{6-34}$$

由于求解上述方程组的计算过程很烦琐，因此在此不做详细的求解介绍。我们可以借助于 SPSS 统计分析软件来求解。

6.3.3 多元线性回归的统计检验

1. 回归方程的拟合优度检验

1）判定系数 R^2 及修正的判定系数 $\bar{R}^2$

在多元线性回归分析中，离差平方和的分解公式仍然成立，即 $SS_T=SS_R+SS_E$。其中，$SS_T=\sum_{i=1}^{n}(y_i-\bar{y})^2$ 为总离差平方和，$SS_R=\sum_{i=1}^{n}(\hat{y}_i-\bar{y})^2$ 为回归平方和，$SS_E=\sum_{i=1}^{n}(y_i-\hat{y}_i)^2$ 为剩余平方和。

判定系数 R^2 仍然是指回归平方和占总离差平方和的比例。判定系数 R^2 的计算公式为

$$R^2=\frac{SS_R}{SS_T}=1-\frac{SS_E}{SS_T} \tag{6-35}$$

式中，R^2 取值为 0～1，R^2 越接近于 1，表明回归方程对实际观测值的拟合优度越高；R^2 越接近于 0，表明回归方程对实际观测值的拟合优度越低。

知识要点提醒

利用 R^2 值对模型贡献的直觉判断必须小心

总结迄今为止的讨论，R^2 的值是预测方程拟合数据好坏的一个指标。更重要地，它可以用来（用 F 统计量）确定数据是否提供了足够的证据说明整体模型对预测 y 贡献了信息。然而，基于计算的 R^2 值对

模型贡献的直觉判断必须小心。随着越来越多的变量加入到模型中，R^2的值会变得越来越大。因此，可以强迫R^2取到一个很接近于1的值，即使模型对y的预测没有贡献信息。事实上，当模型中的项数等于数据点个数时，R^2将等于1。

修正的判定系数是指用平均剩余平方和$\frac{SS_E}{n-p-1}$来代替SS_E，用平均总离差平方和$\frac{SS_T}{n-1}$来代替SS_T，进而得到修正的判定系数的计算公式为

$$\bar{R}^2=1-\frac{SS_E/(n-p-1)}{SS_T/(n-1)} \tag{6-36}$$

式中，$n-p-1$和$n-1$分别为SS_E和SS_T的自由度，$\bar{R}^2$的取值范围和意义与R^2完全相同。在多元线性回归分析中，修正的判定系数$\bar{R}^2$比判定系数R^2更能够准确地反映回归方程对实际观测值的拟合程度。

2）估计标准误差

在多元线性回归分析中，估计标准误差仍然是对随机误差ε的标准差的一个估计值，它在衡量多元回归方程的拟合优度方面也起着重要的作用。估计标准误差的计算公式为

$$\hat{\sigma}=\sqrt{\frac{SS_E}{n-p-1}} \tag{6-37}$$

2. 回归方程的显著性检验——F检验

回归方程的显著性检验，是检验因变量Y和所有自变量$X_1,X_2,\cdots,X_p$之间的线性关系是否显著。检验的步骤如下：

（1）提出假设，H_0：线性关系不显著，H_1：线性关系显著。

（2）构造检验统计量。

当H_0为真时，检验统计量为

$$F=\frac{SS_R/p}{SS_E/(n-p-1)}\sim F(p,n-p-1)$$

（3）给定显著性水平α，查表确定临界点$F_\alpha(p,n-p-1)$。

（4）确定拒绝域，$F\geqslant F_\alpha(p,n-p-1)$。

（5）列出方差分析表，做出统计决策。如果检验统计量的值$F\geqslant F_\alpha(p,n-p-1)$，则拒绝$H_0$，认为因变量$Y$和所有自变量之间的线性关系显著；反之，则认为线性关系不显著。方差分析表如表6-8所示。

表6-8　方差分析表

方差来源	平方和	自由度	均方差	F值	显著性
回归平方和	SS_R	p	$V_R=SS_R/p$	$F=V_R/V_F$	
剩余平方和	SS_E	$n-p-1$	$V_F=SS_F/(n-p-1)$		
总平方和	SS_T				

3. 回归系数的显著性检验——t检验

如果F检验已经表明了回归模型总体上是显著的，那么回归系数的检验就是用来确定

每一个单个的自变量X_j对因变量Y的影响是否显著。在多元线性回归中，回归方程的显著性检验不再等价于回归系数的显著性检验。

检验的步骤如下：

(1) 提出假设，$H_0: b_j=0$；$H_1: b_j \neq 0$。

(2) 构造检验统计量。

当H_0为真时，检验统计量为

$$t_j=\frac{\hat{b}_j}{S_{\hat{b}_j}} \sim t(n-p-1)$$

式中，$S_{\hat{b}_i}$是回归系数$\hat{b}_j$的抽样分布的标准差，即

$$S_{\hat{b}_j}=\frac{\hat{\sigma}}{\sqrt{\sum_{i=1}^{n}(x_{ji}-\overline{x}_j)^2}}$$

【期刊推荐】

(3) 给定显著性水平α，查表确定临界点$t_{\frac{\alpha}{2}}(n-p-1)$。

(4) 确定拒绝域：

$$|t| \geqslant t_{\frac{\alpha}{2}}(n-p-1)$$

(5) 做出统计决策：当$|t| \geqslant t_{\frac{\alpha}{2}}(n-p-1)$时，拒绝$H_0$，认为$X_j$对因变量$Y$的影响显著，反之，就认为自变量$X_j$对因变量$Y$的影响不显著。

阅读专栏 6-2

如何正确进行直线相关分析与回归分析

科研中，经常需要研究两个变量间的相互关系或依赖关系，此时常用的做法就是进行简单直线相关分析或回归分析。然而，很多人在进行统计分析时，没有考虑实际问题，盲目套用这两种方法，这样往往掩盖了事物的本质联系，得出与实际不符或错误的结论。

1. 直线相关与回归分析的异同点

不同点：

(1) 分析目的不同。直线相关分析的目的是描述具有直线关系的两变量间相关关系的密切程度和方向，反映两个随机变量的相互关系。直线回归分析的目的是定量地描述两个变量之间的依存或依赖关系，以便用一个变量去推测另一个变量的值。

(2) 资料要求不同。在进行直线回归分析时，要求因变量Y是随机变量且服从正态分布，若自变量X可以精确测量或严格控制，则可以作为回归分析资料。而在进行直线相关分析时，则要求X、Y两个变量均为随机变量且服从正态分布。

(3) 统计量量纲（单位）不同。相关系数是无量纲的计算，而斜率b却是有量纲的统计量，其量纲为“因变量量纲/自变量量纲”，截距a的量纲与因变量量纲相同。

相同点：

(1) 方向一致。对某资料同时计算直线相关系数r和直线回归系数b，可发现它们的正负号一致。r为正，说明两变量间的相互关系是同向变化；b为正，说明自变量X每增加（或减少）一个单位，因变量Y平均增加（或减少）b个单位。

(2) 假设检验等价。对于同一样本，对其直线相关系数r和直线回归系数b进行假设检验所得到的t值是相同的。

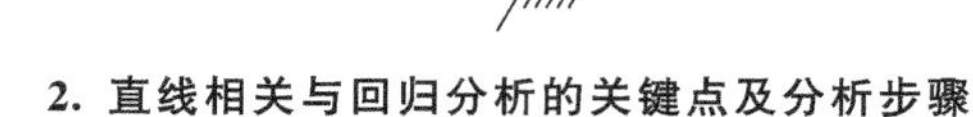

2. 直线相关与回归分析的关键点及分析步骤

在进行直线相关与回归分析时，关键点在于“结合研究目的，选择合适的分析方法”“明确是否有专业依据认为两变量之间存在联系”“检查资料是否满足同质性要求”“绘制散点图以判断两变量间是否存在线性变化趋势”“计算有关统计量并对其进行假设检验”和“给出与实际相符的专业结论”。具体分析步骤：①根据研究目的，判断其为相关问题或回归问题，从而选择合适的分析方法；②根据专业知识，确定两变量之间是否存在相互关系或依存关系；③结合受试对象的特点，看其是否满足同质性要求；④绘制两变量变化趋势的散点图，以便选择合适的统计分析模型；⑤计算相应的统计量，并对其进行假设检验；⑥结合专业和统计学知识，判断结果有无实用价值。

3. 正确进行直线相关分析与回归分析

在进行直线相关分析与回归分析时，常犯的错误包括没有专业依据，盲目研究变量间的相互关系或依赖关系；未绘制反映两变量变化趋势的散点图，直接进行直线相关分析或直线回归分析；计算出相关系数或得到回归方程后，没有对其进行假设检验，就认定两变量之间存在密切相互关系或依赖关系。最严重的错误是将不同质的受试对象的某些观测指标放在一起进行直线相关分析与回归分析，如处于不同时期或阶段的某样品的数据混在一起可能就不同质了。下面以一个实例说明盲目采用相关分析或回归分析产生的后果。

例如：某人于其子出生当天在门前植小树一棵，以示纪念。后每隔一段时间间隔，测量小树高度及其子身高，发现二者存在直线相关关系，遂以小树高度为自变量，以其子身高为因变量，得到二者的直线回归方程。请问：这样做有意义吗？

分析与释疑：在做直线相关或回归分析之前，首先要求待考察的两个变量之间存在专业上的联系。因为任何两个变量构成的 n 对数据都能求出相关系数和回归方程，但并不能就此说明两变量之间存在内在联系，更不能立即确定它们之间存在因果关系，这很可能只是一种伴随关系。本资料中，“小孩身高与小树高度存在直线相关关系”毫无专业依据，这样的计算结果纯属“数字游戏”，没有实际意义。事实上，小孩身高与时间存在相关关系，而小树高度与时间也存在相关关系。因此，小孩身高与小树高度存在的直线相关关系只是一种表象，是他们与时间存在某种相关关系的一种伴随关系。

【拓展案例】

资料来源：高辉，胡良平，李长平，等．如何正确进行直线相关与回归分析［J］．中西医结合学报，2008（12）：1311－1314.

6.4 非线性回归分析

6.4.1 非线性回归分析概述

在实际问题中，有时变量之间的关系不是线性关系，根据专业知识或从散点图中散点的分布趋势，可以看出是某种类型的曲线关系。这时，可以选择一条相近的函数曲线与之拟合，这就是非线性回归分析所要解决的问题。

对于非线性回归问题，一部分可以转化为线性回归问题来求解。其基本过程是先对非线性回归模型进行适当的变量转换，使其转化为线性回归模型；然后对转换后的新变量进行线性回归分析，采用最小二乘法建立线性回归方程，并进行统计检验；最后将新变量还原为原变量，得出原变量的曲线回归方程。

在毫无专业经验的基础上，选择相关类型往往是比较困难的。一个可行的方法就是在绘制散点图的基础上，观测实测点的分布趋势与哪一类已知的函数曲线最接近，再选用该函数关系式来拟合实测点。由于绘制散点图及曲线拟合的过程比较烦琐，因此这部分内容建议用 SPSS 统计分析软件求解。SPSS 统计分析软件为我们提供了曲线估计（Curve Estimation）功能，以及多种曲线类型，并能够自动选择模型进行拟合，同时完成模型的参数估计，并输出判定系数及回归方程检验的结果，以此为主要依据选择其中的最优模型。

6.4.2 非线性回归模型及其线性化方法

下面介绍几种常见的可线性化的非线性模型。

1. 双曲线函数

对于双曲线函数$\frac{1}{Y}=a+\frac{b}{X}$，令$Y'=\frac{1}{Y}$，$X'=\frac{1}{X}$，则可转化为线性函数$Y'=a+bX'$。

2. 幂函数

对于幂函数$Y=aX^b\,(a>0)$，若两边取自然对数得$\ln Y=\ln a+b\ln X$，令$Y'=\ln Y$，$a'=\ln a$，$X'=\ln X$，则可转化为线性函数$Y'=a'+bX'$。

3. 指数函数

（1）对于指数函数$Y=ae^{bX}\,(a>0)$，若两边取自然对数得$\ln Y=\ln a+bX$，令$Y'=\ln Y$，$a'=\ln a$，则可转化为线性函数$Y'=a'+bX$。

（2）对于指数函数$Y=ae^{b/X}\,(a>0)$，若两边取自然对数得$\ln Y=\ln a+b/X$，令$Y'=\ln Y$，$a'=\ln a$，$X'=1/X$，则可转化为线性函数$Y'=a'+bX'$。

4. 对数函数

对于对数函数$Y=a+b\lg X$，令$X'=\lg X$，则可转化为线性函数$Y=a+bX'$。

5. Logistic 生长函数

对于 Logistic 生长函数$Y=\frac{k}{1+ae^{-bX}}$，若两边取倒数得$\frac{k}{Y}=1+ae^{-bX}$，即$\frac{k-Y}{Y}=ae^{-bX}$，再对两边取自然对数得$\ln\frac{k-Y}{Y}=\ln a-bX$，令$Y'=\ln\frac{k-Y}{Y}$，$a'=\ln a$，$b'=-b$，则可转化为线性函数$Y'=a'+b'X$。

6. S 型函数

对于 S 型函数$Y=\frac{1}{a+be^{-X}}$，若两边取倒数得$\frac{1}{Y}=a+be^{-X}$，令$Y'=1/Y$，$X'=e^{-X}$，则可转化为线性函数$Y'=a+bX'$。

7. 高阶函数

对于高阶函数$Y=b_0+b_1X+b_2X^2+\cdots+b_nX^n$，令$X_1=X$，$X_2=X^2$，…，$X_n=X^n$，则可转化为线性函数$Y=b_0+b_1X_1+b_2X_2+\cdots+b_nX_n$。

6.5 用 SPSS 统计软件进行相关及回归分析

6.5.1 相关分析 SPSS 软件操作步骤

相关分析 SPSS 软件操作步骤如下：

（1）选择 Analyze - Correlate - Bivariate 选项，弹出“Bivariate Correlations”对话框。

（2）把参加计算相关系数的变量从左侧列表框中选到右侧的“Variables”列表框中。

（3）“Correlation Coefficients”选项组：选择相关系数类型，包含 3 个复选框。

①“Pearson”复选框：简单相关系数，是系统默认的方式，用于连续变量或等间距测度的数值型变量。

②“Spearman”复选框：等级相关系数，用来度量顺序变量。

③“Kendall's tau - b”复选框：等级相关系数，用来度量顺序变量。

（4）“Test of Significance”选项组：选择输出相关系数检验的双边或单边概率 P 值，包含两个单选按钮。

①“Two - tailed”单选按钮：双边检验，是系统默认的方式，用于事先不知道相关方向的情况。

②“One - tailed”单选按钮：单边检验，用于事先知道相关方向的情况。

（5）“Flag significant Correlations”复选框：选择输出“*”标志，以标明变量间的相关性是否显著。

在相关系数上用“*”标出检验结果，“*”表示显著性概率 $P<0.05$，即一般显著；“**”表示显著性概率 $P<0.01$，即特别显著。

（6）单击“Options”按钮，弹出“Bivariate Correlations Options”对话框。

①“Statistics”选项组：选择要输出的统计量，包含两个复选框。

a.“Means and standard deviations”复选框：输出变量的均值和标准差。

b.“Cross - product deviations and covariances”复选框：输出各对变量的叉积离差阵和协方差阵。

② Missing Values 选项组：指定对缺失值的处理方式，包含两个单选按钮。

a.“Exclude cases pairwise”单选按钮：剔除本计算变量含有缺失值的数据。

b.“Exclude cases listwise”单选按钮：剔除所有计算变量含有缺失值的数据。

③ 单击“Continue”按钮，返回“Bivariate Correlations”对话框。

（7）单击“OK”按钮，得到相关分析输出结果。

【拓展视频】

【例 6.6】 用 SPSS 统计分析软件的相关分析功能，对例 6.1 中城镇居民消费支出与人均可支配收入进行相关分析。

解： 调用 SPSS 中的相关分析功能，得到城镇居民消费支出与人均可支配收入的相关系数及显著性检验输出结果如表 6 - 9 和表 6 - 10 所示。

表 6-9 基本描述性统计量（Descriptive Statistics）

	Mean	Std. Deviation	N
可支配收入	24.00	9.67	16
消费支出	20.93	9.34	16

从表 6-9 可知，参与分析的两个变量的样本数都是 16，人均可支配收入的平均值是 24 千元，标准差是 9.67 千元；城镇居民消费支出的平均值是 20.93 千元，标准差是 9.34 千元。

表 6-10 相关系数及显著性检验结果（Correlations）

		可支配收入	**消费支出**
可支配收入	Pearson Correlation	1	0.969**
	Sig.（2-tailed）		0.000
	N	16	16
消费支出	Pearson Correlation	0.969**	1
	Sig.（2-tailed）	0.000	
	N	16	16

**. Correlation is significant at the 0.01 level（2-tailed）

从表 6-10 可知，城镇居民消费支出与人均可支配收入的相关系数 $r=0.969$，双边检验的显著性概率 $P=0.000$。由于 $P<0.01$，说明城镇居民消费支出与人均可支配收入之间呈正相关关系，且相关性特别显著，因此，在相关系数 0.969 旁边以“**”进行标志。

6.5.2 线性回归分析 SPSS 软件操作步骤

线性回归分析 SPSS 软件提供了多种回归分析方法，输出的结果也比较多，此处只介绍与前面内容相关的统计分析功能。

（1）选择 Analyze→Regression→Linear 选项，弹出“Linear Regression”对话框。

（2）将因变量放入“Dependent”框，将一个或多个自变量放入“Independent(s)”框。

（3）在“Method”框中，选择回归分析方法。可以选择系统默认的强行进入方法(Enter)，即所选择的自变量强行进入回归方程。

（4）单击“Statistics”按钮，弹出“Linear Regression：Statistics”对话框，可以选择输出统计量。

①“Regression Coefficients”选项组：有关回归系数的选项，包含 3 个复选框。

a.“Estimates”复选框：SPSS 默认输出项，输出与回归系数相关的统计量，包括回归系数、回归系数标准误差、标准化回归系数 Beta、回归系数显著性检验的 t 统计量值和双边检验的显著性概率 P 值。

b.“Confidence Intervals”复选框：输出每个非标准化回归系数的 95%的置信区间。

c.“Covariance matrix”复选框：输出非标准化回归系数的协方差矩阵、各变量的相关系数矩阵。

② 模型拟合效果选项组：包含 5 个复选框，下面只介绍其中常用的两个选项。

a.“Model fit”复选框：SPSS 默认输出项，输出相关系数、判定系数、修正的判定系数、回归方程的标准误差、回归方程显著性 F 检验、方差分析表。

b.“Descriptives”复选框：输出每个变量的均值、标准差、相关系数矩阵及单侧检验显著性概率 P 值。

③“Residuals”选项组：有关残差分析的选项，包含两个复选框。

选择“Casewise diagnostics”项中的“All cases”单选按钮，输出预测值、标准化预测值、残差、标准化残差等。

④ 单击“Continue”按钮，返回“Linear Regression”对话框。

（5）单击“Save”按钮，弹出“Linear Regression：Save”对话框。

①“Predicted Values”项：选择输出预测值。

a.“Unstandardized”复选框：非标准化预测值（点预测）。

b.“Standardized”复选框：标准化预测值（点预测）。

c.“S. E. of mean Predictions”复选框：预测值的均值标准误差。

②“Residuals”项：选择输出残差值。

a.“Unstandardized”复选框：非标准化残差（实测值与预测值之差）。

b.“Standardized”复选框：标准化残差。

③“Prediction Intervals”项：选择输出预测区间。

a.“Mean”复选框：预测区间上、下限的平均值。

b.“Individual”复选框：观测量预测值上下限的间距。

c.“Confidence Interval”框：输入置信水平。系统默认的置信水平是 95%。

④ 单击“Continue”按钮，返回“Linear Regression”对话框。

（6）单击“Options”按钮，弹出“Linear Regression：Options”对话框。

①“Include constant in equation”复选框：在回归方程中包含常数项，是系统默认的选项。

②“Missing Values”项：缺失值处理。

a.“Exclude cases listwise”单选按钮：将变量中具有缺失值的观测量排除在计算之外。

b.“Exclude cases pariwise”单选按钮：剔除计算相关系数的一对变量中含有缺失值的观测量。

c.“Replace with mean”单选按钮：用变量的平均值代替缺失值。

③ 单击“Continue”按钮，返回“Linear Regression”对话框。

（7）单击“OK”按钮，得到线性回归分析输出结果。

【拓展视频】

【例 6.7】 用 SPSS 统计分析软件的线性回归分析功能，对例 6.2 中学生的统计学考试成绩与高等数学考试成绩进行回归分析。

解：调用 SPSS 统计分析软件的线性回归分析功能，得到以下输出结果，如表 6－11～表 6－17 所示。

表 6-11 基本描述统计量（Descriptive Statistics）

	Mean	Std. Deviation	N
统计学	80.50	11.247	10
高等数学	80.10	10.682	10

由表 6-11 可知，参与分析的两个变量的样本数都是 10，学生的统计学考试成绩的平均值是 80.50 分，标准差是 11.247 分；高等数学考试成绩的平均值是 80.10 分，标准差是 10.682 分。

表 6-12 相关系数（Correlations）

		统 计 学	高 等 数 学
Pearson Correlation	统计学	1.000	.964
	高等数学	.964	1.000
Sig.（1-tailed）	统计学	.	.000
	高等数学	.000	.
N	统计学	10	10
	高等数学	10	10

由表 6-12 可知，统计学考试成绩与高等数学考试成绩的相关系数是 $r=0.964$，单边检验的显著性概率 $P=0.000$。由于 $P<0.01$，说明统计学考试成绩与高等数学考试成绩之间呈正线性相关关系，且相关性特别显著。

表 6-13 回归方式表（Variables Entered/Removed）

Model	Variables Entered	Variables Removed	Method
1	高等数学[a]	.	Enter

a. All requested variables entered；b. Dependent Variable：统计学

由表 6-13 可知，回归分析采用的是强行进入法，即全部自变量均进入回归方程的方法。该表主要针对多元回归分析，相对一元回归分析可以省略。

表 6-14 模型拟合程度（Model Summary（b））

Model	R	R Square	Adjusted R Square	Std. Error of the Estimate
1	.964（a）	.930	.921	3.165

a. Predictors：（Constant），高等数学；b. Dependent Variable：统计学

由表 6-14 可知，统计学考试成绩与高等数学考试成绩的相关系数是 $r=0.964$，判决系数是 $R^2=0.930$，修正的判定系数 $\bar{R}^2=0.921$，估计标准误差 $\hat{\sigma}=3.165$。可见，模型的拟合效果很理想。

表 6-15 方差分析表（ANOVA（b））

Model		Sum of Squares	df	Mean Square	F	Sig.
1	Regression	1058.355	1	1058.355	105.618	.000（a）
	Residual	80.145	8	10.018		
	Total	1138.500	9			

a. Predictors：(Constant)，高等数学；b. Dependent Variable：统计学

由表 6-15 可知，回归平方和为 1058.355，自由度为 1，均方差为 1058.355；剩余平方和为 80.145，自由度为 8，均方差为 10.018；总平方和为 1138.500，自由度为 9；F 统计量的值为 105.618，单边检验概率值为 $P=0.000<\alpha=0.01$，说明回归方程高度显著。

表 6-16 回归方程系数表（Coefficients（a））

Model①	②	Unstandardized Coefficients③		Standardized Coefficients④	t⑤	Sig. ⑥
		B	Std. Error	Beta		
1	(Constant)	−.817	7.976		−.102	.921
	高等数学	1.015	.099	.964	10.277	.000

a. Dependent Variable：统计学

由表 6-16 可知，未标准化回归方程的常数项为−0.817，标准误差为 7.976；回归系数为 1，015，标准误差为 0.099；由此得出估计一元线性回归方程为 $\hat{Y}=-0.817+1.015X$。(见表中第③列)。

标准化回归方程的回归系数（Beta）为 0.964，回归方程标准化后就没有常数项了。(见表中第④列)。

常数项检验的 t 统计量的值为−0.102，显著性概率 $P=0.921>\alpha=0.05$，说明常数项不显著，可以考虑去除常数项的回归方程；回归系数检验的 t 统计量的值为 10.277，显著性概率 $P=0.000<\alpha=0.01$，说明回归系数是特别显著的，也就是说，高等数学考试成绩对统计学考试成绩的影响特别显著。(见表中第⑤、⑥列)。

表 6-17 残差统计结果（Residuals Statistics（a））

	Minimum	Maximum	Mean	Std. Deviation	N
Predicted Value	60.09	96.64	80.50	10.844	10
Std. Predicted Value	−1.882	1.489	.000	1.000	10
Residual	−5.490	4.662	.000	2.984	10
Std. Residual	−1.734	1.473	.000	.943	10

a. Dependent Variable：统计学

在表 6－17 中，从第 2 列到第 5 列依次表示最小值、最大值、平均值、标准差和样本容量；从第 2 行到第 5 行依次表示预测值、标准化预测值、残差和标准化残差。

【例 6.8】 在导入案例 6－2 中，探讨了我国商业银行产生不良贷款的现状。下面以具体实例研究多元回归分析在银行中的应用。

一家大型商业银行在多个地区设有分行，其业务主要是进行基础设施建设、国家重点项目建设、固定资产投资等项目的贷款。近年来，该银行的贷款额平稳增长，但不良贷款额也有较大比例的提高，这给银行业务的发展带来较大压力。为了弄清楚不良贷款形成的原因，希望利用银行业务的有关数据做一些定量分析，以便找出控制不良贷款的办法。2015 年该银行所属的 25 家分行的有关业务数据如表 6－18 所示。

表 6－18 某商业银行 2015 年的主要业务数据表

分行编号	不良贷款 y /亿元	各项贷款余额 X_1 /亿元	本年累计应收贷款 X_2 /亿元	贷款项目数 X_3/个	本年固定资产投资额 X_4 /亿元
1	1.2	70.6	7.7	6	54.7
2	1.4	114.6	20.7	17	93.8
3	5.1	176.3	8.6	18	76.6
4	3.5	83.9	8.1	11	18.5
5	8.2	202.8	17.5	20	66.3
6	2.9	19.5	3.4	2	4.9
7	1.9	110.7	11.7	17	23.6
8	12.7	188.9	27.9	18	46.9
9	1.3	99.6	2.6	11	56.1
10	2.9	76.1	10.1	16	67.6
11	0.6	67.8	3.1	12	45.9
12	4.3	135.6	12.1	25	79.8
13	1.1	67.7	6.9	16	25.9
14	3.8	177.9	13.6	27	120.1
15	10.5	266.6	16.5	35	149.9
16	3.3	82.6	9.8	16	32.7
17	0.5	17.9	1.5	4	45.6
18	0.7	76.7	6.8	13	28.6
19	1.3	27.8	5.9	6	16.8
20	7.1	143.1	8.1	29	67.8
21	11.9	371.6	17.7	34	167.2
22	1.9	99.2	4.7	12	47.8
23	1.5	112.9	11.2	16	70.2
24	7.5	199.8	16.7	18	43.1
25	3.6	105.7	12.9	12	100.2

(1) 分别绘制不良贷款与贷款余额、应收贷款、贷款项目数、固定资产投资额之间的散点图，并分析其关系。若有关系，它们之间是一种什么样的关系？关系强度如何？

(2) 建立不良贷款与贷款余额、累计应收贷款、贷款项目数、固定资产投资额等因素的多元线性回归方程，解释各回归系数的实际意义并对回归方程线性关系的显著性及各回归系数的显著性进行检验（$\alpha=0.05$）。

（3）在不良贷款的总变差中，被估计的回归方程所解释的比例是多少？

（4）若贷款余额 $x_1=100$（亿元）、累计应收贷款 $x_2=10$（亿元）、贷款项目数 $x_3=15$（个）和固定资产投资额 $x_4=60$（亿元），根据建立的回归方程，求不良贷款（y）的点估计。

解：（1）不良贷款与各项贷款余额间的散点图如图 6.8 所示。

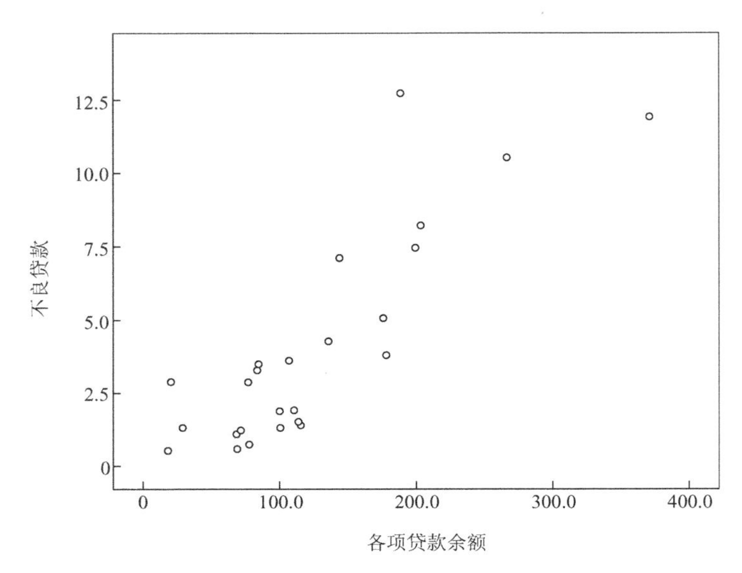

图 6.8　不良贷款与各项贷款余额间的散点图

不良贷款与各项贷款余额间的相关系数及显著性检验如表 6-19 所示。

表 6-19　不良贷款与各项贷款余额间的相关系数

		不 良 贷 款	各项贷款余额
不良贷款	Pearson Correlation	1	.846**
	Sig.（2-tailed）		.000
	N	25	25
**. Correlation is significant at the 0.01 level（2-tailed）			

由不良贷款与各项贷款余额间的散点图和相关系数可以得出，不良贷款与各项贷款余额间存在着较显著的线性关系。

不良贷款与其他款项间的散点图绘制和相关关系的分析类似。

（2）调用 SPSS 统计分析软件的线性回归分析功能，结合题中的实际需求，可以有选择地输出以下结果。

表 6-20　模型拟合程度（Model Summary（b））

Model	R	R Square	Adjusted R Square	Std. Error of the Estimate
1	.893[a]	.798	.758	1.7744
a. Predictors：(Constant)，本年固定资产投资额，本年累计应收贷款，贷款项目数，各项贷款余额				

表 6-21 方差分析表（ANOVA（b））

Model		Sum of Squares	df	Mean Square	F	Sig.
1	Regression	248.878	4	62.219	19.761	.000[a]
	Residual	62.972	20	3.149		
	Total	311.850	24			

a. Predictors：(Constant)，本年固定资产投资额，本年累计应收贷款，贷款项目数，各项贷款余额；
b. Dependent Variable：不良贷款

表 6-22 回归方程系数表（Coefficients（a））

Model		Unstandardized Coefficients		Standardized Coefficients	t	Sig.
		B	Std. Error	Beta		
1	(Constant)	−.946	.860		−1.100	.284
	各项贷款余额	.040	.010	.893	3.842	.001
	本年累计应收贷款	.151	.079	.264	1.919	.069
	贷款项目数	.007	.085	.017	.087	.932
	本年固定资产投资额	−.028	.015	−.310	−1.822	.083

a. Dependent Variable：不良贷款

由表 6-20～表 6-22 可知，估计四元线性回归方程为

$$\hat{Y}=-0.946+0.040X_1+0.151X_2+0.007X_3-0.028X_4$$

修正的判决系数为 0.758，说明模型的拟合程度较高。在对回归方程的显著性检验中，F 检验的统计量的显著性概率 $P=0.000<\alpha=0.05$，说明四元线性回归方程高度显著。在对回归系数的显著性检验中，各项贷款余额系数 t 检验的统计量的显著性概率 $P=0.005<\alpha=0.05$，说明各项贷款余额对不良贷款的影响特别显著；但本年累计应收贷款、贷款项目数和本年固定资产投资额对不良贷款的影响不显著。

由计算所得的判决系数及检验结果可以看出，不良贷款与各项贷款余额、本年累计应收贷款、贷款项目数及本年固定资产投资额总体呈显著的线性相关关系，但在建立的多元线性回归方程中仅不良贷款与各项贷款余额间存在着较显著的线性关系，不良贷款与其他款项间的线性关系不显著。

回归系数表示当控制其他自变量不变的条件下，其对应的自变量的单位变动对因变量平均值的影响。就回归方程中各项贷款余额的系数而言，它表示各项贷款余额每增加 1 亿元，不良贷款平均增加 0.040 亿元。

（3）在不良贷款的总变差中，被估计的回归方程所解释的比例为 $R^2=0.798$，即被估计的回归方程所解释的比例为 79.8%。

（4）若贷款余额 $x_1=100$(亿元)、累计应收贷款 $x_2=10$(亿元)、贷款项目数 $x_3=15$（个）和固定资产投资额 $x_4=60$(亿元)，则根据回归方程，不良贷款的预测值为

$$\hat{y}_0=-0.946+0.040\times100+0.151\times10+0.007\times15-0.028\times60=2.989(\text{亿元})$$

6.5.3 曲线回归分析 SPSS 软件操作步骤

曲线回归分析 SPSS 软件的操作步骤如下：

(1) 选择“Analyze→Regression→Curve Estimation”选项，弹出“Curve Estimation”对话框。

(2) 将因变量放入“Dependent(s)”框，可以一次选入多个因变量，此时对选入的各个因变量分别进行拟合。

将自变量放入“Independent”框，包含两个单选按钮。

①“Variable”单选按钮：选入左侧列表框提供的自变量。

②“Time”单选按钮：选入时间作为自变量。

(3)“Case Labels”列表框：在左侧列表框中选入标示观测量的变量，作为散点图中的点标记。

(4)“Include constant in equation”复选框：选择回归模型中包含常数项。

(5)“Plot models”复选框：选择绘制曲线拟合图。

(6)“Models”复选框：选择一个或多个拟合曲线模型。共有 11 种曲线。

①“Linear”复选框：一元线性方程 $Y=a+bX$。

②“Logarithmic”复选框：对数曲线方程 $Y=a+b\ln X$。

③“Inverse”复选框：倒数曲线方程 $Y=a+b/X$。

④“Quadratic”复选框：二次项曲线方程 $Y=b_0+b_1X+b_2X^2$。

⑤“Cubic”复选框：三次曲线方程 $Y=b_0+b_1X+b_2X^2+b_3X^3$。

⑥“Power”复选框：幂曲线方程 $Y=aX^b$。

⑦“Compound”复选框：复合曲线方程 $Y=ab^X$。

⑧“S”复选框：“S”型曲线方程 $Y=e^{(a+b/X)}$。

⑨“Logistic”复选框：Logistic 曲线方程 $Y=1/[1/u+(ab^X)]$。

选择该项需要在“Upper bound”框内输入上限值 u，u 应为正数且大于最大的因变量的值。

⑩“Growth”复选框：生长曲线方程 $Y=e^{a+bX}$。

⑪“Exponential”复选框：指数曲线方程 $Y=ae^{bX}$。

(7)“Display ANOVA Table”复选框：结果中输出方差分析表。

(8) 单击“Save”按钮，弹出“Curve Estimation：Save”对话框。

①“Save Variables”项：保存变量。

a.“Predicted values”复选框：保存预测值。

b.“Residuals”复选框：保存残差值。

c.“Predicted intervals”复选框：保存预测区间。

d.“Confidence interval”项：选择置信水平。系统默认的置信水平是 95%。

②“Predict Cases”项：预测观测量。自变量为时间变量时使用，如计算时使用全部观测量，则可忽略此项。

③ 单击“Continue”按钮，返回“Curve Estimation”对话框。

(9) 单击“OK”按钮，得到曲线回归分析输出结果。

【例 6.9】 表 6-23 是 2016 年某种旧设备价格的调查资料，试建立该种设备的平均价格关于使用年数的回归方程。

表 6－23　2016 年某种旧设备价格的调查资料

使用年数 X	1	2	3	4	5	6	7	8	9	10
平均价格 Y/百元	2651	1943	1494	1087	765	538	484	290	226	204

解： 调用 SPSS 统计分析软件中的绘图功能，绘制散点图如图 6.9 所示。

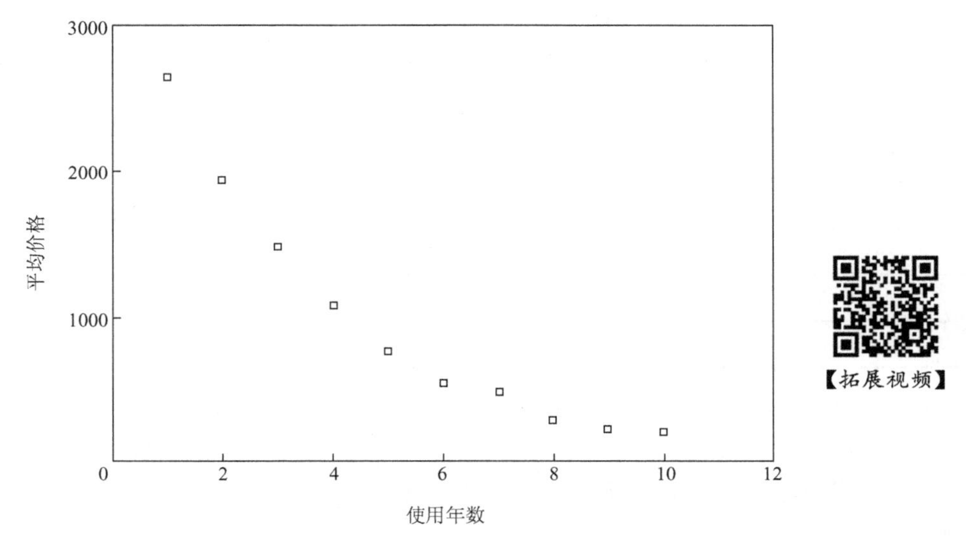

【拓展视频】

图 6.9　平均价格与使用年数的散点图

由图 6.9 可知，平均价格与使用年限呈指数曲线趋势。调用 SPSS 统计分析软件的曲线估计功能，得到曲线拟合图如图 6.10 所示。

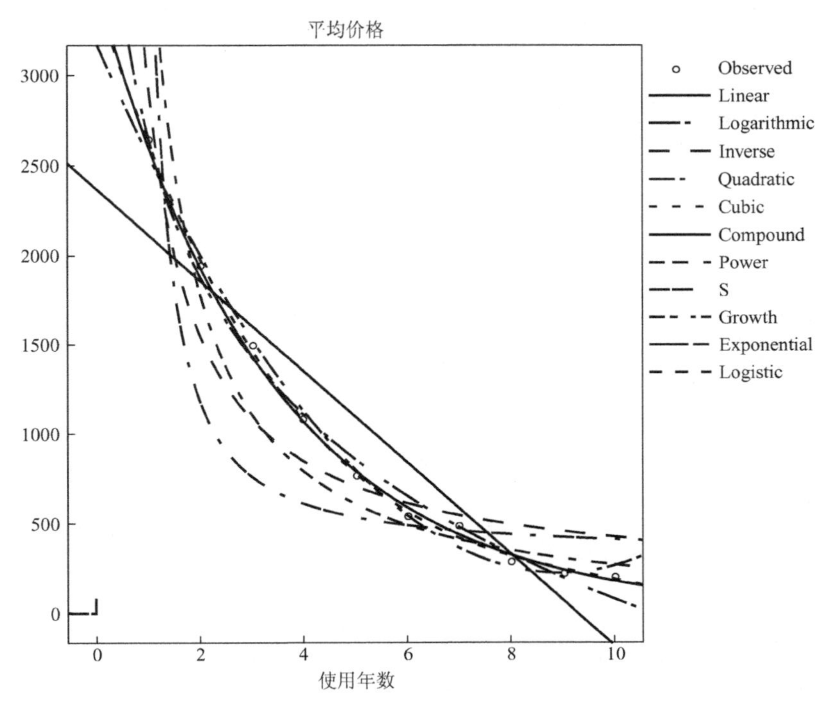

图 6.10　平均价格与使用年数的曲线拟合图

图 6.10 显示，有几条曲线的拟合效果都比较好，下面根据统计检验来选择最优曲线。表 6-24 是各种曲线拟合统计检验整理后的结果。

表 6-24　几种曲线分析结果的比较

曲线类型	判决系数	估计标准误差	*F* 值	显著性概率 *P*
Linear	0.87634	307.78046	56.69267	0.0001
Logarithmic	0.99225	77.05614	1024.10220	0.000
Inverse	0.89680	281.16238	69.52160	0.000
Quadratic	0.994077	72.04154	586.89299	0.000
Cubic	0.99845	39.74187	1291.35947	0.000
Power	0.90981	0.28818	80.70347	0.000
S	0.66171	0.55812	15.64809	0.0042
Exponential	0.99243	0.08351	1048.19411	0.000

综合各项结果来看，实际观测点与指数曲线（Exponential）$Y=ae^{bX}$ 的模拟效果最好，其判决系数达到 0.99243，标准误差只有 0.08351，F 值达到 1048.19，回归方程高度显著。因此平均价格与使用年数之间的相关关系选择指数曲线方程 $\hat{Y}=3514.2626e^{-0.29768X}$ 来描述。

表 6-25 是指数曲线回归分析的详细输出结果。

平均价格与使用年数的指数曲线拟合图如图 6.11 所示。

表 6-25　指数曲线回归分析的详细输出结果

```
MODEL:   MOD_5.
Dependent variable.. y                    Method.. EXPONENT
Listwise Deletion of Missing Data
----------------------------------------------------------------
Multiple R            .99621
R Square              .99243
Adjusted R Square     .99148
Standard Error        .08351
----------------------------------------------------------------
Analysis of Variance:
----------------------------------------------------------------
                  DF    Sum of Squares    Mean Square
Regression         1       7.3106262       7.3106262
Residuals          8        .0557960        .0069745
F=1048.19411          Signif F=   .0000
----------------------------------------------------------------
------------------- Variables in the Equation -------------------
Variable          B            SE B          Beta          T        Sig T
   x          -.297680       .009195      -.996206     -32.376     .0000
(Constant)   3514.262600   200.490608                   17.528     .0000
----------------------------------------------------------------
```

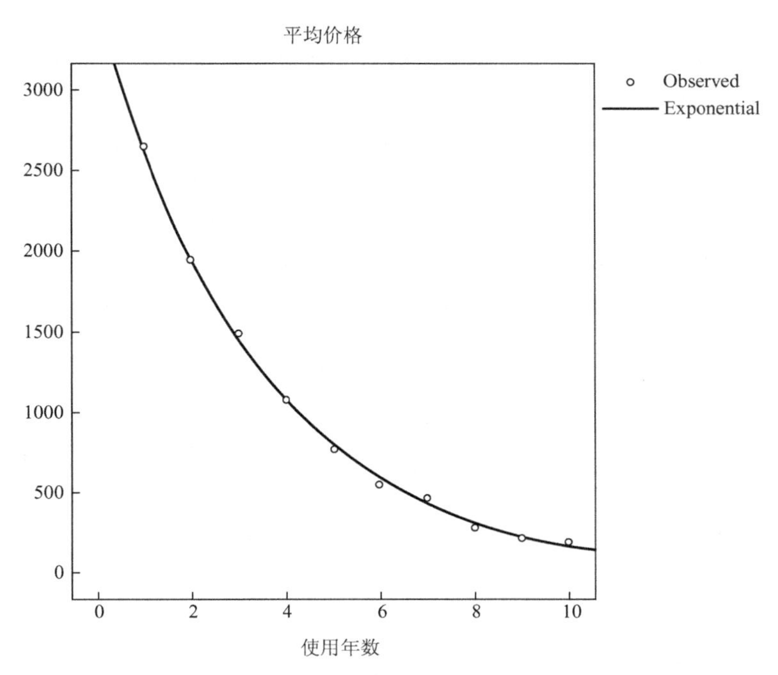

图 6.11　平均价格与使用年数的指数曲线拟合图

基于需求的天津市高校发展规模的回归分析

自 1999 年起，天津市高等教育进行了大规模扩张。在天津市宏观发展框架下，高等教育得以快速增长，规模迅速扩大。从天津市乃至全国高等教育整体发展趋势来看，未来几年，高等教育的规模还将继续保持一个较高的增长水平。因此，确定适度的高校学生规模是高等教育可持续发展的关键。

高等教育的需求简单地说就是社会和个人对高等教育有支付能力的需要。影响高等教育发展规模的需求因素有很多，如现有人口中接受过高等教育的比例、社会经济发展水平、居民对于高等教育的需求等，其中有些因素是难以确定的。从居民对于高等教育的需求角度来探讨高等教育发展的规模，如我们选择天津市普通高等学校在校生人数作为发展规模变量，选择天津市城镇居民的人均可支配收入和户籍人口数作为发展规模的主要影响变量。有关部门想要解决以下问题：

(1) 分析城镇居民的人均可支配收入和户籍人口数与高校在校生数的关系。

(2) 探求城镇居民的人均可支配收入和户籍人口数对高校在校生数的影响程度。

(3) 基于需求的角度对天津市高校发展规模进行统计分析。

一、学习目标

通过本案例的学习，要求学生熟练掌握回归分析的基本方法及其应用。考核学生对回归分析的理解程度。

二、案例分析

这是一个典型的研究变量之间相关关系的实际问题。为了实现研究目标，就要分析城镇居民的人均可支配收入和户籍人口数这两项指标与高等学校在校生人数之间的相关关系，这就需要大量的样本数据，我们从《2015 天津统计年鉴》搜集到 1999—2014 年共 16 年的有关指标的数据资料。为解决本案例问题，还需要建立描述高等学校在校生人数与城镇居民的人均可支配收入和户籍人口数之间的相互关系的回归模型，再根据所得到的样本数据求解出反映高等学校在校生人数与城镇居民的人均可支配收入和户籍人口数之间的相互关系的回归方程，最后根据回归方程进行分析。

1. 收集样本数据

表 6－26　1999—2014 年天津市高等教育发展规模需求变量数据资料

年　　份	在校生数 Y/万人	城镇居民人均可支配收入 X_1/元	户籍人口数 X_2/万人
1999	9.05	7650	910.17
2000	11.77	8141	912.00
2001	15.40	8959	913.98
2002	19.69	9338	919.05
2003	24.52	10313	926.00
2004	28.61	11467	932.55
2005	33.16	12639	939.31
2006	35.74	14283	948.89
2007	37.11	16357	959.10
2008	38.64	19423	968.87
2009	40.60	21402	979.84
2010	42.92	24293	984.85
2011	44.97	26921	996.44
2012	47.31	29626	993.20
2013	48.99	28980	1003.97
2014	50.58	31506	1016.66

资料来源：《2015 天津统计年鉴》

2. 建立需求回归模型

需求模型采用多元统计分析中的二元回归分析模型，并假设初始回归模型为二元线性回归模型：

$$Y=\beta_0+\beta_1 X_1+\beta_2 X_2+\varepsilon$$

式中，β_0、β_1、β_2 为待定系数；ε 为随机误差项。

3. 用软件求解并进行回归分析

在采用强行进入法进行多元线性回归分析时，得到以下主要输出结果，如表 6－27～表 6－29 所示。

表 6－27 判决系数及标准误差表 (b)

Model	R	R Square	Adjusted R Square	Std. Error of the Estimate
1	0.967[a]	.936	.926	3.675

a. Predictors：(Constant)，户籍人口数，可支配收入

b. Dependent Variable：在校生数

表 6－28 回归方程的拟合优度检验表 (b)

Model		Sum of Squares	df	Mean Square	F	Sig.
1	Regression	2552.323	2	1276.121	94.471	.000[a]
	Residual	175.611	13	13.509		
	Total	2727.934	15			

a. Predictors：(Constant)，户籍人口数，可支配收入

b. Dependent Variable：在校生数

表 6－29 回归方程及其系数的显著性检验表 (a)

Model		Unstandardized Coefficients		Standardized Coefficients	t	Sig.
		B	Std. Error	Beta		
1	(Constant)	−565.497	148.348		−3.812	0.002
	可支配收入	−0.001	0.001	−7.85	−1.747	0.104
	户籍人口数	0.649	0.168	1.735	3.860	0.002

a. Dependent Variable：在校生数

表 6－27～表 6－29 表明，调整后的判决系数为 0.926，说明模型的拟合程度很高；在对回归方程的显著性检验中，F 检验的统计量的值为 94.471，显著性概率值 $P=0.000<\alpha=0.01$，说明二元线性回归方程高度显著；在对回归系数的显著性检验中，人均可支配收入和户籍人口数回归系数的 t 检验的统计量的值分别为 −1.747 和 3.860，显著性概率值分别为 0.104 和 0.002，在显著性水平 $\alpha=0.05$ 下，说明户籍人口数对在校生数的影响总体上是显著的，而人均可支配收入对在校生数的影响并不显著。

以上分析结果表明，采用二元线性回归分析模型来描述天津市普通高等学校在校生数与城镇居民人均可支配收入、户籍人口数之间的关系是合适的。因此，构建高等教育规模的需求模型为

$$Y=-565.497-0.001X_1+0.649X_2+\varepsilon$$

4. 基于需求角度的高校教育规模的统计分析

依据天津市高等教育规模的需求模型，可以对扩招后天津市的高等教育规模进行统计分析。根据需求模型的回归方程 $Y=-565.497-0.001X_1+0.649X_2+\varepsilon$，我们对1999年至2014年天津市高等教育发展规模进行了预测计算，预测结果如表6-30所示。

表6-30　1999—2014年天津市高等教育实际需求量与预测量对照表（单位：万人）

年　份	普通高校学生需求量实际值	普通高校学生需求量预测值	实际量-预测量
1999	9.05	15.39	−6.34
2000	11.77	15.97	−4.20
2001	15.40	16.23	−0.83
2002	19.69	19.04	0.65
2003	24.52	22.33	2.19
2004	28.61	25.14	3.47
2005	33.16	28.06	5.10
2006	35.74	32.22	3.52
2007	37.11	36.25	0.86
2008	38.64	38.75	−0.11
2009	40.60	43.39	−2.79
2010	42.92	43.03	−0.11
2011	44.97	47.26	−2.29
2012	47.31	41.78	5.53
2013	48.99	49.57	−0.58
2014	50.58	54.64	−4.06

由表6-30可以看出，在1999年至2001年，天津市高等教育发展的实际规模低于需求预测规模平均约4万人；在2002年至2007年，天津市高等教育发展的实际规模高于需求预测规模平均约2.6万人；而在2008年至2014年，天津市高等教育发展的实际规模又低于需求预测规模平均约0.63万人。由此揭示出天津市高等教育发展的实际规模与基于收入和人口需求的预测规模之间的差距。

从以上相关和回归分析结果可以看出：

第一，天津市高等教育发展规模与城镇人均可支配收入、户籍人口数之间总体上存在高度密切的正相关关系，尤其人口数的不断增加对高等教育发展规模的扩大具有很强的促进作用。

第二，对天津市高等教育发展规模有显著地促进作用的户籍人口数与在校生人数的回归系数为0.649，这意味着户籍人口数每增加1万人，高校在校生人数平均增加0.649万人。

第三，从需求角度而言，1999—2014年期间天津市高等教育发展的实际规模是逐步增加的趋势，但是从城镇居民收入与人口方面的需求角度来说，其预测发展规模是呈起伏中上升的趋势，而实际规模与预测规模相比总体上有些差距。虽然我们只是从城镇居民生活水平和人口增长的角度来研究高等教育发展规模的需求量，所选变量可能具有一定的局限性，但是研究所得的结论仍然具有一定的现实意义。

【拓展案例】

本章小结

经济现象的发展变化受很多因素的影响，但是这种影响关系在很多情况下并非确定的函数关系，而是一种相关关系。要了解现象发展变化的影响因素和影响结果，就必须对这种相关关系进行分析，并给出现象之间相关关系的回归分析模型，对回归参数进行估计，并对回归方程进行检验，利用回归方程对未来等进行预测。

关键术语

Correlation 相关关系　Correlation Analysis 相关分析
Correlation Strength 相关强度　Correlation Coefficient 相关系数
Direction (Positive Versus Negative) 相关方向（正相关和负相关）
Scatter Plots 散点图
Pearson's Correlation Coefficient 皮尔逊相关系数
Independent Variable 自变量　Dependent Variable 因变量
Regression Analysis 回归分析　Regression Model 回归模型
Regression Equation 回归方程　Regression Coefficient 回归系数
Error Term 误差项　Regression Line 回归直线
Method of Least Squares 最小二乘法　Error Sum of Squares 误差平方和
Regression Sum of Squares 回归平方和　Mean Square Regression 回归均方
Mean Square Error 误差均方　Coefficient of Determination 判定系数
Standard Error of Estimate 估计标准误差　Residual 残差
Multiple Regression Analysis 多元回归分析　Multiple Regression Model 多元回归模型

知识链接

[1] 张建同，孙昌言，王世进．应用统计学［M］．2版．北京：清华大学出版社，2015.

[2] SAMPRIT CHATTERJEE，ALI S HADI. Regression Analysis by Example［M］．5版．New York：Hoboken，NJ，2012.

[3] 中华人民共和国国家统计局网站：http：//www. stas. gov. cn.

[4] 天津统计信息网站：http：//www. stats－tj. gov. cn.

习　题　6

一、选择题

1. 当相关系数 $r=0$ 时，(　　)。

A. 现象之间完全无关　　B. 相关程度较小

C. 现象之间完全相关　　D. 现象之间无线性相关关系

2. 相关分析与回归分析，在是否需要确定自变量和因变量的问题上，(　　)。

A. 前者不需要确定，后者需要确定　　B. 前者需要确定，后者不需要确定

C. 两者均需确定　　D. 两者都不需要确定

3. 两个变量的相关系数为0.8，则其回归直线方程的判决系数为(　　)。

A. 0.5　　B. 0.8　　C. 0.64　　D. 0.9

4. 回归分析中，各实际值与回归值的离差平方和称为(　　)。

A. 总平方和　　B. 判定系数　　C. 回归平方和　　D. 残差平方和

5. 说明回归直线拟合程度的统计量主要是(　　)。

A. 判决系数　　B. 回归系数　　C. 相关系数　　D. 估计标准误差

6. 在下列变量之间的关系中，(　　)不是相关关系。

A. 在销售价格不变的情况下，某种商品的销售额与销售量之间的关系

B. 儿子的身高与他父亲的身高之间的关系

C. 家庭的支出与其收入之间的关系

D. 一个人的血压和年龄之间的关系

7. 某产品的单位成本与工人劳动生产率之间的回归直线方程为 $\hat{y}=30-0.6x$，则(　　)。

A. 0.6 为回归系数

B. 30 是回归直线在纵轴的截距

C. 劳动生产率每增加一单位，单位成本平均上升 0.6 元

D. 劳动生产率每增加一单位，单位成本平均下降 0.6 元

E. -0.6 为回归系数

8. 在一元线性回归分析中(　　)。

A. 回归方程是根据最小二乘法确定的

B. 判决系数测度了回归方程的拟合程度

C. 估计标准误差测度了观测值与估计值之间的平均变异程度

D. 用 F 统计量检验线性关系

E. 用 t 统计量检验回归系数的显著性

9. 工业企业的产品成本 X 和利润 Y 之间的关系可能用(　　)回归方程来描述。

A. $\hat{Y}=20+\dfrac{8.5}{X}$　　B. $\hat{Y}=95-8.7X$

C. $\hat{Y}=8x+15X^2$　　D. $\hat{Y}=-15+7.8X$

E. $\hat{Y}=14+5X$

10. 工资（元）对劳动生产率（千元）的回归方程为 $y=10+70x$，这意味着(　　)。

A. 劳动生产率等于1000元，工资提高70元
B. 劳动生产率每增加1000元，工资增长70元
C. 劳动生产率不变，工资为80元
D. 劳动生产率增加1000元，工资平均提高70元
E. 劳动生产率减少500元，工资平均减少35元

二、简答题

1. 区别下列概念。
(1) 相关关系与函数关系；(2) 正相关与负相关；
(3) 相关分析与回归分析；(4) 自变量与因变量；
(5) 回归系数与相关系数；(6) 判决系数与修正判决系数；
(7) 一元线性回归分析与多元线性回归分析。

2. 对于下列每一对变量，相关系数是正的好，还是负的好？
(1) 身高和体重；(2) 职称和工资；(3) 抽烟数量和心肺健康；
(4) 劳动生产率和单位产品成本；(5) 福利条件和老、幼的疾病。

3. 一位研究者测量两个变量的相关系数为0.01，就判断这两个变量不相关，这个结论对吗？为什么？

4. 对于给定的一组实际观测值，运用最小二乘法建立起来的回归方程，为什么要进行显著性检验并达到显著性要求时才能认可是有效的？

5. 在回归分析的显著性检验中，t 检验与 F 检验有何区别？

6. 通过原点的一元线性回归模型是怎样的？用最小二乘法求出回归系数的值。

7. 解释总离差平方和、回归平方和和剩余平方和的含义，并说明它们之间的关系。

8. 在SPSS统计分析软件中，多元线性回归与一元线性回归共用一个Linear过程，它们都是采用最小二乘法求解，主要区别在哪里？

9. 为了研究高等数学成绩与概率统计成绩的关系，现收集到20名学生的高等数学、概率统计的成绩，如表6-31所示。

表6-31 学生成绩表

高等数学	78	67	89	76	83	91	74	69	94	66
概率统计	74	63	70	75	81	86	67	63	89	62
高等数学	77	86	67	93	85	65	90	83	75	81
概率统计	79	88	65	90	78	67	80	91	73	82

采用SPSS统计分析软件进行线性回归分析，得到表6-32和表6-33所示的输出结果。

表6-32 ANOVA(b)

Model		Sum of Squares	df	Mean Square	F	Sig.
1	Regression	1252.095	1	1252.095	41.856	.000(a)
	Residual	538.455	18	29.914		
	Total	1790.550	19			

a. Predictors：(Constant)，高等数学；
b. Dependent Variable：概率统计

表 6-33 Coefficients(a)

Model		Unstandardized Coefficients		Standardized Coefficients	t	Sig.
		B	Std. Error	Beta		
1	(Constant)	8.184	10.576		.774	.449
	高等数学	.855	.132	.836	6.470	.000

a. Dependent Variable：概率统计

（1）根据表 6-32 计算出判决系数，解释判决系数的实际意义；建立显著性检验的零假设和备择假设，并说明检验的结论是什么？为什么？（$\alpha=0.05$）

（2）根据表 6-33 写出估计回归方程，解释回归系数的实际意义；建立显著性检验的零假设和备择假设，并说明检验的结论是什么？为什么？（$\alpha=0.05$）

10. 下面是随机抽取 10 家大型商场销售的同类商品的有关数据（表 6-34）。

表 6-34 大型商场销售的同类商品的有关数据 （单位：元）

企业编号	销售价格 Y	购进价格 X_1	销售费用 X_2
1	1238	966	223
2	1266	894	257
3	1200	440	387
4	1193	664	310
5	1106	791	339
6	1303	852	283
7	1313	804	302
8	1144	905	214
9	1286	771	304
10	1084	511	326

采用 SPSS 统计分析软件进行线性回归分析，得到表 6-35 所示输出结果。

表 6-35 Coefficients(a)

Model		Unstandardized Coefficients		Standardized Coefficients	t	Sig.
		B	Std. Error	Beta		
1	(Constant)	705.294	502.316		1.404	.203
	购进价格	.383	.303	.804	1.263	.247
	销售费用	.738	.988	.476	.747	.479

a. Dependent Variable：销售价格

根据表 6－35：

（1）写出销售价格关于购进价格和销售费用的估计回归方程。

（2）解释各个回归系数的实际意义。

（3）说明购进价格和销售费用对销售价格的影响是否显著？为什么？（$\alpha=0.05$）

11. 某汽车生产商欲了解广告费用 X 对销售量的影响，收集了过去 12 年的有关数据，通过 SPSS 统计分析软件计算，得到表 6－36 和表 6－37 所示的结果。

表 6－36　ANOVA(b)

Model		Sum of Squares	df	Mean Square	F	Sig.
1	Regression					2.17E－09(a)
	Residual	40158				
	Total	1642866	11			

a. Predictors：(Constant)，广告费用；

b. Dependent Variable：销售价格

表 6－37　Coefficients(a)

Model		Unstandardized Coefficients		t	Sig.
		B	Std. Error		
1	(Constant)	363.69	62.46	5.82	.000
	广告费用	1.42	.07	19.98	2.17E－09

a. Dependent Variable：销售价格

（1）填表完成表 6－36。

（2）汽车销售量的变差中有多少是由广告费用的变动引起的？

（3）销售量与广告费用的判决系数是多少？

（4）写出估计的回归方程并解释回归系数的实际意义

（5）检验线性关系的显著性。（$\alpha=0.05$）

（6）检验回归系数的显著性。（$\alpha=0.05$）

三、判断题

1. 当相关系数 r 为正时，一元线性回归模型中的回归系数也一定为正。（　　）

2. 在回归分析中，自变量和因变量都是随机变量。（　　）

3. 变量 x 与 y 的相关系数为 0.8，变量 m 与 n 的相关系数为－0.9，则 x 与 y 的相关密切程度更高。（　　）

4. 进行相关回归分析，应注意对相关系数和回归直线方程的有效性进行检验。（　　）

5. 回归分析和相关分析一样，所分析的两个变量都一定是随机变量。（　　）

6. 估计标准误差是以回归直线为中心反映各观测值与估计值平均数之间离差程度的大小。（ ）

7. 回归系数的绝对值小于 1。（ ）

8. 当回归系数大于 0 时，正相关；当回归系数小于 0 时，负相关。（ ）

9. 当直线相关系数等于 0 时，说明变量之间不存在任何相关关系。（ ）

10. 相关系数越大，估计标准误差值就越大，从而直线回归方程的精确性越低。（ ）

四、计算题

1. 5 位同学统计学的学习时间与学习成绩如表 6-38 所示。

表 6-38　5 位同学统计学的学习时间与学习成绩

每周学习时数 X	学习成绩 Y
4	40
6	60
7	50
10	70
13	90

（1）由此计算出学习时数与学习成绩之间的相关系数。

（2）建立学习成绩关于学习时数的直线回归方程。

（3）计算估计标准误差。

（4）若某同学在统计学上的学习时数为 15，试估计他的学习成绩。

2. 为分析某种产品的销售额 X 对销售成本 Y 的影响，现根据某商场 2016 年的有关统计资料计算出以下数据（单位：万元）：

$$\sum(x_i-\bar{x})^2=425053.73 \qquad \bar{x}=647.88$$

$$\sum(y_i-\bar{y})^2=262855.25 \qquad \bar{y}=549.8$$

$$\sum(x_i-\bar{x})(y_i-\bar{y})=334229.09 \qquad n=20$$

试根据以上数据：

（1）拟合线性回归方程，并对回归系数的经济意义做出解释。

（2）计算判决系数和估计标准误差。

（3）对回归系数进行显著水平为 0.05 的显著性检验。

（4）假定 2017 年 1 月销售额为 800 万元，利用拟合的回归方程预测相应的销售成本，并给出置信水平为 95%的预测区间。

3. 对某次一元线性回归分析得到如下的结果：

回归平方和 $SS_R=680$，自由度 $f_R=1$

剩余平方和 $SS_E=1205$，自由度 $f_E=20$

（1）在进行回归分析时所采用的观察值有多少组？

（2）根据上述数据进行方差分析，计算 F 值。

（3）说明在进行方差分析时 F 检验的零假设和备择假设。

（4）在显著性水平为 $\alpha=0.05$ 时，说明回归方程是否有效。

4. 已知变量 X 与 Y 的观测值及有关计算过程如表 6-39 所示。

（1）计算并填表 6-39。

表 6-39　X 与 Y 的观测值及有关计算过程

X	−1	0	0	2	1	$\bar{x}=$
Y	0	1	−2	0	1	$\bar{y}=$
X^2						$\sum x_i^2=$
Y^2						$\sum y_i^2=$
XY						$\sum x_i y_i=$

（2）计算 S_{xy} 和 S_{xx}。

（3）利用表中数据计算回归系数及常数项。

（4）写出所求出的线性回归方程。

（5）计算判决系数 R^2。

5. 某种产品的产量与单位成本资料如表 6-40 所示。

表 6-40　某种产品的产量与单位成本资料

产量 X/千件	单位成本 Y/(元/件)
2	73
3	72
4	71
3	73
4	69
5	68

（1）计算相关系数 r，判断其相关方向和程度。

（2）建立单位成本关于产量的直线回归方程。

（3）指出产量每增加 1000 件时，单位成本平均下降了多少元？

6. 某冰箱生产厂家认为，冰箱销售额 Y（万元）与推销人员数 X_1（人）和所支出的广告费用 X_2（万元）有一定的关系。根据 2006—2016 年的有关统计数据建立的二元线性回归方程为 $\hat{Y}=-98.2457+11.0537X_1+0.639X_2$，并已计算出 X_1 和 X_2 的回归系数检验的统计量的值分别为 $t_{b1}=2.6562$，$t_{b2}=0.5963$。

（1）试分析说明推销人员人数和广告费用对销售额的影响是否显著？（$\alpha=0.05$）

（2）试解释 X_1 和 X_2 的回归系数的实际意义。

7. 设 Y 和 X 之间近似满足 $Y=a+\dfrac{b}{X}$，现给出数据资料如表 6-41 所示。

表 6-41　Y 和 X 的数据资料

X	56.7	44.5	38.5	38.5	37.2	21.8
Y	177	185	190	180	184	196

(1) 求 Y 对 X 的回归方程。

(2) 求 Y 与$\frac{1}{X}$之间的相关系数。

8. 某地区近几年来职工月均收入与用于智力投资的统计数据如表 6－42 所示。

表 6－42 职工月均收入与用于智力投资的统计 (单位：百元)

月均收入 X	35	46	50	64	83	89	90	95
智力投资 Y	5	4	7	11	16	18	19	22

分别用求出相应的非线性回归方程，并通过估计标准误差的计算，比较不同曲线拟合下的优劣。

(1) 幂函数曲线 $Y=aX^b$.

(2) 指数函数函数 $y=ae^{bX}$.

五、上机实验题

1. 要研究成人年龄与血压之间是否有线性相关关系，调查 10 位女性的年龄与血压如表 6－43 所示。

表 6－43 10 位女性的年龄与血压

编号	年龄	血压
1	30	73
2	20	50
3	60	128
4	80	170
5	40	87
6	50	108
7	60	135
8	30	69
9	70	148
10	60	132

(1) 绘制成人年龄与血压的散点图，判断二者之间的关系。

(2) 计算成人年龄与血压的相关系数。

(3) 对相关系数进行显著性检验，并说明二者之间的关系密切程度。($\alpha=0.05$)

2. 某公司打算在某地推出一种新产品，为了确定该地区影响消费者购买行为的主要因素以便更准确地进行定价决策和制定产品营销策略，而对某地区进行了部分抽样调查，在一个月的试销期间经过分析（影响该地区消费者购买的主要因素包括每月家庭可支配收入、实际收入、购买者年龄、家庭成员数等）得到如表 6－44 所示数据。

表 6-44 公司调查数据

年　龄	月家庭实际收入 X_1	月家庭可支配收入 X_2	是否购买 X_3	家庭成员数 X_4
41	306	299	0(不买)	1
45	340	332	0(不买)	1
41	429	419	0(不买)	1
41	316	300	0(不买)	1
45	341	322	0(不买)	1
41	430	425	0(不买)	1
39	492	491	0(不买)	1
39	482	491	0(不买)	2
32	508	492	0(不买)	1
32	530	502	0(不买)	2
33	642	561	0(不买)	1
45	889	862	0(不买)	1
43	1108	1056	0(不买)	1
40	1191	1075	0(不买)	1
39	1518	1469	0(不买)	2
46	1741	1543	0(不买)	2
38	1963	1628	0(不买)	2
38	2182	1854	1(买)	2
44	2673	2204	1(买)	2
39	3983	3139	0(不买)	3
26	6008	4442	1(买)	3
45	7274	5566	1(买)	3
40	8353	6545	0(不买)	3
35	9068	7189	1(买)	3
30	9193	7912	1(买)	5
44	9491	7493	1(买)	4
47	10921	7997	1(买)	5
35	11991	9463	1(买)	6
36	12969	9396	1(买)	6
30	9143	8012	1(买)	3
44	9591	7693	1(买)	3
47	10121	8997	1(买)	4
35	11951	9363	1(买)	6
36	13969	8396	1(买)	5

试通过相关分析确定月家庭实际收入是否是影响消费者购买行为的重要因素。($\alpha=0.05$)

3. 有10个同类企业的生产性固定资产年平均价值和工业总产值资料如表6－45所示。

表6－45　10个同类企业的生产性固定资产年平均价值和工业总产值资料

企业编号	生产性固定资产价值 X/万元	工业总产值 Y/万元
1	318	524
2	910	1019
3	200	638
4	409	815
5	415	913
6	502	928
7	314	605
8	1210	1516
9	1022	1219
10	1225	1624

(1) 求工业总产值关于生产性固定资产年平均价值的直线回归方程。

(2) 计算判决系数及估计标准误差。

(3) 进行回归方程的显著性检验。($\alpha=0.01$)

4. 某企业希望了解每周的产品广告费与销售额之间的关系，记录了如表6－46所示数据。

表6－46　广告费与销售额数据　　（单位：万元）

广告费 X	40	25	35	45	30	28	40	24	32	28
销售额 Y	395	350	380	430	370	380	420	330	350	360

(1) 求广告费与销售额之间的相关系数，并分析二者之间的相关方向和相关程度。

(2) 试建立线性回归方程。

(3) 检验回归系数是否显著。($\alpha=0.05$)

5. 一家商店在10个地区设有经销分公司。公司认为商品销售额与该地区的人口数和年人均收入有关，并希望建立它们之间的数量关系式，以预测销售额。有关数据资料如表6－47所示。

表6－47　相关数据

地区编号	销售额 Y/万元	人口数 X_1/万人	年人均收入 X_2/百元
1	33.3	32.4	12.5
2	35.5	29.1	16.5
3	27.6	26.3	15.5
4	30.4	31.2	13.1
5	21.9	29.2	13.1
6	53.1	40.7	15.8
7	35.6	29.8	14.9
8	29.0	23.0	15.2
9	35.1	29.2	16.2
10	34.5	26.9	15.7

（1）试确定销售额对人口数和年人均收入的线性回归方程。

（2）分析回归方程的拟合程度。

（3）进行回归方程的显著性检验。（$\alpha=0.05$）

（4）进行各回归系数的显著性检验。（$\alpha=0.05$）

6. 设有自变量 X 和因变量 Y 的观测数据如表 6-48 所示。

表 6-48　自变量 X 和因变量 Y 的观测数据

X	2	3	4	5	7	8	10
Y	106.42	108.2	109.58	109.5	110.0	109.93	110.49
X	11	14	15	16	18	19	
Y	110.59	110.60	110.90	110.76	110.0	111.2	

（1）用倒数曲线拟合 Y 关于 X 之间的关系。

（2）用对数曲线拟合 Y 关于 X 之间的关系。

（3）说明哪个曲线拟合程度更好。

实际操作训练

1. 实训项目：复习时间与考试成绩的关系判断。

实训目的：学会运用相关分析的原理和方法解决实际问题。

实训内容：对所在班级某门专业课程的期末复习时间和考试成绩进行调查，收集数据资料。

要求：利用 SPSS 统计分析软件，首先绘制复习时间和考试成绩的散点图，并判断二者之间大体呈什么样的关系；然后计算复习时间和考试成绩的简单相关系数并进行显著性检验，分析能否得出复习时间越长考试成绩越高的结论。

2. 实训项目：父母身高与子女身高的回归分析。

实训目的：学会运用一元线性（或非线性）回归分析的原理和方法解决实际问题。

实训内容：早在 19 世纪后期，英国生物学家高尔顿通过观察 1078 个家庭中父亲、母亲身高的平均值 x 和其中一个成年儿子身高 y，建立了关于父母身高与子女身高的线性方程，即 $y=33.73+0.516x$。从方程可以看出，子女身高有回归平均的倾向。那么，时隔一百多年后的今天，人类的物质生活和精神生活都已发生巨大的变化，父母身高与子女身高之间将呈现出什么样的关系呢？

请调查本班学生及其父母身高的相关数据，利用 SPSS 统计分析软件，仿照高尔顿的方法拟合身高的回归方程，并评价及检验方程的优劣。

3. 实训项目：中国 GDP 的影响因素分析及预测。

实训目的：学会运用多元线性回归分析的原理和方法解决实际问题。

实训内容：分小组讨论，GDP 在地区层次上称为地区生产总值，它受多种因素的影响，如进出口总额、固定资产投资、社会消费品零售总额等。请查阅《中国统计年鉴》，获取近 15 年的相关数据，以中国 GDP 预测量为目标，进行多元线性回归分析。

要求：以 GDP 作为因变量，确定至少 3 个与 GDP 相关的自变量，然后借助 SPSS 工具，建立回归模型，进行参数估计，并进行有关的显著性检验，最后预测我国未来 5 年 GDP 值并写出分析报告。

案例思考与讨论

基于供给模型的天津市高等教育发展规模的实证分析

高等教育适度的发展规模应该是既能够最大程度地满足社会和居民对高等教育的迫切需求，又能够与现阶段经济发展水平相适应。在我国实行市场经济的条件下，由政府教育部门决定高等教育供给的决策方式。影响高等教育的供给因素有很多，如经济发展水平、高校的发展状况、政府及社会对高等教育的重视等，其中有些因素也是难以确定的。从居民对于高等教育的供给角度来探讨高等教育发展的规模，选择天津市普通高等学校在校生人数作为发展规模变量，选择天津市的 GDP 和普通高等学校专任教师数作为发展规模的主要影响变量。《2015 天津统计年鉴》公布的 1999—2014 年的数据资料如表 6－49 所示。

表 6－49　1999—2014 年天津市高等教育发展规模供给变量数据

年　　份	在校生数 Y/万人	GDP X_1/亿元	专任教师数 X_2/万人
1999	9.0450	1500.95	0.9647
2000	11.7690	1701.88	1.0137
2001	15.3998	1919.09	1.2552
2002	19.6892	2150.76	1.4175
2003	24.5213	2578.03	1.5553
2004	28.6145	3110.97	1.8973
2005	33.1553	3905.64	2.167
2006	35.7382	4462.74	2.4464
2007	37.1136	5252.76	2.5166
2008	38.6437	6719.01	2.6169
2009	40.5968	7521.85	2.7118
2010	42.9224	9224.46	2.8094
2011	44.9702	11307.28	2.8919
2012	47.3114	12893.88	2.9929
2013	48.9919	14442.01	3.09
2014	50.5795	15726.93	3.1008

（1）对 1999—2014 年在校生数与 GDP 和专任教师数进行相关分析，探求 GDP 和专任教师数对高校在校生数的促进作用。

（2）建立二元线性回归分析模型，并根据回归系数的经济意义分析 GDP 和专任教师数对高校在校生数的贡献大小。

（3）计算基于供给模型的天津市高校发展规模预测值，并与天津市高校发展规模实际值进行对比分析。

（4）在前面实例分析中已经计算出 1999—2014 年基于需求回归模型的天津市高校发展规模预测值，将其与基于供给回归模型的天津市高校发展规模预测值进行对比，分析天津市高等教育发展的供需关系及差异。

【参考答案】

第7章

聚类分析

教学目标

通过本章的学习，正确理解聚类分析的基本理论，掌握系统聚类法的基本程序及SPSS软件的操作步骤，学会利用这些方法解决实际问题。

教学要求

知识要点	能力要求	相关知识
聚类分析的基本思想	能够理解聚类分析的基本思想及基本步骤	R型聚类、Q型聚类
分类统计量	能够掌握描述样品间、指标间亲疏程度的分类统计量	距离、相似系数
系统聚类法	能够掌握系统聚类分析的基本步骤，并运用它解决实际问题	类间距离、系统聚类分析的算法步骤
SPSS软件操作	能够熟练使用SPSS软件之系统聚类分析功能并对输出结果进行正确解读	“Classify”选项、“Hierarchical Cluster Analysis”对话框

聚类分析是根据研究对象的特性，对它们进行定量分类的一种多元统计方法。它能够将一批样品或变量，按照它们在性质上的亲疏程度进行分类。类内部的个体在特征上具有相似性，不同类间个体特征的差异较大。聚类的目的是从中发现规律性，进而达到认识和改造世界的目的。本章结合SPSS统计软件，介绍聚类分析中常用的系统聚类法。

我国各省市的土地利用情况分析

土地是民生之本，发展之基，财富之源。人类社会的进步、经济的发展和财富的积累，无不与土地息息相关。中国人多地少的矛盾突出，土地问题始终是现代化发展进程中带有全局性、根本性、战略性的重大问题。20世纪80年代以来，我国政府把土地利用规划作为管理土地资源的龙头，先后在全国开展了两轮土地利用规划的编制。土地利用规划是否科学、合理，是否可持续，将会对社会经济活动的各个方面产生深刻影响。而制定土地利用规划，必须有准确、全面的土地利用数据。自2000年以来，国土资源部先后组织开展16次卫片执法工作。2015年的卫片执法全国共查处土地违法案件12.66万宗，涉及土地面积90.41万亩，耕地面积33.98万亩。26个省级政府警示约谈了29个市、142个县。国土资源部和各省级国土资源主管部门挂牌督办了183起、公开通报了107起重大、典型违法案件。2010年是中国首次将检查面覆盖全国。“卫片执法”是通过卫星遥感等技术，可以将一个地区的土地利用情况形成卫星图片，将该区域前后不同时间的卫星图片进行叠加对比，哪里有违建，哪里乱占耕地，都可以一目了然地反映出来。此次卫星遥感的区域主要包括省、自治区、直辖市政府所在地城市，以及其他人口在50万以上的155个城市。那么，我们是否可以根据已有数据对全国31个省、自治、直辖市的土地利用情况进行分类，作为制定土地利用规划的参考。

资料来源：半月谈网谈天下.http：//www.Banyuetan.Org/hcontent/shthb/hbhjyf/2016424/192541.shtml，2016年4月26日。

在经济、社会、人口研究中，存在着大量分类研究、构造分类模式的问题。例如，在经济研究中，为了研究不同地区城镇居民生活中的收入及消费状况，往往需要划分为不同的类型去研究；在人口研究中，需要构造人口生育分类模式、人口死亡分类函数，以此来研究人口的生育和死亡规律。过去人们主要依靠经验和专业知识，做定性分类处理，致使许多分类带有主观性和任意性，不能很好地揭示客观事物内在的本质差别和联系，特别是对于多因素、多指标的分类问题，定性分类更难以实现准确分类。于是统计这个有用的工具逐渐被引入分类学，形成了数值分类学。近些年来，数理统计的多元分析方法有了迅速的发展，多元分析的技术被引入分类学中，于是从数值分类学中逐渐分离出聚类分析这个新的分支。聚类分析能将个体或对象分类，使得同一类中的对象之间的相似性比与其他类的对象的相似性更强，目的在于使类间对象的同质性最大化和类与类间对象的异质性最大化。可见，聚类分析方法可以解决上述问题。

【研究课题】

7.1 聚类分析概述

7.1.1 什么是聚类分析

阅读案例7-1

如何对消费者进行分类？

Chrysler公司为了赢得市场竞争地位，决定推出新产品Viper，该产品的目标客户是雅皮士阶层。为了进一步了解这种人群的心理特征，定位自己的产品，吸引目标客户，Chrysler公司进行了一次市场调研。研究者调查400名被试者对30项陈述的态度，从而了解这些目标客户的心理特征。调查还询问被试者对Dodge Viper型汽车的看法来测试消费者对“我愿意购买Chrysler公司生产的Dodge Viper型汽车”的态度。最终，应用聚类分析方法将克莱斯勒公司的目标客户分成了3种类型：年轻创业型、中产稳健型、保守低调型。这3种类型的消费者各自具有自己的独特特征。克莱斯勒公司将针对他们不同的特征和消费心理制定了不同的营销策略。

年轻创业型的消费者对将来预期乐观，有奋斗精神，他们有较强的社会和家庭责任感。目前经济情况一般，消费态度较为谨慎。这部分人对克莱斯勒汽车的态度最为友好，是公司主要的目标客户群。同时，这部分人极具成长潜力。公司应该针对这部分人的经济情况和消费心理，推出时尚创新、价格适中的汽车。在广告的诉求上，应该针对这部分人的心理特征，强调社会和家庭责任感。同时，公司应该关注这部分人的成长，尽力吸引其顾客忠诚度，因为将来这部分人进入中年，经济状况改善，有可能成为克莱斯勒公司高档轿车的主要消费群。

中产稳健型的消费者对克莱斯勒公司汽车的态度较好。公司应该针对这部分人的需求，推出注重舒适和享受，价格较高，质量高档的轿车。在广告诉求和产品宣传上，应该强调爱国的因素，从情感和经济两方面打动消费者。

保守低调型的消费者对克莱斯勒公司汽车的态度较为不好。这部分人不是公司主要的目标客户，但是也不能忽视，因为他们在总的消费群中的比例相当大。公司应该加强对他们的宣传和交流，提供关于公司产品的更多信息，强调克莱斯勒公司汽车稳健和高质量的特征，以吸引这部分消费者。

资料来源：百度文库．https：//wenku. baidu. com。

在实际问题中，对于那些复杂的问题，如能把它们分成若干类来处理，就很方便。聚类分析的目的就是把相似的东西归成类。例如，大学之间根据师资、设备、学生情况可以划分为一流大学，二流大学等；国家之间根据其发展水平可以划分为发达国家、发展中国家等；某城市根据大气污染的轻重可以划分为几类区域；学生根据各科的学习情况可以划分为几种类型等。这些就是一些分类问题，聚类分析就是解决这些分类的有效方法之一。

聚类分析实质上是寻找一种能客观反映元素之间亲疏关系的统计量，然后根据这种统计量把元素分成若干类。常用的聚类统计量有距离系数和相似系数两类。距离系数一般用于对样品分类，而相似系数一般用于对变量聚类。聚类分析的基本思想是在样品之间定义距离，在变量之间定义相似系数，距离或相似系数代表样品或变量之间的相似程度。按相似程度的大小，将样品（或变量）逐一归类，关系密切的类聚集到一个小的分类单位，然后逐步扩大，使得关系疏远的聚合到一个大的分类单位，直到所有的样品（或变量）都聚集完毕，形成一个表示亲疏关系的谱系图，依次按照某些要求对样品（或变量）进行分类。

【拓展知识】

7.1.2 聚类分析的目的

在实际研究中，既可以对样品进行聚类，也可以对研究变量进行聚类。对样品进行的聚类通常称为Q型聚类，对研究变量进行的聚类称为R型聚类。例如，根据考核高等院校的多项指标—学校规模、师资情况、教学科研水平等，可以将全国多所高等院校划分为重点院校、普通院校等类别。这就是对样品进行聚类（Q型聚类）。对某些高等院校的办学水平进行考察，而反映办学水平的指标很多，有学校规模指标、师资情况指标、教学水平指标、科研水平指标等等，通常先对这些指标进行分类，然后再做进一步分析。这就是对指标进行聚类（R 型聚类）。

Q 型聚类分析的目的如下：

（1）可以综合利用多个变量的信息对样品进行分类。

（2）通过聚类谱系图非常清楚直观地表现其分类结果。

（3）能够得到比传统分类方法更细致、全面、合理的结果。

R 型聚类分析的目的如下：

（1）可以了解变量间及变量组合间的亲疏关系。

（2）对变量进行分类。

（3）根据变量的分类结果以及它们之间的关系，在每一类中选择有代表性的变量作为重要变量，进一步分析和计算，如进行回归分析或 Q 型聚类分析。

7.1.3 聚类分析的基本步骤

进行聚类分析一般包括以下几个基本步骤：

（1）选择描述事物对象的变量（指标）。要求选取的变量既要能够全面反映对象性质的各个方面，又要使不同变量反映的对象性质有所差别。

（2）建立样品数据资料矩阵。

（3）确定数据是否要标准化。不同变量的单位经常不一样，有时不同变量的数值差别很大，这时如果不做数据标准化处理，数值较小的变量在描述对象的距离或相似性时其作用会严重削弱，从而影响分类的正确性。

（4）确定表示对象距离或相似程度的统计量。

（5）选择适当的聚类方法，进行聚类。

【期刊推荐】

聚类分析的方法很多，我们重点介绍系统聚类法。作为聚类分析的出发点，先介绍分类统计量——距离和相似系数。

阅读案例 7-2

聚类分析方法的起源与产生

俗话说：“物以类聚，人以群分”，在自然科学和社会科学中，存在着大量的分类问题。所谓类，通俗地说，就是指相似元素的集合。聚类分析又称群分析，它是研究（样品或指标）分类问题的一种统计分析方法。聚类分析起源于分类学，但是聚类不等于分类。聚类与分类的不同在于，聚类所要求划分的类是未知的。在古老的分类学中，人们主要依靠经验和专业知识来实现分类，很少利用数学工具进行定量的分类。随着人类科学技术的发展，对分类的要求越来越高，以致有时仅凭经验和专业知识难以确切地进行分类，于是人们逐渐地把数学工具引用到了分类学中，形成了数值分类学，之后又将多元分析的技术引入到数值分类学形成了聚类分析。聚类分析内容非常丰富，有系统聚类法、模糊聚类法、K-均值法等。

资料来源：何晓群．多元统计分析［M］．2 版．北京：中国人民大学出版社，2008.

7.2 分类统计量

7.2.1 数据资料矩阵的标准化处理

我们知道，根据变量取值的不同，变量可以分为3类：间隔尺度变量、有序尺度变量和名义尺度变量。间隔尺度变量（定量变量）用连续的量来表示，如长度、距离、质量和产量等。有序尺度变量（定序变量）用等级来表示，例如，产品质量分为上、中和下3个等级，等等。名义尺度变量（定类变量）用一些类来表示，如人的职务、性别等。在实际应用中经常遇到的是具有数值特性的变量（或指标），因此本章重点介绍定量变量的聚类分析方法。

假设有 n 个样品，样品号为 $1,2,3,\cdots,n$，每个样品测量 m 个变量（或指标）$X_1,X_2,\cdots,X_m$，数据资料矩阵为

	X_1	X_2	X_3	$\cdots$	X_m
1	x_{11}	x_{12}	x_{13}	$\cdots$	x_{1m}
2	x_{21}	x_{22}	x_{23}	$\cdots$	x_{2m}
$\vdots$	$\vdots$	$\vdots$	$\vdots$		$\vdots$
n	x_{n1}	x_{n2}	x_{n3}	$\cdots$	x_{nm}

为消除各个变量所用量纲的影响，以保证各变量在分析中处于同等地位，对数据资料矩阵做标准化处理。

$$\bar{x}_j=\frac{1}{n}\sum_{i=1}^{n}x_{ij} \tag{7-1}$$

$$s_j=\sqrt{\frac{1}{n-1}\sum_{i=1}^{n}(x_{ij}-\bar{x}_i)^2} \tag{7-2}$$

$$x'_{ij}=\frac{x_{ij}-\bar{x}_j}{s_j}\quad(i=1,2,\cdots,n;j=1,2,\cdots,m) \tag{7-3}$$

变换后各指标均值为0，标准差为1。根据实际问题的需要考虑是否进行数据资料的标准化处理，然后再进行聚类分析。

7.2.2 距离和相似系数

【拓展知识】

1. 距离

距离是常常用来描述样品间亲疏程度的分类统计量，它是将每个样品看成是 m 维空间中的一个点，并在空间中定义距离。距离较近的点归为一类，距离较远的点归属于不同的类。

第 i 号样品与第 j 号样品之间的距离记为 d_{ij}，一般要求 d_{ij} 满足如下4个条件：

（1）$d_{ij}\geqslant 0$，对于一切 i，j。

（2）$d_{ij}=0$，等价于第 i 号样品与第 j 号样品的各指标相同。

(3) $d_{ij}=d_{ji}$，对于一切 i，j。

(4) $d_{ij}\leqslant d_{ik}+d_{kj}$，对于一切 i，j，k。

在聚类分析时，有些距离并不满足第 4 个条件，但广义地称它为距离。下面介绍聚类分析中常用的距离计算公式。

1）闵氏（Minkowski）距离

$$d_{ij}=\left[\sum_{k=1}^{m}|x_{ik}-x_{jk}|^{q}\right]^{\frac{1}{q}} \tag{7-4}$$

当 $k=1$ 时，为绝对值距离，即

$$d_{ij}=\sum_{k=1}^{m}|x_{ik}-x_{jk}| \tag{7-5}$$

当 $k=2$ 时，为欧氏（Euclidean ）距离，即

$$d_{ij}=\sqrt{\sum_{k=1}^{m}(x_{ik}-x_{jk})^{2}} \tag{7-6}$$

闵氏距离是用得很多的一种距离，尤其绝对值距离和欧氏距离最常见、也最直观。闵氏距离适用于一般 p 维欧氏空间。它的缺点是没有考虑变量之间的相关性。

2）马氏（Mahalanobis）距离

$$d_{ij}^{2}(M)=(x_{i}-x_{j})^{\mathrm{T}}s^{-1}(x_{i}-x_{j}) \tag{7-7}$$

式中，$S=(s_{ij})$ 为协方差矩阵，$s_{ij}=\frac{1}{n-1}\sum_{k=1}^{n}(x_{ki}-\overline{x}_{i})(x_{kj}-\overline{x}_{j})$，$\overline{x}_{i}$ 和 $\overline{x}_{j}$ 分别为第 i 号样品和第 j 号样品各指标的均值。

马氏距离适用于衡量来自正态总体的样本点之间接近程度的距离。它排除了各变量之间的相关性的干扰。

2. 相似系数

相似系数是常常用来描述指标间亲疏程度的分类统计量。两个变量相似系数的绝对值越接近于 1，说明这两个变量的关系越密切，性质越接近。相似系数绝对值大的变量归为一类，相似系数绝对值小的变量归属于不同的类。

第 i 个变量与第 j 个变量之间的相似系数记为 C_{ij}，一般要求 C_{ij} 满足如下 3 个条件：

(1) $|C_{ij}|\leqslant 1$，对于一切 i，j。

(2) $|C_{ii}|=1$，对于一切 i。

(3) $C_{ij}=C_{ji}$，对于一切 i，j。

下面介绍聚类分析中常用的相似系数计算公式。

1）Pearson 相关系数

$$C_{ij}=r_{ij}=\frac{\sum_{t=1}^{n}(x_{ti}-\overline{x}_{i})(x_{tj}-\overline{x}_{j})}{\sqrt{\sum_{t=1}^{n}(x_{ti}-\overline{x}_{i})^{2}\sum_{t=1}^{n}(x_{tj}-\overline{x}_{j})^{2}}} \tag{7-8}$$

式中，$\overline{x}_{i}$ 和 $\overline{x}_{j}$ 分别为第 i 个变量和第 j 个变量各样品的均值。

从统计角度来看，两个变量的相关系数是描述两个变量线性关系强弱的一个很有用的数字特征。因此用任意两个变量的 n 个观测值对其相关系数的估计可作为两个变量关联性的一种度量。

2）夹角余弦

$$C_{ij}=\cos\theta_{ij}=\frac{\sum_{t=1}^{n}x_{ti}x_{tj}}{\sqrt{\sum_{t=1}^{n}x_{ti}^{2}}\sqrt{\sum_{t=1}^{n}x_{tj}^{2}}} \tag{7-9}$$

若将第 i 个变量的 n 个观测值 $(x_{1i},x_{2i},\cdots,x_{ni})^{\mathrm{T}}$ 和第 j 个变量的 n 个观测值 $(x_{1j},x_{2j},\cdots,x_{nj})^{\mathrm{T}}$ 看成 n 维空间中的两个向量，则 θ_{ij} 正好是这两个向量的夹角。若夹角余弦越大，则夹角越小，则两个变量越相似。不难看出，相关系数实际上是对数据做标准化处理后的夹角余弦。

由前述的分类统计量的定义可以看出，用距离作为亲疏程度的度量值时，距离越小，意味着样品之间的关联性越大；用相似系数作为亲疏程度的度量值时，相似系数的绝对值越大，意味着指标之间的关联性越大。为了统一，可采用以下公式变换：$d_{ij}^{2}=1-C_{ij}^{2}$。另外，需要说明的是，有时样品之间也可以用相似系数来描述它们的亲疏程度，变量之间也可以用距离来描述它们的亲疏程度，使用时只要把计算公式做相应的处理即可。

聚类分析时到底选择哪一种分类统计量，是一个比较复杂的问题，例如，选择距离作为分类统计量时，也不妨试探性地多选择几个不同意义的距离进行聚类，通过比较分析，以确定合适的距离。

阅读专栏 7-1

运用聚类分析对企业信贷风险评估与预测

信用风险是导致银行资产质量下降的主要原因，也是商业银行面临的严重挑战之一。国内外许多学者和专家对提高信用风险做出了很多的贡献。我们可以用体现企业偿债能力、经营效率分析能力、盈利能力及发展能力的公司财务绩效评价指标体系中的主要考核指标并以这些指标作为基础，对企业贷款的信用风险进行聚类分析。从企业的偿债能力、经营效率、盈利能力、发展能力这 4 个方面来考虑企业在商业银行的贷款质量是可行的。比如说一家企业的偿债能力好，经营效率高，盈利能力好，发展能力也好，那么企业的前景不错，对这样的企业进行贷款，它的贷款质量是好的，至少是正常的。而对于那种偿债能力差，经营效率低的企业相对而言贷款质量就要差些。所以对企业进行贷款的商业银行可以通过企业以往财务指标的数据进行聚类分析，再与该企业实际的贷款质量进行比较分析，可以预测与该企业财务指标类似的企业的贷款质量，以减少其信用风险。运用聚类分析模型能为商业银行对企业贷款质量做出评估，具有一定的参考价值，可以直接从企业的财务指标数据来估计企业的违约几率，进一步降低商业银行的贷款风险，提高银行信贷资产质量。

资料来源：胡平，崔文田，徐青川．应用统计分析教学实践案例集 [M]. 北京：清华大学出版社，2007.

7.3 系统聚类法

7.3.1 类间距离

系统聚类法的聚类效果一方面取决于分类统计量的选择，另一方面还取决于类间距离的定义。对于样品（或变量）之间的距离，我们可以根据问题和数据的实际情况，从分类统计量中选取最适合的一种；而对于类与类之间的距离，主要是解决以谁来代表全类，可以有种种不同的规定代表的方法，由此产生出种种不同的类间距离的定义及聚类方法。系统聚类分析方法主要有最短距离法、最长距离法、中间距离法、重心法、类平均法、类间平均连接法、类内平均连接法和离差平方和法。下面介绍几种常用的系统聚类分析方法。

考虑类 G_p 与类 G_q 之间的距离，并假设类 G_p 中共有 f 个元素（样品或统计量），类 G_q 中共有 f' 个元素。用 $\bar{x}_p$ 和 $\bar{x}_q$ 表示两个类的重心（即类均值）。

1. 最短距离法

最短距离法是（Nearest Neighbor）定义类 G_p 与类 G_q 中两个最近元素之间的距离为这两类之间的最短距离。计算公式为

$$D_{\mathrm{N}}(p,q)=\min\{d_{jk}\mid j\in G_p,k\in G_q\} \tag{7-10}$$

2. 最长距离法

最长距离法是（Furthest Neighbor）定义类 G_p 与类 G_q 中两个最远元素之间的距离为这两类之间的最长距离。计算公式为

$$D_{\mathrm{F}}(p,q)=\max\{d_{jk}\mid j\in G_p,k\in G_q\} \tag{7-11}$$

3. 重心法

重心法（Centroid Clustering）将类 G_p 与类 G_q 之间的距离定义为这两类重心之间的距离。计算公式为

$$D_{\mathrm{C}}(p,q)=d(\bar{x}_p,\bar{x}_q) \tag{7-12}$$

式中，$\bar{x}_p$ 和 $\bar{x}_q$ 分别是类 G_p 与类 G_q 的重心，$\bar{x}_p=\dfrac{1}{f}\sum_{i=1}^{f}x_i$，$\bar{x}_q=\dfrac{1}{f'}\sum_{i=1}^{f'}x_i$。

4. 类平均法

类平均法是（Median Clustering）定义类 G_p 与类 G_q 中每两个元素之间距离的平均值为这两个类之间的距离。计算公式为

$$D_{\mathrm{M}}(p,q)=\frac{1}{ff'}\sum_{i\in G_p}\sum_{j\in G_q}d_{ij}^2 \tag{7-13}$$

5. 离差平方和法

离差平方和法（Ward's Method）是把两类合并增加的离差平方和当成是平方距离。

设 G_t 类中第 i 个元素为 x_{it}，n_t 为 G_t 中元素的个数，$\bar{x}_t$ 为 G_t 类的重心，则 G_t 类中元素的离差平方和为

$$S_t = \sum_{i=1}^{nt} (x_{it} - \overline{x}_t)^{\mathrm{T}} (x_{it} - \overline{x}_t) \tag{7-14}$$

于是，类 G_p 与类 G_q 之间的离差平方和距离为

$$D_{\mathrm{W}}^2(p,q) = |S_{p+q} - S_p - S_q| \tag{7-15}$$

式中，S_{p+q} 表示 G_p 和 G_q 两类合并后的类 $G_p \cup G_q$ 的元素离差平方和。

知识要点提醒

系统聚类法的综合运用

由于各种聚类法所采用的类与类之间的距离的定义不同，产生不同的聚类结果是很自然的。对于一个具体问题，比较好的做法是试探各种聚类方法，同时，对于一个给定的聚类法，采用几种不同的样品间距离（或变量间的相似系数）进行聚类，如果各种方法的聚类结果基本一致，则认为其聚类结果是可信的。另外一个经验的总结是，最短距离法适用于样品散点图（即将每个样品看成 m 维空间中的点所形成的图形）是条形图，甚至 S 形的类，而其他方法则更适合于椭球形的类。由于 SPSS 统计分析软件中的聚类分析功能所支持的距离包括我们常用的几乎所有的距离定义，其优势在于每一种距离的计算聚类过程可以在瞬间完成，因此大量尝试性的分类结果可以进行比较和取舍，以便我们对数据做出更加迅速和精确的结论。

7.3.2 系统聚类分析

系统聚类分析（Hierarchical Cluster Analysis）是聚类分析中应用最广泛的一种方法，凡是具有数值特征的变量和样品都可以采用系统聚类分析法，选择不同的分类统计量可获得不同的分类效果。在系统聚类分析中，无法事先确定类别数。系统聚类法的基本思路：首先将各样品（或变量）各作为一类，并计算它们两两之间的分类统计量（距离或相似系数）；其次按类间距离度量准则将两类合并成为新类，并计算新类与其他类的距离；最后再按类间距离度量准则合并类。这样每次缩小一类。直到所有的样品（或变量）都并成一类为止。这个并类过程可以用谱系聚类图清楚地表达出来。

1. 系统聚类分析的算法步骤

下面以 Q 型聚类分析为例，选取距离作为分类统计量，聚类方法选择最短距离法，则系统聚类分析的算法步骤如下：

系统聚类分析的计算基础是由 n 个样品构成的距离矩阵，即

【期刊推荐】

$$D = \begin{bmatrix} 0 & & & & \\ d_{21} & 0 & & & \\ d_{31} & d_{32} & 0 & & \\ \vdots & \vdots & \vdots & \ddots & \\ d_{n1} & d_{n1} & d_{n3} & \cdots & 0 \end{bmatrix}$$

第一步：

（1）在矩阵 D 中寻找距离最小的 d_{ij} 值，记为 d_{i_1,j_1}，合并第 i_1 类和第 j_1 类为第 $n+1$ 类。

（2）第 $n+1$ 类与其他各类的距离由原来的第 i_1 类和第 j_1 类与其他各类的距离决定，即 $d_{n+1,k} = \min(d_{i_1,k}, d_{j_1,k})$。

(3) 得到新类后，原来的第 i_1 类和第 j_1 类的两个类号被撤消，即在距离矩阵中划去第 i_1 行、第 j_1 行、第 i_1 列、第 j_1 列，增加第 $n+1$ 行和第 $n+1$ 列，得到新的距离矩阵 $\boldsymbol{D}_1$，它与矩阵 $\boldsymbol{D}$ 相比降了一阶。

第二步：在矩阵 $\boldsymbol{D}_1$ 中重复第一步的工作，并记 d_{i_2,j_2} 为本步中距离最小的值，合并第 i_2 类和第 j_2 类为第 $n+2$ 类。距离矩阵的更新与第一步类似（值得注意的是，若 $i_2=n+1$ 时，那么合并第 i_2 类和第 j_2 类时，实际是把最初的第 i_1、j_1 类与第 j_2 类 3 个样品合为一类）。

第三步：如此反复进行，直到得出的距离矩阵是 2×2 阶矩阵，最后把所有 n 个样品都聚成一类了，则聚类结束。

从以上聚类过程可以看出，后面某些步骤的类的聚合效果都要比前面聚合的类差，因此若指定一个距离的临界水平，同时规定距离比临界水平大的类不再聚合，这样可以在此水平上得到若干类了。

【例 7.1】 现有 5 个样品，以距离为分类统计量，其距离矩阵 $\boldsymbol{D}=(d_{ij})$ 为：

$$\begin{array}{c} \\ (1) \\ (2) \\ (3) \\ (4) \\ (5) \end{array} \begin{array}{c} \begin{array}{ccccc} (1) & (2) & (3) & (4) & (5) \end{array} \\ \begin{pmatrix} 0 & & & & \\ 7 & 0 & & & \\ 2 & 5 & 0 & & \\ 9 & 4 & 8 & 0 & \\ 3 & 6 & 1 & 5 & 0 \end{pmatrix} \end{array}$$

试进行聚类分析。

解：第一步：$d_{53}=1$ 最小，合并第 5、3 类得第 6 类；计算第 6 类与其他各类的距离：

$$d_{61}=\min\{d_{51},d_{31}\}=\min\{3,2\}=2$$
$$d_{62}=\min\{d_{52},d_{32}\}=\min\{6,5\}=5$$
$$d_{64}=\min\{d_{54},d_{34}\}=\min\{5,8\}=5$$

更新距离矩阵，即把原距离矩阵中的第 3、5 行及第 3、5 列划去，并增加第 6 行和第 6 列，得新距离矩阵为

$$\begin{array}{c} \\ (1) \\ (2) \\ (4) \\ (6) \end{array} \begin{array}{c} \begin{array}{cccc} (1) & (2) & (4) & (6) \end{array} \\ \begin{pmatrix} 0 & & & \\ 7 & 0 & & \\ 9 & 4 & 0 & \\ 2 & 5 & 5 & 0 \end{pmatrix} \end{array}$$

第二步：$d_{61}=2$ 最小，合并第 6、1 类得第 7 类；计算第 7 类与其他类的距离：

$$d_{72}=\min\{d_{62},d_{12}\}=\min\{5,7\}=5, d_{74}=\min\{d_{64},d_{14}\}=\min\{5,9\}=5$$

得新距离矩阵为

$$\begin{array}{c} \\ (2) \\ (4) \\ (7) \end{array} \begin{array}{c} \begin{array}{ccc} (2) & (4) & (7) \end{array} \\ \begin{pmatrix} 0 & & \\ 4 & 0 & \\ 5 & 5 & 0 \end{pmatrix} \end{array}$$

第三步：d_{42}最小，合并第4、2类得第8类；计算第8类与其他类的距离：

$$d_{87}=\min\{d_{47},d_{27}\}=\min\{5,5\}=5$$

得新距离矩阵为：

$$\begin{array}{c} \\ (7) \\ (8) \end{array}\begin{array}{c} \begin{array}{cc} (7) & (8) \end{array} \\ \begin{pmatrix} 0 & \\ 5 & 0 \end{pmatrix} \end{array}$$

第四步：合并第8、7类得第9类。至此，聚类完毕。上述聚类过程可以用谱系聚类图直观表示，如图7.1所示。

如以距离不超过3为聚类的临界水平，则这5个样品可以分为3大类，即第5、3、1号样品为一大类，第4号和第2号样品各成一类。

图7.1 系统聚类分析谱系聚类图

2. 系统聚类分析的应用

系统聚类分析可以实现对一批样品或变量按照它们在性质上的亲疏、相似程度进行分类。对样品聚类，可以将具有相同特点的样本聚集在一起；对变量聚类，可以使得具有共同特征的变量作为一类，根据分类结果选择少数几个具有代表性的变量进行其他统计分析。下面重点介绍变量分类后代表性变量的选择方法。

用系统聚类法分类完之后，计算每类中相关指数的平均值$\bar{R}^2$，取其中较大者对应的指数作为该类的代表性变量。

计算公式为

【期刊推荐】

$$\bar{R}_i^2=\frac{\sum\limits_{i\neq j} r_{ij}^2}{R-1} \qquad i,j=1,2,\cdots,k$$

式中，R为某一类中变量的个数；r_{ij}^2为该类内变量X_i对类中其他变量的相关系数的平均值。

【例7.2】 已知体重、胸围、大腿围是一类的3个指标，其相关系数如表7-1所示。试选出该类中的代表性指标。

表7-1 体重、胸围、大腿围之间的相关系数

	体　重	胸　围	腰　围
体重	1		
胸围	0.85	1	
腰围	0.76	0.60	1

解： 计算体重对胸围及腰围的相关指数的平均值$\bar{R}_1^2$：

$$\bar{R}_1^2=\frac{(0.85)^2+(0.76)^2}{3-1}\approx 0.65$$

计算胸围对体重及腰围的相关指数的平均值$\bar{R}_2^2$：

$$\bar{R}_2^2=\frac{(0.85)^2+(0.60)^2}{3-1}\approx 0.54$$

计算腰围对体重及胸围的相关指数的平均值 $\bar{R}_3^2$：

$$\bar{R}_3^2=\frac{(0.76)^2+(0.60)^2}{3-1}\approx 0.47$$

由于 $\bar{R}_1^2>\bar{R}_2^2>\bar{R}_3^2$，所以选择体重作为这一类的代表性指标。一般来说，在身高一定的前提下，体重比较重的人其胸围及腰围的指标也都比较大些，这与常规相符合。

有序样品的聚类

在有些实际问题中，要研究的对象与时间的顺序密切相关。例如，从1949年到2016年，国民收入可以划分为几个阶段。阶段的划分必须以年份的顺序为依据，总的想法是要将国民收入接近的年份划分到一个段内。对于这类有序样品的分类，实质上是需要找出一些分点，将它们划分为几个分段，每个分段看作一类，这种分类称为分割。显然，分点在不同位置可以得到不同分割。这样就存在一个如何决定分点，使其达到所谓最优分割的问题。即要求一个分割能使各段内部样品间的差异最小，而各段之间样品的差异最大。

阅读专栏7-2

【期刊推荐】

聚类分析的主要应用

聚类分析是研究事物分类的基本方法，广泛地用于自然科学、社会科学、工农业生产的各个领域。

在商业上：聚类分析被用来发现不同的客户群，并且通过购买模式刻画不同客户群的特征。聚类分析是细分市场的有效工具，同时也可用于研究消费者行为，寻找新的潜在市场，并作为多元分析的预处理。

在生物上：聚类分析被用来对动植物进行分类和对基因进行分类，获取对种群固有结构的认识。

在地理上：聚类分析可以从地球观测数据库中帮助识别具有相似的土地使用情况的区域。

在保险行业上：聚类分析通过一个高的平均消费来鉴定汽车保险单持有者的分组，同时根据住宅类型、价值、地理位置来鉴定一个城市的房产分组。

在因特网应用上：聚类分析被用来在网上进行文档归类，以修复信息。

在电子商务上：聚类分析在电子商务网站建设及数据挖掘中也有很重要的应用，通过分组聚类出具有相似浏览行为的客户，并分析客户的共同特征，可以更好地帮助电子商务的用户了解自己的客户，向客户提供更合适的服务。

7.4 用SPSS软件进行聚类分析

7.4.1 聚类分析SPSS操作过程

(1) 选择“Analyze→Classify→Hierarchical Cluster”选项，弹出“Hierarchical Cluster Analysis”对话框。

(2) 选择参与聚类分析的变量到“Variable(s)”框中。

(3) Label Cases by 列表框：输入标签变量，该变量的取值将在分析结果中取代样品号出现。该列表框只在样品聚类时使用。

(4) Cluster 项：选择聚类类型，包含 2 个单选按钮。

① Cases 单选按钮：对样品进行聚类，即 Q 型聚类，是系统默认的方式。

② Variables 单选按钮：对变量进行聚类，即 R 型聚类。

(5) Display 项：选择输出结果的方式。包含 2 个复选框。

① Statistics 复选框：输出统计量。

② Plots 复选框：输出统计图。

(6) 单击“Statistics”按钮，弹出“Hierarchical Cluster Analysis：Statistics”对话框。

① Agglomeration schedule 复选框：选择输出聚类分析的凝聚状态表。显示聚类过程中每一步合并的类，根据该表跟踪聚类的合并过程。

② Proximity matrix 复选框：选择输出样品或变量间的距离或相似系数矩阵。

③ Cluster Membership 项：选择输出样品或变量的所属类别，包含 3 个单选按钮。

a. None 单选按钮：不输出样品或变量的所属类别，是系统默认的方式。

b. Single solution 单选按钮：在“Number of clusters”文本框中输入数值 k，输出划分为 k 类时样品或变量所属类别的结果。

c. Range of solutions 单选按钮：在“Minimum number of clusters:”文本框中输入数值 m，在“Maximum number of clusters:”文本框中输入数值 n，输出划分为 m 至 n 类时样品或变量所属类别的结果。

④ 单击“Continue”按钮，返回到“Hierarchical Cluster Analysis”对话框。

(7) 单击“Plots”按钮，弹出“Hierarchical Cluster Analysis：Plots”对话框。

① Dendrogram 复选框：选择输出聚类结果的树状图。

② Icicle 项：选择输出聚类结果的冰柱图，包含 3 个单选按钮。

a. All clusters 单选按钮：输出聚类全过程的冰柱图。

b. Specified range of clusters 单选按钮：输出某个阶段的冰柱图。在“Start cluster:”文本框中输入起始类别数值；在“Stop cluster:”文本框中输入终止类别数值；在“By:”文本框中输入步长。

c. None 单选按钮：不输出冰柱图。

③ Orientation 项：选择冰柱图，包含 2 个单选按钮。

a. Vertical 单选按钮：输出纵向冰柱图。

b. Horizontal 单选按钮：输出横向冰柱图。

④ 单击“Continue”按钮，返回到“Hierarchical Cluster Analysis”对话框。

(8) 单击“Method”按钮，弹出“Hierarchical Cluster Analysis：Method”对话框。

① Cluster Method：下拉列表框：选择系统聚类方法，系统提供 7 种方法。

a. Between - groups linkage：类间平均连接法，是系统默认的方法。合并两类的结果使所有的两两样品或变量之间的平均距离最小，两个样品或变量分别属于不同的类。

b. Within - groups linkage：类内平均连接法。合并后的类中的所有样品或变量之间的平均距离最小，两类间的距离是合并后的类中所有可能的样品或变量之间的距离平方。

c. Nearest neighbor：最短距离法。用两类间最近点的距离代表两类间的距离。

d. Furthest neighbor：最长距离法。用两类间最远点的距离代表两类间的距离。

e. Centroid clustering：重心法。以两类重心（均值）之间的距离代表两类间的距离。

f. Median clustering：中间距离法。以最短距离与最长距离的中间距离代表两类间的距离。

g. Ward's method：离差平方和法。根据方差分析的原理得到，若分类较为合理，则同类之间离差平方和较小，类与类之间的离差平方和较大。

② Measure 单选框：选择进行聚类分析的数据类型，包含 3 个单选按钮。

a. Interval 单选按钮：用于连续变量。在下拉列表框中系统提供了 8 种测算距离的方法。

- Euclidean distance：欧氏距离。
- Squared Euclidean distance：欧氏距离的平方。
- Cosine：夹角余弦。
- Pearson correlation：皮尔逊相关系数。
- Chebychev：切比雪夫距离，即最大绝对值距离。
- Block：绝对值距离和。
- Minkowski：明可夫斯基距离。
- Customized：自定义距离。

b. Counts 单选按钮：用于计数变量。

c. Binary 单选按钮：用于二值变量。

③ Transform Values 项：选择数据标准化变换处理。

在 Standardize 下拉列表框中，系统提供 7 种数据标准化变换的方法。

- None：不做变换。是系统默认的方法。
- Z－Scores：使各变量的均值为 0，标准差为 1，是常见的数据标准化方法。
- Range－1 to 1：使各变量值在－1 到 1 之间变化，即对每个值用正在被标准化的变量值的范围去除。
- Range 0 to 1：使各变量值在 0 到 1 之间变化，即对正在被标准化变量的值减去正在被标准化变量的最小值，然后除以范围。
- Maximum magnitude of 1：使各变量值最大值为 1，即对正在标准化变量的值用最大值去除。
- Mean of 1：使各变量值平均值为 1，即将数值标准化到一个均值的范围，对正在被标准化变量的值除以正在被标准化变量的值的均值。
- Standard deviation of 1：使各变量值标准差为 1，即将数值标准化到标准差为 1，对每个值除以正在被标准化变量的标准差。

④ Transform Measures 选项组：选择距离测量结果的转换方法，包含 3 个复选项。

a. Absolute values 复选框：将距离取绝对值，当数值符号表示相关方向，且只关心数值大小时使用本方法。

b. Change sign 复选框：将相似性变为不相似性或相反，用取反的方法使距离顺序颠倒过来。

c. Rescale to 0－1 range：使距离取值于 0～1 间，首先减去最小值，然后除以范围，使距离标准化。

⑤ 单击“Continue”按钮，返回到“Hierarchical Cluster Analysis”对话框。

（9）单击“Save”按钮，弹出“Hierarchical Cluster Analysis：Save New Variables”对话框。该选项只在进行样品聚类时可用，用于按要求生成新变量以存储聚类结果，这些变量将存入数据文件中。在 Cluster Membership 选项组中，包含 3 个单选按钮。

① None 单选按钮：不建立新变量。

② Single solution 单选按钮：生成一个新变量，标明每个样品最后所属的类，在该项后面的编辑框中指定类数。

③ Range of solutions 单选按钮：指定范围内的结果，生成若干个新变量，标明聚为若干个类时，每个样品最后所属的类。

④ 单击“Continue”按钮，返回到“Hierarchical Cluster Analysis”对话框。

（10）单击“OK”按钮，输出聚类分析结果。

知识要点提醒

分类数的确定

确定分类数的问题是聚类分析中迄今为止尚未完全解决的问题之一，主要的障碍是对分类的结构和内容很难给出一个统一的定义。实际应用中，人们主要根据研究目的，从实用的角度出发，选择合适的分类数。Demirmen 曾提出了根据树状结构图来分类的准则。

准则 1：任何类必须在邻近各类中是突出的，即各类重心之间距离必须大。

准则 2：各类所包含的元素不应过多。

准则 3：分类的数目应该符合使用的目的。

准则 4：若采用几种不同的聚类方法处理，则在各自的聚类图上应发现相同的类。

阅读专栏 7－3

聚类分析在 SPSS 操作中的注意事项

从 SPSS 实际操作来讲，聚类分析法有多种方法。K－means cluster analysis、Two step cluster analysis、Hierarchical cluster analysis 三种聚类方法在 SPSS 里都有提供，但其应用范围和优劣势各有不同。

K－means cluster analysis（KCA）也称为快速聚类，是我们现在做人群细分时最常用的方法。该方法是单纯应用统计技术根据若干指定变量（应限制为尺度变量）将众多案例分到固定的类别中去。此种方法用于大量（数千）case 的类别划分时非常有效。但该方法可以选择的内容较少，最重要的是选择聚类的数量、迭代的次数和聚类的中心位置。人为经验和判断无形中会起很大作用。KCA 方法本身是要求事先确定分类的。它不仅要求确定分类的类数，而且你还需要事先确定点，也就是聚类种子。当然，SPSS 可以为你自动选种子。接着，根据其他点离这些种子的远近把所有点进行分类。然后，就是将这几类的中心（均值）作为新的基石，再分类。如此迭代。因此，前面聚类基石或者说种子的选择不必过于认真。

Two step cluster analysis 是揭示自然类别的探索性工具。该方法的算法与传统聚类技术相比有一些显著的特点：它可以基于类别变量和连续变量来进行聚类；自动选择聚类结果的最佳类别数；具备有效分析大量数据的能力。

如果我们只拥有少量的case（少于数百个），并且想尝试多种聚类方法，测量不同类别之间的差异，我们就应该尝试使用Hierarchical cluster analysis（HCA）。当然该方法不仅可以对样本聚类，也可以对变量聚类。此种方法的分类结果取决于对聚类方法、距离测量方法、标准化变量的设置。这种方法不事先确定类数，有多少点就是多少类，它沿着最近的先聚为一类的思想进行合并，直至最后只有一大类为止。

7.4.2 聚类分析SPSS输出结果解释

【拓展视频】

【例7.3】 对导入案例7－1进行聚类分析。表7－2给出了2014年我国31个省、自治区、直辖市的土地利用情况（单位：万公顷），依据给出的数据对全国各省市进行分类。

表7－2 2014年31个省市自治区土地利用情况

地　区	园　地	牧草地	居民点及工矿用地	交通用地	水利设施用地
北京	13.6	0.02	30.1	3.2	2.1
天津	3	0	32.5	2.7	5.3
河北	84.5	40.3	184.4	17.4	10.6
山西	40.9	3.4	86.8	9.6	3.7
内蒙古	5.7	4958.9	130.9	20	6.7
辽宁	47.1	0.3	131.3	14.7	13.8
吉林	6.6	23.8	85.1	8.7	13.5
黑龙江	4.5	109.9	120.9	15	24.1
上海	1.7	0.0003	27	2.9	0.3
江苏	30.6	0.01	185.2	20.7	16.6
浙江	59.8	0.03	96.7	13.5	13.9
安徽	35.3	0.1	161	12.7	20.7
福建	78.2	0.03	60.9	10.7	7.1
江西	32.9	0.1	92.4	9.6	20.2
山东	72.8	0.6	232.9	20.4	23.1
河南	22.3	0.03	216.4	16.9	18.6
湖北	48.8	0.2	125.8	10.9	26.4
湖南	67.2	1.4	129.8	13.2	15.2
广东	128.9	0.3	157.3	16.5	19.4

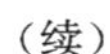
（续）

地　区	园　地	牧草地	居民点及工矿用地	交通用地	水利设施用地
广西	108.9	0.5	87.4	12.8	17.9
海南	92.8	1.4	25.3	2.2	5.7
重庆	27.2	4.6	54.4	5.7	3.8
四川	74	1096.1	150	13.7	11.1
贵州	16.8	7.3	51.1	8.2	4
云南	164.3	14.8	81.2	10.3	7.9
西藏	0.2	7069.8	9.6	3.6	0.6
陕西	82.6	218.2	77.6	9.6	3.6
甘肃	25.9	592.3	75.1	7.5	3.8
青海	0.6	4081.5	23	4.5	6.2
宁夏	5.2	150.1	25.7	3.4	0.9
新疆	62.7	3575.1	113	13.6	23.5

资料来源：《2015 中国统计年鉴》。

解：采用系统聚类分析中的 Q 型聚类方法对 31 个省、自治区、直辖市进行分类。系统聚类方法选择类间平均连接法（Between－groups Linkage）。输出聚类分析结果如下：

（1）输出样品的距离矩阵如表 7－3 所示。

表 7－3　数据信息（Case Processing Summary[a,]）

Cases					
Valid		Missing		Total	
N	Percent	*N*	Percent	*N*	Percent
31	100.0	0	.0	31	100.0

a. Squared Euclidean Distance used

b. Average Linkage（Between Groups）

表 7－3 表明了 5 个分析指标的记录数据统计结果。共 31 个有效样品（Valid）参加了分析，无缺失值记录（Missing），总记录数为 31 个（Total）。表下方的“a Squared Euclidean Distance used”表示采用欧氏距离的平方作为样品距离测量方法，“b. Average Linkage（Between Groups）”表示采用类间平均连接法作为聚类分析方法。

表 7－4 给出了样品的距离矩阵，由于数据量较大，只给出了部分省份的距离矩阵结果。每一个省份的土地利用情况为一个记录或一个样品，不同省份的土地利用结构越相近，计算得到的距离越小。表下方的“This is a dissimilarity matrix”表示这是一个不相似性系数矩阵，即数值越大，两个省份越不相似。

表 7-4 样品距离矩阵（Proximity Matrix）

Case	Squared Euclidean Distance							
	1：北京	2：天津	3：河北	4：山西	5：内蒙古	6：辽宁	7：吉林	8：黑龙江
1：北京	0	128.61	30731.67	4015.124	24601017	11632.91	3799.698	21024.3
2：天津	128.61	0	31584.13	4446.63	24600680	11922.59	3449.4	20399.55
3：河北	30731.67	31584.13	0	12896.78	24201720	5835.9	16285.25	15464.42
4：山西	4015.124	4446.63	12896.78	0	24560281	2156.32	1692.39	14275.34
5：内蒙古	24601017	24600680	24201720	24560281	0	24589507	24357484	23513230
6：辽宁	11632.91	11922.59	5835.9	2156.32	24589507	0	4363.03	14041.26
7：吉林	3799.698	3449.4	16285.25	1692.39	24357484	4363.03	0	8851.31
8：黑龙江	21024.3	20399.55	15464.42	14275.34	23513230	14041.26	8851.31	0
9：上海	154.55	56.98	33571.01	5180.688	24601831	13261.23	4173.926	21615.84
10：江苏	24861.51	24530.74	4576.024	10089.76	24594257	3221.384	11315.58	16980.25
11：浙江	6815.33	7538.481	9949.153	585.827	24594582	1359.973	3553.013	15821.44
12：安徽	18041.92	17892.71	4708.34	5846.5	24591729	1072.98	7214.03	14629.54
13：福建	5203.05	6528.841	16970.75	2086.227	24600635	5984.333	6322.173	21410.6
14：江西	4622.356	4751.65	12895.6	378.5	24592210	1781.86	1352.37	13719.22
15：山东	45369.66	45662.69	4230.48	22863.66	24599914	11102.12	26994.57	29185.54
16：河南	35243.32	34570.23	6578.763	17428.78	24598129	7885.003	18144.44	21542.37
17：湖北	11047.34	11315.02	6608.35	2110.63	24591060	206.35	4165.54	14042.69
18：湖南	13086.56	13799.15	4832.46	2689.9	24580708	411.68	6195.35	15865.2
19：广东	29950.19	31815.19	4384.02	13017.96	24603763	7401.84	20818.03	28836.82
20：广西	12707.41	14489.84	11662.85	4844.65	24598450	5766.91	11049.64	24033.25
21：海 南	6311.544	8118.25	27149.96	6538.62	24595862	13547.56	11611.33	29210.9
22：重庆	805.566	1097.66	21640.91	1254.11	24551616	6509.11	1838.58	16524.21
23：四川	1219607	1220437	1116021	1199155	14926313	1201859	1158613	978438.2
24：贵州	532.848	621.63	23569.38	1872.56	24524980	7537.42	1622.79	16000.34
25：云南	25624.2	28672.94	17726.23	15407.01	24471844	16510.27	24999.42	36440.67
26：西藏	49982391	49982627	49451822	49941671	4470949	49995138	49652050	48453296
27：陕西	54662.97	56031.91	43168.1	47962.58	22483109	51754.4	43722.43	20152.8
28：甘肃	352993.3	353183.8	320228.7	347169.5	19070882	354223.7	323760.3	235733.7
29：青海	16658717	16658742	16364572	16636626	781739.7	16670246	16468893	15783637
30：宁夏	22615.41	22600.94	43820.31	26574.87	23135934	35641.11	19668.86	11352.37
31：新疆	12791046	12791834	12500565	12758611	1918795	12779869	12615781	12011063

This is a dissimilarity matrix

（2）输出凝聚过程表如表 7－5 所示。

表 7－5 凝聚过程表（Agglomeration Schedule）

Stage	Cluster Combined		Coefficients	Stage Cluster First Appears		Next Stage
	Cluster 1	Cluster 2		Cluster 1	Cluster 2	
1	2	9	56.98	0	0	3
2	22	24	132.63	0	0	9
3	1	2	141.58	0	1	9
4	6	17	206.35	0	0	6
5	4	14	378.5	0	0	8
6	6	18	449.205	4	0	11
7	10	12	688.548	0	0	12
8	4	11	691.416	5	0	11
9	1	22	900.641	3	2	13
10	13	21	1556.607	0	0	14
11	4	6	1822.997	8	6	17
12	10	16	2160.493	7	0	16
13	1	7	2976.879	9	0	18
14	13	20	3071.82	10	0	17
15	3	15	4230.48	0	0	16
16	3	10	4909.738	15	12	23
17	4	13	6119.909	11	14	18
18	1	4	7309.373	13	17	22
19	19	25	7425.31	0	0	22
20	8	30	11352.37	0	0	21
21	8	27	16760.26	20	0	24
22	1	19	17103.44	18	19	23
23	1	3	18965.29	22	16	24
24	1	8	36133.03	23	21	27
25	23	28	261829.8	0	0	27
26	29	31	268779.5	0	0	28
27	1	23	748038.6	24	25	30
28	5	29	1350267	0	26	29
29	5	26	8543083	28	0	30
30	1	5	25248934	27	29	0

表 7－5 给出了反映聚类过程的凝聚过程表。第一列（Stage）为聚类的步骤；第二、三列（Cluster Combined）表示本步骤哪两类合并，合并结果取小的序号；第四列（Coefficients）表示距离系数；第五、六列（Stage Cluster First Appears）表示合并的结果前一次出现的聚类步序号；第七列（Next Stage）表示该步合并结果在下一步合并时的步序号。

如在第 1 步（Stage 1）中，样品 2 和样品 9 合并为一类，合并结果取小的样品序号 2；其距离系数为 56.98；合并的两项都是首次出现，所以 Stage Cluster First Appears 栏都取 0；

该步合并结果将在第 3 步再次出现。在第 2 步（Stage 2）中，样品 22 和第 24 类（以第一类中较小的样品序号为标记）又合并成一类，合并结果取小的样品序号 22；其距离系数为 132.63；样品 22 和 24 都是首次出现，所以 Stage Cluster First Appears 栏都取 0；该步合并结果将在第 9 步再次出现。经过 30 步聚类过程，31 个样品最后合并成一大类，聚类过程结束。

（3）输出分类结果，如表 7－6 所示。

表 7－6　分类结果的类成员表（Cluster Membership）

Case	7 Clusters	6 Clusters	5 Clusters	4 Clusters
1：北京	1	1	1	1
2：天津	1	1	1	1
3：河北	1	1	1	1
4：山西	1	1	1	1
5：内蒙古	2	2	2	2
6：辽宁	1	1	1	1
7：吉林	1	1	1	1
8：黑龙江	1	1	1	1
9：上海	1	1	1	1
10：江苏	1	1	1	1

表 7－6 给出了划分 4～7 类时每一个样品属于某一类别的结果。当聚成 4 类或 5 类时，内蒙古属于第 2 类；同样当聚成 6 类或 7 类时，内蒙古属于第 2 类，。

（4）输出分类结果的垂直冰柱图，如图 7.2 所示。

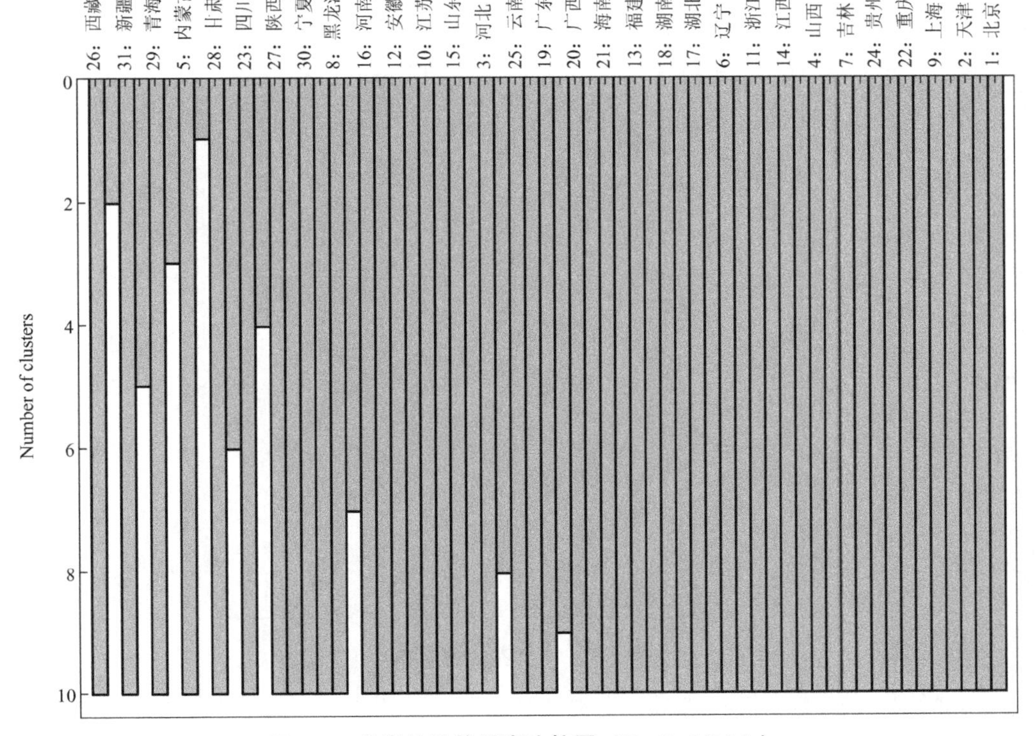

图 7.2　分类结果的垂直冰柱图（Vertical Icicle）

图 7.2 给出了部分样品的纵向显示的冰柱图，纵坐标（Number of Clusters）表示分成的类数。在第 1 步分类时，所有 31 个省自治区、直辖市都归为 1 类，在第 2 步分类时，连在一起的西藏、新疆、青海、内蒙古、甘肃、四川和陕西归为一类，其他省份归为一类。其他分类情况依此类推。

（5）输出谱系聚类图，如图 7.3 所示。

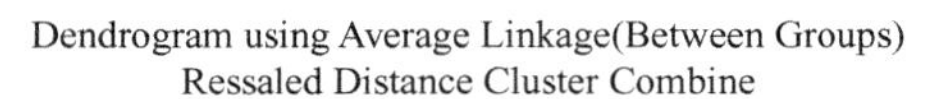

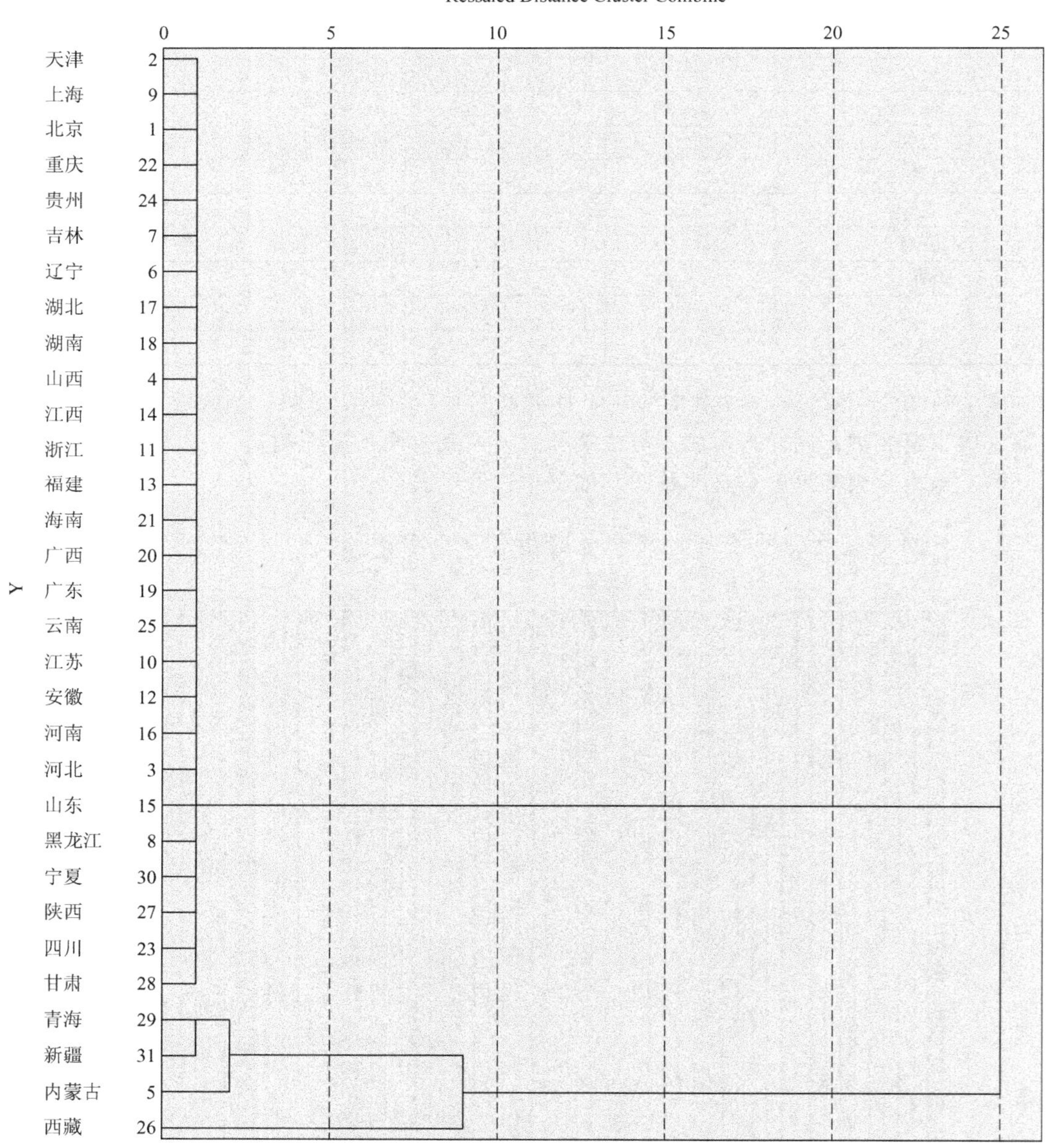

图 7.3 聚类分析树状图

图 7.3 给出了聚类分析树状图，直观地显示了样品逐步合并的过程。如何得出最后分类结果由用户自己决定，取决于用户选择怎样的分类标准，划分成多少类。31 个省市自

治区、直辖市分成 4 类时的分类结果如下：

第 1 类：天津，上海，北京，重庆，贵州，吉林，辽宁，湖北，湖南，山西，浙江，福建，海南，广西，广东，云南，江苏，安徽，河南，河北，山东，黑龙江，宁夏，陕西，四川，甘肃。

第 2 类：青海，新疆。

第 3 类：内蒙古。

第 4 类：西藏。

我们可以对比其他分类结果，从而选择一种合适的分类划分。

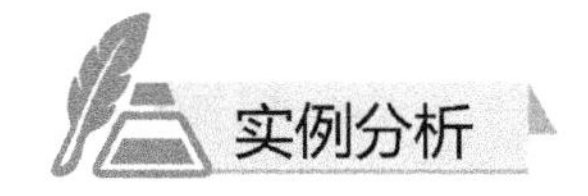

基于聚类分析方法的职位族管理

作为定量分类的统计工具，聚类分析方法被广泛应用于诸多科技领域，取得了较好效果。近几年兴起的对员工职业生涯发展的关注，要求企业依据各职位的职业发展水平对其采取针对性管理；同时，职位分族管理也在成为一种趋势。人力资源管理部门依据不同职位的特征进行分类，构成多个“职位族”，在此基础上进行人力资源管理。

职位族管理是基于不同职位所要求的职业发展水平，故所选用的聚类变量要对它有很好的表征。我们将具体职位要求的“职位权力和责任、工作复杂性和难度、教育与专业经验、知识与技能、职位扇出度、可替代性和组织环境熟识度”等 7 类指标作为聚类因素，来表征各个职位的职业发展水平。下面对这些因素的内涵作一些界定。

(1) 职位权力和责任：根据权责对等的原则，职位权力的影响范围和影响强度可以表征这个因素，根据权力的性质分为执行权或建议权，调配人力、物力的权限等。

(2) 工作复杂性和难度：人际交往中的沟通协调能力、科研攻关中解决问题的能力。

(3) 教育与专业经验：学历与行业或者专业从业年限是外显的指标，注意这两者的结合，理论知识在实践中得到应用，来解决实际问题。

(4) 知识与技能：体现了管理、技术、技能等不同职位发展通道上职位的并重。

(5) 职位扇出度：主要用来描述职位关系，职位作为组织中的一个基本单元，虽然每个职位都具有自己相对独立的功能，但这个功能的实现要靠与其他职位的协作或者下属职位功能的支撑，职位扇出度越大代表任职者需要越强的协调沟通和领导能力。

(6) 可替代性：这个变量主要说明职位的任职人选通过内部晋升或外部招聘获取是否容易，有的职位掌握组织发展的关键资源，造成了任职人员的不易替代，提高了替代成本。

(7) 组织环境熟识度：某些职位的任职者需要对组织的方方面面的信息有整体和深入地把握，特别是组织的财务、运营和战略规划实施等信息。信息的获取主要通过正规渠道，也可能通过非正式组织等，组织环境熟识度从一定程度上反映了职位对组织的影响力。

参照企业的职位说明书，采用 7 分制对各个职位对应的指标进行打分。数据资料如表 7－7 所示。

表 7-7　各职位聚类因素得分表

职位代码	职位名称	职位权力和责任	工作复杂性和难度	教育与专业经验	知识与技能	职位扇出度	可替代性	组织环境舒适度
1	生产总监	7	7	6	7	6	7	6
2	供应部经	5	5	4	4	5	6	5
3	生产计划	6	6	6	4	7	6	6
4	机电设备	4	4	5	5	5	5	5
5	计划主管	4	5	5	4	5	4	6
6	生产主管	5	5	6	5	6	5	6
7	生产调度	3	3	4	4	4	4	5
8	车间主管	4	5	5	4	4	4	5
9	工艺主管	4	5	5	5	4	5	4
10	生产工人	1	2	2	3	1	1	1
11	安全技工	2	2	2	3	1	2	2
12	设备维护	2	3	3	4	2	3	2
13	营销总监	7	7	7	6	6	7	6
14	客服部经	5	4	5	4	5	4	5
15	各办事处	6	5	6	5	7	6	5
16	用户质量	4	3	4	4	3	3	4
17	销售内勤	2	2	3	4	2	1	2
18	促销员	1	2	2	3	1	1	1
19	财务总监	7	7	7	6	7	7	7
20	证券投资	5	6	6	5	5	5	5
21	投标主管	4	5	5	6	3	4	4
22	出纳	2	2	3	3	1	2	2

需要分析的问题：

(1) 根据职位在组织内的职业发展水平，对其进行分族。

(2) 针对不同职业发展水平的职位族，给出具体的职业发展建议。

一、学习目标

通过本案例的学习，要求学生熟练掌握聚类法的基本步骤及其应用；考核学生对聚类法的理解程度。

二、案例分析

1. 应用 SPSS 软件对数据进行处理

首先采用系统聚类法对职位样本进行聚类，个体之间距离选择平方欧氏距离，个体与小类之间距离选择组间平方链锁距离，软件输出全序的聚类冰柱图，如图 7.4 所示。

然后用系统聚类法对各职业发展水平变量进行聚类，输出全序冰柱图，如图 7.5 所示。

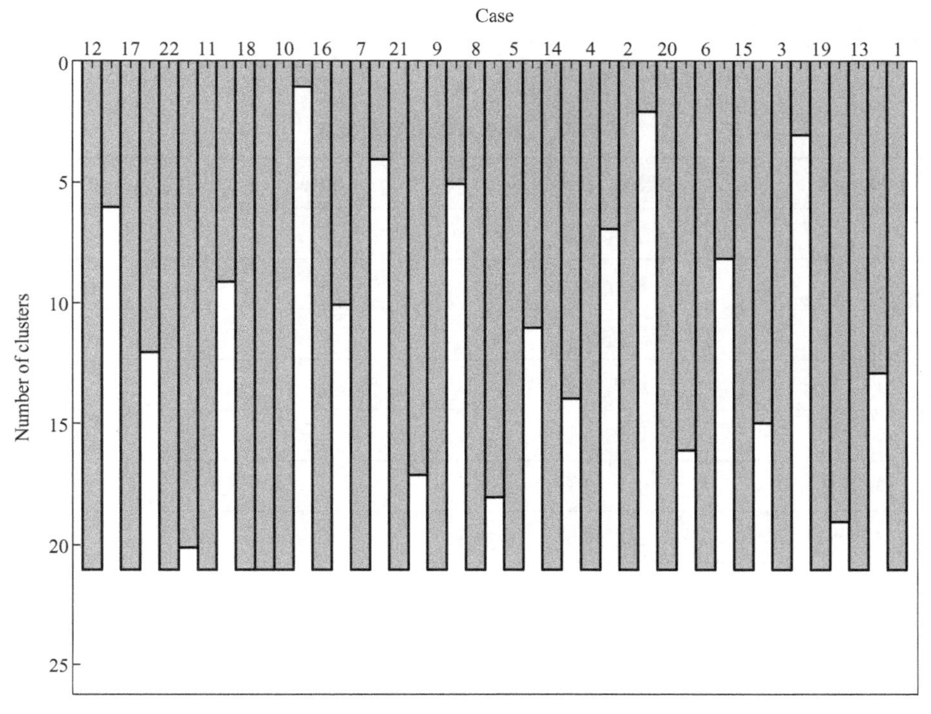

图 7.4 职位聚类分析冰柱图

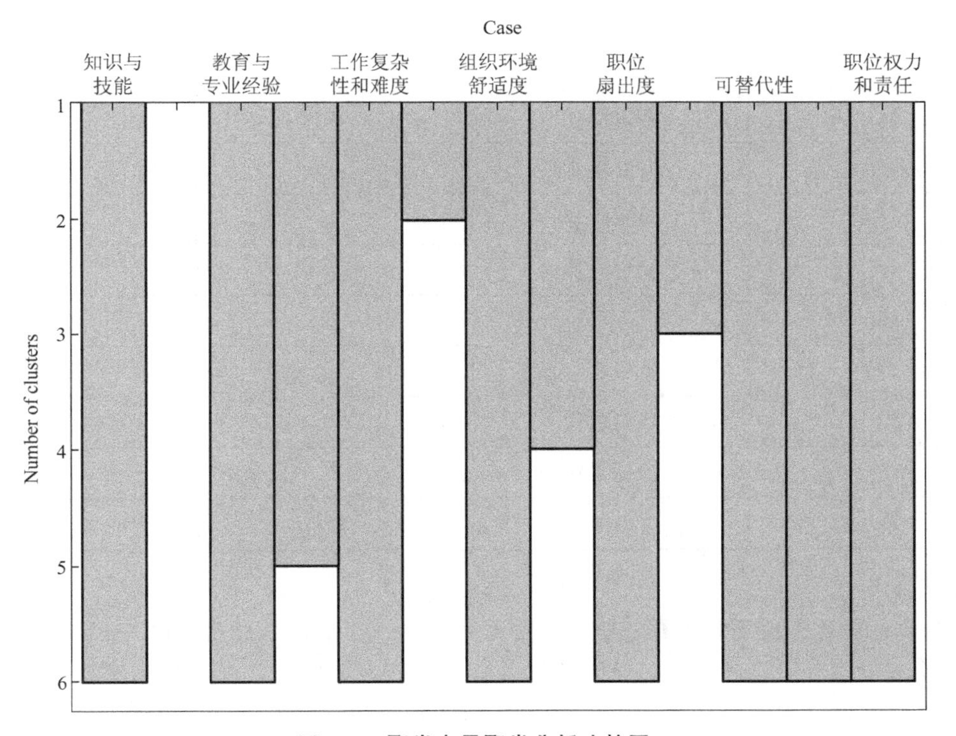

图 7.5 聚类变量聚类分析冰柱图

采用 K-Means 聚类，通过调整 K 的取值，可得到不同聚类结果。当所有职位聚为4类时，各类集中度较好，类之间区分度也较好，软件自动选表取聚类中心，结果如表 7-8 所示。

表 7-8　聚类职位族类归属表

Case Number	职位名称	Cluster	Distance
1	生产总监	1	.000
2	供应部经	3	2.646
3	生产计划	3	2.828
4	机电设备	3	2.449
5	计划主管	3	2.449
6	生产主管	3	1.732
7	生产调度	4	.000
8	车间主管	3	2.449
9	工艺主管	3	2.236
10	生产工人	2	.000
11	安全技工	2	1.732
12	设备维护	2	3.162
13	营销总监	1	1.414
14	客服部经	3	2.646
15	各办事处	3	2.646
16	用户质量	4	2.000
17	销售内勤	2	2.236
18	促销员	2	.000
19	财务总监	1	2.000
20	证券投资	3	.000
21	投标主管	3	3.162
22	出纳	2	2.000

结果分析：

在职位聚类的冰柱图中（图 7.4），由左至右可分为 4 族，分别是 {10,11,12,17,18,22}、{2,4,5,7,8,9,14,16,21}、{3,6,15,20}、{1,13,19}，它们分别对应职业发展水平由低到高的 4 个职位族。根据企业向心型职业发展通道的思想，分别将其命名为“辅助职位族、一般职位族、关键职位族、核心职位族”。如果分为 5 个职位族，{7,16} 就会从原有的一般职位族中分离出来，说明一般职位族聚合度相对较差。整体看来，这种通过层次聚类得到的各职位族的职位分布比较符合大型企业金字塔式的人才结构，有利于形成企业的人才发展梯队。

由 K－Means 聚类的最终聚类中心（表 7－6）可以看出：1 类对应核心职位族，包括{1,13,19}；3 类对应关键职位族，包括{2,3,4,5,6,8,9,14,15,20,21}；4 类对应一般职位族，包括{7,16}；2 类对应辅助职位，包括{10,11,12,17,18,22}。两种聚类方法所得到的结果在核心职位族和辅助职位族完全相同，差别体现在关键职位族和一般职位族，这种差别一定程度上是由于聚类方法的原理不同造成的。

从系统聚类法对变量进行聚类得到的冰柱图（图 7.4），如果把 7 个变量聚为 4 类，则首先职位权责与可替代性相关度最高，其次是工作复杂度与教育和专业经验，再次是职位扇出度与组织环境熟识度，最后是知识与技能。这个聚类结果与对这些变量的定义也很契合。

2. 针对不同职位族采取不同的职业开发策略

职位分族是职位族管理的基础，分族结果的应用是职位族管理取得成效的关键。组织应把职位所处的族类与员工个人的职业发展阶段相结合，分清企业组织当前和潜在人力资源需求，抓住关键职位族类处于成长阶段的员工，为组织培养接班人。同时，应根据不同职位族的具体情况采取不同对策，开展相应的职业生涯开发活动。

组织要注意不同族类任职者职业需求层次的不同，外围辅助职位族由于对任职员工综合能力要求比较低，任职员工在整个企业战略中不构成核心竞争力，因此组织往往忽视对这部分员工基本需求的满足，容易造成员工的不满和怠工。组织应关注这些职位的任职员工，着力改善其基本生活条件，解决生活中出现的具体问题，用优秀的企业文化对其进行引导。

一般职位族的员工是企业组织的主体，成长需求和情感需求处于主导地位。组织要营造良好的组织文化，使同事之间、伙伴之间的关系融洽，保持友谊和忠诚；深切关注员工的情感需求，使之感受到组织的温暖，有一种属于一个群体的荣耀感和归属感；形成共同的组织信仰，引导员工不断提高自己，做好本职工作；根据组织发展战略，定期举行各种培训和职业生涯咨询活动，引导和帮助员工确立职业发展方向，降低员工的失落感和挫折感；通过组织网络信息平台，发布组织的发展信息，使员工看到自己在这个组织的希望和目标，从而达到稳定员工队伍的目的。

关键职位族的员工处于组织的中层，对组织环境很熟悉，负责组织战略的具体实施，在本组织还有一定的上升空间。他们具有很强烈的社交需求，需要不断维护和扩展自己的业务圈子，以求与其他业务关联单位建立融洽的关系，赢得下属的尊重和进一步的职业发展。这部分人在外部人才市场上有很强的竞争力，也容易接受到其他组织的邀请。对于这类职位，要充分满足其受尊重的心理需求。组织不要过分集权，要采取柔性管理，给关键职位族留下一定的决策空间、回旋余地；建立及时准确的绩效信息反馈系统，对关键职位族的表现给出积极正面的评价，督促其执行组织决策；组织进行重大抉择时要多征求他们的意见。核心职位族的员工负责制定组织战略，他们是组织发展的导向，也是需求最难满足的群体。他们更多地追求自我价值的实现，往往从组织的发展和成功中获取满足。组织需要为这些职位的员工创造相对宽松的环境，提供足够的资源支持，并制订行之有效的激励方案。

【研究课题】

本章小结

聚类分析是根据研究对象的特性，对其进行定量分类的一种多元统计方法。聚类分析的研究主要基于距离的聚类，一个高质量的聚类分析结果，将取决于所使用的聚类方法。本章讲述了 SPSS 统计分析软件中涉及聚类分析的基本理论及方法，主要包括以下内容：Q 型聚类、R 型聚类、距离、相似系数、系统聚类法。

关键术语

Classify	分类	Cluster analysis	聚类分析
Cluster method	聚类方法	Distance measure	距离度量
Correlation coefficient	相似系数	Hierarchical cluster	系统聚类
Nearest neighbor method	最短距离法	Furthest neighbor method	最长距离法
Centroid clustering method	重心法	Median clustering method	类平均法
Ward's method	离差平方和法	Number of clusters	分类数
Clustering criterion	判断最优聚类数准则		

知识链接

[1] (德) 吉劳斯·巴克豪斯，本德·埃里克森，任尔夫·普林克，等多元统计分析方法：用 SPSS 工具 [M]. 北京：格致出版社，上海：上海人民出版社 . 2009.

[2] 贾俊平，郝静 . 统计学案例与分析 [M]. 北京：中国人民大学出版社，2010.

[3] 中华人民共和国国家统计局网站：http：//www. stas. gov. cn.

[4] 张立军，任英华 . 多元统计分析实验 [M]. 北京：中国统计出版社，2009.

[5] 章文波，陈红艳 . 实用数据统计分析及 SPSS 12.0 应用 [M]. 北京：人民邮电出版社，2006.

习 题 7

一、选择题

1. 在聚类分析中，根据变量对样品进行分类称为(　　)。

A. Q 型聚类　　B. R 型聚类　　C. 系统聚类　　D. K-均值聚类

2. 聚类分析时将对象进行分类的依据是(　　)。

A. 变量之间的数值的大小　　B. 对象之间的差异程度

C. 类间距离的远近　　D. 对象之间的相似程度

3. 在对样本进行分类时，度量样品之间的相似性时使用（　　）。

A. 类间距离　　B. 点间距离

C. 夹角余弦　　D. Pearson 相关系数

4. 在对变量进行分类时，度量变量之间的相似性时使用(　　)。

A. 类间距离和点间距离　　B. 欧氏距离和 Block 距离

C. 平方欧氏距离和 Block 距离　　D. 夹角余弦和 Pearson 相关系数

5. 进行聚类分析时，要求用于聚类的各变量的取值(　　)。

A. 应该接近相等　　B. 应该有较强的相关关系

C. 应该有数量级上的较大差异　　D. 不应该有数量级上的较大差异

二、简答题

1. 区别下列概念。

(1) Q 型聚类与 R 型聚类。

(2) 系统聚类法与 K-均值聚类法。

(3) 距离与相似系数。

2. 什么是聚类分析？聚类的依据是什么？

3. 简述系统聚类法的基本思路。

4. 变量聚类后如何根据聚类结果确定各类的代表变量？

5. 常用的距离及相似系数有哪些？它们各有什么特点？

6. 聚类分析之前一定要对变量进行标准化吗？为什么？

三、判断题

1. 对样品进行的聚类称为 R 型聚类，对研究变量进行的聚类称为 Q 型聚类。(　　)

2. 在进行聚类分析时不需对数据标准化。(　　)

3. 距离是描述指标间亲疏程度的分类统计量，相似系数是描述样品间亲疏程度的分类统计量。(　　)

4. 用相似系数作为亲疏程度的度量值时，相似系数的绝对值越大，说明指标之间的关联性越小。(　　)

5. 用距离作为亲疏程度的度量值时，距离值越小，说明样品之间的关联性越大。(　　)

6. 系统聚类法的聚类效果与分类统计量的选择及类间距离的定义都有关。(　　)

7. 在系统聚类分析中，事先已确定类别数。(　　)

8. 一般而言，不同的聚类方法的结果不完全相同。(　　)

9. 不同的聚类方法可能得到不同的结果，选用何种结果，可以结合专业知识判断。(　　)

10. 对于一个具体问题，可以试探各种聚类方法。(　　)

四、计算题

1. 考虑下列 4 个样品的距离矩阵

$$\boldsymbol{D}=\begin{matrix}(1)\\(2)\\(3)\\(4)\end{matrix}\overset{\begin{matrix}(1) & (2) & (3) & (4)\end{matrix}}{\begin{pmatrix}0 & & & \\ 1 & 0 & & \\ 11 & 2 & 0 & \\ 5 & 3 & 4 & 0\end{pmatrix}}$$

用最短距离法和最长距离法对这 4 个样品聚类，画出谱系聚类图。

2. 设有 5 个变量 X_1,X_2,X_3,X_4,X_5，它们之间的相关系数矩阵为

$$
\begin{array}{c}
 \\ X_1 \\ X_2 \\ X_3 \\ X_4 \\ X_5
\end{array}
\begin{array}{c}
\begin{array}{ccccc} X_1 & X_2 & X_3 & X_4 & X_5 \end{array} \\
\left(\begin{array}{ccccc}
1 & & & & \\
0.643 & 1 & & & \\
-0.082 & -0.086 & 1 & & \\
0.045 & 0.211 & -0.164 & 1 & \\
-0.013 & -0.328 & 0.486 & -0.185 & 1
\end{array}\right)
\end{array}
$$

以 R 作为各变量间的相似性度量，利用最短距离法对这 5 个变量做聚类分析，画出谱系聚类图。

3. 设有 5 个样品，每个样品测两个指标 X_1 和 X_2，如表 7－9 所示。

表 7－9　两个样品的指标数据

样品号	1	2	3	4	5
X_1	1	−1	−2	2	3
X_2	5	−1	−2	−1	0

用欧氏距离度量样品间的距离，试用系统聚类法中的重心法进行聚类，并画出谱系聚类图。

4. 表 7－10 是某聚类的进程表，试分析这个进程表。

表 7－10　Agglomeration Schedule

Stage	Cluster Combined		Coefficients	Stage Cluster First Appears		Next Stage
	Cluster 1	Cluster 2		Cluster 1	Cluster 2	
1	3	4	58.280	0	0	2
2	1	3	120.810	0	1	3
3	1	2	179.647	2	0	0

五、上机实验题

1. 某中学从高中女生中随机选取 16 名学生，测得身高和体重如表 7－11 所示。若样品间采用欧氏距离，试进行 Q 型聚类分析。

表 7－11　某高中女生 16 名学生的身高和体重

序号	1	2	3	4	5	6	7	8
身高/cm	160	159	160	157	169	162	165	154
体重/kg	49	46	53	41	49	50	48	43
序号	9	10	11	12	13	14	15	16
身高/cm	160	160	157	163	161	158	159	161
体重/kg	45	44	43	50	51	45	48	48

2. 为了了解2014年江苏省13个地区的经济发展水平，现选取4项指标：人均GDP（X_1），第一产业GDP占总GDP的比例（X_2），第二产业GDP占总GDP的比例（X_3），第三产业GDP占总GDP的比例（X_4）。数据资料如表7-12所示，要求使用聚类分析方法，将江苏13个地区分成4类。

表7-12　2014年江苏省13个地区的经济发展状况　（单位：元）

市　　县	人均GDP	三次产业占GDP比重/%		
		第一产业	第二产业	第三产业
南京市	107545	2.4	41.1	56.5
无锡市	126389	1.7	49.9	48.4
徐州市	57655	9.5	45.3	45.2
常州市	104423	2.8	49.1	48.0
苏州 市	129925	1.5	50.1	48.4
南通市	77457	6.0	49.8	44.2
连云港市	44277	13.3	45.3	41.4
淮安市	50736	11.7	44.2	44.1
盐城 市	53115	12.8	46.5	40.8
扬州市	82654	6.1	51.0	42.9
镇江市	102652	3.7	50.2	46.1
泰州市	72706	6.2	50.4	43.4
宿迁市	39963	12.8	48.3	38.9

资料来源：《江苏省统计年鉴（2015）》。

3. 为了更深入了解我国高等学校教育经费收入情况，现利用2014年全国教育经费数据对全国31个省、自治区、直辖市进行聚类分析。分析选用了3个指标：预算内教育经费拨款（X_1）、捐集资收入（X_2）、事业收入（X_3），分别用来反映各类教育经费收入的状况。试计算样品之间的相似系数，使用最长距离法、重心法和Ward法，将上机结果按样品号画出聚类图，并根据聚类图将30个样品分为4类。数据资料如表7-13所示。

表7-13　2014年全国教育经费数据　（单位：万元）

地　　区	预算内教育经费	社会捐赠收入	事 业 收 入
北京	8941899	8560	855343
天津	4986021	7631	632387
河北	8523960	6637	1606017
山西	5716634	4494	1043347
内蒙古	5546840	4017	515753
辽宁	7766499	2074	1415382

（续）

地　　区	预算内教育经费	社会捐赠收入	事 业 收 入
吉林	4623684	5859	750332
黑龙江	5126395	1368	836690
上海	7640400	6397	1141498
江苏	15765569	123770	3168318
浙江	10890610	56997	2780301
安徽	8594589	14121	1638949
福建	6514206	46843	1431102
江西	6932770	9378	1214374
山东	14995863	27202	2562457
河南	12650584	6492	2470745
湖北	6697669	16042	1811299
湖南	8449160	14113	1978319
广东	18505746	108921	5492403
广西	6540555	8998	1136774
海南	1826386	7920	326227
重庆	5228011	17731	1088175
四川	11225895	33563	2272207
贵州	5954134	10604	678610
云南	7820920	25631	917660
西藏	1182000	1567	18183
陕西	7246693	7938	1474355
甘肃	4265005	4858	490552
青海	1468671	1057	70331
宁夏	1385750	3663	145841
新疆	5504391	13687	299414

资料来源：《中国统计年鉴 2015》。

4. 某大学为了了解信息管理与信息系统专业的课程结构，随机抽取 30 人 16 门主要课程的成绩，有英语（X_1）、马克思主义政治经济学原理（X_2）、管理学原理（X_3）、高等数学（X_4）、计算机文化基础（X_5）、经济学（X_6）、体育（X_7）、管理信息系统（X_8）、概率论与数理统计（X_9）、毛泽东思想概论（X_{10}）、马克思主义哲学原理（X_{11}）、应用统计技术（X_{12}）、专业英语（X_{13}）、数据结构（X_{14}）、运筹学（X_{15}）、计算机网络（X_{16}）。统计资料如表 7－14 所示。

要求先对数据进行标准化变换，再采用最长距离法将16项指标分成8类。

表7-14　30个学生16门课程考试成绩统计

序号	X_1	X_2	X_3	X_4	X_5	X_6	X_7	X_8	X_9	X_{10}	X_{11}	X_{12}	X_{13}	X_{14}	X_{15}	X_{16}
1	86	83	83	86	76	90	84	87	76	66	84	80	83	62	81	70
2	77	90	79	89	85	72	80	84	92	81	82	87	90	63	76	94
3	60	74	72	87	86	86	62	88	89	82	67	88	90	73	86	84
4	73	78	88	87	85	94	70	89	88	80	79	82	73	54	70	73
5	70	77	90	85	80	81	75	88	83	83	82	85	81	67	90	58
6	62	80	71	87	85	77	80	87	87	86	82	78	83	63	76	72
7	67	64	73	83	85	81	60	85	74	72	56	84	80	36	88	77
8	73	75	79	75	80	90	63	88	81	79	75	80	82	61	84	80
9	77	75	90	89	76	79	50	91	90	81	79	75	84	54	81	88
10	84	90	85	90	74	87	70	93	82	60	91	67	73	50	77	60
11	75	85	78	90	85	85	65	90	82	72	84	74	90	60	73	73
12	64	71	76	90	85	80	82	90	90	84	78	86	81	79	87	82
13	75	75	74	85	74	78	66	83	84	86	73	80	78	72	78	60
14	86	77	89	90	82	90	70	86	81	81	88	81	86	46	83	80
15	69	74	77	80	81	77	82	87	86	61	81	75	81	60	78	66
16	60	76	87	87	80	75	74	82	84	84	70	69	80	64	73	65
17	74	75	81	92	80	80	73	72	92	88	74	87	90	88	90	81
18	64	75	82	83	81	79	64	85	86	92	78	76	84	69	74	85
19	68	91	93	89	92	93	78	91	90	81	83	84	86	88	90	84
20	75	80	78	83	81	82	86	78	94	79	79	93	91	67	85	80
21	72	80	83	86	85	82	72	80	84	86	68	75	84	86	90	80
22	71	75	85	85	86	83	83	79	90	77	69	79	81	62	74	85
23	74	82	74	80	78	76	77	82	80	84	68	65	81	54	81	70
24	78	73	78	83	83	80	67	84	83	63	75	75	84	83	80	57
25	82	82	85	89	87	85	60	80	84	81	83	81	75	62	82	80
26	67	90	91	89	81	87	75	90	90	73	80	71	83	77	75	74
27	69	83	66	89	85	77	70	89	90	86	82	90	85	82	87	90
28	84	82	80	87	78	92	60	89	85	64	81	72	82	50	83	60
29	83	87	84	85	78	87	75	91	90	78	85	85	84	65	83	76
30	63	76	82	80	80	86	75	85	90	85	73	86	82	75	88	70

实际操作训练

1. 实训项目：全国 31 个城市社会经济发展指标的聚类分析

实训目的：学会运用网络资源查找数据资料，会利用系统聚类法对样品进行聚类，会运用 SPSS 软件进行聚类分析，并对输出结果给出合理的解释。

实训内容：近年来一些地方城市的发展的一个突出问题是发展具有片面性，如经济发达，但政治文化等各方面的建设比较落后。请收集全国 31 个省会城市（含自治区、直辖市）2016 年相应的人均地区生产总值、人均公共图书馆藏书、职工平均工资、人均绿地面积、每万人拥有公共汽车等 5 个指标来考察 31 个城市发展的协调状况，根据这 5 个指标将 31 个城市进行聚类，分析各类的特点。利用本章学到的理论和方法进行聚类分析的实践。需要分析的问题如下：

（1）将 31 个城市按社会经济发展状况进行分类。

（2）各个类别之间的区别是什么？每个类别自身的经济发展状况存在什么问题？

2. 实训项目：全国 20 余家电力上市公司绩效指标数据分析

实训目的：学会运用网络资源查找数据资料，会利用系统聚类法对变量进行聚类，会运用 SPSS 软件进行聚类分析，并对输出结果给出合理的解释。

实训内容：目前我国上市超过 3 年的电力公司有 40 余家，请从“中国上市公司资讯网”公布的 2016 年电力上市公司数据中任选 20 家数据，进行聚类分析。所需 10 个相关指标依次为：销售净利率（单位：%）、经营净现金比率（单位：%）、总资产周转率（单位：倍）、固定资产周转率（单位：倍）、主营业务收入增长率（单位：%）、总资产增长率（单位：%）、净资产收益率（单位：%）、股东权益比率（单位：%）、股东权益周转率（单位：倍）和净资产增长率（单位：%）等。需要分析的问题：研究评价各变量指标之间的关系及所属类型。

3. 实训项目：全国各地区卫生医疗水平的高低分析

实训目的：学会运用网络资源查找数据资料，会利用系统聚类法对样品进行聚类，会运用 SPSS 软件进行聚类分析，并对输出结果给出合理的解释。

实训内容：为研究全国各地区卫生设施情况，请查找全国 31 个省、自治区、直辖市卫生设施相关指标，具体为医疗机构床位数（张）、卫生机构人员数、妇幼保健院（所、站）数、疾病预防控制中心（防疫站）数、门诊部数、诊所数、卫生院数、医院数等。需要分析的问题如下：

（1）利用系统聚类法对样品进行聚类，分析各地区卫生医疗水平的高低。

（2）各个类别之间的区别是什么？每个类别自身的卫生医疗发展存在什么问题？

案例思考与讨论

精准化营销：细分市场瞄准客户

总部位于上海的某期货公司，在各期货交易所分别拥有两个以上席位并且成交量名列前茅，是目前国内最具影响力的期货经纪公司之一。公司客户数量约 5000 左右，大多分布于华东地区。其中，10%是重要客户，其余皆为散户。目前，我国期货行业正进入新一轮的发展期。在政策及市场的双重驱动下，该行业将进行大规模的兼并重组和增资扩股，同时其他行业对期货公司的渗透也在不断加快，而争夺的焦点必定是客户。公司管理层意识到在服务日趋同质化、市场竞争越来越激烈的当下，有效的客户细分不仅是必然，也是必须的。企业资源的有限性决定了企业只有锁定特定的客户，才能最有效地发挥出最大的竞争优势。

面临问题及需求：

该期货公司在客户管理方面面临的主要问题：客户成分较复杂，管理客户的难度较大。作为期货业，公司客户具有以下显著特点：

(1) 客户的差异性。客户之间存在较大的差异性。从规模上看，大到机构大户，小到中户、散户；从投资经验来说，有多年的老手和刚来的新手。

(2) 客户的高转移风险。公司客户尤其是大客户存在着较大的转移风险。这主要是由于期货公司向客户提供的服务基本上是同质的，而客户本身却发生了变化。现在的客户更加理智。因此，影响客户去留的关键因素在于能否为客户提供既合理又相适的服务。

(3) 客户的低扩张性。虽然最近几年期货业的客户数量有了一定的增长，但是这种增长幅度远远小于市场预期。再加上期货业的客户基数本来就很小（40万～50万），客户的扩张异常缓慢。

目前，公司对客户按照交易量、交易方式等指标进行了一定程度的粗略细分，但尚未形成行之有效的完整体系，且细分多是手工完成，在处理一些数据量大、复杂的细分任务时显得力不从心，无从下手。这样带来了一系列问题。首先，给客户提供的咨询服务和投资建议没有针对性；其次，定手续费盲目，表现为对重点客户降低收费，影响公司收益；对成长型客户收费过高，导致其流失等；再者，由于不明确客户对公司的不同价值，使得公司的资源投资回报率较低。

针对这些问题，公司希望借助信息技术和先进的管理思想优化其客户细分，为公司把握客户、提供差异化服务，改善市场格局和增收增利提供决策依据。

思考与讨论以下问题：

(1) 该期货公司应该如何对客户细分？（可先对客户进行价值预测，再进行聚类细分）

(2) 如何看待“客户细分”在企业客户管理中的作用？

(3) 接下来客户管理的重点是什么？

【参考答案】

第8章

主成分与因子分析

教学目标

通过本章的学习，掌握主成分分析和因子分析的基本原理、方法及SPSS软件的操作步骤，能够根据输出结果对实际问题进行分析与评价。

教学要求

知识要点	能力要求	相关知识
主成分分析	能够掌握主成分分析数学模型及基本步骤	主成分分析数学模型、变量降维、贡献率
因子分析	能够掌握因子分析数学模型及基本步骤	因子分析数学模型、因子载荷、因子旋转、因子得分
主成分分析与因子分析的区别	能够理解主成分分析与因子分析的区别与联系	原始变量、公因子、主成分
SPSS软件操作	能够熟练使用SPSS软件主成分分析和因子分析功能并对输出结果进行正确解读	“Factor analysis”对话框、“Principal components analysis”对话框

在实际问题中，人们设计调查表或通过做实验收集到大量变量（指标）的数据，以便进行分析寻找规律。多变量大样本无疑会为科学研究提供丰富的信息，但也在一定程度上增加了数据采集的工作量。更重要的是，在大多数情况下，许多变量之间存在的相关性增加了问题分析的复杂性。因此需要找到一个合理的方法，在减少分析变量的同时，尽量减少原变量包含信息的损失，对所收集的资料做全面的分析。主成分分析与因子分析就是这样的降维方法，它可以在众多的变量中，找出少数几个综合性变量，来反映原来变量所反映的主要信息，使问题简化。主成分和因子分析的作用在于：①能降低所研究的数据空间的维数；②可以用于分析筛选回归变量，构造回归模型；③可以用于综合评价；④可以对变量进行分类。

【拓展知识】

主成分分析在企业经济效益评价中的应用

经济效益是评价一个企业经营情况好坏的重要标准之一。1994年以来，我国评价企业经济效益的指标体系大致经历了一个由繁到简的过程。20世纪50年代其考核指标是27项，60年代简化为17项，70年代又简化到8项，这些指标都是计划经济体制的共生物。到了1982年，国家根据当时经济形势的需要，颁布了16项主要经济效益指标，从中选出了10项作为企业经济效益动态考核指标。1983年，国家计委对其进行了部分修改，沿用到1992年，国家统计局又将其修改为6项。可以肯定地说，我国企业经济效益评价指标体系所走过的上述轨迹，每一步都深深地打着当时经济环境的烙印。也正是这个道理，为了适应我国社会主义市场经济的发展和建立现代企业制度的现实需要，财政部在反复研究论证的基础上，从各种评价企业经济效益指标中筛选出了10项指标，构成了一套基本接近国际通行做法的新的经济效益评价指标体系，并从1995年开始试点推广，于1998年全国正式实行至今。改进后的指标体系，具有较好的科学合理性、很强的可操作性，而且增加和强化了能反映增长质量和效益的指标，有助于引导企业改变过去习惯了的粗放经营方式，实现经济增长方式由粗放经营为主向集约经营为主的转变。

资料来源：https：//wenku. baidu. com。

使用指标体系评价的方法能够在一定程度上克服单项指标的局限性，提高评价的全面性和科学性。但是，出现了新的问题。由于使用多个指标，经常会发生不同指标间相互矛盾的情况，因而影响对评价对象做时间和空间上的的整体对比。那我们能不能把多个指标用一两个综合指标来表示？这一两个综合指标包含有多少原来的信息？能不能利用找到的综合指标来对企业经济效益排序？

主成分分析是利用降维的思想，在损失很少信息的前提下把多个指标转化为几个综合指标的多元统计方法。从而，我们期望可以利用主成分分析方法对企业的经济效益指标进行综合评价，希望能得到综合反映各企业经济效益强弱的各项信息，而且可以确定各指标的客观权重，由此指导企业的决策。

如何对学生成绩进行综合评价

据南方网（http：//www. southcn. com）报道，从2007年开始，广东高考分数统计方式将由标准分制改为原始分制，这一最新高考改革方案的提出，受到了人们的广泛关注。据相关负责人介绍，此举主要是担心考试科目中的文科基础和理科基础，由于这两个学科的考试属于水平考试性质，其分布和正态分布的差别会比较大，结果可能造成人为夸大分数差别的现象。采用原始分可以回避这一问题。另据有关专家介绍，此举又把不同学科之间的基本分值不相等，即语文的1分和数学的1分数值不相等这一原来标准分已经解决的问题引了出来。这一分数单位不等值的问题也会给评分结果带来相当严重的问题。

我国历来是采用原始分数报告学生的学习成绩，并作为选拔考试择优录取的重要依据。由于各科试题难度不同，学生各科成绩分布也不相同，因而用学生各科原始分数相加后的总分来反映学生个体在总体中的相对位置有较大的局限性。为了克服这种局限性，我国在1998年高考中开始实行用标准分录取新生。它是高考制度具体措施的一大改革。标准分是一种由原始分推导出来的相对地位量数，它是用来说明原始分在所属的那批分数中的相对位置的。但是截止到 2017 年，只有海南省还在使用标准分，其他省份都使用原始分录取新生。

资料来源：南方网 . http：//www. southcn. com.

可以看出，无论是用原始分还是标准分，对学生成绩进行综合评价时都存在各种缺点。这些方法对学生成绩评价过于笼统，看不出学生在各学科间的优势与劣势，也无法找出影响学生知识和能力的主要因素，并据此对学生成绩做出一个客观、综合的评价。

当我们对学生的学习成绩进行综合评价时，可能会收集到诸如数学、语文、英语、百米、仰卧起坐、排球等各类课程的成绩。一般来讲，一个学生的各科文化课成绩之间有一定的相关性，各科体育课成绩之间也有一定的相关性，而文化课成绩和体育课成绩之间的相关性就不大。因此，我们可以考虑学生的文化课成绩之间可能存在一个共同的影响因子，称之为智力因子；而体育课成绩之间也可能存在一个共同的影响因子，称之为体力因子。而因子分析就是要从各类课程的成绩去找寻出这些因子来，并且还能找到成绩与因子的关系。运用因子分析的方法对学生成绩进行分析，并通过分析的结果做出一个综合评价，这样可以比较有效地解决其他分析方法存在的问题。

【研究课题】

8.1 主成分分析

8.1.1 主成分分析简介

1. 主成分分析的含义

主成分分析就是用较少的几个综合变量来代替原来较多的变量，而这些较少的综合变量能尽可能多地反映原来变量的有用信息，且相互之间又是无关的，这些综合变量就称为主成分（Principal Components）。例如，上衣尺寸主要包括领长、袖长、衣长、胸围、袖宽等 14 个变量，它们显然是相关的，因此可以找出反映上衣特征的两个不相关的综合变量，即上衣的型号；学生的数学、物理、生物、政治、语文、历史、地理等 7 科的学习成绩之间也是明显相关的，也可以用文科和理科学习成绩两个综合变量来反映其主要信息。

2. 主成分分析的基本原理

主成分分析就是考虑各变量间的相互关系，利用降维的思想把多个变量转换成较少的几个互不相关的综合变量。那么，怎样实现变量的降维呢？

例如，儿童身高（X_1）和体重（X_2）两个变量之间的关系可以用散点图表示出来，如图 8.1 所示。显然，这两个变量之间存在线性关系。现在以直线 P_1 为横坐标，以该轴的垂直线 P_2 为纵

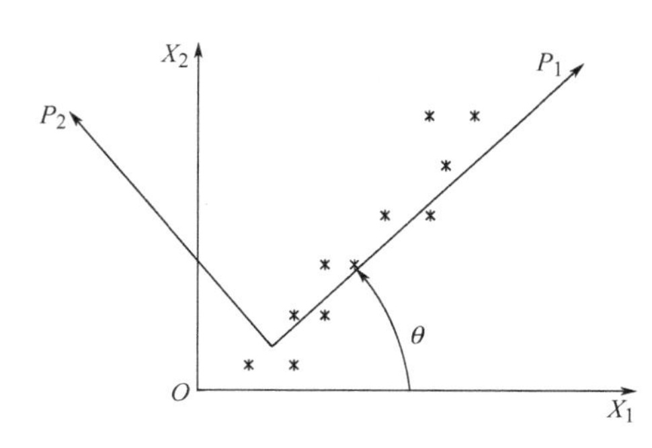

图 8.1 变量降维示意图

坐标，建立一个新的平面直角坐标系，则所有观测点均在坐标轴 P_1 周围（即沿该方向观测值方差最大），而在坐标轴 P_2 方向上的波动很小，可以忽略。这样，二维问题即可以降为一维问题，只取一个综合变量 P_1（主成分）即可。

这种降维的方法，相当于在平面上做一个坐标变换，即按逆时针方向旋转一个角度 θ，根据旋转变换公式，新旧坐标之间有如下关系：

$$\begin{cases} P_1 = X_1\cos\theta + X_2\sin\theta = u_{11}X_1 + u_{12}X_2 \\ P_2 = -X_1\sin\theta + X_2\cos\theta = u_{21}X_1 + u_{22}X_2 \end{cases} \tag{8-1}$$

式中，$u_{11}, u_{21}, u_{12}, u_{22}$ 是可以计算出来的；新变量 P_1 和 P_2 是原始变量的线性组合，而且二者相互垂直，即新变量 P_1 和 P_2 不相关。

一般来说，主成分就是 P 个原始变量的一些特殊的线性组合；而从几何上看，这些线性组合正是由 $X_1, X_2, \cdots, X_P$ 构成的坐标系经旋转而产生的新坐标系，新坐标系使之通过变差最大的方向（或者说具有最大的样本方差）。

3. 主成分分析的数学模型

假设有 n 个样品，每个样品观测 p 项变量（指标），记为 $X_1, X_2, \cdots, X_p$，原始数据资料阵为

$$\boldsymbol{X} = \begin{pmatrix} x_{11} & x_{12} & \cdots & x_{1p} \\ x_{21} & x_{22} & \cdots & x_{2p} \\ \vdots & \vdots & & \vdots \\ x_{n1} & x_{n2} & \cdots & x_{np} \end{pmatrix} = (X_1, X_2, \cdots, X_p)$$

主成分分析通常的做法是，寻求原变量 $X_1, X_2, \cdots, X_p$ 的线性组合 $\boldsymbol{P}_i$，其数学模型是

$$\begin{cases} \boldsymbol{P}_1 = u_{11}X_1 + u_{12}X_2 + \cdots + u_{1p}X_p \\ \boldsymbol{P}_2 = u_{21}X_1 + u_{22}X_2 + \cdots + u_{2p}X_p \\ \quad\cdots\cdots \\ \boldsymbol{P}_p = u_{p1}X_1 + u_{p2}X_2 + \cdots + u_{pp}X_p \end{cases} \tag{8-2}$$

可简写为

$$\boldsymbol{P} = u_1X_1 + u_2X_2 + \cdots + u_pX_p = \boldsymbol{U}^{\mathrm{T}}\boldsymbol{X} \tag{8-3}$$

式中，

$$\boldsymbol{U} = (u_1, u_2, \cdots, u_p)^{\mathrm{T}}, \boldsymbol{X} = (\boldsymbol{X}_1, \boldsymbol{X}_2, \cdots, \boldsymbol{X}_p)^{\mathrm{T}}$$

满足如下的条件：

(1) $\boldsymbol{P}_i$ 和 $\boldsymbol{P}_j$ 不相关，即 $\mathrm{Cov}(\boldsymbol{P}_i, \boldsymbol{P}_j) = 0 \quad (i \neq j, i, j = 1, 2, \cdots, p)$。

(2) 主成分的方差依次递减，重要性依次递减 $D(\boldsymbol{P}_1) \geqslant D(\boldsymbol{P}_2) \geqslant \cdots \geqslant D(\boldsymbol{P}_p)$，称 $\boldsymbol{P}_i$ 为第 i 主成分 $(i = 1, 2, \cdots, p)$。

(3) 总方差不变，即 $\sum_{i=1}^{p} D(\boldsymbol{X}_i) = \sum_{i=1}^{p} D(\boldsymbol{P}_i)$。

(4) 每个主成分的系数平方和为 1，即 $u_{i1}^2 + u_{i2}^2 + \cdots + u_{ip}^2 = 1$。

4. 主成分的求法

求主成分就是寻找 $\boldsymbol{X}$ 的线性函数 $\boldsymbol{U}^{\mathrm{T}}\boldsymbol{X}$，使相应的方差尽可能地大，即使

$$\begin{aligned} D(\boldsymbol{P}) &= D(\boldsymbol{U}^{\mathrm{T}}\boldsymbol{X}) \\ &= \boldsymbol{E}[\boldsymbol{U}^{\mathrm{T}}\boldsymbol{X} - E(\boldsymbol{U}^{\mathrm{T}}\boldsymbol{X})][\boldsymbol{U}^{\mathrm{T}}\boldsymbol{X} - \boldsymbol{E}(\boldsymbol{U}^{\mathrm{T}}\boldsymbol{X})]^{\mathrm{T}} \\ &= \boldsymbol{U}^{\mathrm{T}}\boldsymbol{E}(\boldsymbol{X} - \boldsymbol{E}\boldsymbol{X})(\boldsymbol{X} - \boldsymbol{E}\boldsymbol{X})^{\mathrm{T}}\boldsymbol{U} \\ &= \boldsymbol{U}^{\mathrm{T}}\boldsymbol{\Sigma}\boldsymbol{U} \end{aligned} \tag{8-4}$$

达到最大，且 $\boldsymbol{U}^{\mathrm{T}}\boldsymbol{U}=1$。由条件极值的 Lagrange 乘数法，即要求 $\phi=D(\boldsymbol{P})=\boldsymbol{U}^{\mathrm{T}}\boldsymbol{\Sigma}\boldsymbol{U}-\lambda(\boldsymbol{U}^{\mathrm{T}}\boldsymbol{U}-1)$ 为最大即可。令

$$\frac{\partial\phi}{\partial\boldsymbol{U}}=2\boldsymbol{\Sigma}\boldsymbol{U}-2\lambda\boldsymbol{U}=0 \tag{8-5}$$

即

$$(\boldsymbol{\Sigma}-\lambda\boldsymbol{E})\boldsymbol{U}=0$$

若公式(8－5) 有非零解，则 $|\boldsymbol{\Sigma}-\lambda\boldsymbol{E}|=0$，由此求得 $\boldsymbol{\Sigma}$ 的特征值 $\lambda_1,\lambda_2,\cdots,\lambda_p$。

设 $\lambda=\lambda_i$ 为 $\boldsymbol{\Sigma}$ 的一个特征值，则由（$\boldsymbol{\Sigma}-\lambda_i\boldsymbol{E}$）$\boldsymbol{U}=0$ 可求得非零解 $\boldsymbol{U}=\boldsymbol{U}_i$，那么 $\boldsymbol{U}_i$ 是 $\boldsymbol{\Sigma}$ 的对应于特征值 $\lambda=\lambda_i$ 的单位特征向量。

将 $\boldsymbol{\Sigma}$ 的特征值从大到小排列为 $\lambda_1\geqslant\lambda_2\geqslant\cdots\geqslant\lambda_p\geqslant0$，相对应的单位特征向量依次为 $\boldsymbol{U}_1,\boldsymbol{U}_2,\cdots,\boldsymbol{U}_p$，则有 $\boldsymbol{\Sigma}\boldsymbol{U}_i=\lambda_i\boldsymbol{U}_i$，将其两端左乘以 $\boldsymbol{U}_i^{\mathrm{T}}$，又 $\boldsymbol{U}_i^{\mathrm{T}}\boldsymbol{U}_i=1$，则有 $\boldsymbol{U}_i^{\mathrm{T}}\boldsymbol{\Sigma}\boldsymbol{U}_i=\lambda_i\boldsymbol{U}_i^{\mathrm{T}}\boldsymbol{U}_i=\lambda_i=D(P_i)(i=1,2,\cdots,p)$，故 $P_1=\boldsymbol{U}_1^{\mathrm{T}}x$ 有最大方差，称为第一主成分，$P_2=\boldsymbol{U}_2^{\mathrm{T}}x$ 有次大方差，称为第二主成分，依此类推。

5. 主成分个数的提取

在解决实际问题时，为了简化问题，通常不是提取 p 个主成分，而是提取 q（$q<p$）个主成分就够了。提取主成分个数的原则是这 q 个主成分能够反映出原来 p 个变量的绝大部分的方差。

1）主成分的方差贡献率

要说明主成分的方差贡献率，先要说明特征值 λ_i 的意义。λ_i 是样本观测值在其第 i 个主成分上的方差（分散程度），如果 λ_i 的值很小，说明这个主成分在分析样本数据时所起的作用不大，可以忽略不计。那么，小到什么程度才认为无足轻重，可以忽略呢？为此引入方差贡献率。

第 i 个主成分的方差在全部方差中所占的比例 $\dfrac{D(P_i)}{\sum\limits_{i=1}^{p}D(P_i)}$ $\left(\text{即}\ \dfrac{\lambda_i}{\sum\limits_{i=1}^{p}\lambda_i}\right)$称为第 i 个主成分的方差贡献率，它反映了第 i 个主成分综合原来 p 个变量信息的能力。

2）主成分的累积方差贡献率

前 q 个主成分共有多大的信息综合能力，用这 q 个主成分的方差和在全部方差中所占比例 $\dfrac{\sum\limits_{i=1}^{q}D(P_i)}{\sum\limits_{i=1}^{p}D(P_i)}$ $\left(\text{即}\ \dfrac{\sum\limits_{i=1}^{q}\lambda_i}{\sum\limits_{i=1}^{p}\lambda_i}\right)$来描述，称为前 q 个主成分的累积方差贡献率。

3）主成分个数的确定

一般地，我们取累计方差贡献率达到 80%以上的前 q 个主成分就可以了，因为它们已

经代表了绝大部分的信息；也可以根据实际情况来确定主成分个数。SPSS 中选取主成分的方法有两个：一是根据特征值不小于 1 来选取；另一种是直接规定主成分的个数来选取。

8.1.2 主成分分析的步骤及应用

1. 主成分分析的步骤

第一步：确定分析变量，收集数据资料。

样本数据资料矩阵为

$$\boldsymbol{X}=\begin{pmatrix} x_{11} & x_{12} & \cdots & x_{1p} \\ x_{21} & x_{22} & \cdots & x_{2p} \\ \vdots & \vdots & & \vdots \\ x_{n1} & x_{n2} & \cdots & x_{np} \end{pmatrix}_{n\times p}$$

第二步：对原始数据进行标准化。

原始数据标准化是为了消除由于量纲的不同可能带来的一些不合理的影响。

（1）计算样本数据 $\boldsymbol{X}$ 的均值和协方差阵。

均值：

$$\overline{X}=(\overline{x}_1,\overline{x}_2,\cdots,\overline{x}_p),\quad \overline{x}_j=\frac{1}{n}\sum_{i=1}^{n}x_{ij}\quad (j=1,2,\cdots,p)$$

协方差阵：

$$\boldsymbol{\Sigma}=[s_{ij}]_{p\times p},\quad s_{ij}=\frac{1}{n-1}\sum_{k=1}^{n}(x_{ki}-\overline{x}_i)(x_{kj}-\overline{x}_j)\quad (i,j=1,2,\cdots,p)$$

（2）标准化公式：

$$x'_{ki}=\frac{x_{ki}-\overline{x}_j}{\sqrt{s_{ii}}}\quad (i=1,2,\cdots,p;k=1,2,\cdots,n)$$

第三步：对标准化后的样本数据资料计算协方差阵或相关阵。

（1）协方差阵

$$\boldsymbol{\Sigma}=[s_{ij}]_{p\times p}$$

（2）相关阵：

$$\boldsymbol{R}=[r_{ij}]_{p\times p},\quad r_{ij}=\frac{s_{ij}}{\sqrt{s_{ii}}\sqrt{s_{jj}}}\quad (i,j=1,2,\cdots,p)$$

第四步：计算 $\boldsymbol{\Sigma}$ 或 $\boldsymbol{R}$ 的特征值及相应的特征向量 $\boldsymbol{U}_i$，并按 λ_i 的大小排序（$i=1,2,\cdots,p$）。

第五步：计算主成分的贡献率及累计贡献率。

（1）贡献率：

$$\frac{\lambda_k}{\sum_{i=1}^{p}\lambda_i}$$

（2）累计贡献率：

$$\frac{\sum_{i=1}^{q}\lambda_i}{\sum_{i=1}^{p}\lambda_i}$$

第六步：确定主成分个数。

一般取累计贡献率不小于80%的前q个主成分，或选用特征值不小于1的前q个主成分。

第七步：将样本数据代入前q个主成分的表达式，可分别计算出各单位前q个主成分的得分。有了主成分的得分值，则可以在许多分析中使用这些主成分，进一步做综合评估、聚类分析及回归分析。

主成分的计算

需要说明的是，从协方差阵和相关阵计算主成分一般是不同的，当变量取值范围彼此相差很大或度量单位不同时，可以考虑标准化，以便使计算结果有合理的解释，避免出现误解。当没有上述度量单位和数量级的差异，从协方差阵和相关阵出发计算的结果对主成分的解释或计算方差贡献时，一般不会矛盾。

阅读专栏8-1

主成分分析优缺点

主成分分析是利用降维的思想，在损失很少信息的前提下把多个指标转化为几个综合指标的多元统计方法。通常把转化生成的综合指标称为主成分，其中每个主成分都是原始变量的线性组合，且各个主成分之间互不相关，使得主成分比原始变量具有某些更优越的性能。

在应用主成分分析解决实际问题时，主成分分析体现出了一定的优点，但也存在一定的缺点。

主成分分析的优点：克服了多重共线性问题；抓住了分析问题的主要矛盾；简化了计算过程；是一种实用、有效的分析方法。

主成分分析的缺点：

问题一，传统主成分分析进行无量纲化处理的方法是“中心标准化”方法，即把原始数据的各指标均值化为0，方差化为1，进而由计算原始数据的协方差阵转化为直接计算原始数据的相关系数矩阵来求主成分。但这一方法用于主成分分析是不合适的，因为原始数据包含两部分信息，一部分是各指标变异程度的差异信息，由各指标的方差大小来反映，另一部分是各指标间相互影响程度上的相关信息，由相关系数来体现。“中心标准化”方法虽然达到了消除量纲和数量级影响的目的，但是该方法把各指标的方差化为1，这也就消除了各指标差异程度上的差异，进而从丢失一部分信息的数据（即标准化数据）中提取主成分显然是不可取的。

问题二，传统主成分分析有一个最显著地特点，即它是一种线性降维技术，表现为其主成分是原始变量的线性组合。而在实际应用中，各指标间有时存在非线性关系，主成分与原始数据之间也呈现非线性关系。这说明如果用传统主成分分析简单地处理非线性数据，那么降维效果就不是很明显，必然会导致分析评价结果与事实偏差很大，因此，有必要对传统主成分分析进行改造，使其适用于非线性数据。

【期刊推荐】

针对上述的问题，有关文献提出了相应的改进方法。

2. 主成分分析的应用

【例 8.1】 对导入案例 8－1 进行主成分分析。

某地区为了对 14 家工业企业进行经济效益的综合评估，选择了 8 项不同的利润指标，包括净产值利润率 X_1(%)、固定资产利润率 X_2(%)、总产值利润率 X_3(%)、销售收入利润率 X_4(%)、产品成本利润率 X_5(%)、物耗利润率 X_6(%)、人均利润率 X_7(%)、流动资金利润率 X_8(%)。统计数据资料如表 8－1 所示。试进行主成分分析。

表 8－1　14 家工业企业利润指标的统计数据

企业序号	X_1	X_2	X_3	X_4	X_5	X_6	X_7	X_8
1	38.5	9.1	11.3	9.5	12.2	16.4	1.327	11.6
2	32.3	13.9	9.4	8.3	9.8	13.3	2.126	17.1
3	1.8	0.6	0.7	0.7	0.8	1.1	0.056	1.0
4	12.5	9.7	4.2	4.2	4.6	6.5	0.874	3.9
5	24.8	8.0	9.8	8.9	11.9	16.2	0.789	13.7
6	40.6	19.1	19.8	19.0	29.7	39.6	2.449	35.8
7	48.4	13.4	10.9	9.9	10.9	13.9	1.772	17.8
8	22.0	7.8	9.9	10.2	12.6	17.6	0.847	10.6
9	35.6	12.5	16.4	16.7	22.8	29.3	3.017	26.6
10	34.3	11.8	7.1	7.1	8.0	8.9	1.726	27.5
11	22.3	6.7	5.6	3.7	6.0	7.4	0.176	7.3
12	13.2	3.3	3.9	4.3	4.4	5.5	0.578	3.6
13	25.0	12.7	11.2	11.0	12.9	20.2	3.542	9.1
14	40.4	24.7	7.2	6.1	8.3	8.7	2.442	20.0

解：(1) 计算相关系数矩阵，如表 8－2 所示。

表 8－2　相关系数矩阵

	X_1	X_2	X_3	X_4	X_5	X_6	X_7	X_8
X_1	1.000							
X_2	0.763	1.000						
X_3	0.708	0.553	1.000					
X_4	0.643	0.514	0.988	1.000				
X_5	0.596	0.515	0.978	0.981	1.000			
X_6	0.544	0.469	0.974	0.980	0.992	1.000		
X_7	0.622	0.736	0.683	0.697	0.627	0.630	1.000	
X_8	0.773	0.712	0.780	0.733	0.787	0.724	0.622	1.000

（2）计算相关系数矩阵的特征值和相应的单位正交化特征向量，如表 8－3 和表 8－4 所示。

表 8－3　相关系数矩阵的特征值及贡献率

主　成　分	特　征　值	贡献率/%	累计贡献率/%
1	6.13662	76.708	76.708
2	1.04213	13.027	89.734
3	0.43595	5.449	95.184
4	0.22037	2.755	97.938
5	0.15191	1.899	99.837
6	0.00883	0.110	99.948
7	0.00296	0.037	99.985
8	0.00122	0.015	100.000

表 8－4　对应于特征值的特征向量

主　成　分	U_1	U_2
1	0.321132	0.415105
2	0.296164	0.597663
3	0.389120	－0.229744
4	0.384724	－0.278693
5	0.379551	－0.316317
6	0.370867	－0.371505
7	0.319955	0.278145
8	0.355461	0.156836

由表 8－3 可知，前两个主成分的累计贡献率已经达到 89.734%，故只需提取前两个主成分即可。

（3）计算主成分得分。

前两个主成分函数为

$$P_1 = 0.321132X_1 + 0.296164X_2 + 0.389120X_3 + 0.384724X_4 + 0.379551X_5 + 0.370867X_6 + 0.319955X_7 + 0.355461X_8$$

$$P_2 = 0.415105X_1 + 0.597663X_2 - 0.229744X_3 - 0.278693X_4 - 0.316317X_5 - 0.371505X_6 + 0.278145X_7 + 0.156836X_8$$

第一主成分 P_1 在 8 个指标的系数近似相等，它是综合反映了各工业企业的总经济效益，其贡献率高达 76.71%。因此可以根据第一主成分 P_1 的值对各工业企业进行综合评估。将标准化后的数据资料代入到主成分函数中，即可计算出主成分得分，如表 8－5 所示。

表 8-5 按第一主成分得分排序

排名	P_1值	企业序号
1	5.22385	9
2	3.45780	6
3	1.06472	2
4	1.01116	8
5	0.73165	1
6	0.39917	13
7	0.36440	14
8	0.06679	5
9	−0.27669	7
10	−0.30203	10
11	−2.18861	4
12	−2.37005	11
13	−2.82407	3
14	−4.35808	12

知识要点提醒

主成分分析不要求数据来自正态总体

无论是从原始变量协方差阵出发求解主成分，还是从相关阵求解主成分，均没有涉及总体分布问题。也就是说，与很多多元统计方法不同，主成分分析不要求数据来自正态总体。主成分分析就是对矩阵结构的分析。对多元随机变量而言，其协方差阵或其相关阵都是非负定的，这样就可以按照求解主成分的步骤求出其特征值、标准正交特征向量，进而求出主成分，达到缩减数据维数的目的。

主成分分析的这一特性大大扩展了其应用范围，对多维数据，只要是涉及降维的处理，我们都可以尝试用主成分分析，而不用花太多精力考虑其分布情况。

8.2 因子分析

8.2.1 因子分析的数学模型

1. 因子分析的含义

因子分析是主成分分析的推广，它也是将具有错综复杂关系的变量（指标）综合为数量较少的几个综合变量（称为因子），以再现原始变量与因子之间的相互关系。换言之，因子分析就是探讨存在相关关系的变量之间，是否存在不能直接观测到但对可观测指标的变化起支配作用的潜在因子（Factor）的分析方法。

2. 因子分析的基本原理

对于多变量问题，形成的背景原因是各种各样的，其共同原因称为公共因子；每一个原始变量又有其特定的原因，称为特殊因子。因子分析就是由样本的数据资料将每一个原始变量用起支配作用的公共因子与特殊因子的线性函数来表达，以便达到合适地解释原始指标的相关性并降低其维数。一般使公共因子尽可能少，且在专业上有意义，公共因子共同作用于各个变量，特殊因子仅仅作用于对应的那个变量。

例如，某公司招聘人才，对每位应聘者进行外貌、求职信的形式、专业能力、讨人喜欢的能力、自信心、洞察力、诚实、推销本领、经验、积极性、抱负、理解能力、潜在能力、实际能力、适应性等 15 个方面的考核。这 15 个方面可归结为应聘者的外露能力、讨人喜欢的能力、经验、专业能力 4 个方面，每一方面称之为一个公共因子。企业可根据这 4 个公共因子的情况来衡量应聘者的综合水平。这 4 个公共因子可以表示为

$$X_i = a_{i1}F_1 + a_{i2}F_2 + a_{i3}F_3 + a_{i4}F_4 + \varepsilon_i \quad (i=1,\cdots,15) \tag{8-6}$$

称 F_1、F_2、F_3、F_4 是不可观测的潜在因子，即公共因子。15 个变量共享这 4 个公共因子，但是每个变量又有自己的个性，即不被包含的特殊因子 ε_i。

【研究课题】

因子分析的基本思想就是通过变量的相关系数矩阵内部结构的研究，找出能控制所有变量的少数几个公共因子去描述多个变量之间的相关关系，然后根据相关性的大小把变量分组，使得同组内的变量之间相关性较高，但不同组的变量相关性较低。

3. 因子分析的数学模型

假设有 n 个样品，每个样品观测 p 项变量（指标），记为 $X_1, X_2, \cdots, X_p$，原始数据资料阵

$$\boldsymbol{X} = \begin{pmatrix} x_{11} & x_{12} & \cdots & x_{1p} \\ x_{21} & x_{22} & \cdots & x_{2p} \\ \vdots & \vdots & & \vdots \\ x_{n1} & x_{n2} & \cdots & x_{np} \end{pmatrix} = (X_1, X_2, \cdots, X_p)$$

则因子分析的一般数学模型为

$$\begin{cases} X_1 = a_{11}F_1 + a_{12}F_2 + \cdots + a_{1m}F_m + \varepsilon_1 \\ X_2 = a_{21}F_1 + a_{22}F_2 + \cdots + a_{2m}F_m + \varepsilon_2 \\ \qquad \vdots \\ X_p = a_{p1}F_1 + a_{p2}F_2 + \cdots + a_{pm}F_m + \varepsilon_p \end{cases} \tag{8-7}$$

简记为

$$\boldsymbol{X} = \boldsymbol{AF} + \boldsymbol{\varepsilon} \tag{8-8}$$

式中，$\boldsymbol{F} = (F_1, F_2, \cdots, F_m)^{\mathrm{T}}$ 为公共因子，其系数 $\boldsymbol{A} = [a_{ij}]\ (i=1,2,\cdots,p; j=1,2,\cdots,m)$ 称为载荷矩阵，a_{ij} 为第 i 个变量在第 j 个公共因子上的载荷，简称因子载荷，是不可观测的潜在因子。$\boldsymbol{\varepsilon} = (\varepsilon_1, \varepsilon_2, \cdots, \varepsilon_m)^{\mathrm{T}}$ 是特殊因子，是不能被前 m 个公共因子包含的部分。

因子分析的数学模型满足如下的条件：

(1) $m \leqslant p$。

(2) 假定特殊因子 ε_i 服从 $N(0,\sigma_i^2)$ $(i=1,2,\cdots,p)$。

(3) $\boldsymbol{\varepsilon}$ 与 $\boldsymbol{F}$ 不相关，F_i 与 $F_j(i\neq j)$ 不相关。

(4) 假定原始变量、公共因子和特殊因子都已标准化，即均值为 0，方差为 1。

阅读案例 8-1

C. 斯皮尔曼因子分析案例

1904 年，C. 斯皮尔曼发表了对学生考试成绩分析的著名文章，可认为是因子分析（Factor Analysis）的开始。因子分析模型是主成分分析的推广。它也是利用降维的思想，由研究原始变量相关矩阵内部的依赖关系出发，把一些具有错综复杂关系的变量归结为少数几个综合因子的一种多变量统计分析方法。C. 斯皮尔曼在该例中研究了 33 名学生在古典语（C）、法语（F）、英语（E）、数学（M）、判别（D）和音乐（Mu）6 门科目考试成绩之间的相关性，并得到如下相关矩阵：

	C	F	E	M	D	Mu
C	1.00	0.83	0.78	0.70	0.66	0.63
F	0.83	1.00	0.67	0.67	0.65	0.57
E	0.78	0.67	1.00	0.64	0.54	0.51
M	0.70	0.67	0.64	1.00	0.45	0.51
D	0.66	0.65	0.54	0.45	1.00	0.40
Mu	0.63	0.57	0.51	0.51	0.40	1.00

C. 斯皮尔曼注意到上面相关矩阵中一个有趣的规律，即如果不考虑对角元素的话，任意两列的元素大致成比例，对 C 列和 E 列有

$$\frac{0.83}{0.67}\approx\frac{0.70}{0.64}\approx\frac{0.66}{0.54}\approx\frac{0.63}{0.51}\approx 1.2$$

于是 C. 斯皮尔曼指出每一科目的考试成绩都遵从以下形式：$X_i=a_iF+e_i$，式中，X_i 为第 i 门科目标准化后的考试成绩，均值为 0，方差为 1；F 为公共因子，对各科考试成绩均有影响，也是均值为 0，方差为 1；e_i 为仅对第 i 门科目考试成绩有影响的特殊因子，F 与 e_i 相互独立。也就是说，每一门科目的考试成绩都可以看做是由一个公共因子（可以认为是一般智力）与一个特殊因子的和。在满足以上假定的条件下，就有

$$\mathrm{Cov}(X_i,X_j)=E(a_iF+e_i)(a_jF+e_j)=a_ia_j,\mathrm{Var}F=a_ia_j$$

于是，有

$$\frac{\mathrm{Cov}(X_i,X_j)}{\mathrm{Cov}(X_i,X_k)}=\frac{a_j}{a_k}$$

此结果与 i 无关，与在相关矩阵中所观察到的比例关系相一致。

资料来源：何晓群．多元统计分析 [M]. 北京：中国人民大学出版社，2009.

8.2.2 因子载荷

1. 因子载荷矩阵中的几个统计特征

1) 因子载荷 a_{ij} 的统计意义

将因子分析模型（8-7）简写为

$$X_i=a_{i1}F_1+a_{i2}F_2+\cdots+a_{im}F_m+\varepsilon_i \quad (i=1,\cdots,m) \tag{8-9}$$

在上式的两边右乘以 F_j，再求数学期望，得

$$E(X_iF_j)=a_{i1}E(F_1F_j)+\cdots+a_{ij}E(F_jF_j)+\cdots+a_{im}E(F_mF_j)+E(\varepsilon_iF_j) \quad (8-10)$$

由于在标准化下，原始指标 X、公共因子 F 和特殊因子 ε 都已标准化，即均值为 0，方差为 1，而且各因子不相关，因此，有

$$\gamma_{x_iF_j}=a_{i1}r_{F_1F_j}+a_{i2}r_{F_2F_j}+\cdots+a_{ij}r_{F_iF_j}+\cdots+a_{im}r_{F_mF_j}+r_{\varepsilon_iF_j}=a_{ij} \quad (8-11)$$

由公式(8－11) 可知，因子载荷 a_{ij} 是变量 X_i 与公共因子 F_j 的相关系数（即载荷矩阵中第 i 行第 j 列的元素)，反映了变量 X_i 与公共因子 F_j 的相关程度。$|a_{ij}|\leqslant 1$，绝对值越接近于1，表明公共因子 F_j 与变量 X_i 的相关性越强。同时因子载荷 a_{ij} 也反映了公共因子 F_j 对原始变量 X_i 的重要作用和程度。

2）变量共同度的统计意义

变量 X_i 的共同度也就是变量 X_i 的方差，它是因子载荷矩阵的第 i 行的元素的平方和，记为

$$h_i^2=\sum_{j=1}^{m}a_{ij}^2 \quad (i=1,2,\cdots,p) \quad (8-12)$$

若将因子分析模型 $X_i=a_{i1}F_1+\cdots+a_{im}F_m+\varepsilon_i$ 两边求方差，则得

$$D(X_i)=a_{i1}^2D(F_1)+\cdots+a_{im}^2D(F_m)+D(\varepsilon_i) \quad (8-13)$$

由于 X_i 和 F 已标准化，所以有

$$1=\sum_{j=1}^{m}a_{ij}^2+\sigma_i^2 \quad (8-14)$$

由公式(8－14) 可知，原始变量的方差可由两部分解释。第一部分是变量共同度 h_i^2，是全部公共因子对变量 X_i 的总方差的贡献，体现了全部公共因子对变量 X_i 的解释贡献程度。若 h_i^2 接近于1，则说明该变量的几乎全部原始信息都被所选取的公共因子说明了。例如，载荷矩阵中 $h_1=0.95$，即指标 X_i 的 95%的信息量被全部公共因子说明。第二部分是特殊因子的方差 ε^2，仅与变量 X_i 本身的变化有关，它反映了变量 X_i 的方差中不能由全体公共因子解释说明的比例，ε^2 越小，说明变量 X_i 的信息损失越少。

3）公共因子方差贡献的统计意义

公共因子 F_j 的方差贡献是因子载荷矩阵中各列元素的平方和。记为

$$S_j=\sum_{i=1}^{p}a_{ij}^2 \quad (8-15)$$

公共因子 F_j 的方差贡献反映了公共因子 F_j 对原始变量的解释能力。该值越高，说明相应公共因子的重要性越高。

2. 因子载荷矩阵的估计方法

要建立实际问题的因子分析模型，关键要根据样本数据估计因子载荷矩阵 **A**，对 **A** 的估计方法很多，如主成分分析法、最大似然法、主轴因子法、最小二乘法和广义最小二乘法等。其中目前较为普遍使用的是主成分分析法，下面重点介绍其估计原理。

用主成分方法确定因子载荷，是在进行因子分析之前先对数据进行一次主成分分析，然后把前面几个主成分作为初始公共因子，具体方法如下：

设主成分分析的数学模型为

$$P_i = u_{i1}X_1 + u_{i2}X_2 + \cdots + u_{ip}X_p = u_i^{\mathrm{T}}\boldsymbol{X} \quad (i=1,2,\cdots,p)$$

首先计算样本协方差阵 $\boldsymbol{S}$，并求 $\boldsymbol{S}$ 的特征值 $\lambda_1 \geqslant \lambda_2 \geqslant \cdots \geqslant \lambda_p > 0$ 及对应的单位正交特征向量 $u_1, u_2, \cdots, u_p$；然后计算 $P_i = u_i^{\mathrm{T}}\boldsymbol{X}$ 得到各个主成分。

由于因子分析的目的是减少变量个数，因此公共因子个数一般应小于变量个数（即 $m<p$），此时最后 $m-p$ 个特征值应较小，通常可略去其对 $\boldsymbol{S}$ 的贡献。根据线性代数知识，$\boldsymbol{S}$ 可分解为

$$S = \sum_{i=1}^{m} \lambda_i \boldsymbol{u}_i \boldsymbol{u}_i^{\mathrm{T}} = (\sqrt{\lambda_1}\ \boldsymbol{u}_1, \cdots, \sqrt{\lambda_m}\ \boldsymbol{u}_m) \begin{pmatrix} \sqrt{\lambda_1}\ \boldsymbol{u}_1^{\mathrm{T}} \\ \vdots \\ \sqrt{\lambda_m}\ \boldsymbol{u}_m^{\mathrm{T}} \end{pmatrix} \tag{8-16}$$

当略去特殊因子时，因子分析模型变为

$$\boldsymbol{X} = \boldsymbol{A}\boldsymbol{F}$$

则

$$D(\boldsymbol{X}) = D(\boldsymbol{A}\boldsymbol{F}) = \boldsymbol{A}D(\boldsymbol{F})\boldsymbol{A}^{\mathrm{T}} = \boldsymbol{A}\boldsymbol{A}^{\mathrm{T}}$$

$$\boldsymbol{S} \approx \boldsymbol{A}\boldsymbol{A}^{\mathrm{T}} = (\sqrt{\lambda_1}\ \boldsymbol{u}_1, \cdots, \sqrt{\lambda_m}\ \boldsymbol{u}_m) \begin{pmatrix} \sqrt{\lambda_1}\ \boldsymbol{u}_1^{\mathrm{T}} \\ \vdots \\ \sqrt{\lambda_m}\ \boldsymbol{u}_m^{\mathrm{T}} \end{pmatrix} \tag{8-17}$$

所以因子载荷矩阵 $\boldsymbol{A}$ 的第 j 列应为 $\sqrt{\lambda_j}\ \boldsymbol{u}_j$，即载荷矩阵 $\boldsymbol{A}$ 的样本估计量为

$$\hat{A} = (\sqrt{\lambda_1}\ \boldsymbol{u}_1, \cdots, \sqrt{\lambda_p}\ \boldsymbol{u}_p) \tag{8-18}$$

当相关变量所取单位不同时，我们常常先对变量标准化，标准化样本协方差阵 $\boldsymbol{S}$ 就是原始变量的样本相关阵 $\boldsymbol{R}$，再用 $\boldsymbol{R}$ 代替 $\boldsymbol{S}$，与上类似，进行载荷矩阵的估计。

实际应用时通常根据公共因子的累积贡献率达到 80% 以上，决定所取公共因子的个数。

8.2.3 因子旋转与因子得分

1. 因子旋转

因子分析的目的不是要找出公共因子，而是应该知道每个公共因子的实际意义（即命名解释），以便对实际问题进行科学的分析。观察因子载荷矩阵，如果因子载荷 a_{ij} 的绝对值在第 j 列的多个行上都有较大的取值，说明公共因子 f_j 同时解释许多指标的信息，且对每个变量 X_i 只能解释其中较少部分的信息。这时，因子 f_j 不能典型代表任何一个原始指标 X_i，它的实际意义是模糊不清的。为解决这个问题，由因子载荷阵的不唯一性，可以对其进行旋转，使每个变量只在一个公共因子上有较大的载荷，而在其余公共因子上的载荷比较小。因子旋转有方差最大正交旋转法、正交旋转法和斜交旋转法，本书只介绍方差最大正交旋转法。

方差最大正交旋转法是从初始因子载荷矩阵的每一列出发，使和每个因子有关的载荷的平方的方差最大。

先考虑两个因子的平面正交旋转，设因子的载荷矩阵为

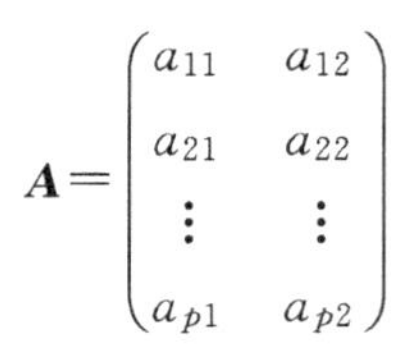

$$A=\begin{pmatrix} a_{11} & a_{12} \\ a_{21} & a_{22} \\ \vdots & \vdots \\ a_{p1} & a_{p2} \end{pmatrix}$$

则因子分析模型为

$$\begin{cases} X_1 = a_{11}F_1 + a_{12}F_2 \\ X_2 = a_{21}F_1 + a_{22}F_2 \\ \qquad\vdots \\ X_p = a_{p1}F_1 + a_{p2}F_2 \end{cases}$$

设旋转矩阵为

$$\boldsymbol{T}=\begin{pmatrix} \cos\varphi & -\sin\varphi \\ \sin\varphi & \cos\varphi \end{pmatrix}$$

则

$$\begin{aligned} \boldsymbol{B} = \boldsymbol{AT} &= \boldsymbol{A}\begin{pmatrix} \cos\varphi & -\sin\varphi \\ \sin\varphi & \cos\varphi \end{pmatrix} \\ &= \begin{pmatrix} a_{11}\cos\varphi + a_{12}\sin\varphi & -a_{11}\sin\varphi + a_{12}\cos\varphi \\ \vdots & \vdots \\ a_{p1}\cos\varphi + a_{p2}\sin\varphi & -a_{p1}\sin\varphi + a_{p1}\cos\varphi \end{pmatrix} \\ &= \begin{pmatrix} b_{11} & b_{12} \\ \vdots & \vdots \\ b_{p1} & b_{p2} \end{pmatrix} \end{aligned} \tag{8-19}$$

方差最大正交旋转法的目的是希望通过因子旋转后，使每个因子上的载荷尽量拉开距离，一部分的载荷趋于±1，另一部分趋于 0。这实际上希望将指标 $X_1, X_2, \cdots, X_p$ 分成两部分，一部分主要与第一公共因子有关，另一部分主要与第二公共因子有关，这也就是要求（$b_{11}^2, b_{21}^2, \cdots, b_{p1}^2$）和（$b_{12}^2, b_{22}^2, \cdots, b_{p2}^2$）两组数据的方差 V_1 和 V_2 尽可能地大。即正交旋转的角度 φ 必须满足使

$$V = V_1 + V_2 = \sum_{j=1}^{2}\left[\frac{1}{p}\sum_{i=1}^{p}\left(\frac{b_{ij}^2}{h_{ij}^2}\right)^2 - \left(\frac{1}{p}\sum_{i=1}^{p}\frac{b_{ij}^2}{h_{ij}^2}\right)^2\right]$$

达到最大值。这里取 b_{ij}^2 是为了消除符号不同的影响，除以 h_i^2 是为了消除各个变量对共因子依赖程度不同的影响。

令 $\frac{\mathrm{d}V}{\mathrm{d}\varphi}=0$，则有

$$\tan 4\varphi = \frac{\boldsymbol{D} - 2\boldsymbol{AB}/\boldsymbol{P}}{\boldsymbol{C} - (\boldsymbol{A}^2 - \boldsymbol{B}^2)/\boldsymbol{P}} \tag{8-20}$$

式中

$$\boldsymbol{A} = \sum_{i=1}^{p}\boldsymbol{u}_i \quad \boldsymbol{B} = \sum_{i=1}^{p} v_i \quad \boldsymbol{C} = \sum_{i=1}^{p}(\boldsymbol{u}_i^2 - \boldsymbol{v}_i^2) \quad \boldsymbol{D} = 2\sum_{i=1}^{p}\boldsymbol{u}_i\boldsymbol{v}_i$$

$$\boldsymbol{u}_i = \left(\frac{a_{i1}}{h_i}\right)^2 - \left(\frac{a_{i2}}{h_i}\right)^2 \quad \boldsymbol{v}_i = 2\left(\frac{a_{i1}}{h_i}\right)\left(\frac{a_{i2}}{h_i}\right) \quad h_i^2 = \sum_{j=1}^{2} a_{ij}^2$$

如果公共因子有 $m(m>2)$ 个，则需逐次取 2 个公共因子全部配对进行上述的旋转，共需旋转 C_m^2 次算作一个循环，如循环完毕得出的因子载荷矩阵还没有达到目的，则可以进行第二轮 C_m^2 次配对旋转，依次进行，直到达到实际要求为止。

2. 因子得分

因子分析是将变量表示为公共因子的线性组合。如果我们要使用这些公共因子做其他的研究，例如，把得到的公共因子作为自变量来做回归分析，对样本进行分类或评价，这就需要我们对公共因子进行测度，即给出公共因子的值。因此，需要反过来将公共因子表示为变量的线性组合。

设公共因子由原始变量表示的线性组

$$\boldsymbol{F}_j=\beta_{j1}\boldsymbol{X}_1+\cdots+\beta_{jp}\boldsymbol{X}_p(j=1,\cdots,m) \tag{8-21}$$

称公式(8-21)式为因子得分函数。由于方程的个数少于变量的个数（即 $m<p$），

所以只能在最小二乘意义下对因子得分函数的系数进行估计。设公共因子可以对 p 个变量做回归，即建立回归方程为

$$\hat{\boldsymbol{F}}_j=b_{j1}\boldsymbol{X}_1+\cdots+b_{jp}X_p \quad (j=1,\cdots,m) \tag{8-22}$$

由于变量和公共因子均已标准化，故有 $b_{j0}=0$。由最小二乘估计有

$$\hat{\boldsymbol{F}}=\boldsymbol{A}^{\mathrm{T}}\boldsymbol{R}^{-1}\boldsymbol{X} \tag{8-23}$$

式中，$\hat{\boldsymbol{F}}=(\hat{\boldsymbol{F}}_1,\hat{\boldsymbol{F}}_2,\cdots,\hat{\boldsymbol{F}}_m)^{\mathrm{T}}$；$\boldsymbol{X}=(x_1,x_2,\cdots,x_m)^{\mathrm{T}}$；$\boldsymbol{R}$ 为原始变量的相关系数矩阵。

知识要点提醒

因子提取准则

一般最大可能的因子数量与变量数量相一致：即每个因子对应一个变量。但是因为因子数量应该小于变量数量，因此必须决定，应该提取多少个因子（因子数量<变量数量）。下面是可供选择的因子提取准则。

在文献中建议的因子数量确定的准则	在 SPSS 中被实现的选择
（1）直到 $X\%$（一般为 95%）的方差被解释。	可以事先确定。
（2）仅提取特征值大于 1 的因子（Kaiser 准则）。	如果没有别的说明，由计算机自动使用。
（3）提取 n（如 3）个因子。	数量可以由“抽取”对话框中的“因子数”给出。
（4）Scree-检验。将因子按其特征值降序排列，将具有最小特征的因子连成一条直线，直线的最后一点决定了因子的数量。	在“抽取”对话框中同样被要求必要的 Screeplot。
（5）因子的数量应该小于变量的数量。	如果因子数分析前可以被确定，那么“抽取”对话框中提取因子的数量不小于变量数量的一半。
（6）提取所有旋转后可被解释的因子	根据希望的旋转原则事先确定。

8.2.4 因子分析的步骤及应用

1. 因子分析的步骤

第一步：确定分析变量，收集数据资料。

第二步：对原始数据进行标准化。

第三步：计算所选变量的相关系数矩阵。

因子分析的前提条件是观测变量间有较强的相关性，而相关系数矩阵描述了原始变量之间的相关关系。通过这种方法可以判断所选变量是否适宜做因子分析。

第四步：提取公共因子。

采用某种方法计算初始载荷矩阵，对主成分方法而言，就是通过资料矩阵的相关系数矩阵计算特征值和特征向量。要确定提取公共因子的个数，可以根据研究者的设计方案或有关的经验事先确定；或按照因子的累计方差贡献率来确定，一般认为要达到80%才能符合要求；或只取方差大于1（或特征值大于1）的那些因子，因为方差小于1的因子其贡献可能很小。

第五步：因子旋转。

若公共因子的实际含义不清，则极不利于进一步分析。因此需要通过坐标变换使每个原始变量在尽可能少的公共因子之间有密切的关系，这样公共因子的实际意义更容易解释，并使公共因子具有命名解释性。

【期刊推荐】

第六步：计算公共因子得分。

求出各样本的公共因子得分，有了公共因子得分值，则可以在许多分析中使用这些公共因子，进一步做综合评估、聚类分析及回归分析。

阅读案例8－2

如何衡量地区经济发展

重庆是一个新兴直辖市，三峡库区建设和西部大开发使重庆得到了千载难逢的发展机遇。但由于历史原因，重庆地方经济发展极不平衡，地区差异明显，是大城市带动大农村的格局，属于典型的二元经济结构。在重庆经济的发展战略中，怎样对自身的经济发展状况评价，协调内部的经济结构，找到拉动经济的“增长极”，则是实现重庆经济崛起，将重庆建设成为长江中上游中心城市战略目标的基础和前提。

在衡量一个地区的经济发展状况时，并不能仅仅简单比较一两项指标数据，而是应该从社会经济发展的各方面综合考察，从而描述社会经济的现状，找出存在的问题及影响因素，为地区经济发展提供政策制定依据。应用因子分析综合评价方法，选取能够反映经济发展总体水平的12项主要指标对重庆市40个区县的经济情况进行分析。结果显示：渝中区和九龙坡区属于第一类地区；第二类地区包括渝北区、江北区、沙坪坝区和南岸区，这6个地区是重庆市增长的核心区域；第三类地区由8个区县组成，它们是巴南区、北碚区和正在大力调整产业结构，转变经济发展方式的大渡口区，渝东北翼地区的中心城市万州区，以及一小时经济圈的涪陵区、永州区、江津区和长寿区；剩下区县就归为第四类地区，其包括了渝东南所有区县，渝东除万州区以外的其他区县，以及一小时经济圈的十个不属于前三类地区的区县。

该综合评价提供了一个重庆市总体的经济发展思路。如果把第一类地区和第二类地区归为发达地区的话，这三类地区的数量比为6∶8∶26。在当前中国经济不平衡协同发展趋势下，可以分阶段、有侧重点地总体规划重庆市各个区县在新一轮西部大开发中的发展。第一阶段：6个经济发达地区侧重带动8个欠发达地区的经济发展，并保持或缩小落后地区与欠发达地区的差距；第二阶段：8个欠发达地区依次达到发达地区水平，同时，有部分落后地区相继发展欠发达地区，落后地区的数量降低为相对少数；第三阶段：进一步扩大发达地区和欠发达地区的数量，争取全面消灭落后地区。

资料来源：徐科，张艳．重庆各区县经济发展水平的因子分析［J］．重庆工商大学学报：自然科学版，2012，29(1)：42-48.

2. 因子分析的应用

【例8.2】 对导入案例8-2进行因子分析。

为了考察不同课程对学生知识能力的影响，从高中一年级随机抽取了15名学生，选择了8门课程的期末考试成绩，即历史成绩 X_1、化学成绩 X_2、语文成绩 X_3、英语成绩 X_4、地理成绩 X_5、物理成绩 X_6、几何成绩 X_7、代数成绩 X_8。数据资料如表8-6所示，试对这8项指标进行因子分析。

表8-6 15名学生的期末考试成绩

序号	X_1	X_2	X_3	X_4	X_5	X_6	X_7	X_8
1	80	65	50	70	80	78	83	94
2	75	52	60	70	65	80	75	73
3	70	55	40	80	40	65	55	52
4	80	65	60	80	60	68	45	50
5	75	63	72	60	40	75	85	68
6	75	62	62	65	62	72	67	67
7	80	75	60	80	80	70	56	55
8	73	55	62	60	60	65	84	70
9	82	50	80	65	68	78	82	88
10	70	60	75	70	62	75	60	40
11	82	72	82	80	60	85	65	75
12	80	90	82	82	85	90	86	88
13	85	70	90	75	70	70	86	72
14	80	60	62	65	50	60	60	65
15	82	88	65	82	70	75	86	96

解：(1) 对原始数据进行标准化，如表8-7所示。

表8-7 15名学生的期末考试成绩的标准化数据

序号	X_1'	X_2'	X_3'	X_4'	X_5'	X_6'	X_7'	X_8'
1	−.03922	−1.26215	−.28100	1.25192	.53910	.80640	1.43999	.44875
2	−1.13188	−.51087	−.28100	.11611	.79180	.23718	.16941	−.63694
3	−.87973	−2.01344	.95871	−1.77691	−1.10347	−1.18588	−1.10117	−1.72262
4	−.03922	−.51087	.95871	−.26250	−.72442	−1.89740	−1.22218	.44875
5	−.20733	.39067	−1.52071	−1.77691	.16005	.94870	−.13311	−.63694

（续）

序号	X_1'	X_2'	X_3'	X_4'	X_5'	X_6'	X_7'	X_8'
6	-.29138	-.36062	-.90086	-.11106	-.21901	-.33205	-.19361	-.63694
7	.80128	-.51087	.95871	1.25192	-.47171	-1.11472	-.91966	.44875
8	-.87973	-.36062	-1.52071	-.26250	-1.10347	.87755	-.01210	-1.07121
9	-1.29998	.99169	-.90086	.34327	.53910	.73524	1.07697	.88303
10	-.45948	.61605	-.28100	-.11106	.16005	-.83011	-1.82721	-1.72262
11	.54913	1.14195	.95871	-.26250	1.42356	-.47435	.29042	.88303
12	2.06204	1.14195	1.20665	1.63052	2.05532	1.01985	1.07697	.44875
13	.38103	1.74297	.33885	.49471	-.47171	1.01985	.10891	1.53444
14	-.45948	-.36062	-.90086	-1.01971	-1.73523	-.83011	-.31462	.44875
15	1.89394	-.13523	1.20665	.49471	.16005	1.01985	1.56100	.88303

（2）对于标准化数据计算指标间的相关系数，如表 8-8 所示。

表 8-8　相关系数矩阵

	X_1'	X_2'	X_3'	X_4'	X_5'	X_6'	X_7'	X_8'
X_1'	1.000	.495	.490	.335	.515	.239	.270	.567
X_2'	.495	1.000	.310	.663	.532	.419	.216	.363
X_3'	.490	.310	1.000	.002	.276	.477	.410	.216
X_4'	.335	.663	.002	1.000	.370	.283	-.295	.011
X_5'	.515	.532	.276	.370	1.000	.508	.311	.472
X_6'	.239	.419	.477	.283	.508	1.000	.421	.510
X_7'	.270	.216	.410	-.295	.311	.421	1.000	.787
X_8'	.567	.363	.216	.011	.472	.510	.787	1.000

（3）计算相关系数矩阵的特征值、方差贡献率和累计方差贡献率，如表 8-9 所示。

表 8-9　特征值、方差贡献率和累计方差贡献率

公共因子	特征值	方差贡献率	累计方差贡献率
1	3.641	45.511	45.511
2	1.706	21.329	66.839
3	.855	10.687	77.527
4	.768	9.601	87.127
5	.491	6.140	93.268
6	.368	4.603	97.870
7	.140	1.751	99.621
8	.030	.379	100.000

从表 8-9 可见，前 4 个特征值的累计方差贡献率已经达到了 87.127%，说明前 4 个公共因子基本包含了全部指标的主要信息。因此，我们取前 4 个公共因子。

（4）建立因子载荷阵并实行方差最大正交旋转，如表 8-10 和表 8-11 所示。

表 8-10 因子载荷阵

标准化成绩	公共因子			
	1	2	3	4
X_1'	.737	.114	.115	−.607
X_2'	.729	.473	−.049	.011
X_3'	.591	−.208	.771	−.023
X_4'	.395	.856	−.080	.080
X_5'	.756	.185	−.179	.049
X_6'	.723	−.056	.103	.612
X_7'	.615	−.698	−.154	.044
X_8'	.767	−.410	−.414	−.113

表 8-11 旋转后的因子载荷阵

标准化成绩	公共因子			
	1	2	3	4
X_1'	**.546**	.425	.508	−.449
X_2'	**.821**	.192	.189	.105
X_3'	.080	.145	**.963**	.179
X_4'	**.913**	−.247	−.061	.071
X_5'	**.636**	.440	.131	.161
X_6'	.363	.358	.300	**.749**
X_7'	−.134	**.878**	.243	.209
X_8'	.229	**.939**	.062	.036

显然，旋转后的因子载荷系数取值明显更加极端，即取值更加向 0 或 1 靠近，这样公共因子的解释和命名应更加容易。

由表 8-11 可知，第一公共因子 F_1 上载荷系数较大的指标有历史成绩 X_1、化学成绩 X_2、英语成绩 X_4、地理成绩 X_5，可命名为“文史因子”；第二公共因子 F_2 上载荷系数较大的指标有几何成绩 X_7、代数成绩 X_8，可命名为“数理因子”；第三公共因子 F_3 上载荷系数较大的指标有：语文成绩 X_3，可命名为“语文因子”；第四公共因子 F_4 上载荷系数较大的指标有物理成绩 X_6，可命名为“物理因子”。

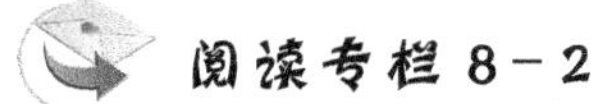

因子分析在市场调研中的应用

市场调研过程中，研究人员经常面对大批量的数据，这些数据不但数据量大，涉及的变量众多，而且变量之间往往存在一定的相关性，为分析问题带来了一定的难度。因此，如何正确有效地处理这些多变量大样本的数据，既是研究人员感兴趣的一个问题，也是研究人员需要具备的一种能力。在这方面，因子分析有着较为广泛的应用。因子分析在市场调研的各个领域有着广泛的应用。

（1）消费者使用习惯和态度的研究。对消费者对产品的态度探查往往需要使用因子分析，探查影响消费者产品态度的基本因子，并在此基础上，利用各因子进行聚类分析，对消费者进行细分，从而达到市场细分的目的。在这里，基本因子在消费群的细分中具有基础性作用。例如，选取有关啤酒饮用的20个态度语句，采用5级量表法（1—非常不满意，5—非常满意）对消费者进行产品态度调查，因子分析的结果给出了影响产品态度的6个态度因子：男子气概、品牌转换、有吸引的额外利益的啤酒、独自在家饮、社会认可、品牌试验者/社交饮用者。再如，因子分析的结果表明，新车的购买者主要关注购车因子包括经济性、方便性、性能、舒适度和豪华性5个方面，由此可以产生5个细分市场。

（2）品牌形象和特性研究。产品调研中，经常需要品牌形象和产品属性。例如，顾客如何评价银行呢？对15个有关银行特性的变量的因子分析表明，传统服务（包括贷款利率、社会声望）、方便性（包括服务速度、ATM机的位置等）、可见度（包括亲友推荐、社会活动的参与度等）及能力（包括雇员能力、辅助服务可得性等）是评价银行时所使用的4个评价因子。

【期刊推荐】

（3）满意度研究。满意度研究中同样可能需要使用因子分析对顾客态度进行探查，以寻求影响顾客满意度评价的基础因子。

资料来源：http：//library.3see.com/items/2003/02/19/4753.html.

8.3 主成分分析和因子分析的区别

主成分分析和因子分析都是用较少的综合变量表达多个观测变量的多元统计方法。在算法上二者很类似，都依赖于原始变量，也只能反映原始变量的信息。因子分析的公共因子的提取方法很多，主成分提取方法是其中的一种。因此，我们可以这样认为，主成分分析是因子分析中的一步，因子分析是主成分的一个应用和发展。主成分分析和因子分析的区别主要体现在：

（1）主成分分析是将主成分表示为原观测变量的线性组合，即

$$P_i = u_{i1}X_1 + u_{i2}X_2 + \cdots + u_{im}X_m \quad (i=1,\cdots,p)$$

而因子分析是将原观测变量表示为各公共因子的线性组合，即

$$X_i = a_{i1}F_1 + a_{i2}F_2 + \cdots + a_{im}F_m + \varepsilon_i \quad (i=1,\cdots,m)$$

（2）主成分分析中，公共因子数等于变量数，没有特殊因子；而因于分析中，公共因子数少于变量数，有各变量的特殊因子。

（3）主成分分析不需要有假设，因子分析则需要一些假设。因子分析的假设包括各个共同因子之间、特殊因子之间、共同因子和特殊因子之间不相关。

（4）主成分分析中，每个变量的系数 u_{ij} 唯一确定；但因子分析中，每个因子的系数 a_{ij} 不是唯一的。

(5) 主成分分析的重点在于解释各个变量的总方差，而因子分析则把重点放在解释各变量之间的协方差。

同主成分分析相比，由于因子分析可以使用旋转方法帮助解释因子，因此在解释方面更加有优势。大致说来，当需要寻找潜在的因子，并对这些因子进行解释的时候，更加倾向于使用因子分析，并且借助旋转方法帮助更好地解释。而如果想把现有的变量变成少数几个新的变量（新的变量几乎带有原来所有变量的信息）来进入后续的分析，则可以使用主成分分析。当然，这种情况也可以使用因子得分做到，所以这种区分不是绝对的。

知识要点提醒

主成分分析与因子分析对数据的要求

【期刊推荐】

主成分分析与因子分析方法适用于变量之间存在较强相关性的数据，如果原始数据相关性较弱，运用主成分分析与因子分析后不能起到很好的降维作用，即所得的各个主成分浓缩原始变量信息的能力差别不大。一般，当原始数据大部分变量的相关系数都小于 0.3 时，运用主成分分析及因子分析不会得到很好的效果。

8.4 用 SPSS 软件进行因子分析

【期刊推荐】

8.4.1 因子分析的 SPSS 操作过程

(1) 选择"Analyze→Dimension Reduction→Factor"选项，弹出"Factor Analyze"对话框。

(2) 在"Factor Analyze"对话框左侧列表框存放的是数据文件中的全部变量。右侧的"Variables"列表框存放的是需要进行因子分析的变量。右下侧的"selection Variable"列表框存放的是选入的某个变量，通过它的取值来确定参加因子分析的数据，单击"Value"按钮，弹出"Factor Analysis: Set Value"对话框，输入一个整数值，这样变量中只有等于该值的记录才能进入因子分析过程；若忽略此项，表示采用全部数据进行因子分析。

(3) 单击"Descriptives"按钮，弹出"Factor Analysis: Descriptives"对话框，选择输出描述统计量和初始分析结果。

① Statistics 选项组：输出描述统计量，包含两个复选框。

a. Univariate descriptives 复选框：输出各变量的均值、标准差等。

b. Initial solution 复选框：输出初始因子分析结果。选择此项可以输出原始变量的共同度，与变量数目相等的各因子的特征值、各因子特征值占总方差的百分比及累积百分比。

② Correlation Matrix 选项组：输出相关系数矩阵，包含 7 个复选框，下面列出常用选项。

a. Coefficients 复选框：输出相关系数矩阵。

b. Significance levels 复选框：输出相关系数单侧检验的概率 p 值。

c. KMO and Bartlett's test of sphericity 复选框：进行 KMO 检验和 Bartlett 球度检验，判断是否适合做因子分析。一般要求 KMO 值与 1 越接近越好，当小到一定程度时认为不能接受；Bartlett 检验偏相关矩阵是否为一单位矩阵，若是单位矩阵，则认为不能接受。

KMO 值参考标准：0.9＜KMO：非常适合；0.8＜KMO＜0.9：适合；0.7＜KMO＜0.8：一般适合；0.6＜KMO＜0.7：不太适合；KMO＜0.5：不适合。

③ 单击“Continue”按钮，返回“Factor Analyze”对话框。

（4）单击“Extraction”按钮，弹出“Factor Analysis：Extraction”对话框，选择指定提取公共因子的方法。

① Method 框：从所提供的多种公共因子提取方法中选择需要的方法，其中主成分法（Principle components）是系统默认的方法，也是常采用的提取公共因子的方法。

② Analyze 选项组：指定分析的矩阵类型，包含 2 个单选按钮。

a. Correlation matrix 单选按钮：使用相关系数矩阵作为提取公共因子的依据。

b. Covariance matrix 单选按钮：使用协方差矩阵作为提取公共因子的依据。

③ Display 选项组：输出未经旋转的有关因子分析结果，包含 2 个复选框。

a. Unrotated factor solution 复选框：显示未经旋转的因子载荷矩阵。是系统默认方式。

b. Scree plot 项：显示公共因子碎石图。按特征值大小排列公共因子序号，以特征值为两个坐标轴画出公共因子碎石图，以此来确定保留的公共因子个数。

④ Extract 选项组：选择确定公共因子个数，包含 2 个单选按钮。

a. Eigenvalues over 单选按钮：输入一个数值（默认值为 1），确定特征值大于该数值的公共因子。

b. Number of factors 单选按钮：指定提取特征值（公共因子）的具体数目。

⑤ Maximum Iterations for Convergence 项：指定因子分析收敛最大迭代次数。其目的是防止进入死循环，系统默认值为 25。

⑥ 单击“Continue”按钮，返回“Factor Analyze”对话框。

（5）单击“Rotation”按钮，弹出“Factor Analysis：Rotation”对话框，选择因子旋转方法。

① Method 选项组：选择因子旋转方法，包含 6 个单选按钮，下面介绍常用的两项。

a. None 单选按钮：不进行旋转，是系统默认的方式。

b. Varimax 单选按钮：方差最大化旋转。

② Display 选项组：输出旋转后的有关因子分析结果，包含 2 个复选框。

a. Rotated solution 复选框：显示旋转后的因子载荷矩阵。

b. Loading plots 复选框：显示旋转后的因子载荷散点图。指定此项将给出以两两公共因子为坐标轴的各变量的载荷散点图。

③ Maximum iterations for Convergence 项：输入一个数值，指定旋转收敛的最大次数，系统默认值为 25。

④ 单击“Continue”按钮，返回“Factor Analyze”对话框。

（6）单击“Scores”按钮，弹出“Factor Analysis：Scores”对话框，选择计算因子得分的方法。

① Save as variable 复选框：将公共因子得分作为新变量保存在数据文件中，新变量名的形式为 FACn _ m，其中 n 是公共因子编号，m 是第几次分析的结果；同时 Method 栏中各选项被激活。

Method 选项组：指定计算因子得分的方法，包含 3 个单选按钮。最常用的是回归法（Regression）。

② Display factor score coefficient matrix 复选框：输出因子得分函数中的各因子得分系数矩阵。它是标准化后的得分系数，根据该矩阵给出的系数可以计算出各观测量的因子得分。

③ 单击“Continue”按钮，返回“Factor Analyze”对话框。

（7）单击“Options”按钮，弹出“Factor Analysis：Options”对话框，选择缺失值的处理方法。

① Missing Values 选项组：指定缺失值的处理方法，包含 3 个单选按钮。

a. Exclude cases listwise 单选按钮：所有含缺失值的观测值均不参与计算。适用于样本量较多的情况。

b. Exclude cases pairwise 单选按钮：成对剔除带有缺失值的观测值。在计算两个变量的相关系数时，只将这两个变量中带有确实值的观测值剔除。适用于样本量较少的情况。

c. Replace with mean 单选按钮：用平均数代替缺失值。适用于样本量较少而样本精确值要求不高的情况。

② Coefficient Display Format 选项组：选择因子载荷矩阵的输出方式。包含 2 个复选框。

a. Sorted by size 复选框：以第一公共因子得分的降序输出因子载荷矩阵，便于进行分析。

b. Suppress absolute values less than 单选按钮：输入一个界于 0 和 1 之间的数值。表示只输出大于该数值的因子载荷，以突出载荷量较大的变量，便于分析。

③ 单击“Continue”按钮，返回“Factor Analyze”对话框。

（8）单击“OK”按钮，输出因子分析结果。

8.4.2 因子分析的 SPSS 输出结果解释

【例 8.3】 改革开放以来，我国居民收入水平、教育水平、医疗水平均有大幅度的增长，但由于我国各地区地域资源、资金水平等基础不同，生产力发展水平不一致，造成区域经济发展的不平衡，因此有必要对我国当前各地区综合发展情况进行比较研究，为促进地区经济的协调发展和宏观决策提供重要依据。为此，对我国 2014 年 31 个省、自治区、直辖市综合发展情况进行综合评估，选取 6 项指标，即人均 GDP（元）X_1、新增固定资产（亿元）X_2、城镇居民人均年可支配收入（元）X_3、农村居民人均可支配收入（元）X_4、高等学校数量（所）X_5、社区卫生服务中心数量 X_6，原始数据资料如表 8 - 12 所示。

表 8-12　2014 年全国 31 个省、自治区、直辖市综合发展情况资料

地　区	X_1	X_2	X_3	X_4	X_5	X_6
北京	99995	6924.2	48531.8	18867.3	89	322
天津	105231	10518.2	31506	17014.2	55	109
河北	39984	26671.9	24241.3	10186.1	118	274
山西	35070	12354.5	24069.4	8809.4	79	209
内蒙古	71046	17591.8	28349.6	9976.3	50	292
辽宁	65201	24730.8	29081.7	11191.5	116	360
吉林	50160	11339.6	23217.8	10780.1	58	202
黑龙江	39226	9829	22609	10453.2	80	438
上海	97370	6016.4	48841.4	21191.6	68	305
江苏	81874	41938.6	34346.3	14958.4	159	543
浙江	73002	24262.8	40392.7	19373.3	104	481
安徽	34425	21875.6	24838.5	9916.4	118	406
福建	63472	18177.9	30722.4	12650.2	88	219
江西	34674	15079.3	24309.2	10116.6	95	168
山东	60879	42495.5	29221.9	11882.3	141	510
河南	37072	30782.2	23672.1	9966.1	129	402
湖北	47145	22915.3	24852.3	10849.1	123	325
湖南	40271	21242.9	26570.2	10060.2	124	284
广东	63469	26293.9	32148.1	12245.6	141	1057
广西	33090	13843.2	24669	8683.2	70	144
海南	38924	3112.2	24486.5	9912.6	17	22
重庆	47850	12285.4	25147.2	9489.8	63	203
四川	35128	23318.6	24234.4	9347.7	107	397
贵州	26437	9025.8	22548.2	6671.2	55	157
云南	27264	11498.5	24299	7456.1	67	163
西藏	29252	1069.2	22015.8	7359.2	6	7
陕西	46929	17191.9	24365.8	7932.2	92	245
甘肃	26433	7884.1	21803.9	6276.6	43	203
青海	39671	2861.2	22306.6	7282.7	12	23
宁夏	41834	3173.8	23284.6	8410	18	16
新疆	40648	9447.7	23214	8723.8	44	183

资料来源：《中国统计年鉴（2015）》。

需要回答的问题：

（1）使用因子分析方法对各省、自治区、直辖市进行综合评估。

（2）根据各省、自治区、直辖市的综合评估结果，指出其优势和不足。

【拓展视频】

解：（1）将数据标准化。

（2）建立指标间相关系数矩阵，如表 8－13 所示。

表 8－13　相关系数矩阵（Correlation Matrix[a]）

系数及检验	指标＼指标	人均GDP	新增固定资产	城镇居民年均可支配收入	农村居民人均可支配收入	高等学校数量	社区卫生服务中心数量
相关系数矩阵 Correlation	人均 GDP	1.000	.175	.855	.890	.221	.298
	新增固定资产	.175	1.000	.118	.193	.899	.685
	城镇居民年均可支配收入	.855	.118	1.000	.928	.268	.354
	农村居民人均可支配收入	.890	.193	.928	1.000	.319	.353
	高等学校数量	.221	.899	.268	.319	1.000	.774
	社区卫生服务中心数量	.298	.685	.354	.353	.774	1.000
显著性水平矩阵 Sig.（1－tailed）	人均 GDP		.173	.000	.000	.116	.052
	新增固定资产	.173		.263	.149	.000	.000
	城镇居民年均可支配收入	.000	.263		.000	.073	.025
	农村居民人均可支配收入	.000	.149	.000		.040	.026
	高等学校数量	.116	.000	.073	.040		.000
	社区卫生服务中心数量	.052	.000	.025	.026	.000	

表 8－13 给出了各指标间的相关系数矩阵及各个相关系数的显著性水平。其中表的上半部分为相关系数矩阵（Correlation），值的绝对值越大，相关性越高；下半部分为显著性水平矩阵，值越小，相关性越显著。由于一部分的相关系数较高，各指标呈较强的线性关系，能够从中提取公共因子，适合进行因子分析。

（3）进行 KMO 和巴特利特球度检验，如表 8－14 所示。

表 8－14　KMO 和巴特利特球度检验（KMO and Bartlett's Test）

Kaiser－Meyer－Olkin Measure of Sampling Adequacy.		.703
Bartlett's Test of Sphericity	Approx. Chi－Square	179.201
	df	15
	Sig.	.000

由表 8-14 可知，KMO 值为 0.703，根据 KMO 值参考标准，比较适合进行因子分析；巴特利特球度检验统计量的观测值为 179.201，相应的概率 p 值为 0.000，如果取显著性水平 $\alpha=0.05$，由于概率 p 值小于显著性水平 α，应拒绝零假设，认为相关系数矩阵与单位阵有显著差异，适合进行因子分析。

（4）计算指标的共同度，如表 8-15 所示。

表 8-15　指标的共同度（Communalities）

指　　标	Initial	Extraction
人均 GDP	1.000	.897
新增固定资产	1.000	.890
城镇居民年均可支配收入	1.000	.933
农村居民家庭人均收入	1.000	.951
高等学校数量	1.000	.934
卫生机构数量	1.000	.778
Extraction Method：Principal Component Analysis.		

由表 8-15 可知，第 2 列显示的是各指标的初始共同度，它表明对原有 6 个指标采用主成分分析方法提取所有特征值，那么原有指标的所有方差都可被解释，指标的共同度均为 1（原有指标标准化后的方差为 1）。第 3 列显示的是提取 2 个公共因子后的再生共同度，可以看到，该列的全部数据都较大（接近于 1），说明所有指标的共同度均较高，各个指标的信息丢失都较少，即所提取的 2 个公共因子能很好地描述这些指标。

表格下侧的"Extraction Method：Principal Component Analysis"显示采用的是主成分方法提取公共因子。

（5）计算特征值、方差贡献率和累计方差贡献率，如表 8-16 所示。

表 8-16　因子解释原有指标总方差的情况（Total Variance Explained）

Component	Initial Eigenvalues			Extraction Sums of Squared Loadings			Rotation Sums of Squared Loadings		
	Total	% of Variance	Cumulative %	Total	% of Variance	Cumulative %	Total	% of Variance	Cumulative %
1	3.458	57.640	57.640	3.458	57.640	57.640	2.804	46.730	46.730
2	1.925	32.076	89.716	1.925	32.076	89.716	2.579	42.986	89.716
3	.326	5.437	95.153						
4	.168	2.807	97.960						
5	.065	1.079	99.038						
6	.058	.962	100.000						
Extraction Method：Principal Component Analysis.									

（6）输出因子分析结果的碎石图，如图 8.2 所示。

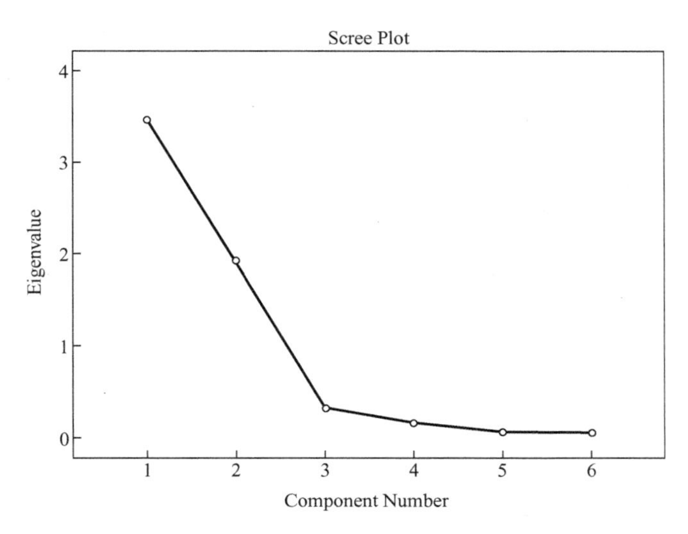

图 8.2　因子的碎石图（Scree Plot）

由图 8.2 可知，横坐标为特征值序号，纵坐标为特征值。图中明显的拐点为 3，可以得出保留 2 个公共因子将能概括原有指标的大部分信息（89.716%），进而进一步直观说明提取 2 个公共因子是合适的。

（7）输出因子载荷矩阵，如表 8-17 所示。

表 8-17　因子载荷矩阵（Component Matrix[a]）

	Component	
	1	2
人均 GDP	.785	—.530
新增固定资产	.635	.698
城镇居民人均年可支配收入	.807	—.531
农村居民人均可支配收入	.840	—.496
高等学校数量	.732	.630
社区卫生服务中心数量	.739	.481

Extraction Method：Principal Component Analysis.

a. 2 components extracted.

表 8-17 是因子分析的核心结果，模型中各公共因子前的系数表示该公共因子对指标的影响程度，即因子载荷。表格下侧的“Extraction Method：Principal Component Analysis”显示采用的是主成分方法提取公共因子，“a. 2 components extracted”表示提取了 2 个公共因子。可以看出，这两个公共因子的实际意义并不很清楚。

（8）输出旋转后的因子载荷矩阵，如表 8-18 所示。

表 8-18　旋转后的因子载荷矩阵（Rotated Component Matrix[a]）

指标得分	Component	
	1	2
Zscore：人均 GDP	**.941**	.112
Zscore：新增固定资产	.024	**.943**
Zscore：城镇居民人均年可支配收入	**.958**	.125
Zscore：　农村居民人均可支配收入	**.960**	.173
Zscore：高等学校数量	.143	**.956**
Zscore：社区卫生服务中心数量	**.245**	**.847**

Extraction Method：Principal Component Analysis.
Rotation Method：Varimax with Kaiser Normalization.

a. Rotation converged in **3** iterations.

表格下方显示的"Rotation Method：Varimax with Kaiser Normalization"为旋转方法选取方差最大化法，"a. Rotation converged in **5** iterations"为实际迭代次数选择 **5** 次。

（**9**）输出因子旋转中的正交矩阵，如表 **8-19** 所示。

表 8-19　因子转化矩阵（Component Transformation Matrix）

Component	1	2
1	.757	.653
2	—.653	.757

Extraction Method：Principal Component Analysis.
Rotation Method：Varimax with Kaiser Normalization.

未旋转的因子载荷矩阵（表 8-17）乘以该因子转换矩阵（表 8-19），就可得到旋转后的因子载荷矩阵（表 8-18）。

（10）输出因子旋转后的三维因子载荷图，如图 8.3 所示。

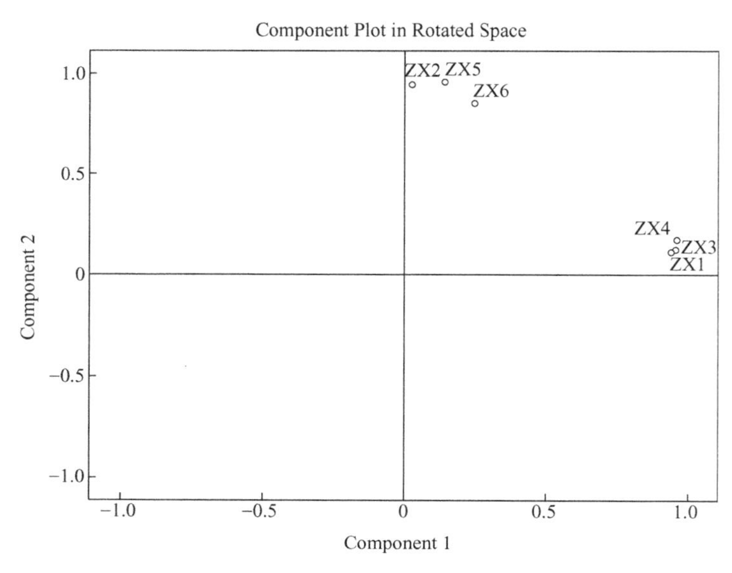

图8.3　因子旋转后的三维因子载荷图（Component Plot in Rotated Space）

由此直观说明旋转后各公共因子的指标的分布集中情况。

（11）输出公共因子得分系数矩阵并计算因子得分，如表 8－20 和表 8－21 所示。

表 8－20　公共因子得分系数矩阵（Component Score Coefficient Matrix）

指　　标	Component	
	1	2
人均 GDP	.352	—.060
新增固定资产	—.098	.395
城镇居民人均年可支配收入	.357	—.056
农村居民人均可支配收入	.352	—.036
高等学校数量	—.054	.386
社区卫生服务中心数量	—.002	.329

Extraction Method：Principal Component Analysis.
Rotation Method：Varimax with Kaiser Normalization.
Component Scores.

将原始指标的标准化值代入因子得分函数，就可以计算各样本的因子得分，因子得分以新变量的形式显示在数据编辑窗口（表 8－21），并以此对观测指标进行进一步的分析，如聚类或回归分析。

表 8－21　因子得分（Component Score）

省　　份	FAC1 _ 1	FAC2 _ 1
北京	2.6826	—0.5934
天津	1.7370	—0.9840
河北	—0.5517	0.7870
山西	—0.5838	—0.1955
内蒙古	0.3064	—0.2847
辽宁	0.2115	0.7166
吉林	—0.1634	—0.4974
黑龙江	—0.4162	0.0731
上海	2.9124	—0.8721
江苏	0.8829	1.9390
浙江	1.7038	0.5880
安徽	—0.5917	0.8332
福建	0.5042	—0.0444
江西	—0.5005	—0.0214
山东	0.0158	1.8642
河南	—0.7015	1.2661

（续）

省　份	FAC1 _ 1	FAC2 _ 1
湖北	－0.3159	0.7452
湖南	－0.3980	0.6386
广东	0.3868	2.1056
广西	－0.5982	－0.3282
海南	－0.2279	－1.4557
重庆	－0.2393	－0.4097
四川	－0.6639	0.7768
贵州	－0.9378	－0.5750
云南	－0.8001	－0.3829
西藏	－0.7153	－1.5896
陕西	－0.5250	0.1409
甘肃	－0.9870	－0.6476
青海	－0.5665	－1.4698
宁夏	－0.3865	－1.4372
新疆	－0.4732	－0.6857

（12）对各省、自治区、直辖市进行综合评估。

以提取的两个公共因子的方差贡献率作为权重，结合各因子得分，建立综合评价模型：

$$F=0.57640*\mathrm{FAC1\_1}+0.32076*\mathrm{FAC2\_1}$$

利用SPSS的数据转换功能计算各样本的综合得分 F，并利用SPSS的排序功能对各省市自治区的综合发展水平进行了排序比较。结果如表8－22所示。

表8－22　各省市自治区综合发展水平的排序比较

名　次	按综合得分排名	按第一公共因子得分排名	按第二公共因子得分排名
1	上海	上海	广东
2	北京	北京	江苏
3	浙江	天津	山东
4	江苏	浙江	河南
5	广东	江苏	安徽
6	天津	福建	河北
7	山东	广东	四川
8	辽宁	内蒙古	湖北
9	福建	辽宁	辽宁
10	内蒙古	山东	湖南

（续）

名　次	按综合得分排名	按第一公共因子得分排名	按第二公共因子得分排名
11	湖北	吉林	浙江
12	河南	海南	陕西
13	湖南	重庆	黑龙江
14	河北	湖北	江西
15	安徽	宁夏	福建
16	四川	湖南	山西
17	黑龙江	黑龙江	内蒙古
18	吉林	新疆	广西
19	陕西	江西	云南
20	重庆	陕西	重庆
21	江西	河北	吉林
22	山西	青海	贵州
23	广西	山西	北京
24	新疆	安徽	甘肃
25	云南	广西	新疆
26	海南	四川	上海
27	宁夏	河南	天津
28	贵州	西藏	宁夏
29	甘肃	云南	海南
30	青海	贵州	青海
31	西藏	甘肃	西藏

按综合得分所得到的评估结果说明了各省市自治区在人均GDP、新增固定资产、城镇居民人均年可支配收入、农村居民人均可支配收入、高等学校数量和社区卫生服务中心数量6个方面的发展水平；按第一公共因子得分所得到的评估结果说明了各省、自治区、直辖市在人均GDP、城镇居民人均年可支配收入和农村居民人均可支配收入3个方面的综合发展水平（即收入水平）；按第二公共因子得分所得到的评估结果说明了各省、自治区、直辖市在新增固定资产、高等学校数量和社区卫生服务中心数量3个方面的综合发展水平（即社会发展水平）。

由于因子分析法是以由原始指标组成的每个公共因子的方差贡献率作为权重来构建综合评价函数，所以使得评价结果具有很强的客观合理性。根据各公共因子的得分对各省、自治区、直辖市的发展情况进行评估，能够发现他们在各个环节的优势和不足，以便制定科学合理的决策方案。

【期刊推荐】

基于因子分析的中国金融风险研究

2008年始于美国的次贷危机发展成全面金融危机，而且向实体经济渗透，向全球蔓延，给世界经济带来严重影响。

所谓次贷危机，简言之，是指缺乏支付能力而信用程度又低的人在买了住房之后，无力偿还抵押贷款所引发的一种金融问题。居民住房是不动产，很难发生位置移动，因而即使发生供求问题及由此引发金融问题，也应只限于一定地区的范围之内。然而在美国，这个问题却成了波及全国以至全球的问题。这是什么原因造成的呢？主要是由于一种金融衍生品即"住宅抵押贷款支持证券"的泛滥造成的。一旦金融衍生品介入，把住房抵押贷款证券化，就会展开无穷的金融交易。这种证券既可以在国内金融市场不断交易，又可以在国际金融市场不断流通，于是就把住房问题由局部问题变成全局问题、由地区问题变成全国以至全球问题。当第一个环节出现问题，即大量买房的穷人无力偿还贷款时，其后的诸多环节就难以运行了。不仅如此。前几年美国住房市场火爆，即使是次级抵押贷款证券也成为抢手货。在这种情况下，不少金融机构把这种十分畅销的金融衍生品同其他行业的次级证券甚至垃圾证券"打包"出售（通俗地说，就是买茄子还要搭上黄瓜）。这样，多年积累下的大量金融残次品甚至垃圾就像汹涌的海浪一样涌向了美国以至世界金融市场，其后果就是金融危机的爆发。

值得欣慰的是，尽管此次全球性金融危机给中国金融机构造成一定的冲击，但中国金融机构的状况依然稳健。这一方面得益于中国金融业仍相对封闭，最重要的原因则是得益于近年来中国金融机构治理水平的大幅提高。中国金融业刚刚起步，在此次危机中没有陷入太深，但未来路往哪里走？相关专家表示，中国金融机构要努力回避西方金融机构机制方面存在的缺陷，既要防范金融风险，还要防范治理风险，这样才能真正防范系统性风险，才能不重蹈覆辙。

通过对中国的金融风险进行研究，可以把握金融风险的发展趋势，找出影响金融风险的因素，制订防范和化解金融风险的有效措施。下面根据中国的实际情况和选取指标的原则选取了9个具有代表性的指标（表8－23），并搜集了1992—2014年的数据（表8－24）。

表8－23　金融风险预警监测指标

指标类型	指标名称	临界值
增长速度	GDP增长率（X_1）	8%
	M2增长率（X_2）	10%
资本市场	股票市价总值/GDP（X_3）	30%
充足性	国有商业银行资本充足率（X_4）	8%
盈利性	国有商业银行资本收益率（X_5）	社会平均收益率的一半
国债	国债负担率（X_6）	20%
外资	进出口/GDP（X_7）	5%
	外债偿债率（X_8）	25%
	短期外债/外汇储备（X_9）	25%

表 8-24 1992—2014 各指标数据

年度	X_1	X_2	X_3	X_4	X_5	X_6	X_7	X_8	X_9
1992	14.2	31.3	3.93	0.05	1.78	4.82	34.27	7.1	55.8
1993	14	37.3	10.2	0.03	1.33	4.45	32.56	10.2	63.9
1994	13.1	34.5	7.89	0.04	0.28	4.9	43.61	9.1	20.2
1995	10.9	29.5	5.94	0.04	0.51	5.66	40.11	7.6	16.2
1996	10	25.3	14.5	0.03	0.45	6.35	35.08	6	13.4
1997	9.3	19.6	23.44	0.03	0.15	7.4	36.05	7.3	13
1998	7.8	14.8	24.52	0.05	0.09	9.91	33.73	10.9	12
1999	7.6	14.7	31.82	0.04	0.31	12.85	36.39	11.3	9.8
2000	8.4	12.3	53.79	0.05	0.33	14.56	43.92	9.2	7.9
2001	8.3	17.6	45.37	0.05	0.22	16.28	43.98	7.5	23.8
2002	9.1	16.8	22	0.07	0.23	12.44	48.85	7.9	17.1
2003	10	19.8	25.84	0.06	0.21	11.54	60.01	6.9	19.1
2004	10.1	14.6	35.26	0.09	0.22	11.5	64.13	3.2	19.5
2005	10.4	17.6	35.58	0.11	0.21	11.49	49.1	3.1	19.07
2006	11.6	17	42.69	0.14	0.2	16.8	66	2.1	17.22
2007	13	16.7	127	0.13	0.17	23.1	64	2	14.39
2008	9.6	17.7	39.78	0.12	0.1987	16.96	55.76	1.8	10.83
2009	9.2	27.6	71.3	0.11	0.2087	17.67	44.18	2.9	10.81
2010	10.4	19.7	66.41	0.12	0.2261	16.97	50.08	1.6	13.19
2011	9.3	17.3	56.2	0.13	0.2251	15.28	48.78	1.72	15.75
2012	7.6	14.4	47.3	0.14	0.2198	15.93	56.61	1.62	17.71
2013	7.6	13	42.3	0.13	0.2123	15.09	73.23	1.57	17.18
2014	7.4	16.7	40	0.15	0.1974	14.88	22.6	1.91	17.78

数据来源：《中国金融年鉴》、各银行年报、国家外汇局网站等官方网站。

需要分析的问题：

(1) 利用因子分析方法对中国金融风险进行定量分析。

(2) 根据因子分析结果，对如何控制金融风险提出对策建议。

一、学习目标

通过本案例的学习，要求学生熟练掌握因子分析的基本方法及其应用；考核学生对因子分析的理解程度。

二、案例分析

中国现行的一些金融风险分析的方法主要是定性分析，其显著特征是简便，易于理解和操作，但评价结果具有很强的主观性，因此评价结果的准确性和客观性难以令人信服。而因子分析的基本思想，简单地说，就是把观测变量分类，将相关性较高即联系比较紧密的变量分在同一类中，使不同类的变量之间的相关性较低，那么每一类变量实际就代表了一个本质因子，因子分析就是寻找系统中这种不可观测的因子或结构。以此为出发点，我们可以利用因子分析方法对中国的金融风险进行定量分析，最后根据因子分析结果，提出对策建议。

(1) 我国金融风险的因子分析

利用 SPSS 22.0 软件，首先进行相关分析，发现几个指标之间具有很强的相关性，并建立变量的相关数距阵 ***R***，然后计算出 ***R*** 的特征根和贡献率。按照累计方差贡献率大于85%来选取因子。按照这个原则选取了 4 个因子，其累计方差贡献率为 90.610%（表 8-25）。其中第一个因子解释能力占所有变量总方差的 55.156%，而第二个因子解释能力占所有变量总方差的的 21.071%，第三个因子解释能力占所有变量总方差的 7.339%，第四个因子解释能力占所有变量总方程的 7.044%。

表 8-25 Total Variance Explained

Component	Initial Eigenvalues			Extraction Sums of Squared Loadings			Rotation Sums of Squared Loadings		
	Total	% of Variance	Cumulative %	Total	% of Variance	Cumulative %	Total	% of Variance	Cumulative %
1	4.964	55.156	55.156	4.964	55.156	55.156	3.138	34.872	34.872
2	1.896	21.071	76.227	1.896	21.071	76.227	2.181	24.231	59.103
3	.661	7.339	83.566	.661	7.339	83.566	1.733	19.255	78.358
4	.634	7.044	90.610	.634	7.044	90.610	1.103	12.252	90.610
5	.496	5.511	96.122						
6	.135	1.500	97.622						
7	.110	1.224	98.845						
8	.071	.784	99.629						
9	.033	.371	100.000						
Extraction Method: Principal Component Analysis.									

为使因子能有更好的经济意义对变量进行解释，需要进一步进行因子旋转，采用 Kaiser 方差最大旋转，公因子与原有变量指标之间的关联程度由因子载荷值表征。因子载荷值越高，表明该因子包含该指标的信息量越多。表 8-26 为经 5 次正交旋转的因子载荷矩阵。

表 8－26 Rotated Component Matrix[a]

指　　标	Component			
	1	2	3	4
GDP 增长率	**.911**	－.164	.080	.254
M2 增长率	**.790**	－.305	－.199	－.133
股票市价总值/GDP	－.167	.329	**.906**	.146
国有商业银行资本充足率	－.181	**.892**	.321	.153
国有商业银行资本收益率	**.842**	－.068	－.273	－.280
国债负担率	－.390	.492	**.723**	.157
进出口/GDP	－.132	.363	.175	**.878**
外债偿债率	**.080**	**－.882**	－.239	－.257
短期外债/外汇储备	**.859**	.025	－.279	－.191

Extraction Method：Principal Component Analysis.
Rotation Method：Varimax with Kaiser Normalization.

a. Rotation converged in 5 iterations.

因子分析的经济意义解释。公共因子 F_1 在 GDP 增长率、M2 增长率、国有商业银行资本收益率、外债偿债率和短期外债/外汇储备上的载荷值较大，它对整个国家的金融风险状况影响最大，有着 55.2%的方差贡献率；公共因子 F_2 在国有商业银行资本充足率及对外债偿债率的载荷绝对值较大，它对整个国家的金融风险状况影响居次，有着 21.071%的方差贡献率；公共因子 F_3 在股票市价总值/GDP、国债负担率上的载荷值较大，有着 7.339%的方差贡献率。公共因子 F_4 在进出口/GDP 上的载荷值较大，有着 7.044%的方差贡献率。

进行因子分析后，由回归计算出因子得分及各因子的方差贡献率的比例作为权重进行加权汇总，得出各年度金融风险的综合得分 F，如表 8－27 所示。

表 8－27 因子得分（Component Score）

年　　度	第一因子得分	第二因子得分	第三因子得分	第四因子得分	F
1992	2.708	0.413	－0.933	－0.945	1.596
1993	2.709	－0.551	－0.413	－0.852	1.421
1994	0.794	－1.529	－0.491	1.000	0.166
1995	0.275	－0.886	－0.918	0.180	－0.099
1996	－0.096	－0.721	－0.751	－0.354	－0.314
1997	－0.631	－1.021	－0.471	－0.296	－0.683
1998	－1.198	－1.166	－0.257	－0.872	－1.089
1999	－1.093	－1.337	0.235	－0.908	－1.028

（续）

年　　度	第一因子得分	第二因子得分	第三因子得分	第四因子得分	F
2000	−0.870	−1.142	0.855	−0.391	−0.756
2001	−0.432	−0.591	0.597	−0.543	−0.394
2002	−0.569	−0.443	−0.468	0.245	−0.468
2003	−0.208	−0.609	−0.506	1.324	−0.206
2004	−0.215	0.393	−0.731	1.452	0.014
2005	−0.069	0.661	−0.421	0.259	0.098
2006	0.227	0.936	0.020	1.499	0.474
2007	0.870	−0.050	3.535	1.013	0.883
2008	−0.313	0.882	−0.056	0.486	0.048
2009	0.109	0.289	1.420	−0.663	0.197
2010	0.121	0.676	0.991	−0.008	0.310
2011	−0.183	1.079	0.285	−0.283	0.141
2012	−0.597	1.531	−0.428	−0.034	−0.044
2013	−0.672	1.366	−0.957	1.376	−0.062
2014	−0.668	1.819	−0.138	−2.682	−0.203

【期刊推荐】

（2）对策建议。一方面要加强金融风险的监测、预警，建立金融风险的综合防范体系。另一方面，要建立我国金融风险的转移体系。风险转移是通过建立存款保险公司的方式，当金融机构倒闭时，由存款保险公司对存款人的损失给予一定的限额补偿。

本章小结

主成分分析和因子分析都是用于将多个相关变量简化为少数几个综合指标的多元统计分析方法，可以在尽可能保留变量信息的基础上降低变量维数。因子分析是在主成分分析的基础上进一步研究主成分与变量间的关系，分析影响原变量的共同因素与特殊因素，进一步简化原来变量的维数和结构。这两种方法用途非常类似，但也存在着很大的不同，在应用时要注意区分。

关键术语

Principal component analysis	主成分分析	Principal components	主成分
Correlation matrix	相关矩阵	Unrotated factor solution	非旋转因子

Scree plot	碎石图	Covariance matrix	协方差矩阵
Factor score coefficient matrix	因子得分系数矩阵		
Unweighted least squares	未加权最小平方	Alpha factoring	α 因子
Image factoring	映像因子	Generalized least squares	综合最小平方
Maximum likelihood	最大似然估计	Principal axis factoring	主轴因子
Factor analysis	因子分析		

知识链接

[1] 何晓群．多元统计分析［M］．2版．北京：中国人民大学出版社，2008.
[2] 中华人民共和国国家统计局网站：http：//www. stas. gov. cn.
[3] 李金龙，李妍，郑雪仪．SPSS统计学实验教程［M］．北京：清华大学出版社，2015.

习　题　8

一、选择题

1. 主成分的协方差阵为(　　)。

A. 元素都相同　　B. 对角矩阵　　C. 单位矩阵　　D. 任意矩阵

2. 主成分表达式的系数向量是(　　)的特征向量。

A. 原始资料矩阵　　B. 协差矩阵　　C. 相关系数矩阵　　D. 以上都不是

3. 原始数据经过标准化处理，转化为均值、方差分别为(　　)的标准值。

A. 0，1　　B. 1，0　　C. 0，0　　D. 1，1

4. SPSS中主成分分析采用(　　)命令过程。

A. analyze - data reduction - factor

B. analyze - data reduction - optimal scaling

C. analyze - data reduction - correspondence analysis

D. analyze - classify - tree

5. 变量共同度是指因子载荷矩阵中(　　)。

A. 第 i 行元素的和　　B. 第 i 列元素的和

C. 所有元素平方和　　D. 第 i 行元素的平方和

6. 公共因子方差与特殊因子方差之和为(　　)。

A. 1　　B. 0　　C. 2　　D. 3

二、简答题

1. 主成分分析的几何意义是什么？
2. 什么是主成分的方差贡献率和累计方差贡献率？其实际意义何在？
3. 在进行主成分或因子分析之前，为什么要标准化数据？
4. 因子分析模型与主成分分析模型有何不同？
5. 因子分析模型与回归分析模型有何不同？
6. 因子载荷阵的统计意义是什么？

7. 因子旋转的目的是什么?

8. 主成分分析与因子分析有何作用?

9. 在某大学一年级44名学生的期末考试中，线性代数和概率统计课程采用闭卷考试，法律、思想品德和C语言程序设计课程采用开卷考试，考试成绩见表8-28。

表8-28 某大学44名学生的考试成绩

线性代数	概率统计	法律	思想品德	C语言程序设计	线性代数	概率统计	法律	思想品德	C语言程序设计
77	82	67	67	81	63	78	80	70	81
75	73	71	66	81	55	72	63	70	68
63	63	65	70	63	53	61	72	64	73
51	67	65	65	68	59	70	68	62	56
62	60	58	62	70	64	72	60	62	45
52	64	60	63	54	55	67	59	62	44
50	50	64	55	63	65	63	58	56	37
31	55	60	57	73	60	64	56	54	40
44	69	53	53	53	42	69	61	55	45
62	46	61	57	45	31	49	62	63	62
44	61	52	62	46	49	41	61	49	64
12	58	61	63	67	49	53	49	62	47
54	49	56	47	53	54	53	46	59	44
44	56	55	61	36	18	44	50	57	81
46	52	65	50	35	32	45	49	57	64
30	69	50	52	45	46	49	53	59	37
40	27	54	61	61	31	42	48	54	68
36	59	51	45	51	56	40	56	54	35
46	56	57	49	32	45	42	55	56	40
42	60	54	49	33	40	63	53	54	25
23	55	59	53	44	48	48	49	51	37
41	63	49	46	34	46	52	53	41	40

采用SPSS统计软件中的因子分析功能对这组数据进行因子分析，得到表8-29和表8-30所示的输出结果。

表 8-29 Total Variance Explained

Component	Initial Eigenvalues			Extraction Sums of Squared Loadings			Rotation Sums of Squared Loadings		
	Total	% of Variance	Cumulative %	Total	% of Variance	Cumulative %	Total	% of Variance	Cumulative %
1	2.612	52.239	52.239	2.612	52.239	52.239	1.893	37.851	37.851
2	1.072	21.441	73.680	1.072	21.441	73.680	1.791	35.830	73.680
3	.569	11.389	85.069						
4	.436	8.719	93.788						
5	.311	6.212	100.000						

表 8-30 Rotated Component Matrix(a)

指　　标	Component	
	1	2
线性代数	.055	.856
概率统计	.188	.780
法律	.634	.564
思想品德	.767	.360
C语言程序设计	.929	−.063

(1) 解释表 8-29 中各列的含义，并根据表 8-29 中的数据信息说明最终提取几个公共因子，能反映原有信息的百分比。原有信息的百分比是多少?

(2) 根据表 8-30 中的数据信息，对所提取的公共因子进行合理的命名，并说明命名的依据。

三、判断题

1. 主成分分析中，各主成分之间应该相关。

2. 主成分分析中，每一个主成分应是各原始变量的一些特殊的线性组合。

3. 主成分分析的过程实际是坐标系旋转的过程，各主成分表达式是新坐标系与原坐标系的转换关系。

4. 由协方差阵和相关阵计算主成分一般是相同的。

5. 主成分分析中可以取累计方差贡献率不小于 80%的前 q 个主成分或选用特征值不小于 1 的前 q 个主成分。

6. 因子分析是将变量表示为公共因子的线性组合。

7. 因子分析中应该知道每个公共因子的实际意义，以便对实际问题进行分析。

8. 因子分析中，因子载荷矩阵是唯一的。

9. 如果原始变量本质上是独立的，也可以使用主成分分析和因子分析进行降维。

10. 因子分析中因子不是固定的，可以旋转得到不同的因子。

四、计算题

1. 设总体 $\boldsymbol{X}=(X_1,X_2)^{\mathrm{T}}$ 的样本协方差阵为 $\boldsymbol{\Sigma}=\begin{pmatrix}5 & 2\\ 2 & 2\end{pmatrix}$，求 $\boldsymbol{X}$ 的主成分 Y_1 和 Y_2 并计算第一主成分 Y_1 的贡献率。

2. 现有 3 个指标 X_1,X_2,X_3，收集了 $n=29$ 组数据，求得相关系数矩阵为

$$\boldsymbol{R}=\begin{pmatrix}1 & 0.8347 & 0.6754\\ & 1 & 0.9252\\ & & 1\end{pmatrix}$$

其特征值为 0.6296、0.3325、0.0379，对应的单位正交化特征向量为

$$\boldsymbol{u}_1^{\mathrm{T}}=(0.5498,0.6078,0.5730)$$

$$\boldsymbol{u}_2^{\mathrm{T}}=(-0.7788,0.1251,0.6147)$$

$$\boldsymbol{u}_3^{\mathrm{T}}=(-0.3019,0.7842,-0.5421)$$

（1）若要求累计贡献率达到 90%以上，至少应取几个主成分？

（2）写出（1）中提取的主成分的表达式。

五、上机实验题

1. 在某中学随机抽取 30 名某年级学生，测量其 4 项指标，即身高（cm）、体重（kg）、胸围（cm）和坐高（cm），数据资料如表 8-31 所示。

表 8-31　某中学 30 名学生的四项测量指标

序号	身高/cm	体重/kg	胸围/cm	坐高/cm	序号	身高/cm	体重/kg	胸围/cm	坐高/cm
1	139	32	68	73	16	148	38	70	78
2	144	36	68	76	17	141	30	67	76
3	157	48	80	88	18	151	36	74	80
4	157	39	68	80	19	147	30	65	75
5	151	42	73	82	20	147	38	73	78
6	160	47	74	87	21	156	44	78	85
7	149	47	82	79	22	145	35	70	77
8	137	31	66	73	23	152	35	73	79
9	158	49	78	83	24	140	33	67	77
10	140	29	64	74	25	161	47	78	84
11	151	42	77	80	26	139	31	68	74
12	153	43	76	83	27	150	43	77	79
13	159	45	80	86	28	142	31	66	76
14	160	49	77	86	29	149	36	67	79
15	148	41	72	78	30	139	34	71	76

（1）试用因子分析方法确定 4 项指标的公共因子。

（2）若要求损失信息不超过 15%，应取几个公共因子？

（3）对（2）中所提取的公共因子进行解释。

2. 采用因子分析方法对 2014 年我国 31 个省市自治区经济发展基本情况进行综合评估。共选取 8 项指标，即国内生产总值 X_1（亿元）、居民消费水平 X_2（元）、固定资产投资 X_3（亿元）、货物周转量 X_4（亿吨千米）、居民消费价格指数 X_5（上年 100）、商品零售价格指数 X_6（上年 100）、工业总产值 X_7（亿元）。原始数据资料如表 8－32 所示。

表 8－32　2014 年我国 31 个省市自治区经济发展基本情况

序号	省份	X_1	X_2	X_3	X_4	X_5	X_6	X_7
1	北京	21330.83	13329.2	6924.2	1036.71	101.6	99.1	3746.77
2	天津	15726.93	6253.6	10518.2	3602.38	101.9	100.9	7079.1
3	河北	29421.15	12539	26671.9	12684.47	101.7	101.1	13330.66
4	山西	12761.49	6365.6	12354.5	3710.81	101.7	100.6	5471.01
5	内蒙古	17770.19	7158.2	17591.8	4471.08	101.6	100.7	7904.4
6	辽宁	28626.58	12192.7	24730.8	12235.71	101.7	101	12656.83
7	吉林	13803.14	5408	11339.6	1703.81	102	101.2	6424.88
8	黑龙江	15039.38	8877.3	9829	1811.09	101.5	100.8	4783.88
9	上海	23567.7	13858.1	6016.4	18633.36	102.7	100.9	7362.84
10	江苏	65088.32	31067.3	41938.6	10417.86	102.2	101.6	26962.97
11	浙江	40173.03	19365.4	24262.8	9539.7	102.1	100.9	16771.9
12	安徽	20848.75	10136.8	21857.6	13500.6	101.6	100.4	9455.48
13	福建	24055.76	9299.3	18177.9	4780.2	102	101.1	10426.71
14	江西	15714.63	7082.6	15079.3	3827.98	102.3	101.2	6848.63
15	山东	59426.59	24193.1	42495.5	8253.03	101.9	101	25340.86
16	河南	34938.24	16850.1	30782.2	7401.12	101.9	101	15809.09
17	湖北	27379.22	12562.8	22915.3	5503.57	102	100.9	10992.79
18	湖南	27037.32	12463.1	21242.9	4138.36	101.9	101.2	10749.88
19	广东	67809.85	33920.6	26293.9	14801.03	102.3	101.4	29144.15
20	广西	14672.89	8187.7	13843.2	4089.65	102.1	101.2	6065.34
21	海南	3500.72	1722.7	3112.2	1488.1	102.4	100.9	514.4
22	重庆	14262.6	6764.7	12285.4	2594.96	101.8	100.6	5175.8
23	四川	28536.66	14529.9	23318.6	2465.13	101.6	101.2	11851.99
24	贵州	9266.39	5288.5	9025.8	1441.78	102.4	101.6	3140.88
25	云南	12814.59	8207.5	11498.5	1445.58	102.4	102.2	3898.97
26	西藏	920.83	595.2	1069.2	110.38	102.9	100.7	66.16
27	陕西	17689.94	7816.1	17191.9	3521.46	101.6	101.7	7993.39
28	甘肃	6836.82	4035.6	7884.1	2515.47	102.1	101.5	2263.2
29	青海	2303.32	1154.4	2861.2	506.94	102.8	100.9	954.27
30	宁夏	2752.1	1468.6	3173.8	836.84	101.9	101.7	973.53
31	新疆	9273.46	5024.5	9447.7	1880.92	102.1	101.3	3179.6

资料来源：《中国统计年鉴（2015）》。

3. 消费结构是指人们在生活中消费的消费资料和接受的服务种类及其比例关系，也就是指各类消费支出在总消费支出中的比例，对居民消费支出按照人们实际支出的去向分类可分为吃、穿、用、住、文化娱乐等，按照我国常用的消费资料支出分类方法，将城镇居民人均生活费支出分为食品、衣着、居住、家庭设备及服务、医疗保健、交通通讯、文教娱乐及服务、杂项商品及服务 8 个部分，他们在人均生活费支出中所占的比例分别记为 $X_1, X_2, \cdots, X_8$。试根据浙江省城镇居民家庭生活的抽样调查资料（表 8－33），采用因子分析方法研究居民消费结构变化。

表 8－33　2005—2012 年浙江省城镇居民人均生活消费支出构成　（单位：%）

年份	X_1	X_2	X_3	X_4	X_5	X_6	X_7	X_8
2005	33.78	10.31	8.64	4.97	6.79	17.11	15.10	3.28
2006	32.91	10.37	9.21	4.61	6.38	18.67	14.58	3.27
2007	34.72	9.98	8.29	4.73	6.10	17.55	15.31	3.32
2008	36.44	10.20	8.80	4.70	6.16	15.79	14.49	3.44
2009	33.60	9.68	8.91	4.97	5.90	19.73	13.76	3.47
2010	34.26	10.09	7.94	5.13	5.79	19.25	14.48	3.06
2011	34.57	10.47	7.43	5.43	6.11	18.24	13.78	3.97
2012	35.05	9.79	7.20	5.39	5.70	19.19	13.91	3.77

资料来源：《浙江统计年鉴 2015》。

实际操作训练

1. 实训项目：主成分分析法在学生成绩评价中的应用

实训目的：学会运用主成分分析的原理和方法解决实际问题。

实训内容：通常情况下，学校在评价学生成绩时，主要采取的是多门课程总平均分排名的方法。这种方法对学生成绩评价过于笼统，看不出学生在各学科间的优势与劣势。为了解决传统评价方法中的缺陷，可使用主成分分析法来对学生成绩进行科学的评价和学科间具体的优势、劣势的度量。请收集所在班级学生的上一学年的考试成绩，对其进行主成分分析。

要求：

（1）找出影响学生综合得分的主要因素。

（2）对比用主成分分析得到的综合得分排名与按平均分排名，从中找出在课程学习中的问题加以改进。

2. 实训项目：我国各地区财政支出的因子分析

实训目的：学会运用因子分析的原理和方法解决实际问题。

实训内容：我国各地区主要财政支出项目包括一般公共服务、国防、公共安全、教育、科学技术等 14 项。请查阅《中国统计年鉴》，获取 2008 年的相关数据，对这 14 个变量做因子分析，将这 14 个变量综合为少数几个因子，通过对各地区的每个因子得分的分析了解各地区财政支出情况，为更为合理地安排财政支出提供依据。

要求：对我国各地区的财政支出进行因子分析，并对结果做出合理的解释。

3. 实训项目：我国各地区农业发展状况研究

实训目的：学会运用因子分析的原理和方法解决实际问题。

实训内容：改革开放以来，我国的经济有了长足的发展，尽管农业在国民经济中的比例逐年下降，但农业的基础性作用越来越重要。由于受自然环境、人口分布等因素的影响，我国各地区之间的农业发展水平并不十分平衡。请查阅《中国农业统计年鉴》，获取2008年的相关数据，选取农业人口、耕地面积、农药使用量等9个指标分析不同地区间的农业差异。

要求：

(1) 利用因子分析的结果对相关经济现象做出合理的解释。

(2) 探讨我国各地区农业发展水平的差异及其产生的原因。

案例思考与讨论

上市公司经营业绩指标选择与综合评价

在上市公司经营业绩综合评价过程中，评价指标的选取是否合适，直接影响综合评价的结论。科学的综合评价指标体系应该同时具备全面性和代表性，但是全面性并不意味着指标越多越好，指标选取过多，会产生许多重复性指标，相互之间产生干扰，对综合评价有不利影响；指标选取太少，所选指标可能缺乏足够的代表性，会产生片面性。所以，如何科学地选择指标，构建指标体系，是上市公司经营业绩综合评价中首先要解决的问题。

上市公司经营业绩综合评价指标的筛选必须采用主客观相结合的方法，在充分发挥主观能动性，即对上市公司经营业绩评价本质认识的基础上，再结合适当的统计学方法来进行。指标筛选方法的思路和步骤如下：

(1) 根据经济意义进行指标分类。从上市公司经营业绩的内涵出发，对主要综合评价指标按照指标的经济意义进行分类（可在借鉴“金融界”网站www.jrj.com.cn公布的财务分析指标、国有资本金绩效评价指标及“证星体系”评价指标的基础上，对上市公司业绩评价指标按盈利能力、经营效率、成长能力、偿债能力4个方面进行分类）。

(2) 对每类中的指标再进行R型聚类分析，将其分成若干子类。

(3) 在子类中运用统计学方法选择代表性指标。若某个子类只要一个指标，则将其直接选入评价指标体系；若某子类有两个以上的指标，则计算该子类中各指标与其他指标的复相关系数。某指标的复相关系数在该类越大，则可认为该指标所包含本类的信息最丰富，对该类指标的代表性最强，按此推理，复相关系数最大的指标入选。

请采用湖南35家上市公司20项业绩评价指标数据进行分析。数据可从各上市公司2015年年报中获得。要求：

① 运用R型聚类方法对上市公司经营业绩评价指标进行筛选。

② 运用因子分析方法对上市公司经营业绩进行综合评价。

【参考答案】

第9章

对应分析

教学目标

通过本章的学习，正确理解对应分析的基本原理和方法，熟练掌握对应分析的基本计算步骤及SPSS软件的操作步骤，学会利用对应分析方法解决实际问题。

教学要求

知识要点	能力要求	相关知识
对应分析的原理和方法	能够理解对应分析的基本思想及基本步骤	数据变换方法、R型与Q型因子分析方法
对应分析的基本计算步骤	能够结合实际问题掌握对应分析的基本计算步骤	计算规格化的概率矩阵 $\boldsymbol{P}$，计算过度矩阵 $\boldsymbol{Z}$，进行因子分析，绘制对应分布图
SPSS软件操作	能够熟练使用SPSS软件之对应分析功能并对输出结果进行正确解读	“Correspondence Analysis”对话框

主成分分析、因子分析、变量（指标）聚类分析都是研究变量之间的相互关系。而错综复杂的经济和管理关系中，不仅需要了解变量之间的关系，还需要了解样品之间的关系，尤其需要了解变量与样品之间的对应关系。不仅如此，人们往往还希望能在同一个直角坐标系内同时表达出变量与样品两者之间的相互关系。对应分析（Correspondence Analysis）就是实现这一目的的有效方法。

我国农村居民消费结构与地域的对应关系

农民消费结构状况在一定意义上影响着农村社会的发展。研究促进经济增长的重要力量之一的消费问题十分重要，而分析消费结构有助于把握消费的总体状况。农民的消费支出构成是衡量农民消费结构的重要指标。在通常情况下，研究农民的各项生活消费支出，重点包括食物消费支出、交通通信支出、文教娱乐用品及服务支出和医疗保健支出，有助于衡量农民生活现代化的水平。

消费水平是衡量一个地区乃至一个国家经济实力的重要指标之一，由于中国幅员辽阔，各地经济发展水平不同、文化风俗不一，人们对消费的偏好不同，所以支出也不尽相同。“三农”（农业、农村、农民）问题是目前我国非常重要的问题，也是广大人民群众十分关注的问题。分析和研究各地区农村居民家庭消费支出的不同特点，对国家宏观的经济调控和政策导向是很有意义的。它有助于有的放矢地制定出更加合理的政策，减小政策在制定和实施中的盲目性，对我国的经济发展、扩大需要和提高人民生活水平具有重要的指导意义。

那么，消费结构与地域之间是否存在一定的关系？它们是如何对应的？从消费结构是否可以看出位于不同地域的农民生活消费支出的变化情况？

农民的消费支出结构除了受地域的限制之外，也从另外一个侧面反映了农民的收入之间的差距。通过对中国各地农村居民的人均消费支出的不同及消费结构的差异来探索现象背后的原因，以期能在经济不断发展的今天，找出一定的消费规律性，并由此提出一些建议。然而在现实生活中，那种仅凭经验和专业知识做定性分类的方法已不能满足实际需要，我们必须将定性和定量分析结合起来分类。因此，采用对应分析来对这一类定量变量进行对应分析非常必要。

新产品名称的测试

对新产品来说，产品名称是消费者认识和识别该产品的核心要素，是形成品牌概念的基础。为新产品起一个好的名字是非常重要的，好的名字至少应满足下列两个条件：

(1) 名字应该使消费者联想到正确的产品。

(2) 名字应该使消费者产生与正确产品密切相关的联想。

中美纯水有限公司欲为其新推出的一种纯水产品起一个合适的名字，为此专门委托了当地的策划咨询公司，取了一个名字“波澜”。后来中美纯水有限公司又委托调查统计研究所，进行了一次全面的市场研究。该统计研究所将拟定中的新产品名称“波澜”同其他7个模拟的名称一起测试。问卷中的问题如下：

(1) 请您判断一下它们最像什么商品的名称？(出示卡片，只选一项)

① 雪糕　② 纯水　③ 碳酸饮料　④ 果汁饮料

⑤ 保健食品　⑥ 空调　⑦ 洗衣机　⑧毛毯　⑨ 其他

(2) 这些名称最能使您产生什么感觉?(出示卡片,只选一项)

①清爽 ②甘甜 ③欢快 ④纯净

⑤安闲 ⑥个性 ⑦兴奋 ⑧高档 ⑨其他

该统计研究所经过调查研究,需要解决的问题是:为纯水起名为“波澜”恰当么?

在新产品名称测试的研究实践中,我们往往遇到的问题就是一个新产品的问世到底该起一个什么名字为好,这个名字对于消费者能产生什么感觉?以往在分析时只是通过交叉列表来表现产品、名称、感觉之间的关系。如果仅仅是两个变量,且每个变量类别较少时表现得比较清楚,但在每个变量划分有多个类别的情况下就很难直观地揭示出变量之间的内在联系。近年来,对应分析方法的运用则有效地解决了这些定性变量的分类和对应问题。

【期刊推荐】

9.1 对应分析概述

9.1.1 问题的提出

在实际数据的统计分析中,经常要处理 3 种关系,即变量之间的关系、样品之间的关系及变量和样品之间的关系。例如,对全国各高校进行教学评估时,不仅要研究教学评估指标间的关系,还要将高校按教学评估结果进行分类,研究哪些高校与哪些教学评估指标的关系密切一些,为各级领导部门制定科学的决策提供参考依据。这就需要有一种方法,将教学评估指标和高校放在一起进行综合分析,对应分析就是研究这类问题的统计方法。

对应分析实际是因子分析的进一步推广。在因子分析中,我们重点介绍如何将多个变量归结为少数几个综合因子,即研究对象是指标,所用的方法也可称为 R 型因子分析。但是在实际问题中,这样的分析方法有它的局限性,主要体现在以下两点:

(1) 如果研究的对象是样品,我们也可以采用类似于 R 型因子分析的方法做类似的处理,我们可称之为 Q 型因子分析。但是,由于在统计分析中,样品的个数远远大于变量的个数,这样给 Q 型因子分析带来了极大的困难。例如,有 200 个样品,每个样品测 20 项指标,要做 R 型因子分析,需要计算 20×20 阶相似系数矩阵的特征值和特征向量;而要做 Q 型因子分析,则需要计算 200×200 阶相似系数矩阵的特征值和特征向量。

(2) 在 R 型因子分析中,为了去掉变量量纲的影响,我们往往对变量进行标准化处理。然而这种标准化对样品就不好进行了。也就是说,这种标准化处理对于变量和样品是非对等的,这给 R 型和 Q 型因子分析之间的联系带来障碍。

对应分析是将 R 型因子分析与 Q 型因子分析结合起来进行的统计分析方法,它可以从 R 型因子分析的结果出发,很容易得到 Q 型因子分析的结果。对应分析不仅适用于数量型变量,而且还适用于品质型变量。更重要的是,它可以把变量和样品反映在相同坐标轴的一张图形上,这样就把变量和样品联系起来,便于解释和推断。概括起来,对应分析可以通过同一张图形反映如下 3 方面的信息:

(1) 反映变量之间的关系。图形上邻近的变量点表示变量间关系密切。

（2）反映样品之间的关系。图形上邻近的样品点具有相似性质，可以认为属于同一类。

（3）反映变量与样品之间的关系。同一类型的样品点被邻近的变量所表征。

阅读专栏 9－1

“对应分析”方法的产生

对应分析的最早的奠基性工作出现于20世纪30年代。

Richardson 和 Kuder 在1933年首先提出了互平均法，包含了对应分析的基本思想，缺点是他们在计算方法方面存在困难。Horst 在1935年进一步明确了互平均方法的最优化原则，改进了前者的计算方法，把它用于二态变量，以后又把这种方法用于连续变量。Hirschfeld 在1935年提出协同线性回归准则，给定离散的二元随机变量的分布求变量值，使得双方回归都是线性的。按这种方式求出的解，正是对应分析的解。

有趣的是这些工作一直没有引起人们的注意。在以后的几十年间，有许多著名统计学家仍然致力于这方面的研究，独立地提出了许多表面上不同实质上等价的最优化准则和计算方法。这里仅列出其中的某些重要工作。

Fisher 在1940年研究人的眼睛颜色与头发颜色的关系时，求出关于两个定性变量的两组得分，所用的方法就是前边所说的互平均，他还指出，每组得分是另一组得分的线性回归。Maung 在1941年研究了定性变量二维表的相关性度量问题，为对应分析提出了3个等价的准则，即求出行和列的得分，使能极大化。同一年，Guttman 在研究多重选择数据时，用内部一致性作为对应分析的计算准则，求诸变量的权，以使样品内部离差平方和与总离差平方和之比极小化。他在1946年首次把这套方法用于研究成对比较数据和秩顺序数据，扩展了对应分析的应用范围。

日本学者林知已夫（C. Hayashi）在20世纪50年代建立了数量化理论，系统研究了定性数据的数量化方法。它的数量化理论所用的准则与 Guttman 的内部一致性准则基本一致，但他极大地推广了 Guttman 的结果，特别是在成对比较数据的多维数量化方面。针对 Fisher 和 Maung 的对应分析模型，Williams 1952年参考判别分析给出了假设检验方法。Lancaster 在1953年研究了将 χ^2 统计量用于假设检验的方法。

至此，对应分析的数学模型和计算方法都以严格的形式建立起来了。自20世纪60年代以后，又有许多著名的统计学家致力于这方面的研究。研究内容包括软件开发、计算方法的创新、扩大应用范围、改善应用效果等。这期间在理论上的重要进展是搞清了对应分析与其他多元统计方法的关系。

特别值得注意的是法国学者 Benzecri 等的工作。他们在20世纪六七十年代以法文发表了大量研究论文和著名的专著，又以数据矩阵的重新标度为基础提出了一种新的数学模型，首次采用了对应分析（Correspondance Analysis）的名字。由于他们的工作被大量引用，对应分析也就成了这类方法的比较通用的名字。

资料来源：陶凤梅，韩燕，刘洪，等．对应分析数学模型及其应用［M］．北京：科学出版社，2008.

9.1.2 对应分析的基本思想

由于R型因子分析和Q型因子分析都是反映一个整体的不同侧面，所以它们之间一定存在内在的联系。对应分析就是通过一个过渡矩阵 $\boldsymbol{Z}$ 将两者有机地结合起来。这种方法的关键是利用一种数据变换方法，使含有 n 个样品、p 个变量的原始数据矩阵 $\boldsymbol{X}=(x_{ij})_{n\times p}$ 变成另一个矩阵 $\boldsymbol{Z}$。由于分析变量之间关系的协方差矩阵 $\boldsymbol{R}=\boldsymbol{Z}^{\mathrm{T}}\boldsymbol{Z}$ 和分析样品之间关系的协方差矩阵 $\boldsymbol{Q}=\boldsymbol{Z}\boldsymbol{Z}^{\mathrm{T}}$ 具有相同的非零特征根，可以很方便地借助R型因子分析而得到Q型因子分析的结论。对协方差矩阵 R、Q 进行因子分析，分别能提取两个最重要的公因子 R_1、R_2 与 Q_1、Q_2 及对应的因子载荷，并且可以画出两个因子载荷的散点图。由于这两个图所表示的载荷可以配对，于是就可以把这两个因子载荷的两个散点图画到同一张图中，并以此来直观地显示变量与样品之间的相互关系。

9.2 对应分析的原理和方法

9.2.1 对应分析中的数据变换方法

设有 n 个样品，每个样品测量 p 个变量，得到原始数据矩阵为

$$\boldsymbol{X}=\begin{pmatrix} x_{11} & x_{12} & \cdots & x_{1p} \\ x_{21} & x_{22} & \cdots & x_{2p} \\ \vdots & \vdots & & \vdots \\ x_{n1} & x_{n2} & \cdots & x_{np} \end{pmatrix}_{n\times p} =(x_{ij})_{n\times p} \quad (x_{ij}>0)$$

1. 对数据矩阵分别计算其行和、列和和总和

设 $x_{i\cdot}$ 为第 i 行的行和，$x_{\cdot j}$ 为第 j 列的列和，$x_{\cdot\cdot}$ 为全部数据的总和，则有

$$\begin{array}{cccc|c} x_{11} & x_{12} & \cdots & x_{1p} & x_{1\cdot} \\ x_{21} & x_{22} & \cdots & x_{2p} & x_{2\cdot} \\ \vdots & \vdots & & \vdots & \\ x_{n1} & x_{n2} & \cdots & x_{np} & x_{n\cdot} \\ \hline x_{\cdot 1} & x_{\cdot 2} & \cdots & x_{\cdot p} & x_{\cdot\cdot} \end{array}$$

式中，$x_{i\cdot}=\sum_{j=1}^{p} x_{ij}$；$x_{\cdot j}=\sum_{i=1}^{n} x_{ij}$；$x_{\cdot\cdot}=\sum_{i=1}^{n}\sum_{j=1}^{p} x_{ij}$。

2. 将原始数据矩阵 $\boldsymbol{X}$ 转化为概率矩阵 $\boldsymbol{P}$

设 $p_{ij}=\dfrac{x_{ij}}{x_{\cdot\cdot}}$，不难看出，$0\leqslant p_{ij}\leqslant 1$，且 $\sum_{i=1}^{n}\sum_{j=1}^{p} p_{ij}=1$，由此将原始数据矩阵 $\boldsymbol{X}$ 转化为一个概率矩阵 $\boldsymbol{P}=(p_{ij})_{n\times p}$。

$$\begin{array}{cccc|c} p_{11} & p_{12} & \cdots & p_{1p} & p_{1\cdot} \\ p_{21} & p_{22} & \cdots & p_{2p} & p_{2\cdot} \\ \vdots & \vdots & & \vdots & \vdots \\ p_{n1} & p_{n2} & \cdots & p_{np} & p_{n\cdot} \\ \hline p_{\cdot 1} & p_{\cdot 2} & \cdots & p_{\cdot p} & p_{\cdot\cdot} \end{array}$$

式中，$p_{i\cdot}=\sum_{j=1}^{p} p_{ij}$；$p_{\cdot j}=\sum_{i=1}^{n} p_{ij}$；$p_{\cdot\cdot}=\sum_{i=1}^{n}\sum_{j=1}^{p} p_{ij}=1$。

因此，p_{ij} 可以解释为每个数据 x_{ij} 出现的“概率”，概率矩阵 $\boldsymbol{P}$ 的行和 $p_{i\cdot}$ 可解释为样品 i 的“边缘概率”，列和 $p_{\cdot j}$ 可解释为变量 j 的“边缘概率”。

3. 根据概率矩阵 $\boldsymbol{P}$ 确定数据点坐标

如果我们将概率矩阵 $\boldsymbol{P}$ 中的 n 个行看成 p 维空间中的 n 个样品点，则其 n 个样品点的坐标可表示为 $\left(\frac{p_{i1}}{p_{i\cdot}},\ \frac{p_{i2}}{p_{i\cdot}},\ \cdots,\ \frac{p_{ip}}{p_{i\cdot}}\right)$ $(i=1,2,\cdots,n)$。

显然，每一个样品点的坐标是各个变量在该样品中的相对比例，这样对 n 个样品点的分析研究就转化为对 n 个样品点的相对关系的研究。研究样品点的相互关系一般用两个样品点的欧氏距离来描述。任意两个样品点 r 和 k 之间的欧氏距离为

$$D^2(r,k)=\sum_{j=1}^{p}\left(\frac{p_{rj}}{p_{r\cdot}}-\frac{p_{kj}}{p_{k\cdot}}\right)^2 \tag{9-1}$$

为消除各变量量纲不同的影响，用系数 $\frac{1}{p_{\cdot j}}$ 去乘以距离公式(9 - 1) 就得到加权的距离公式：

$$D^2(r,k)=\sum_{j=1}^{p}\frac{1}{p_{\cdot j}}\left(\frac{p_{rj}}{p_{r\cdot}}-\frac{p_{kj}}{p_{k\cdot}}\right)^2=\sum_{j=1}^{p}\left(\frac{p_{rj}}{p_{r\cdot}\sqrt{p_{\cdot j}}}-\frac{p_{kj}}{p_{k\cdot}\sqrt{p_{\cdot j}}}\right)^2 \tag{9-2}$$

这样，就把 n 个样品点的坐标转化为

$$\left(\frac{p_{i1}}{p_{i\cdot}\sqrt{p_{\cdot 1}}},\frac{p_{i2}}{p_{i\cdot}\sqrt{p_{\cdot 2}}},\cdots,\frac{p_{ip}}{p_{i\cdot}\sqrt{p_{\cdot p}}}\right)\quad (i=1,2,\cdots,n)$$

公式(9 - 2) 可以说是该坐标的 n 个样品点中任意两个样品点 r 与 k 之间的欧氏距离，通过计算两两样品点之间的距离，可以实现对样品点的分类。

类似地，可以将 p 个变量看成 n 维空间的点，用

$$\left(\frac{p_{1j}}{p_{\cdot j}\sqrt{p_{1\cdot}}},\frac{p_{2j}}{p_{\cdot j}\sqrt{p_{2\cdot}}},\cdots,\frac{p_{nj}}{p_{\cdot j}\sqrt{p_{n\cdot}}}\right)\quad (j=1,\cdots,p)$$

表示 p 个变量的坐标。这时任意两个变量 i 和 j 之间的欧氏距离为

$$D^2(i,j)=\sum_{k=1}^{n}\left(\frac{p_{ki}}{p_{\cdot i}\sqrt{p_{k\cdot}}}-\frac{p_{kj}}{p_{\cdot j}\sqrt{p_{k\cdot}}}\right)^2 \tag{9-3}$$

通过计算两两变量之间的距离，可以实现对变量的分类。

4. 计算协方差矩阵

通过计算欧氏距离可以对样品进行分类，也可以对指标进行分类，但是它无法反映样品和指标之间的关系。为此，需要给出计算样品点的协方差矩阵和计算变量点的协方差矩阵。

1) 计算变量点的协方差矩阵

由第 i 个样品的 p 项变量观测值 $\left(\frac{p_{i1}}{p_{i\cdot}\sqrt{p_{\cdot 1}}},\frac{p_{i2}}{p_{i\cdot}\sqrt{p_{\cdot 2}}},\cdots,\frac{p_{ip}}{p_{i\cdot}\sqrt{p_{\cdot p}}}\right)$ $(i=1,2,\cdots,n)$ 出发，则第 j 个变量的均值为

$$\sum_{i=1}^{n}\frac{p_{ij}}{p_{i\cdot}\sqrt{p_{\cdot j}}}p_{i\cdot}=\frac{1}{\sqrt{p_{\cdot j}}}\sum_{i=1}^{n}p_{ij}=\sqrt{p_{\cdot j}} \tag{9-4}$$

第 i 个变量与第 j 个变量的协方差为

$$r_{ij}=\sum_{k=1}^{n}\left(\frac{p_{ki}}{p_{k\cdot}\sqrt{p_{\cdot i}}}-\sqrt{p_{\cdot i}}\right)\left(\frac{p_{kj}}{p_{k\cdot}\sqrt{p_{\cdot j}}}-\sqrt{p_{\cdot j}}\right)p_{k\cdot}$$
$$=\sum_{k=1}^{n}\left(\frac{p_{ki}-p_{\cdot i}p_{k\cdot}}{\sqrt{p_{\cdot i}p_{k\cdot}}}\right)\left(\frac{p_{kj}-p_{\cdot j}p_{k\cdot}}{\sqrt{p_{\cdot j}p_{k\cdot}}}\right) \quad (9-5)$$
$$=\sum_{k=1}^{n}z_{ki}z_{kj}$$

式中，

$$z_{ki}=\frac{p_{ki}-p_{\cdot i}p_{k\cdot}}{\sqrt{p_{\cdot i}p_{k\cdot}}}=\frac{\frac{x_{ki}}{x_{\cdot\cdot}}-\frac{x_{\cdot i}}{x_{\cdot\cdot}}\cdot\frac{x_{k\cdot}}{x_{\cdot\cdot}}}{\sqrt{\frac{x_{\cdot i}}{x_{\cdot\cdot}}\cdot\frac{x_{k\cdot}}{x_{\cdot\cdot}}}}=\frac{x_{ki}-\frac{x_{\cdot i}x_{k\cdot}}{x_{\cdot\cdot}}}{\sqrt{x_{\cdot i}x_{k\cdot}}} \quad (9-6)$$

$$(k=1,2,\cdots,n;i=1,2,\cdots,p)$$

$$z_{kj}=\frac{p_{kj}-p_{\cdot j}p_{k\cdot}}{\sqrt{p_{\cdot j}p_{k\cdot}}}=\frac{\frac{x_{kj}}{x_{\cdot\cdot}}-\frac{x_{\cdot j}}{x_{\cdot\cdot}}\cdot\frac{x_{k\cdot}}{x_{\cdot\cdot}}}{\sqrt{\frac{x_{\cdot j}}{x_{\cdot\cdot}}\cdot\frac{x_{k\cdot}}{x_{\cdot\cdot}}}}=\frac{x_{kj}-\frac{x_{\cdot j}x_{k\cdot}}{x_{\cdot\cdot}}}{\sqrt{x_{\cdot j}x_{k\cdot}}} \quad (9-7)$$

$$(k=1,2,\cdots,n;j=1,2,\cdots,p)$$

令 $\boldsymbol{Z}=(z_{ij})_{n\times p}$，则 $\boldsymbol{R}=(r_{ij})_{p\times p}=\boldsymbol{Z}^{\mathrm{T}}\boldsymbol{Z}$。

2）计算样品点的协方差矩阵

类似上面的方法，由第 j 个变量的 n 个样品点的观测值 $\left(\frac{p_{1j}}{p_{\cdot j}\sqrt{p_{1\cdot}}},\frac{p_{2j}}{p_{\cdot j}\sqrt{p_{2\cdot}}},\cdots,\frac{p_{nj}}{p_{\cdot j}\sqrt{p_{n\cdot}}}\right)$（$j=1,2,\cdots,p$）出发，可以计算出样品的协方差矩阵为

$$\boldsymbol{Q}=(q_{ij})_{n\times n}=\boldsymbol{Z}\boldsymbol{Z}^{\mathrm{T}}$$

式中

$$q_{rk}=\sum_{j=1}^{p}\left(\frac{p_{rj}}{p_{\cdot j}\sqrt{p_{r\cdot}}}-\sqrt{p_{r\cdot}}\right)\left(\frac{p_{kj}}{p_{\cdot j}\sqrt{p_{k\cdot}}}-\sqrt{p_{k\cdot}}\right)p_{\cdot j}$$
$$=\sum_{j=1}^{p}\left(\frac{p_{rj}-p_{\cdot j}p_{r\cdot}}{\sqrt{p_{\cdot j}p_{r\cdot}}}\right)\left(\frac{p_{kj}-p_{\cdot j}p_{k\cdot}}{\sqrt{p_{\cdot j}p_{k\cdot}}}\right)$$
$$=\sum_{j=1}^{p}z_{rj}z_{kj}$$

5. 进行数据的对应变换

数据变换的公式为

$$z_{ij}=\frac{p_{ij}-p_{\cdot j}p_{i\cdot}}{\sqrt{p_{\cdot j}p_{i\cdot}}}=\frac{x_{ij}-\frac{x_{\cdot j}x_{i\cdot}}{x_{\cdot\cdot}}}{\sqrt{x_{\cdot j}x_{i\cdot}}} \quad (9-8)$$

由此变换产生出矩阵 $\boldsymbol{Z}=(z_{ij})_{n\times p}$，并且将变量点的协方差矩阵表示为 $\boldsymbol{R}=\boldsymbol{Z}^{\mathrm{T}}\boldsymbol{Z}$ 的形

式，将样品点的协方差矩阵表示为 $\boldsymbol{Q}=\boldsymbol{Z}\boldsymbol{Z}^{\mathrm{T}}$ 的形式。$\boldsymbol{R}$ 与 $\boldsymbol{Q}$ 两个矩阵存在明显的对应关系，而且将原始数据 x_{ij} 变换成 z_{ij} 后，z_{ij} 对于变量和样品具有对等性。

阅读案例 9－1

汉字读写能力与数学之间的对应关系

在研究读写汉字能力和数学的关系时，人们取得了 232 个美国亚裔学生的数学成绩和汉字读写能力的数据。

关于汉字读写能力的变量有 3 个水平："纯汉字"意味着可以完全自由使用纯汉字读写，"半汉字"意味着读写中只有部分汉字（如日文），而"纯英文"意味着只能够读写英文而不会汉字。数学成绩有 4 个水平（A、B、C、D）。

这项研究是为了考察汉字具有的抽象图形符号的特性能否会促进儿童空间和抽象思维能力。调查数据以列联表形式展示在表 9－1 中。

表 9－1　调查数据

		数学成绩				总　和
		数学 A	数学 B	数学 C	数学 D	
汉字使用	纯汉字	47	31	2	1	81
	半汉字	22	32	21	10	85
	纯英文	10	11	25	20	66
合计		79	74	48	31	232

通过对调查数据进行对应分析，发现运用纯汉字的点与最好的数学成绩 A 最接近，而不会汉字只会英文的点与最差的数学成绩 F（或者 D，虽然在纵坐标稍有差距）最接近，而用部分汉字的和数学成绩 B 接近。

资料来源：http：//www. docin. com/p－48031343. html.

【期刊推荐】

9.2.2　对协方差矩阵 R 与 Q 进行因子分析

1. 线性代数中的定理

定理 9.1　设矩阵 $\boldsymbol{R}=\boldsymbol{Z}^{\mathrm{T}}\boldsymbol{Z}$，$\boldsymbol{Q}=\boldsymbol{Z}\boldsymbol{Z}^{\mathrm{T}}$，$\lambda_i$ 是 $\boldsymbol{R}$ 的非零特征值，$\boldsymbol{u}_i$ 为对应的特征向量，则有

（1）$\boldsymbol{R}$ 与 $\boldsymbol{Q}$ 的所有非零特征值相等。

（2）$\boldsymbol{Q}$ 的非零特征值 λ_i 所对应的特征向量为 $\boldsymbol{Z}^{\mathrm{T}}\boldsymbol{u}_i$。

由此定理可知，只需对变量点的协方差矩阵进行 R 型因子分析，就可以得到样品点的协方差矩阵 Q 型因子分析的结果。

2. 进行 R 型与 Q 型因子分析

1）R 型因子分析

计算 $\boldsymbol{R}=\boldsymbol{Z}^{\mathrm{T}}\boldsymbol{Z}$ 的特征值 $\lambda_1 \geqslant \lambda_2 \geqslant \cdots \geqslant \lambda_p$。根据其累计百分比

$$\frac{\sum_{i=1}^{k}\lambda_i}{\sum_{i=1}^{p}\lambda_i}\times 100\% \geqslant 80\%$$

提取前 k 个特征值，即提取前 k 个公共因子。计算其相应的单位化特征向量 $u_1, u_2, \cdots, u_k$，可以得到前 k 个公共因子的因子载荷矩阵，即

$$\boldsymbol{U}=\begin{pmatrix} u_{11}\sqrt{\lambda_1} & u_{12}\sqrt{\lambda_2} & \cdots & u_{1k}\sqrt{\lambda_k} \\ u_{21}\sqrt{\lambda_1} & u_{22}\sqrt{\lambda_2} & \cdots & u_{2k}\sqrt{\lambda_k} \\ \vdots & \vdots & \vdots & \\ u_{p1}\lambda_1 & u_{p2}\sqrt{\lambda_2} & \cdots & u_{pk}\sqrt{\lambda_k} \end{pmatrix}$$

2）Q 型因子分析

定理 9.2 对 $\boldsymbol{R}=\boldsymbol{Z}^{\mathrm{T}}\boldsymbol{Z}$ 中的前 k 个特征值计算相应于 $\boldsymbol{Q}=\boldsymbol{Z}\boldsymbol{Z}^{\mathrm{T}}$ 的单位特征向量 $\boldsymbol{v}_1=\boldsymbol{Z}^{\mathrm{T}}\boldsymbol{u}_1$，$\boldsymbol{v}_2=\boldsymbol{Z}^{\mathrm{T}}\boldsymbol{u}_2, \cdots, \boldsymbol{v}_k=\boldsymbol{Z}^{\mathrm{T}}\boldsymbol{u}_k$，从而得到前 k 个公共因子的因子载荷矩阵，即

$$\boldsymbol{V}=\begin{pmatrix} v_{11}\sqrt{\lambda_1} & v_{12}\sqrt{\lambda_2} & \cdots & v_{1k}\sqrt{\lambda_k} \\ v_{21}\sqrt{\lambda_1} & v_{22}\sqrt{\lambda_2} & \cdots & v_{2k}\sqrt{\lambda_k} \\ \vdots & \vdots & & \vdots \\ v_{n1}\sqrt{\lambda_1} & v_{n2}\sqrt{\lambda_2} & \cdots & v_{nk}\sqrt{\lambda_k} \end{pmatrix}$$

9.2.3 绘制变量和样品的对应分布图

由于协方差矩阵 $\boldsymbol{R}$、$\boldsymbol{Q}$ 具有相同的非零特征值，而这些特征值正是各个公共因子所提供的方差贡献，因此，在 p 维变量空间 R^p 中的第 1 公因子、第 2 公因子、…、第 k 公因子与 n 维样品空间 R^n 中相应的各个公因子在总方差中所占的百分比就完全相同。这样就可以把变量和样品同时反映在具有相同坐标轴的因子平面上。

对协方差矩阵 $\boldsymbol{R}$、$\boldsymbol{Q}$ 进行因子分析，通常分别能提取两个最重要的公共因子 R_1、R_2 与 Q_1、Q_2，对应的因子载荷矩阵分别为

$$\boldsymbol{U}=\begin{bmatrix} u_{11}\sqrt{\lambda_1} & u_{12}\sqrt{\lambda_2} \\ u_{21}\sqrt{\lambda_1} & u_{22}\sqrt{\lambda_2} \\ \vdots & \vdots \\ u_{p1}\lambda_1 & u_{p2}\sqrt{\lambda_2} \end{bmatrix} \qquad \boldsymbol{V}=\begin{bmatrix} v_{11}\sqrt{\lambda_1} & v_{12}\sqrt{\lambda_2} \\ v_{21}\sqrt{\lambda_1} & v_{22}\sqrt{\lambda_2} \\ \vdots & \vdots \\ v_{n1}\lambda_1 & v_{n2}\sqrt{\lambda_2} \end{bmatrix}$$

由于因子载荷 $\boldsymbol{U}$ 和 $\boldsymbol{V}$ 中的元素，其取值范围是相同的，且元素数量大小的含义也是类似的，因此可以将它们看成 p 个二维点和 n 个二维点绘制在一个共同的坐标平面中，形成对应分布图，各点的坐标即为相应的因子载荷。通过观察对应分布图中各数据点的远近就能够判断各类别之间的联系。

【期刊推荐】

知识要点提醒

对应分析图的注意事项

对应分析生成的二维图上的各状态点，实际上是两个多维空间上的点的二维投影，在某些特殊的情况下，在多维空间中相隔较远的点，在二维平面上的投影却很接近。此时，我们需要对二维图上的各点做更深的了解，即哪些状态对公因子的贡献较大，这与在因子分析中判断原始变量对公因子贡献的方法类似。

阅读案例 9－2

对应分析在品牌定位研究中的应用解析

对应分析是研究定性变量间相互关系的有效方法。通过对交叉列表结构的研究揭示变量不同水平间的对应关系，是市场研究中经常用到的统计技术。

在品牌定位中经常要采用对应分析方法，即对于某产品具有的 p 个品牌与 n 个形象评价用语之间的关系进行对应分析。例如，受某家电企业的委托，某统计咨询公司要检测 5 个空调品牌的形象特征，包括 4 个具体空调品牌与 1 个消费者心目中的理想品牌，形象空间包括热情的少年、青春的少女、成熟的职业女性、淳朴的工人、稳重的大嫂、星级酒店的服务员、有身份的主管、博学的教授等 8 个形象指标。该公司在全国 10 大城市进行了入户研究，样本量为 3000，得到将品牌指标与形象指标按交叉列表的方式整理的基础资料如表 9－2 所示。

表 9－2　10 城市调研基础资料

品牌	形象空间							
	热情的少年	青春的少女	成熟的职业女性	淳朴的工人	稳重的大嫂	星级酒店的服务员	有身份的主管	博学的教授
品牌 A	543	342	453	609	261	360	243	183
品牌 B	245	785	630	597	311	233	108	69
品牌 C	300	200	489	740	365	324	327	228
品牌 D	401	396	395	693	350	309	263	143
理想品牌	147	117	410	726	366	447	329	420

通过对基础资料进行对应分析，得到对应分布图。由于品牌与形象指标在同一个坐标系下，可以借助欧氏距离公式从数量的角度度量品牌与形象指标间的密切程度。从对应分布图中可以非常直观地反映出品牌 A 是“热情的少年”，品牌 B 是“青春的少女”，品牌 C 是“淳朴的工人、稳重的大嫂”，品牌 D 是“成熟的职业女性”，而理想的品牌是“博学的教授”。另一方面，还以欧氏距离可以度量品牌间的关系，如品牌 C 与理想品牌的距离最短，由此可见，品牌 C 最接近理想品牌。

采用对应分析方法进行品牌定位的优点比较明显，主要体现在：

(1) 定性指标的类别越多，这种方法的优势越明显，越容易刻画相互间的关系。

(2) 提供了将定性变量按定量方法处理的途径，从数量的角度揭示交叉列表行列变量间关系的方法。

(3) 对应分析图将不同属性的指标反映在同一坐标系下，为品牌定位等问题的研究提供了一个有效的方法。

采用对应分析方法进行品牌定位的局限主要体现在：

(1) 不能用于假设检验，并且品牌间、品牌与形象指标间的距离是一个相对关系，其距离大小无实际意义。如品牌A与“热情的少年“距离为0.5，品牌B与”热情的少年“距离是1.0，并不表示品牌A在这一形象上是品牌B的2倍。

(2) 要求样本随机性获得，对拦截访问资料、重点调查资料等非随机资料，进行对应分析时需根据配额计算调整系数。

(3) 当对应点有0出现，尤其某类样本数量占样本总量的比例较小时，出现分析偏性的可能性较大，并且受极端值的影响较大。

9.3 对应分析的计算与应用

9.3.1 对应分析的基本计算步骤

设有 p 个变量的 n 个样本观测数据矩阵 $\boldsymbol{X}=(x_{ij})_{n\times p}$，其中 $x_{ij}>0$。对数据矩阵 $\boldsymbol{X}$ 做对应分析的具体步骤如下：

第一步：由数据矩阵 $\boldsymbol{X}$ 计算规格化的概率矩阵 $\boldsymbol{P}=(p_{ij})_{n\times p}$，其中，

$$p_{ij}=\frac{x_{ij}}{x_{\cdot\cdot}},\ x_{\cdot\cdot}=\sum_{i=1}^{n}\sum_{j=1}^{p}x_{ij}$$

第二步：计算过渡矩阵 $\boldsymbol{Z}=(z_{ij})_{n\times p}$，其中，

$$z_{ij}=\frac{p_{ij}-p_{\cdot j}p_{i\cdot}}{\sqrt{p_{\cdot j}p_{i\cdot}}}=\frac{x_{ij}-\dfrac{x_{\cdot j}x_{i\cdot}}{x_{\cdot\cdot}}}{\sqrt{x_{\cdot j}x_{i\cdot}}}\quad(i=1,2,\cdots,n;\ j=1,2,\cdots,p)$$

第三步：进行因子分析。

(1) R型因子分析：计算 $\boldsymbol{R}=\boldsymbol{Z}^{\mathrm{T}}\boldsymbol{Z}$ 的特征根 $\lambda_1\geqslant\lambda_2\geqslant\cdots\geqslant\lambda_p$，并计算相应的单位特征向量 $\boldsymbol{u}_1,\boldsymbol{u}_2,\cdots,\boldsymbol{u}_p$，按照累计百分比≥80%，取前 k 个特征值 λ_1，λ_2，…，λ_k（一般 $k=2$），得到R型因子载荷矩阵，即

$$\boldsymbol{U}=\begin{bmatrix} u_{11}\sqrt{\lambda_1} & u_{11}\sqrt{\lambda_2} \\ u_{21}\sqrt{\lambda_1} & u_{22}\sqrt{\lambda_2} \\ \vdots & \vdots \\ u_{p1}\sqrt{\lambda_1} & u_{p2}\sqrt{\lambda_2} \end{bmatrix}$$

(2) Q型因子分析：由上述求得的特征值 $\lambda_1\geqslant\lambda_2\geqslant\cdots\geqslant\lambda_k$，计算 $\boldsymbol{Q}=\boldsymbol{Z}\boldsymbol{Z}^{\mathrm{T}}$ 所对应的单位特征向量 $\boldsymbol{v}_i=\boldsymbol{Z}^{\mathrm{T}}\boldsymbol{u}_i(i=1,2,\cdots,k)$，得到Q型因子载荷矩阵，即

$$\boldsymbol{V}=\begin{bmatrix} v_{11}\sqrt{\lambda_1} & v_{12}\sqrt{\lambda_2} \\ v_{21}\sqrt{\lambda_1} & v_{22}\sqrt{\lambda_2} \\ \vdots & \vdots \\ v_{n1}\lambda_1 & v_{n2}\sqrt{\lambda_2} \end{bmatrix}$$

第四步：做变量点与样本点的对应分布图。

在与R型因子分析相应的因子平面上做样品点图，因子轴记为U_1—U_2，在与Q型因子分析相应的因子平面上做变量点图，因子轴记为V_1—V_2。由于因子平面U_1—U_2与因子平面V_1—V_2的坐标轴重合，这样就在一个平面上同时显示了变量和样品间的相互联系。

【拓展知识】

对应分析方法的优缺点

①定性变量划分得类别越多，这种方法的优越性越明显；②揭示行变量类间与列变量类间的联系；③将类别的联系直观地表现在图形中；④不能用于相关关系的假设检验；⑤维数由研究者自定；⑥受极端值的影响。

9.3.2 对应分析的应用

【例9.1】 对导入案例9-1进行对应分析。为了研究我国部分省、自治区、直辖市的农村居民家庭人均消费支出结构，现从中抽取10个省、市，选取8项指标，即食品支出(X_1)、衣着支出(X_2)、居住支出(X_3)、家庭设备及服务支出(X_4)、交通和通信支出(X_5)、文教娱乐用品及服务支出(X_6)、医疗保健支出(X_7)、其他商品及服务支出(X_8)。原始数据资料如表9-3所示。利用2014年数据进行对应分析。

表9-3 2014年10个省市的农村居民家庭人均生活消费支出原始数据 (单位：元)

序号	省份	X_1	X_2	X_3	X_4	X_5	X_6	X_7	X_8
1	北京	4048.0	917.8	4360.7	994.6	1813.0	1097.3	1088.6	215.1
2	河北	2421.2	581.6	1858.5	508.0	1146.5	758.7	788.7	64.68
3	山西	2054.3	539.7	1480.5	343.9	706.5	928.5	770.2	168.2
4	辽宁	2210.9	531.7	1491.7	331.7	1049.7	1014.5	1026.4	114.2
5	上海	5332.7	860.4	3615.7	689.5	1830.3	782.7	1330.3	378.3
6	广东	3968.9	328.3	2238.8	599.7	1068.7	918.2	686.9	233.8
7	广西	2462.9	208.6	1550.8	394.8	709.7	682.5	553.5	112.4
8	海南	3037.25	247.9	1328.5	392.8	661.8	760.3	454.1	146.4
9	重庆	3229.0	490.5	1294.2	569.4	780.4	805.1	677.0	137.1
10	新疆	2540.2	650.7	1412.8	340.8	1010.4	600.7	717.2	92.4

资料来源：《中国统计年鉴(2015)》。

解： 第一步，对原始数据表计算行和、列和、总和，计算结果如表9-4所示。

表 9-4　原始数据表计算行和、列和、总和计算结果

省份	X_1	X_2	X_3	X_4	X_5	X_6	X_7	X_8	行和
北京	4048.0	917.8	4360.7	994.6	1813.0	1097.3	1088.6	215.1	14535.1
河北	2421.2	581.6	1858.5	508.0	1146.5	758.7	788.7	64.7	8127.9
山西	2054.3	539.7	1480.5	343.9	706.5	928.5	770.2	168.2	6991.8
辽宁	2210.9	531.7	1491.7	331.7	1049.7	1014.5	1026.4	114.2	7770.8
上海	5332.7	860.4	3615.7	689.5	1830.3	782.7	1330.3	378.3	14819.9
广东	3968.9	328.3	2238.8	599.7	1068.7	918.2	686.9	233.8	10043.3
广西	2462.9	208.6	1550.8	394.8	709.7	682.5	553.5	112.4	6675.2
海南	3037.3	247.9	1328.5	392.8	661.8	760.3	454.1	146.4	7029.1
重庆	3229.0	490.5	1294.2	569.4	780.4	805.1	677.0	137.1	7982.7
新疆	2540.2	650.7	1412.8	340.8	1010.4	600.7	717.2	92.4	7365.2
列和	31305.4	5357.2	20632.2	5165.2	10777.0	8348.5	8092.9	1662.6	91340.9

第二步：计算概率矩阵 $\boldsymbol{P}$。

根据公式 $P_{ij}=x_{ij}/x_{..}$ 计算概率矩阵 $\boldsymbol{P}$。

例如，$P_{11}=4048.0/91340.9\approx0.0443$。全部计算结果如表 9-5 所示。

表 9-5　概率矩阵 $\boldsymbol{P}$

省份	P_{ij}								$P_{i.}$
北京	0.0443	0.0100	0.0477	0.0109	0.0198	0.0120	0.0119	0.0024	0.1591
河北	0.0265	0.0064	0.0203	0.0056	0.0126	0.0083	0.0086	0.0007	0.0890
山西	0.0225	0.0059	0.0162	0.0038	0.0077	0.0102	0.0084	0.0018	0.0765
内蒙古	0.0242	0.0058	0.0163	0.0036	0.0115	0.0111	0.0112	0.0013	0.0851
辽宁	0.0584	0.0094	0.0396	0.0075	0.0200	0.0086	0.0146	0.0041	0.1622
广东	0.0435	0.0036	0.0245	0.0066	0.0117	0.0101	0.0075	0.0026	0.1100
广西	0.0270	0.0023	0.0170	0.0043	0.0078	0.0075	0.0061	0.0012	0.0731
海南	0.0333	0.0027	0.0145	0.0043	0.0072	0.0083	0.0050	0.0016	0.0770
重庆	0.0354	0.0054	0.0142	0.0062	0.0085	0.0088	0.0074	0.0015	0.0874
四川	0.0278	0.0071	0.0155	0.0037	0.0111	0.0067	0.0079	0.0010	0.0806
$P_{.j}$	0.3427	0.0587	0.2259	0.0565	0.1180	0.0914	0.0886	0.0182	

第三步：计算数据变换矩阵 $\boldsymbol{Z}$。

根据公式 $Z_{ij}=\dfrac{P_{ij}-P_{.j}P_{i.}}{\sqrt{P_{.j}P_{i.}}}$，计算数据变换矩阵 $\boldsymbol{Z}$。

例如，

$$Z_{11}=\frac{p_{11}-p_{\cdot 1}p_{1\cdot}}{\sqrt{p_{\cdot 1}p_{1\cdot}}}=\frac{0.0443-0.1591\times 0.3427}{\sqrt{0.1591\times 0.3427}}\approx -0.0437$$

全部计算结果如表 9－6 所示。

表 9－6　数据变换矩阵 Z

省份	Z_1	Z_2	Z_3	Z_4	Z_5	Z_6	Z_7	Z_8
北京	—.0437	.0073	.0623	.0200	.0073	—.0208	—.0185	—.0093
河北	—.0229	.0166	.0014	.0085	.0205	.0022	.0079	—.0225
山西	—.0029	.0209	—.0084	—.0076	—.0137	.0382	.0194	.0107
内蒙古	—.0293	.0113	—.0209	—.0173	.0150	.0374	.0427	.0052
辽宁	—.0119	—.0010	.0157	—.0177	—.1237	—.0509	.0017	.0201
广东	.0299	—.0360	—.0019	.0051	—.0114	.0200	—.0223	.0134
广西	.0120	—.0305	.0039	.0031	—.0086	.0098	—.0050	—.0028
海南	.0025	—.0268	—.0220	—.0015	—.0199	.0155	—.0218	.0053
重庆	.0312	.0042	—.0392	.0186	—.0177	.0089	—.0034	—.0025
四川	.0012	.0350	—.0200	—.0133	.0175	—.0081	.0095	—.0129

第四步：计算协方差矩阵 ***R***。

根据公式 $\boldsymbol{R}=\boldsymbol{Z}^{\mathrm{T}}\boldsymbol{Z}$ 计算协方差矩阵 ***R***，计算结果如表 9－7 所示（协方差矩阵中数字对称部分略）。

表 9－7　协方差矩阵 R

.0060	—.0028	—.0035	.0006	—.0005	—.0000	—.0020	.0006
—	.0051	—.0003	—.0007	.0021	.0002	.0027	—.0012
—	—	.0071	.0010	—.0009	—.0037	—.0017	—.0003
—	—	—	.0017	.0017	—.0002	—.0015	—.0007
—	—	—	—	.0174	.0055	.0011	—.0035
—	—	—	—	—	.0064	.0022	—.0001
—	—	—	—	—	—	.0037	—.0000
—	—	—	—	—	—	—	.0015

第五步：进行因子分析。

(1) R 型因子分析

计算协方差矩阵 ***R*** 的特征值、方差贡献率和累计方差贡献率，如表 9－8 所示。

表 9-8　协方差矩阵 R 的特征值、方差贡献率和累计方差贡献率

序　　号	特　征　值	方差贡献率	累计方差贡献率
1	.015	.417	.417
2	.012	.337	.754
3	.005	.131	.885
4	.002	.067	.952
5	.001	.036	.988
6	.000	.010	.998
7	.000	.002	1.000
合计	.035	1.000	1.000

由于前两个特征值的累计方差贡献率已经达到75.4%，因此提取前两个特征值即可。由此确定公共因子个数 $k=2$。

对应于R型因子分析的前两个公共因子的因子载荷矩阵如表9-9所示。

表 9-9　R型因子载荷矩阵

序　　号	u_1	u_2
1	—.395	—.440
2	—.337	.083
3	—.216	.464
4	—.338	.616
5	.011	—.301
6	.422	—.168
7	.263	—.068
8	.645	.068

（2）Q型因子分析

对应于前面R型因子分析所得的两个特征值（$\lambda_1=0.015$，$\lambda_2=0.012$）及累计方差贡献率（75.4%），同样可以确定Q型因子分析的公共因子个数 $k=2$。

对应于Q型因子分析的前两个公共因子的因子载荷矩阵如表9-10所示。

表 9-10　Q型因子载荷矩阵

序号	v_1	v_2
1	.418	—.015
2	—.627	.324
3	—.259	—.431
4	.059	—.193
5	—.296	—.021
6	.052	.663
7	—.324	.450
8	.418	—.015
9	—.627	.324
10	—.259	—.431

第六步：绘制对应分布图。

在R型因子平面上，根据因子载荷矩阵 $\boldsymbol{U}$ 中的数据做变量图；在Q型因子平面上，根据因子载荷矩阵 $\boldsymbol{V}$ 中的数据做样品点图，如图9.1所示。

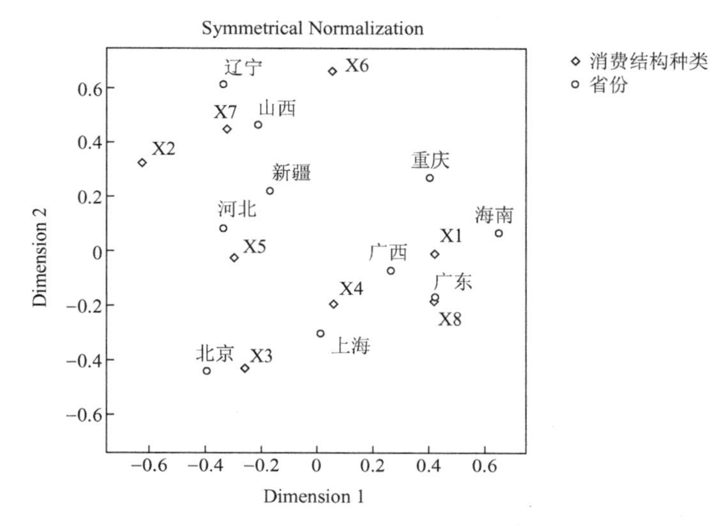

图9.1　省份与消费结构种类的对应分布图

由图9.1按样品和变量之间的接近程度可见主要对应关系如下：

北京—X_3；上海—X_4；广东、广西、海南、重庆—X_1、X_8；河北、新疆、山西和辽宁—X_2、X_5、X_6、X_7。

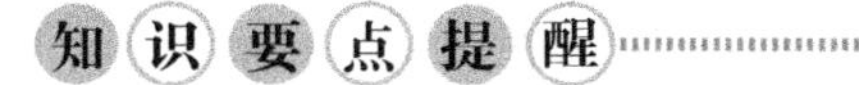

对应分析的调查数据

对应分析的调查数据应满足以下假设条件：①被调查者回答问题时并不都从同一角度（或称维度）做出判断；②被调查者的评判角度和看法可以改变。

阅读专栏9-2

对应分析的假设

对应分析是一种旨在揭示定性资料中变量及其类别之间、或者多变量定量资料中变量和样品之间相互关系的多元统计分析方法。根据分析资料的类型不同，对应分析分为定性资料（分类资料）的对应分析和定量资料的对应分析（基于均数的对应分析）。实际应用中，虽然对应分析方法对于原始数据类型、变量之间的关系没有严格的限定，但是对应分析对分析对象、应用场合还是有一定要求的。要求分析对象要有可比性，调查对象必须有代表性，变量的类别（或水平）应该涵盖所有可能出现的情况等。下面以定性资料对应分析为例（若所分析的原始数据是调查数据）来阐述对应分析的假设。

（1）被调查者是从不同的角度（或维度）来回答问题的。每一个被调查者是从不同的角度（或维度）来回答问题，即每一个被调查者是用不同的主观或客观角度（或维度）及指标来做出判断并回答问题的。

虽然主要的指标可能会一样，但不能完全一样。例如，在调查人们生活满意度时，有的从收入角度考虑，有的从家庭关系角度考虑，有的从工作、住房角度考虑，这样所做出判断的角度就不一样了。这里，收入是所有被调查者都要考虑的指标之一，但不是唯一的判断角度。如果所有被调查者都以收入水平作为唯一角度，收入这样一个指标就反映了生活满意度，就没必要进行对应分析了。

(2) 所有被调查者对于某一判断角度（或维度）重要性的评价是不一样的。例如，生活满意度调查评价中，有的人认为收入水平最重要；但有的人可能认为收入多少并不重要，家庭和睦才是最重要的。若在同一判断角度（或维度）上各个调查者的重要性都是同等重要的，没有水平上的差异，这时也没有再进行复杂的对应分析的必要了。

(3) 被调查者的判断角度和标准随着时间变化是可以改变的。被调查者做出评判时所考虑的角度、对每个角度重要性的看法都会随着时间推移而改变，不一定要保持一致的看法。例如，现在对收入或生活很满意的人过两年也可能会回答不满意。这种变化上的差异也是进行对应分析所必要的前提。

(4) 交叉汇总表中的单元格不能为负数或零。对应分析的基础是交叉汇总表，表中每一个单元格都代表着被调查者选择某一答案的频数，也表示着行或列的对应关系。如果有频数为零的单元格出现，应该对变量的分类进行合并，去掉有频数为零的单元类别。

上述对调查数据的假定，核心是要求调查变量及其水平要有较全面的代表性且研究对象要有可比性，这样才有进行对应分析的必要，也有助于研究两个定性变量的各个水平之间或者变量和样品之间的关系。定性资料对应分析如此，定量资料对应分析也同样要符合上述假定。因此，检验两个定性变量的各个水平之间、或者定量资料中变量和样品之间是否存在独立性，也就成为检验对应分析适用性的主要内容。

【期刊推荐】

资料来源：傅德印，王晶．对应分析统计检验体系探讨［J］．统计与信息论坛，2010(3)：3～4.

9.4 用SPSS软件进行对应分析

9.4.1 对应分析数据的预处理

用SPSS软件进行对应分析之前，应首先组织好数据。这里只涉及两个变量。如果收集到了原始数据，应将待分析的两组原始数据组织成两个SPSS变量的形式；如果没有原始数据而只有交叉分组下的频数数据，则在对应分析前要对数据进行加权处理，指定加权变量。

SPSS中指定加权变量的过程本质是数据复制。例如，为了研究某地区性别（X_1）与工作状态（X_2）之间的对应关系，现收集到交叉分组下的频数数据如表9－11所示。

表9－11 某地区人口社会文化调查资料

性别 \ 工作状态	无业（$X_2=0$）	工作（$X_2=1$）
男（$X_1=0$）	43	57
女（$X_1=1$）	52	48

这里涉及2个变量，即性别（分类值为0和1）和工作状态（分类值为0和1）。如果指定“人数”为加权变量，那么SPSS则将“男性”这一行中的“无业”这条数据复制43个，“工作”这条数据复制57个；将“女性”这一行中的“无业”这条数据复制52个，

“工作”这条数据复制 48 个。通过这样的加权处理即可得到 200 个样本数据，进而可以达到将数据编辑窗口中的汇总数据还原为原始数据的目的。

在建立表 9 - 11 的 SPSS 数据文件时，可输入性别（X_1）与工作状态（X_2）2 个变量，4 个样本，再将人数 f 指定为加权变量，予以加权即可得到 200 个样本。建立表 9 - 11 的 SPSS 数据文件如表 9 - 12 所示。

表 9 - 12　加权的数据文件

序号	X_1	X_2	f
1	0	0	43
2	0	1	57
3	1	0	52
4	1	1	48

实际上，对于需要进行对应分析数据预处理的数据文件，要定义 3 个变量，即行变量、列变量和尺度变量。其中，行变量和列变量是分类变量，而尺度变量是对应行、列变量的实际观测值，往往被指定为加权变量。例如，在例 9.1 中，研究我国 31 个省市自治区的农村居民家庭人均消费支出结构，即研究各个省份与消费支出种类的对应关系，则需要定义的 3 个变量是省份（分类值在 1～31）、消费结构种类（分类值在 1～8）和人均消费支出数额（取值是正实数），人均消费支出数额可以指定为加权变量。

对应分析数据预处理的 SPSS 操作过程如下：

（1）选择“Data→Weight Cases”选项，弹出“Wight Cases”对话框。

（2）左侧列表框存放的是对应分析的全部变量，右侧有 2 个单选按钮。单选按钮“DO not weight cases”表示对数据不加权，不用定义加权变量，为默认项；单选按钮“Weight cases by”表示对数据进行加权，需要定义加权变量。

（3）选中 Weight cases by 单选按钮，将表明分类中的频数的变量作为加权变量从左侧列表框中移入“Frequency Variable”列表框中。权重即为该变量的数值。如果定义的加权变量有 0 值，定义加权变量时会发出警告，但不影响对应分析的正常分析工作。

（4）单击“OK”按钮，即可完成对应分析数据的预处理。

运行以后，数据编辑器中的原始数据并没有变化，只是在右下角的状态栏中显示“Weight on”字样。但利用加权后的数据进行统计分析后所得到的结果与没加权数据进行统计分析后得到的结果完全不同。

加权以后的数据文件可以进行保存，方法同一般的保存方法。但保存以后的数据文件重新打开以后，随时可以取消加权，使数据恢复到原文件状态。方法是在“Wight Cases”对话框中选中“DO not weight cases”单选按钮，再单击“OK”按钮。

在选择加权变量时应注意以下几点：

（1）加权变量中含有零、负数或缺失值的观测值应该被排除在分析之外。

（2）分数权数值有效。

（3）一旦定义了加权变量，那么在以后的分析中加权变量一直有效，直到取消加权变量的定义为止。

对应分析数据文件的格式要求

对应分析数据的典型格式是列联表或交叉频数表，常表示不同背景的消费者对若干产品或产品属性的选择频数。背景变量或属性变量可以并列使用或单独使用。对于需要进行对应分析数据预处理的数据文件，要定义 3 个变量，即行变量、列变量和尺度变量（实际观测值）。行、列变量在定义时要将分类变量数量化。

9.4.2 对应分析的 SPSS 操作步骤

（1）选择“Analyze→Dimension Reduction→Correspondence Analysis”选项，弹出“Correspondence Analysis”对话框。

（2）将行变量选择到“Row”列表框中，单击“Define Range”按钮，弹出“Correspondence Analysis：Define Row Range”对话框，定义参与分析的行变量的分类值范围。在“Minimum value：”文本框中输入分类最小值，在“Maximum value：”文本框中输入分类最大值，并单击“Update”按钮，于是各分类值会依次显示在“Category Constraints”框中。

“Category Constraints”框（定义分类的等同约束）右边有 3 个单选按钮。

① None 单选按钮：不再对分类值重新分组，是系统默认的方式。

② Categories must be equal 单选按钮：指定将哪些分类值合并为一类。

③ Category is supplemental 单选按钮：指定某些分类值不参与分析。

最后单击“Continue”按钮返回到“Correspondence Analysis”对话框。

（3）将列变量选择到“Column”列表框中，单击“Define Range”按钮，弹出“Correspondence Analysis：Define Column Range”对话框，定义参与分析的列变量的分类值范围。重复第 2 步的操作过程。

（4）单击“Model”按钮，弹出“Correspondence Analysis：Model”对话框，进行模型参数设置。

① Dimensions in solution 参数框：输入行、列变量分类最终提取的因子个数，默认值为 2。在对应分析中，最多可以提取的因子个数等于两个变量最小类别数减 1。但是往往前两三个因子就携带了绝大多数信息，因此可以只提取前两三个因子即可。

② Distance Measure 选项组：指定分类点间距离的测度方式，包含 2 个单选按钮。

a. Chi square 单选按钮：卡方。用加权（Profiles）的距离作为距离测度，这里的权就是行或列的质量（Mass）。对分类变量通常选卡方（Chi Square），这是系统默认的方法。

b. Euclidean 单选按钮：欧氏距离。用两行或两列之间的差的平方的平方根作为距离测度。欧氏距离更适合于连续型变量。

③ Standardization Method 选项组：选择变量标准化方式，这些选项只在使用欧氏距离时可用，一般不需要更改，包含 5 个单选按钮。

a. Row and column means are removed 单选按钮：行和列两者被居中。当选用卡方作为 Distance Measure 的选项时，系统只默认此方法。

b. Row means are removed 单选按钮：只有行被居中。

c. Column means are removed 单选按钮：只有列被居中。

d. Row totals are equalized and means are removed 单选按钮：在定中心行之前，行边际相等。

e. Column totals are equalized and means are removed 单选按钮：在定中心列之前，列边际相等。

④ Normalization Method 选项组：选择常态化方法。一般使用默认的方法即可，包含 5 个单选按钮。

a. Symmetrical 单选按钮：使用本方法可以分析行列变量各类别之间的联系，而非每个变量各类别之间的差异。

b. Principal 单选按钮：使用本方法可以同时分析行列变量各类别之间的差异。

c. Row Principal 单选按钮：使用本方法可以分析行变量各类别之间的差异。

d. Column Principal 单选按钮：使用本方法可以分析列变量各类别之间的差异。

e. Custom 单选按钮：自定义。本方法通常用来制作特制的二维图形。

⑤ 单击“Continue”按钮返回到“Correspondence Analysis”对话框。

（5）单击“Statistics”按钮，弹出“Correspondence Analysis：Statistics”对话框，指定输出哪些统计量，包含 8 个复选框。

① Correspondence table 复选框：输出行列变量的交叉列联表。

② Overview of row points 复选框：输出行变量分类的因子载荷及方差贡献等。

③ Overview of Column points 复选框：输出列变量分类的因子载荷及方差贡献等。

④ Row profiles 复选框：输出频数的行百分比。

⑤ Column profiles 复选框：输出频数的列百分比。

⑥ Permutations of the correspondence table 复选框：输出按第一维度上得分的递增顺序排列的行列对应表，可以指定最大维度数。

⑦ Confidence Statistics for 选项组：输出行、列变量的标准差及各维度坐标间的相关系数。在本选择中包含 2 个复选框。

a. Row points 复选框：输出包括标准差和所有非增补行分数相关内容的表格。

b. Column points 复选框：输出包括标准差和所有非增补列分数相关内容的表格。

⑧ 单击“Continue”按钮返回到“Correspondence Analysis”对话框。

（6）单击“Plots”按钮，弹出“Correspondence Analysis：Plots”对话框，指定输出哪些统计图形。

① Scatterplots 选项组：输出各种散点图，包含 3 个复选框。

a. Biplot 复选框：输出行列变量的对应分布图。

b. Row points 复选框：输出行变量各类别在第一和第二因子的载荷图。

c. Column points 复选框：输出列变量各类别在第一和第二因子的载荷图。

d. ID label width for 框：指定散点图中数据点标签的长度，由于限制卷标长度，以免影响图形的阅读，可以把默认的 20 改得更小些。

② Line Plots 选项组：输出各种线图，包含 2 个复选框。

a. Transformed row categories 复选框：输出行变量各分类的因子载荷线图。

b. Transformed column categories 复选框：输出列变量各分类的因子载荷线图。

③ 单击“Continue”按钮返回到“Correspondence Analysis”对话框。

（7）单击“OK”按钮，即可完成对应分析的操作过程。

【例 9.2】 使用 SPSS 统计分析软件对例 9.1 进行对应分析。

解： 在数据文件中定义 3 个变量：provinces（省份：1—天津、2—河北、3—山西、4—内蒙古、5—辽宁、6—广东、7—广西、8—海南、9—重庆、10—四川）、Category（消费结构种类：1—X_1、2—X_2、3—X_3、4—X_4、5—X_5、6—X_6、7—X_7、8—X_8）、Consumption（人均消费支出数额）。建立数据文件如下（截取一部分）：

【拓展视频】

依次选择“Analyze→Dimension Reduction→Correspondence Analysis”选项，弹出“Correspondence Analysis”对话框。选择 provinces 变量为行变量，其分类值在 1～10，Category 变量为列变量，其分类值在 1～8。指定提取 2 个因子，选择系统默认的 Chi square 卡方距离测度及 Symmetrical 正规化方法，并输出相关统计量和图形。输出的主要结果如下：

例9.2数据文件.sav [DataSet1] - SPSS Data Editor

File Edit View Data Transform Analyze Graphs Utilities Add

1 : provinces 1

	provinces	Category	Consumption	var
1	1	1	4048.00	
2	2	1	2421.20	
3	3	1	2054.30	
4	4	1	2210.90	
5	5	1	5332.70	
6	6	1	3968.90	
7	7	1	2462.90	
8	8	1	3037.25	
9	9	1	3229.00	
10	10	1	2540.20	
11	1	2	917.80	
12	2	2	581.60	
13	3	2	539.70	
14	4	2	531.70	
15	5	2	860.40	

图 9.2 SPSS 对应分析数据文件

（1）输出对应分析模型的版权信息，如表 9-13 所示。

表 9-13 版权信息（Credit）

Credit
CORRESPONDENCE
Version 1.1
by
Data Theory Scaling System Group (DTSS)
Faculty of Social and Behavioral Sciences
Leiden University, The Netherlands

对应分析模块是荷兰 Leiden 大学 DTTS 课题组的研究成果。由于 SPSS 套用了该模块，所以每次分析结果中均显示它的版权信息。

（2）输出行变量与列变量的交叉列联表，如表 9-14 所示。

表 9-14 对应分析表 (Correspondence Table)

省份	消费结构种类								
	X1	X2	X3	X4	X5	X6	X7	X8	Active Margin
北京	4048.000	917.800	4360.700	994.600	1813.000	1097.300	1088.600	215.100	14535.100
河北	2421.200	581.600	1858.500	508.000	1146.500	758.700	788.700	64.680	8127.880
山西	2054.300	539.700	1480.500	343.900	706.500	928.500	770.200	168.200	6991.800
辽宁	2210.900	531.700	1491.700	331.700	1049.700	1014.500	1026.400	114.200	7770.800
上海	5332.700	860.400	3615.700	689.500	1830.300	782.700	1330.300	378.300	14819.900
广东	3968.900	328.300	2238.800	599.700	1068.700	918.200	686.900	233.800	10043.300
广西	2462.900	208.600	1550.800	394.800	709.700	682.500	553.500	112.400	6675.200
海南	3037.250	247.900	1328.500	392.800	661.800	760.300	454.100	146.400	7029.050
重庆	3229.000	490.500	1294.200	569.400	780.400	805.100	677.000	137.100	7982.700
新疆	2540.200	650.700	1412.800	340.800	1010.400	600.700	717.200	92.400	7365.200
Active Margin	31305.350	5357.200	20632.200	5165.200	10777.000	8348.500	8092.900	1662.580	91340.930

表 9-14 是对应分析表，实际上就是两个变量的行列表。由于对应分析随后的计算是完全基于该表格而来，所以首先将其输出，便于对变量间的关联进行大致的观察，也可用于检查有无数据录入错误。

Active Margin 是相应的行或列的合计数据。从行和来看，上海的人均消费支出最多（为 14819.900 元），而广西的人均消费支出最少（为 6675.200 元）；从列和来看，10 个省份在食品（X_1）上的人均消费支出最多（为 31305.350 元），而在其他商品及服务支出（X_8）上的人均消费支出最少（为 1662.580 元）。

（3）输出各频数在行、列上的百分比，如表 9-15 和表 9-16 所示。

表 9-15 各频数在行上的百分比 (Row Profiles)

省份	消费结构种类								
	X1	X2	X3	X4	X5	X6	X7	X8	Active Margin
北京	.278	.063	.300	.068	.125	.075	.075	.015	1.000
河北	.298	.072	.229	.063	.141	.093	.097	.008	1.000
山西	.294	.077	.212	.049	.101	.133	.110	.024	1.000
辽宁	.285	.068	.192	.043	.135	.131	.132	.015	1.000
上海	.360	.058	.244	.047	.124	.053	.090	.026	1.000
广东	.395	.033	.223	.060	.106	.091	.068	.023	1.000
广西	.369	.031	.232	.059	.106	.102	.083	.017	1.000
海南	.432	.035	.189	.056	.094	.108	.065	.021	1.000
重庆	.404	.061	.162	.071	.098	.101	.085	.017	1.000
新疆	.345	.088	.192	.046	.137	.082	.097	.013	1.000
Mass	.343	.059	.226	.057	.118	.091	.089	.018	

表 9-16　各频数在列上的百分比（Column Profiles）

省份	消费结构种类								
	X1	X2	X3	X4	X5	X6	X7	X8	Mass
北京	.129	.171	.211	.193	.168	.131	.135	.129	.159
河北	.077	.109	.090	.098	.106	.091	.097	.039	.089
山西	.066	.101	.072	.067	.066	.111	.095	.101	.077
辽宁	.071	.099	.072	.064	.097	.122	.127	.069	.085
上海	.170	.161	.175	.133	.170	.094	.164	.228	.162
广东	.127	.061	.109	.116	.099	.110	.085	.141	.110
广西	.079	.039	.075	.076	.066	.082	.068	.068	.073
海南	.097	.046	.064	.076	.061	.091	.056	.088	.077
重庆	.103	.092	.063	.110	.072	.096	.084	.082	.087
新疆	.081	.121	.068	.066	.094	.072	.089	.056	.081
Active Margin	1.000	1.000	1.000	1.000	1.000	1.000	1.000	1.000	

表 9-15 和表 9-16 是对表 9-14 的补充，显示了各频数在行或列上的百分比。由表 9-15 可以看出，10 个省份在食品（X_1）、居住（X_3）和交通和通信（X_5）上的人均消费支出位居前三位，分别占人均总消费支出的 34.3%、22.6%和 11.8%。由表 9-16 可以看出，上海、北京和广东的人均消费支出位居前三位，分别占人均总消费支出的 16.2%、15.9%和 11.0%。

（4）输出协方差矩阵的因子分析结果，如表 9-17 所示。

表 9-17　汇总表（Summary）

Dimension ①	Singular Value ②	Inertia ③	Chi Square ④	Sig. ⑤	Proportion of Inertia		Confidence Singular Value	
					Accounted for⑥	Cumulative ⑦	Standard Deviation ⑧	Correlation ⑨
								2
1	.121	.015			.417	.417	.003	.023
2	.109	.012			.337	.754	.003	
3	.068	.005			.131	.885		
4	.049	.002			.067	.952		
5	.036	.001			.036	.988		
6	.019	.000			.010	.998		
7	.008	.000			.002	1.000		
Total		.035	3228.935	.000[a]	1.000	1.000		

a. 63 degrees of freedom

表 9－17 中各列的含义如下：

第①列是特征值的编号，提取的特征值的个数为 min{行变量分类数，列变量分类数}−1。

第②列是奇异值，它的平方是惯量。奇异值这个术语来自于矩阵运算，是对应分析计算步骤中进行奇异值分解所得到的东西，对矩阵运算原理不熟悉的读者可不去多考虑它。

第③列是惯量，也是特征值，表示的是每个维度对变量各个类别之间差异的解释量。第一个特征值最大，意味着它解释各类别差异的能力最强。特征值的总和为 0.035。

第④列和第⑤列是关于列联表行列独立性卡方检验的统计量的值（为 3228.935）和相应的概率 p 值（为 0.000），自由度为$(10-1)\times(8-1)=63$（即表下方“a. 63 degrees of freedom”的含义）。若取显著性水平 $\alpha=0.01$（$>p$ 值），说明行变量和列变量的相关关系特别显著。卡方检验及 p 值可以看成是对应分析适用条件的检验，因为只有当行列变量之间有关联时，才需要使用对应分析对这种联系加以详细分析，否则就没有使用对应分析的必要了。

第⑥列和第⑦列是方差贡献率和累计方差贡献率。由于前两个特征值的累计方差贡献率达到 75.4%，因此最终提取 2 个公共因子基本上能够解释各类差异的主要信息。

第⑧列和第⑨列是两个维度的标准差及它们之间的相关系数。

（5）输出行、列变量各分类的因子分析结果，如表 9－18 和表 9－19 所示。

表 9－18　行变量各分类的降维情况表（Overview Row Points（a））

省份	Mass	Score in Dimension		Inertia	Contribution				
					Of Point to Inertia of Dimension		Of Dimension to Inertia of Point		
		1	2		1	2	1	2	Total
北京	.159	−.395	−.440	.007	.205	.282	.421	.468	.889
河北	.089	−.337	.083	.002	.083	.006	.674	.037	.710
山西	.077	−.216	.464	.003	.029	.151	.132	.548	.680
辽宁	.085	−.338	.616	.005	.080	.295	.227	.675	.902
上海	.162	.011	−.301	.004	.000	.135	.001	.419	.420
广东	.110	.422	−.168	.003	.161	.028	.804	.115	.919
广西	.073	.263	−.068	.001	.042	.003	.465	.028	.494
海南	.077	.645	.068	.004	.264	.003	.946	.009	.956
重庆	.087	.402	.273	.003	.116	.059	.518	.215	.733
新疆	.081	−.172	.223	.002	.020	.037	.124	.188	.312
Active Total	1.000			.035	1.000	1.000			
a. Symmetrical normalization									

表 9-19 列变量各分类的降维情况表（Overview Column Points (a)）

消费结构种类	Mass	Score in Dimension		Inertia	Contribution				
					Of Point to Inertia of Dimension		Of Dimension to Inertia of Point		
		1	2		1	2	1	2	Total
$X1$	.343	.418	−.015	.008	.494	.001	.940	.001	.941
$X2$	.059	−.627	.324	.005	.190	.056	.556	.134	.689
$X3$	.226	−.259	−.431	.007	.125	.385	.261	.648	.908
$X4$	.057	.059	−.193	.002	.002	.019	.015	.142	.157
$X5$	.118	−.296	−.021	.002	.085	.000	.616	.003	.619
$X6$	.091	.052	.663	.006	.002	.368	.005	.680	.685
$X7$	.089	−.324	.450	.004	.077	.164	.302	.523	.825
$X8$	.018	.416	−.186	.002	.026	.006	.235	.042	.277
Active Total	1.000			.035	1.000	1.000			
a. Symmetrical normalization									

表 9-18 中各列的含义如下：

第②列是行变量各类别的百分比（即表 9-16 中的行和）。

第③列和第④列是行变量各分类在第一、第二个公共因子上的因子载荷，它们是行变量与列变量的对应分布图中数据点的坐标。

第⑤列是特征值。

第⑥列和第⑦列是行变量各分类对第一、第二个公共因子值差异的影响程度。例如，北京对第一个公共因子值的差异影响程度最大（为 20.5%），而重庆对第二个公共因子值的差异影响程度最大（为 28.2%）。

第⑧列、第⑨列和第⑩列是第一、第二公共因子对行变量各分类差异的解释程度。例如，对北京类，第一个公共因子解释了 42.1%的差异，而第二个公共因子解释了 46.8%的差异，两公共因子共解释了 88.9%的差异。新疆类的信息丢失最严重（信息损失 68.8%）。

表 9-19 的含义与表 9-18 类似。

（6）输出行变量和列变量在第一、第二个公共因子上的载荷线图，如图 9.3～图 9.6 所示。

由图 9.3～图 9.6 可以看出，海南类在第一个公共因子上的载荷最高（图 9.3），辽宁类在第二个公共因子上的载荷最高（图 9.4）；食品类（X_1）在第一个公共因子上的载荷最高（图 9.5），文教娱乐用品及服务类（X_6）在第二个公共因子上的载荷最高（图 9.6）。

（7）输出行变量和列变量在第一、第二个公共因子上载荷的散点图，如图 9.7 和图 9.8 所示。

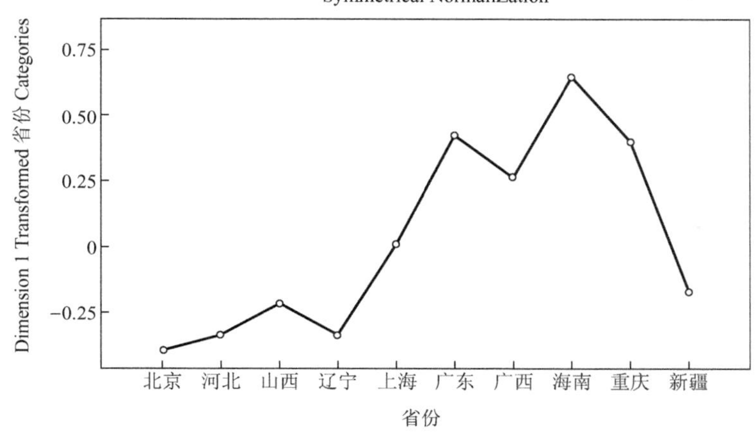

图 9.3 省份在第一个公共因子上的载荷线图

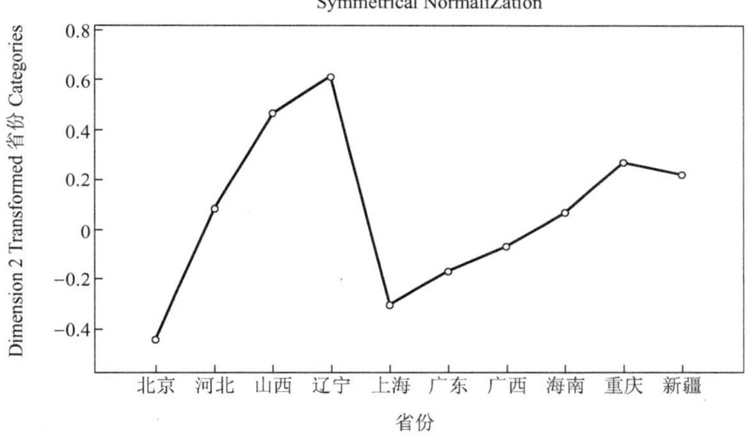

图 9.4 省份在第二个公共因子上的载荷线图

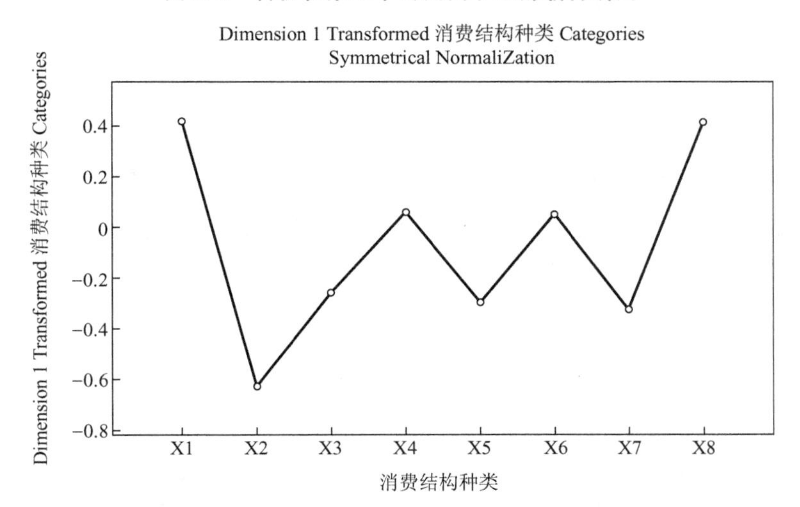

图 9.5 消费支出种类在第一个公共因子上的载荷线图

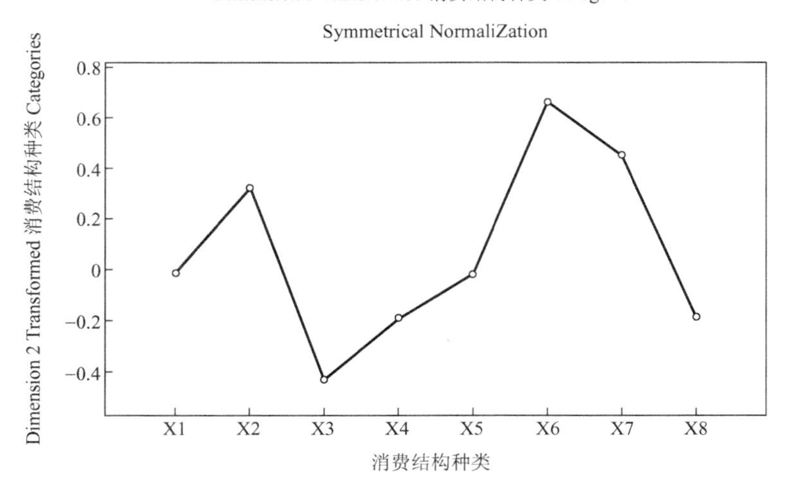

图 9.6　消费支出种类在第二个公共因子上的载荷线图

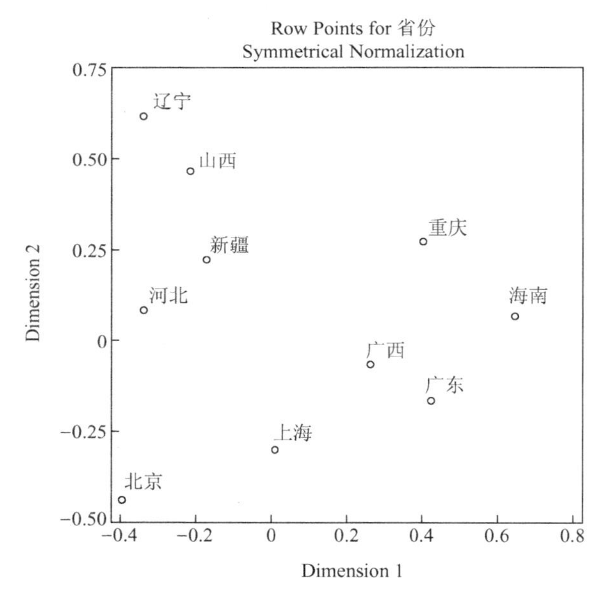

图 9.7　省份在第一、第二个公共因子上载荷的散点图

图 9.7 表明了省份各类间的差异性。可以看出，在兼顾按样品和变量的接近程度进行对应分类下，若以横轴和纵轴 0 为中心轴，可粗略地将省份分为 4 类：

第一类：北京；

第二类：上海；

第三类：广东、广西、重庆、海南；

第四类：河北、新疆、山西、辽宁。

图 9.8 表明了消费支出种类各类间的差异性。可以看出，在兼顾按样品和变量的接近程度进行对应分类下，若以横轴和纵轴 0 为中心轴，可粗略地将消费支出种类分为 4 类：

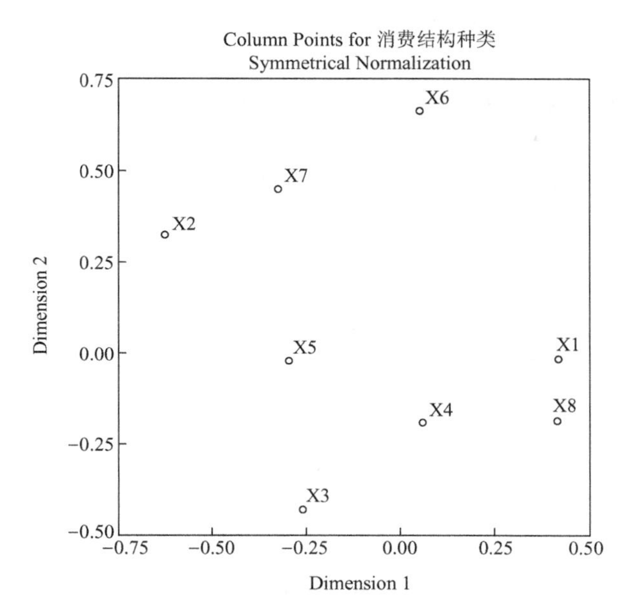

图 9.8 消费支出种类在第一、第二个公共因子上载荷的散点图

第一类：X_3（居住）；

第二类：X_4（家庭设备及服务）；

第三类：X_1（食品）、X_8（其他商品及服务）；

第四类：X_2（衣着）、X_5（交通和通讯）、X_6（文教娱乐用品及服务）、X_7（医疗保健）。

（8）输出行变量和列变量的对应分布图，如图 9.9 所示。

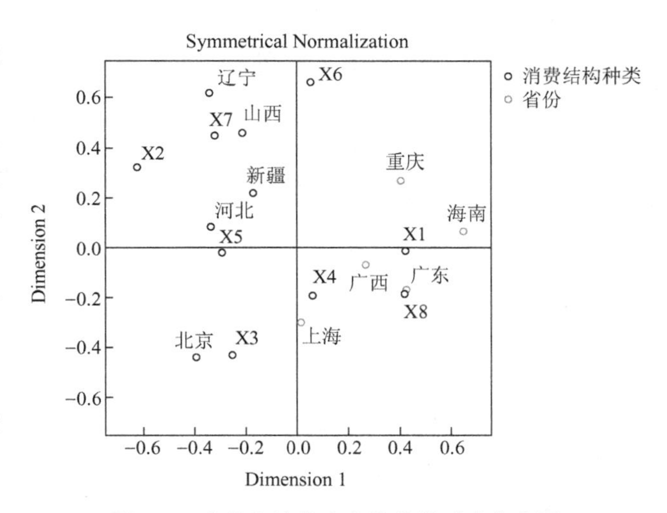

图 9.9 省份和消费支出种类的对应分布图

由于前两个特征值的方差贡献率为 41.7%和 33.7%，相差不大。因此，在兼顾按样品和变量的接近程度进行对应分类下，划分象限使分类更加清晰。从图 9.9 可以看出，若以横轴和纵轴 0 为中心轴，可粗略地将省份和消费支出种类分为 4 类：

第一类：北京—X_3（居住）；

第二类：上海—X_4（家庭设备及服务）；

第三类：广东、广西、重庆、海南—X_1（食品）、X_8（其他商品及服务）；

第四类：河北、新疆、山西、辽宁—X_2（衣着）、X_5（交通和通讯）、X_6（文教娱乐用品及服务）、X_7（医疗保健）。

通过上面的分析，我们发现，类别的划分具有明显的地域性，说明消费结构与地域存

在一定的关系。农民的消费支出结构除了受地域的限制之外，也从另外一个侧面反映了农民的收入之间的差距。

显然，对应分布图的解释并不是唯一的。读者根据实际问题做作出合理的解释即可。

【例 9.3】 研究妇女年龄与婚姻满意度的对应分析。将一个由 1090 人组成的样本按 5 个年龄类别和 4 个婚姻满意度类别进行交叉分类，所得频数结果如表 9-20 所示，试对这组数据进行对应分析。

表 9-20　妇女年龄与婚姻满意度的调查结果

年　龄	很不满意	有些不满意	比较满意	很满意
30 岁及以下	42	82	67	55
31～40 岁	35	62	165	118
41～50 岁	13	28	92	81
51～60 岁	7	18	54	75
61 岁及以上	3	7	32	54

【拓展视频】

解：在数据文件中定义 3 个变量：X（妇女年龄：1—30 岁以下、2—31～40 岁；3—41～50 岁、4—51～60 岁、5—61 岁以上）、Y（婚姻满意度：1—很不满意、2—有些不满意、3—比较满意、4—很满意）、R（人数）。

首先对原始数据进行预处理。将人数指定为加权变量。其次选择 X 变量为行变量（分类值在 1～5），Y 变量为列变量（分类值在 1～4）。指定提取 2 个因子，选择系统默认的 Chi square 卡方距离测度及 Symmetrical 正规化方法，并输出相关统计量和图形。输出的主要结果如下：

（1）输出行变量与列变量的交叉列联表，如表 9-21 所示。

表 9-21　对应表（Correspondence Table）

年　龄	满意度				
	很不满意	有些不满	比较满意	很满意	Active Margin
30 岁以下	42	82	67	55	246
31～40 岁	35	62	165	118	380
41～50 岁	13	28	92	81	214
51～60 岁	7	18	54	75	154
61 岁以上	3	7	32	54	96
Active Margin	100	197	410	383	1090

由表 9-21 可以看出，在 1090 名被调查者中，31～40 岁的妇女人数最多（为 380 人），而 61 岁以上的人数最少（为 96 人）；调查结果为“比较满意”的妇女人数最多（为 410 人），而“很不满意”的人数最少（为 100 人）。

（2）输出各频数在行、列上的百分比，如表 9-22 和表 9-23 所示。

表 9-22 各频数在行上的百分比 (Row Profiles)

年龄	满意度				
	很不满意	有些不满	比较满意	很满意	Active Margin
30 岁以下	.171	.333	.272	.224	1.000
31～40 岁	.092	.163	.434	.311	1.000
41～50 岁	.061	.131	.430	.379	1.000
51～60 岁	.045	.117	.351	.487	1.000
61 岁以上	.031	.073	.333	.563	1.000
Mass	.092	.181	.376	.351	

表 9-23 各频数在行上的百分比 (Column Profiles)

年龄	满意度				
	很不满意	有些不满	比较满意	很满意	Mass
30 岁以下	.420	.416	.163	.144	.226
31～40 岁	.350	.315	.402	.308	.349
41～50 岁	.130	.142	.224	.211	.196
51～60 岁	.070	.091	.132	.196	.141
61 岁以上	.030	.036	.078	.141	.088
Active Margin	1.000	1.000	1.000	1.000	

由表 9-22 和表 9-23 可以看出，在 1090 名被调查者中，调查结果为“比较满意”的妇女人数占总人数的比例最高（为 37.6%），而“很不满意”的人数占总人数的比例最低（为 9.2%）；31～40 岁的妇女人数占总人数的比例最高（为 34.9%），而 61 岁以上的人数占总人数的比例最低（为 8.8%）。

（3）输出协方差矩阵的因子分析结果，如表 9-24 所示。

表 9-24 汇总表 (Summary)

Dimension	Singular Value	Inertia	Chi Square	Sig.	Proportion of Inertia		Confidence Singular Value	
					Accounted for	Cumulative	Standard Deviation	Correlation
								2
1	.307	.094			.868	.868	.030	.129
2	.119	.014			.130	.998	.030	
3	.013	.000			.002	1.000		
Total		.108	118.096	.000[a]	1.000	1.000		

a. 12 degrees of freedom

由表 9-24 可以看出，对列联表行列独立性卡方检验的结果表明行变量和列变量具有显著的相关关系。第一个特征值的方差贡献率达到 86.8%，第二个特征值的方差贡献率达到 13.0%。由于前两个特征值的累计方差贡献率已经达到 99.8%，说明用前两个公共因子解释各类别之间的差异，信息损失很少。因此最终提取 2 个公共因子。

（4）输出行、列变量各分类的因子分析结果，如表 9-25 和表 9-26 所示。

表 9-25　行变量各分类的降维情况表（Overview Row Points（a））

年龄	Mass	Score in Dimension		Inertia	Contribution				
					Of Point to Inertia of Dimension		Of Dimension to Inertia of Point		
		1	2		1	2	1	2	Total
30 岁以下	.226	−.927	.262	.061	.633	.131	.970	.030	1.000
31～40 岁	.349	.016	−.358	.005	.000	.376	.005	.988	.993
41～50 岁	.196	.307	−.201	.007	.060	.067	.848	.141	.990
51～60 岁	.141	.520	.378	.014	.124	.170	.829	.170	.999
61 岁以上	.088	.796	.588	.021	.182	.256	.823	.174	.998
Active Total	1.000			.108	1.000	1.000			

a. Symmetrical normalization

表 9-26　列变量各分类的降维情况表（Overview Column Points（a））

满意度	Mass	Score in Dimension		Inertia	Contribution				
					Of Point to Inertia of Dimension		Of Dimension to Inertia of Point		
		1	2		1	2	1	2	Total
很不满意	.092	−.925	.023	.024	.256	.000	.995	.000	.995
有些不满意	.181	−.853	.196	.041	.429	.058	.979	.020	.999
比较满意	.376	.177	−.427	.012	.038	.578	.307	.693	1.000
很满意	.351	.491	.351	.031	.276	.364	.835	.165	1.000
Active Total	1.000			.108	1.000	1.000			

a. Symmetrical normalization

表 9-25 显示了行变量各分类在第 1 和第 2 个公共因子上的因子载荷（Score in Dimension），表 9-26 显示了列变量各分类在第 1 和第 2 个公共因子上的因子载荷（Score in Dimension）。它们是对应分布图中数据点的坐标。

（5）输出行、列变量各分类的对应分布图，如图 9.10 所示。

由对应分布图 9.10 可以看出，分布图将行变量和列变量分为 3 组：

第一组：行变量：30 岁以下；

　　　　列变量：有些不满意、很不满意。

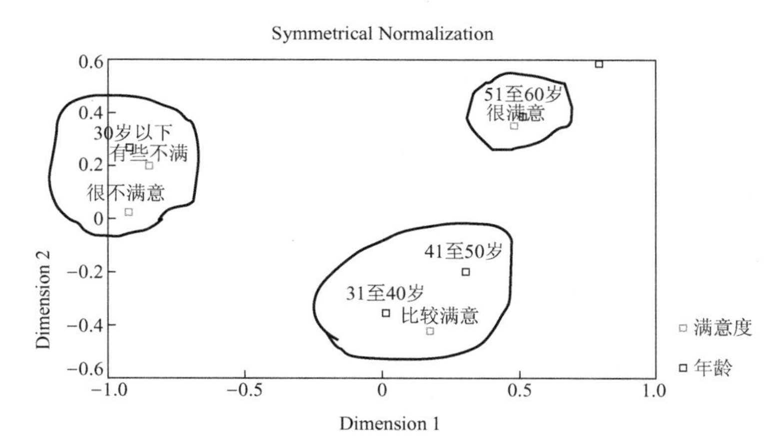

图 9.10 妇女年龄与婚姻满意度的对应分布图

第二组：行变量：31～40 岁、41～50 岁；

列变量：比较满意。

第三组：行变量：51～60 岁、61 岁以上；

列变量：很满意。

对应分析结果表明，婚姻满意度与妇女的年龄有比较密切的关系，妇女的年龄越大，对婚姻的满意度越高。

总之，对应分析方法被普遍认为是探索性数据分析的内容，它不仅可以处理定量数据，而且还可以处理分类数据。前面我们重点介绍了 2 个变量之间的对应分析，实际上对应分析还可以处理多个变量之间的对应关系问题（即多重对应分析）。例如，在对于婚姻满意度的调查研究中，我们还可以研究妇女年龄、职业与婚姻满意度三者之间的对应关系。

【期刊推荐】

此外，在使用 SPSS 统计分析软件进行计算时，读者可以根据研究问题的侧重点，有目的地选择输出结果。对于实际问题，有时只要能够会用数据画出描述性的点图，并能够理解图中包含的信息即可。

【例 9.4】 对导入案例 9－2 进行对应分析。

解： 调查的代码和含义如表 9－27 所示。

表 9－27 调查的代码和含义表

代码	含义	代码	含义	代码	含义
Name1	玉泉	Product1	雪糕	Feel1	清爽
Name2	雪源	Product2	纯水	Feel2	甘甜
Name3	春溪	Product3	碳酸饮料	Feel3	欢快
Name4	期望	Product4	果汁饮料	Feel4	纯净
Name5	波澜	Product5	保健食品	Feel5	安闲
Name6	天山绿	Product6	空调	Feel6	个性
Name7	中美纯	Product7	洗衣机	Feel7	兴奋
Name8	雪浪花	Product8	毛毯	Feel8	高档

将一组样本按 8 个产品类别、8 个名称类别和 8 个感觉类别进行交叉分类，得到产品名称关于产品类别和感觉的频数结果，如表 9－28 所示。

表 9－28　产品、名称和感觉的调查结果

	Name1	Name2	Name3	Name4	Name5	Name6	Name7	Name8
Product1	50	442	27	21	14	50	30	258
Product2	508	110	272	51	83	88	645	79
Product3	55	68	93	36	71	47	37	77
Product4	109	95	149	41	36	125	44	65
Product5	34	29	45	302	37	135	42	18
Product6	11	28	112	146	113	39	28	31
Product7	30	12	54	64	365	42	8	316
Product8	2	4	17	36	29	272	9	35
Feel1	368	322	167	53	57	129	149	170
Feel2	217	237	142	41	34	95	119	116
Feel3	19	25	185	105	123	44	22	193
Feel4	142	140	128	47	38	123	330	68
Feel5	16	16	106	166	81	164	21	36
Feel6	2	14	9	72	94	41	37	42
Feel7	4	11	10	78	248	35	17	81
Feel8	3	5	19	107	63	126	163	49

将产品名称当作行变量（X_1），产品种类及感觉当作列变量（X_2），对调查数据进行对应分析，得到以下主要输出结果，如表 9－29～表 9－31 及图 9.11 所示。

表 9－29　汇总表

Summary								
Dimension	Singular Value	Inertia	Chi Square	Sig.	Proportion of Inertia		Confidence Singular Value	
					Accounted for	Cumulative	Standard Deviation	Correlation
								2
1	.562	.315			.382	.382	.007	.132
2	.451	.203			.246	.628	.008	
3	.383	.147			.178	.807		
4	.272	.074			.090	.897		
5	.221	.049			.059	.956		
6	.159	.025			.031	.986		
7	.106	.011			.014	1.000		
Total		.825	10231.973	.000[a]	1.000	1.000		

a. 105 degrees of freedom

由表 9－29 可以看出，对列联表行列独立性卡方检验的结果表明行列变量具有显著的相关关系。所提取的前两个特征值的累计方差贡献率达到 62.8%。

表 9－30　行变量各分类的降维情况表

Overview Row Points[a]									
X1	Mass	Score in Dimension		Inertia	Contribution				
					Of Point to Inertia of Dimension		Of Dimension to Inertia of Point		
		1	2		1	2	1	2	Total
Name1	.127	.942	−.135	.086	.200	.005	.732	.012	.744
Name2	.126	.755	.961	.133	.127	.258	.302	.393	.696
Name3	.124	.140	−.158	.038	.004	.007	.036	.037	.073
Name4	.110	−.939	−.685	.121	.173	.115	.450	.192	.641
Name5	.120	−1.176	.471	.146	.295	.059	.637	.082	.719
Name6	.125	−.390	−.740	.114	.034	.152	.094	.271	.365
Name7	.137	.762	−.697	.116	.142	.148	.385	.258	.643
Name8	.132	−.325	.937	.071	.025	.257	.111	.739	.849
Active Total	1.000			.825	1.000	1.000			

a. Symmetrical normalization

表 9－31　列变量各分类的降维情况表

Overview Row Points[a]									
X2	Mass	Score in Dimension		Inertia	Contribution				
					Of Point to Inertia of Dimension		Of Dimension to Inertia of Point		
		1	2		1	2	1	2	Total
Product1	.072	.535	1.468	.120	.037	.344	.097	.584	.680
Product2	.148	.859	−.535	.114	.195	.094	.540	.168	.709
Product3	.039	−.060	.291	.004	.000	.007	.021	.392	.413
Product4	.054	.210	−.068	.012	.004	.001	.108	.009	.117
Product5	.052	−.814	−.987	.078	.061	.112	.247	.292	.539
Product6	.041	−.795	−.256	.028	.046	.006	.521	.043	.564
Product7	.072	−1.113	.962	.105	.159	.148	.477	.285	.762
Product8	.033	−.754	−1.015	.091	.033	.075	.114	.165	.279
Feel1	.114	.635	.288	.039	.082	.021	.661	.109	.770

（续）

Overview Row Points[a]									
X2	Mass	Score in Dimension		Inertia	Contribution				
					Of Point to Inertia of Dimension		Of Dimension to Inertia of Point		
		1	2		1	2	1	2	Total
Feel2	.081	.606	.265	.023	.053	.013	.732	.112	.843
Feel3	.058	−.606	.344	.034	.038	.015	.352	.091	.443
Feel4	.082	.613	−.386	.032	.055	.027	.549	.174	.723
Feel5	.049	−.790	−.664	.035	.054	.048	.494	.281	.775
Feel6	.025	−.950	−.072	.016	.040	.000	.776	.004	.779
Feel7	.039	−1.392	.504	.066	.135	.022	.640	.067	.708
Feel8	.043	−.353	−.843	.029	.010	.068	.104	.476	.580
Active Total	1.000			.825	1.000	1.000			

a. Symmetrical normalization

由对应分布图 9.11 可以看出，“波澜”（Name5）与“洗衣机”（Product7）产品相联

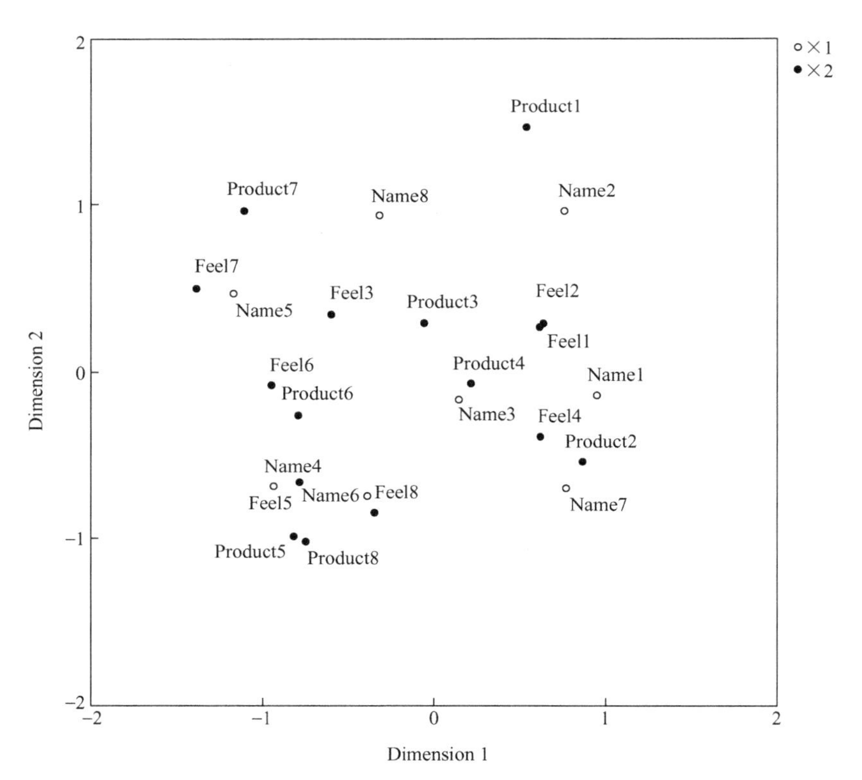

图 9.11　产品名称与产品种类和感觉的对应分布图

系，引起的感觉是“兴奋”（Feel7）。因此，“波澜”不是合适的纯净水品牌名称。中美纯水公司的产品是“纯水”（Product2）。如果想要使该名称给人们一种“纯净”（Feel4）的感觉，那么“中美纯”（Name7）将是最好的商品名称；如果想要使该名称给人们一种“清爽”（Feel1）的感觉，那么“玉泉”（Name1）将是最好的商品名称。

需要说明的是，尽管提取两个公共因子损失一定的信息（损失 38.2%），但是对应分析的结果对于新产品名称的定位仍然具有一定的参考价值。

【期刊推荐】

对应分析数据文件的格式要求

对应分析数据的典型格式是列联表或交叉频数表，常表示不同背景的消费者对若干产品或产品属性的选择频数。背景变量或属性变量可以并列使用或单独使用。对于需要进行对应分析数据预处理的数据文件，要定义 3 个变量，即行变量、列变量和尺度变量（实际观测值）。行、列变量在定义时要将分类变量数量化。

一、学习目标

通过本案例的学习，能够用 SPSS 软件实现对应分析，领会对应分析技术的精髓，并对输出结果结合实际进行科学的解读和分析。

二、案例分析

对应分析是一种多元统计分析技术，主要分析定性数据（Category Data）方法，也是强有力的数据图示化技术，当然也是强有力的市场研究分析技术。对应分析的主要应用领域有概念发展 Concept Development）、新产品开发（New Product Development）、市场细分（Market Segmentation）、竞争分析（Competitive Analysis）、广告研究（Advertisement Research）等。主要回答以下问题：

谁是我的用户？还有谁是我的用户？谁是我竞争对手的用户？相对于我的竞争对手的产品，我的产品的定位如何？与竞争对手有何差异？我还应该开发哪些新产品？对于我的新产品，我应该将目标指向哪些消费者？等等。

在市场细分研究实践中，往往遇到的问题就是哪些背景（受教育程度、收入、职业等）的消费者在使用我们的产品？他们在消费行为上有什么差异？我们的产品品牌形象与竞争对手相比在消费者心目中究竟是怎样的？等等。以往在分析时只是通过列联表来表现他们之间的关系，通过 χ^2 检验来分析他们之间的关系。如果仅仅是两个变量，且每个变量类别较少的情况下，就很难直观地揭示出变量之间的内在联系。对应分析方法的运用有效地解决了这些问题。

对应分析技术在市场细分、产品定位、品牌形象及满意度研究等领域正在越来越广泛的运用。下面结合啤酒市场细分案例简述对应分析的运用及注意的几个问题。在分析不同消费者对不同啤酒品牌的偏好时，可以把啤酒的品牌与消费者的性别、年龄、职业和收入等进行对应分析。

需要解决的问题是：根据消费者的背景资料推断他们对啤酒品牌的偏好。

1. 选择要进行分析的相关变量

在分析不同消费者对不同啤酒品牌的偏好时，可以把啤酒品牌与消费者的性别、年龄、职业和收入等进行交叉汇总，得出下列频次交叉表，如表9-32所示。

表9-32 不同消费者对不同啤酒品牌的偏好初始表

属性＼品牌	华丹干啤	华丹11度	雪花	金士百干啤	金士百	哈啤	其他
20～29岁	75	30	9	5	7	1	1
30～39岁	76	42	12	9	7	2	—
40～50岁	59	46	5	9	3	—	2
高中/技术学校/中专/职高	119	68	11	14	11	—	1
大专	54	24	8	8	4	1	1
大学本科	34	25	7	1	2	2	1
研究生及以上	3	1	—	—	—	—	—
专业技术人员/教师/医生	46	25	6	2	2	—	—
机关事业单位管理人员	15	9	2	1	1	1	
机关事业单位一般职员	12	8	2	3	4	—	—
企业管理人员	25	15	5	4	5	—	1
企业普通员工	55	30	5	6	1	1	1
个体/私营业主	32	20	3	5	—	—	1
学生	15	6	3	—	2	1	—
离退休	3	—	—	1	—	—	—
其他	7	5	—	1	2	—	—

2. 对应分析

1）整理交叉列联表

对交叉表进行整理，调整“野点子”。汇总表中的每一个单元格不能为负数或零，如果有则必须进行必要的类别调整。例如，本例中离退休与雪花、华丹11度的交叉分析，其结果为零或相比之下极小的频次都会产生偏差，不具有代表性，因此必须采取合并类项的方式加以调整。调整后的交叉表如表9-33所示。

表9-33 调整后的不同消费者对不同啤酒品牌的偏好表

属性＼品牌	华丹干啤	华丹11度	雪花	金士百干啤	金士百	其他
20～29岁	75	30	9	5	7	2
30～39岁	76	42	12	9	7	2
40～50岁	59	46	5	9	3	2

（续）

属性＼品牌	华丹干啤	华丹 11 度	雪花	金士百干啤	金士百	其他
高中/技术学校/中专/职高	119	68	11	14	11	1
大专	54	24	8	8	4	1
大学本科及以上	37	26	7	1	2	2
专业技术人员/教师/医生	46	25	6	2	2	1
机关事业单位管理人员	15	9	2	1	1	1
机关事业单位一般职员	12	8	2	3	4	1
企业管理人员	25	15	5	4	5	1
企业普通员工	55	30	5	6	1	2
个体/私营业主	32	20	3	5	1	1
其他	25	11	3	2	4	1

2）对输出结果进行市场细分分析

在以往的分析研究中，我们只能知道某一年龄段不同职业、不同学历的被访者对啤酒品牌偏好的频次，依此进行对比，而在对应分析中结合表 9－34～表 9－36 和图 9.12 就可以更深入、更形象地分析变量类别间的关系。

表 9－34　汇总表

Dimension	Singular Value	Inertia	Chi Square	Sig.	Proportion of Inertia	
					Accounted for	Cumulative
1	.132	.017			.461	.461
2	.098	.010			.253	.713
3	.078	.006			.161	.874
4	.053	.003			.074	.949
5	.044	.002			.051	1.000
Total		.038	45.399	.919[a]	1.000	1.000

a. 60 degrees of freedom

由表 9－34 可以看出，本案例中到第四个维度才可解释全部变量的 94.9％以上，因此前两个维度代表的信息量有较多的损失。但考虑到金士百、金士百干啤和雪花的比例并不高，因此从总体上看其绝对作用还是很小的。

表 9－35 和表 9－36 是行、列变量的降维情况，也就是行、列变量分布在第一和第二个公共因子上的因子载荷，它们就是对应分析图中的坐标。

表 9－35　行变量各分类降维情况表

Overview Row Points[a]									
消费者背景	Mass	Score in Dimension		Inertia	Contribution				
					Of Point to Inertia of Dimension		Of Dimension to Inertia of Point		
		1	2		1	2	1	2	Total
20～29 岁	.107	.202	.399	.003	.033	.174	.187	.538	.725
30～39 岁	.123	.112	.050	.001	.012	.003	.308	.046	.354
40～50 岁	.103	－.374	－.469	.005	.109	.233	.400	.467	.867
高中/技术学校/中专/职高	.187	.012	－.195	.002	.000	.073	.002	.291	.292
大专	.082	.131	－.049	.002	.011	.002	.089	.009	.099
大学本科 及以上	.062	－.289	.543	.005	.039	.188	.151	.396	.547
专业技术人员/教师/医生	.068	－.301	.423	.002	.047	.125	.376	.551	.928
机关事业单位管理人员	.024	－.143	.310	.001	.004	.024	.072	.250	.322
机关事业单位一般职员	.025	1.256	－.554	.007	.298	.078	.761	.110	.870
企业管理人员	.046	.714	－.098	.004	.177	.005	.856	.012	.868
企业普通员工	.082	－.436	－.034	.003	.118	.001	.765	.003	.769
个体/私营业主	.052	－.359	－.361	.002	.050	.069	.507	.381	.888
其他	.038	.590	.255	.002	.101	.026	.746	.103	.849
Active Total	1.000			.038	1.000	1.000			

a. Symmetrical normalization

表 9-36 列变量各分类降维情况表

Overview Cloumn Points[a]									
啤酒品牌	Mass	Score in Dimension		Inertia	Contribution				
					Of Point to Inertia of Dimension		Of Dimension to Inertia of Point		
		1	2		1	2	1	2	Total
华丹干啤	.525	—.052	.133	.003	.011	.095	.062	.303	.365
华丹 11 度	.295	—.252	—.169	.006	.142	.086	.447	.149	.596
雪花	.065	.287	.548	.004	.041	.199	.162	.437	.599
金士百干啤	.057	.245	—1.003	.007	.026	.592	.064	.788	.852
金士百	.043	1.540	—.088	.014	.778	.003	.958	.002	.961
其他	.015	.140	.402	.004	.002	.025	.011	.065	.076
Active Total	1.000			.038	1.000	1.000			

a. Symmetrical normalization

图 9.12 是对应分析的一个最主要统计结果，形象地把行变量和列变量类别分值分布

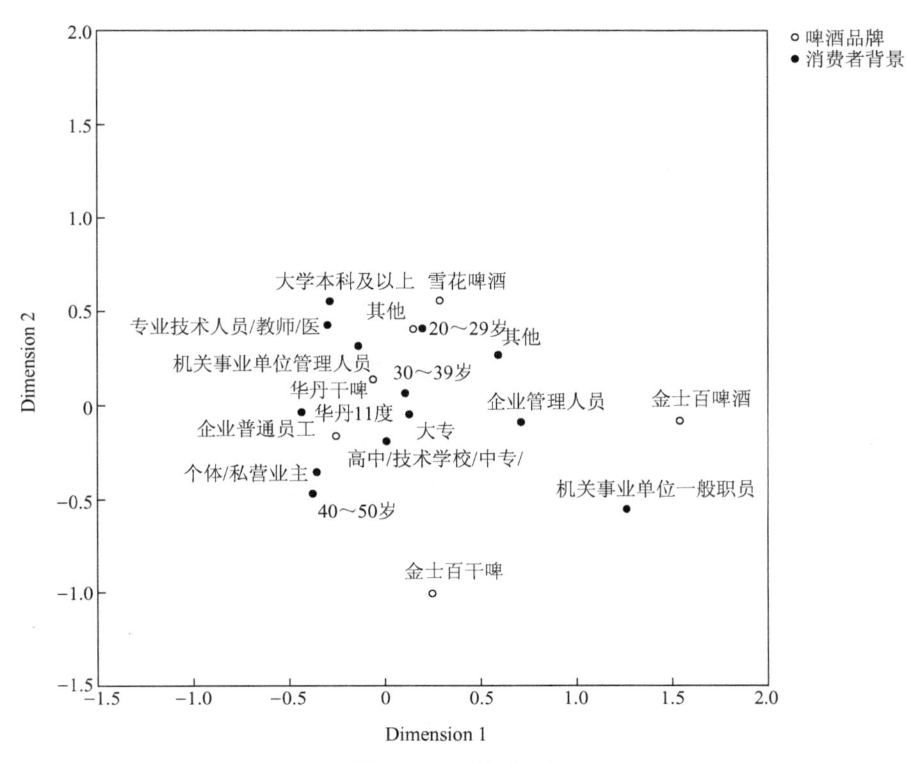

图 9.12 对应分布图

用坐标图示表示出来。实心点分布表示属性类别间的差异，空心点分布表示品牌类别之间的差异；同时也更加直观地把属性和品牌这两个变量之间的类别联系形象地表现出来。在对应分析中，特征相似的类别会聚集到一起，很大的类别会相距较远。

从图9.12可以看出当地普通啤酒品牌与消费者背景情况之间、品牌与品牌之间、不同的消费者之间的关系。

年龄在30～39岁、学历为高中或中专以上的企业普通员工，机关事业单位的普通干部距离华丹干啤和华丹11度较近，换句话说，这些人比较喜欢华丹；金士百与金士百干啤距离较远，这表明喜欢金士百的消费者与喜欢金士百干啤的人差别较大；华丹干啤、华丹11与金士百和金士百干啤距离较远，说明金士百品牌与华丹品牌有较大差异；从职业来看，事业单位职工与其他职业的消费者之间有较大差异。相比较之下，40～45岁的被访者更偏好金士百干啤；20～29岁的年轻人更喜欢雪花。

应该说，在被访者背景资料的纵向对比中所占比例不大，而在横向对比中所占比例较大；同样对于品牌之间的纵向对比与横向对比所占比例基本一致；本案例中的大部分信息主要体现在第一维度上。由于对应分析综合考虑了行比例与列比例的差异，因此在同一图形中表现了品牌与消费者背景间的内在联系。

【期刊推荐】

本章小结

对应分析方法是一种多元相依变量统计分析技术，它通过分析由定性变量构成的交互汇总表来揭示变量之间的联系。它既可以分析定性变量数据，也可以分析非线性关系。对应分析方法对于数据类型、变量之间的关系没有严格的限定。但是，调查对象必须有代表性，研究对象要有可比性，变量的类别应该涵盖所有可能出现的情况。

关键术语

Correspondence analysis	对应分析	Contingency table	列联表
Principal components	主成分	Correspondence plot	对应图
Inertias	惯量	Eigenvalues	特征值
Singular values	奇异值	Chi－square	卡方

知识链接

[1] 陶凤梅，韩燕，刘洪，等．对应分析数学模型及其应用［M］．北京：科学出版社，2007．
[2] 王秋丽，纪楠，彭亚棉．用对应分析法研究区域经济发展［J］．商场现代化，2007（21）．

习　题　9

一、选择题

1. 对应分析方法与(　　)有关。

A. 聚类分析　　B. 因子分析　　C. 回归分析　　D. 方差分析

2. 简单对应分析用于展示(　　)变量之间的关联关系。

A. 1个　　B. 2个　　C. 3个　　D. 多个

3. 对应分析以（　　）为分析基础。

A. 列联表　　B. 统计表　　C. 协方差阵　　D. 相关系数阵

4. 对应分析把(　　)反映到相同坐标轴的一张图上。

A. 变量　　B. 样本　　C. 变量和样本　　D. 公共因子

5. 对应分析大都是基于(　　)因子进行的。

A. 前2个　　B. 前3个　　C. 前4个　　D. 全部

二、判断题

1. 对应分析能够进行变量间相关关系的检验。　（　　）

2. 对应分析解决方案的所需维度能够由研究者自行决定。　（　　）

3. 对应分析不适宜小样本数据使用。　（　　）

4. 极端值对对应分析方法的运用没有任何影响。　（　　）

三、简答题

1. 阐述对应分析的产生原因及背景。

2. 对应分析与聚类分析有什么不同?

3. 对应分析与因子分析有什么不同?

4. 在对应分析中，为什么要进行数据变换?

5. 对应分析要求的数据文件是什么形式? 进行对应分析前为什么要进行数据的预处理?

6. 根据头发与眼睛颜色测试的SPSS对应分析输出结果，回答有关问题。

研究者收集了苏格兰北部Caithness郡5387名小学生眼睛与头发颜色的数据，如表9-37所示。其中眼睛有深、棕、蓝、浅4种颜色，头发又金、红、棕、深、黑5种颜色。研究者希望知道头发和眼睛的颜色间存在何种关联，即某种头发颜色的人其眼睛更倾向于何种颜色。

表9-37　头发颜色与眼睛颜色的交叉表

眼睛颜色 \ 头发颜色	金色	红色	棕色	深色	黑色	合计
深色	98	48	403	681	85	1315
棕色	343	84	909	412	26	1774
蓝色	326	38	241	110	3	718
浅色	688	116	584	188	4	1580
合计	1455	286	2137	1391	118	5387

采用 SPSS 对应分析功能，得到表 9－38 所示的输出结果。

表 9－38　汇总表

Summary								
Dimension	Singular Value	Inertia	Chi Square	Sig.	Proportion of Inertia		Confidence Singular Value	
					Accounted for	Cumulative	Standard Deviation	Correlation
								2
1	.446	.199			.866	.866	.012	.274
2	.173	.030			.131	.996	.013	
3	.029	.001			.004	1.000		
Total		.230	1240.039	.000[a]	1.000	1.000		

a. 12 degrees of freedom

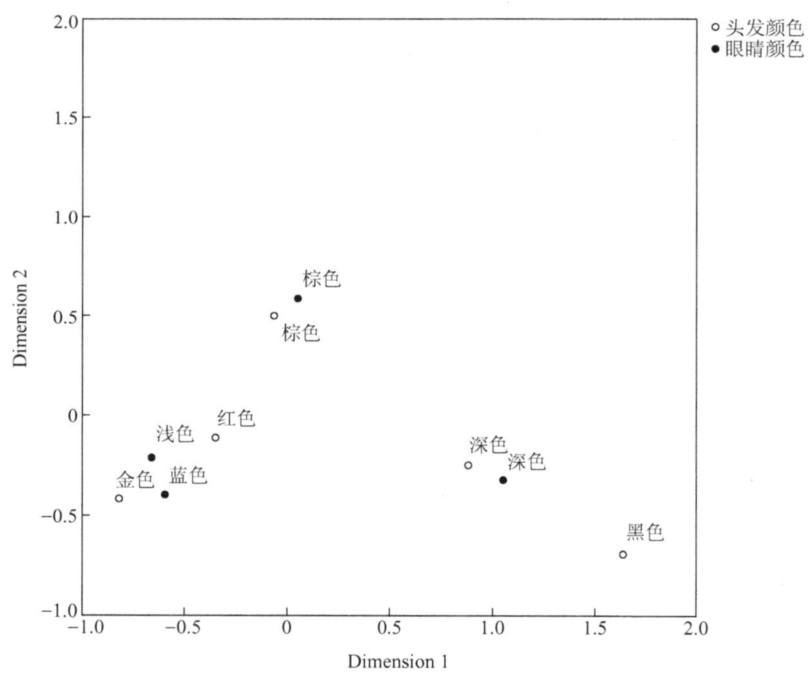

图 9.13　头发与眼睛颜色的对应分布图

（1）对输出的 Summary 表进行解释。

（2）对对应分布图进行解释。

（3）通过头发与眼睛颜色测试的对应分析，研究者最终能够得出什么结论？

四．上机实验题

1. 为了研究家庭年收入与户型选择方面的关系，力图发现家庭年收入对户型选择的影响及情绪，现收集到购买商品房的客户背景资料和房屋购买情况的数据（表 9-39）。根据这些数据分析不同客户对户型购买的偏好。

表 9-39 家庭年收入与购买户型的调查数据资料

户型 \ 收入	5000 元以下	5000～10000 元	10000～25000 元	25000～50000 元	50000～70000 元	70000 元以上
一室一厅	2	4	5	0	0	0
两室一厅	7	70	75	13	2	0
两室两厅	2	26	52	11	3	0
三室一厅	7	49	102	20	4	3
三室两厅	3	38	90	51	5	5
三室三厅	1	1	0	1	0	0
两室两厅单卫	1	1	7	6	0	0
两室两厅双卫	0	3	16	9	2	3
两室三厅单卫	0	0	2	0	0	0
两室三厅双卫	0	0	3	2	0	0
更大户型	0	0	3	6	0	3

2. 为了考察不同职业的青年男性所喜欢的服装品牌，随机调查了 3 种职业的 120 名男性青年对 4 种服装品牌的选择情况。调查结果如表 9-40 所示。试对这组数据进行对应分析。

表 9-40 120 名男性青年对四种服装品牌的选择情况

品　牌 \ 职业	职业 1	职业 2	职业 3
品牌 A	5	5	30
品牌 B	5	25	5
品牌 C	15	5	5
品牌 D	15	5	0

3. 城镇居民家庭生活消费支出是指常住居民家庭用于日常生活的全部开支，是用来反映和研究城镇居民家庭实际生活消费水平高低的重要指标。主要包括食品支出（X_1）、衣着支出（X_2）、居住支出（X_3）、家庭设备及服务支出（X_4）、医疗保健支出（X_5）、交通和通讯支出（X_6）、教育文化娱乐服务支出（X_7）、杂项商品和服务支出（X_8）8 项指标。表 9-41 列出了 2014 年我国 31 个省市自治区的城镇居民家庭平均每人全年消费性支出的统计资料。试用对应分析方法研究中国 10 个省市自治区城镇居民家庭消费的分布规律。

表 9－41　2014 年 10 个省市自治区城镇居民家庭平均每人全年消费性支出原始数据

（单位：元）

序号	省份	X_1	X_2	X_3	X_4	X_5	X_6	X_7	X_8
1	北京	8007.8	2587.4	10308.4	2206.6	3857.2	3610.9	2044.4	1059.2
2	河北	4240.8	1424.4	3735.8	1081.6	2448.4	1591.9	1304.5	376.5
3	山西	3804.0	1616.0	2898.8	887.9	1709.8	2026.5	1240.9	452.9
4	辽宁	5816.9	1987.2	4428.2	1234.8	2434.3	2275.9	1630.8	711.4
5	上海	9438.6	1700.4	11621.7	1629.4	3801.5	3605.5	2327.6	1058.3
6	广东	7850.2	1344.7	5291.5	1365.1	3625.4	2468.4	988.3	678.1
7	广西	5293.7	794.6	3389.7	904.5	1845.9	1688.9	845.9	282.1
8	海南	6655.3	829.9	3697.8	957.7	2156.2	1912.8	960.3	343.8
9	重庆	6308.4	1878.1	3520.8	1292.6	2009.7	1713.6	1187.7	368.6
10	新疆	5529.7	1912.4	3262.8	1087.6	2406.7	1741.0	1310.9	433.5

资料来源：《中国统计年鉴（2015）》

4. 全国各地区教育经费主要由 5 个方面构成。包括：国家财政性教育经费（X_1），民办学校办学经费（X_2），社会捐赠经费（X_3），事业收入（包括学杂费）（X_4）、教育经费学杂费（X_5）、其他教育经费（X_6）。表 9－42 中列出了 2013 年 22 个省、自治区、直辖市地方高等学校教育经费收入的数据资料。试进行对应分析，揭示地方高等学校教育经费收入的特征及各省、自治区、直辖市与各收入变量间的关系。

表 9－42　2013 年全国各地区教育经费情况调查结果　（单位：万元）

序号	省份	X1	X2	X3	X4	X5	X6
1	北京	8941899	3384	8560	855343	748212	189180
2	天津	4986021	782	7631	632387	529025	72795
3	河北	8523960	50262	6637	1606017	1386046	111267
4	内蒙古	5546840	9453	4017	515753	406458	45496
5	辽宁	7766499	19214	2074	1415382	1170479	98894
6	黑龙江	5126395	2380	1368	836690	757361	39425
7	上海	7640400	735	6397	1141498	950523	280686
8	江苏	15765569	71191	123770	3168318	2444601	733987
9	浙江	10890610	35855	56997	2780301	2273707	726676
10	安徽	8594589	46870	14121	1638949	1276090	118515
11	福建	6514206	78321	46843	1431102	1088793	157540
12	江西	6932770	26897	9378	1214374	953006	101576
13	山东	14995863	57610	27202	2562457	2023150	153030
14	湖北	6697669	96561	16042	1811299	1434060	350709
15	湖南	8449160	63437	14113	1978319	1549244	279523

资料来源：《中国统计年鉴（2015）》

实际操作训练

1. 实训项目：对应分析在外语学习需求分析中的运用

实训目的：学会运用对应分析的原理和方法解决定性数据的分类和对应问题。

实训内容：设计并组织针对你所在年级非英语专业学生的学习需求调查。数据采用问卷形式获得，旨在了解学生学习外语的资源、时间、动机、收获、学习困难、学习策略及对拟进行的课程改革的态度等。可分成研究小组，每组选择其中的两个变量进行研究。例如，学生学习英语的动力及学生每周课外学习英语的时间。学习英语的动力可分为 3 个层次：比第一学期强、与第一学期一样、比第一学期弱，学生每周课外学习英语的时间分为 4 个层次：1～2 小时、3～4 小时，5～6 小时、7 小时以上。具体的研究问题如下：

学习动力与学习英语的时间变量类别之间是否有联系？如果有联系，联系有什么趋势？

2. 实训项目：大学本科生对毕业后就业看法的对应分析

实训目的：学会运用对应分析的原理和方法解决定性数据的分类和对应问题。

实训内容：组成调研小组，从所在专业中随机抽取一至四年级的学生若干人。按年级分为 4 组，对毕业后有 4 种不同的看法，即：有信心、信心不大、没信心和说不清楚，试对调研数据进行对应分析。

3. 实训项目：对聚类分析作业改作对应分析并相互比较

实训目的：学会运用对应分析的原理和方法解决定量数据的分类和对应问题，能够区分对应分析和聚类分析的异同。

实训内容：选择第 7 章中实际操作训练中的 1、2、3 中的一题，将其改为对应分析，并与聚类分析结果进行比较。

案例思考与讨论

对应分析在我国寿险公司偿付能力检测中的应用

偿付能力是指保险公司对其所称的保险责任在发生赔偿或给付时所具有的经济补偿能力，是保险公司经营业绩的体现，也是政府对保险业进行监管的重点。保险公司能否履行合同的规定义务，要看它有无足够的承担赔偿或给付的偿还能力。被保险人的利益能否得到保障就取决于保险公司是否具有足够的偿付能力。因此，如何对保险公司的偿付能力进行检测，并有效地加强监管力度是需要研究的。

要实现对寿险公司偿付能力检测的量化分析，寿险要建立一套科学指标，并结合中国寿险业务的特点，充分考虑到数据的可得性，选用衡量寿险偿付能力的最基本指标，这些指标尽可能考虑到影响偿付能力的各个方面，与拟采用的分析方法相适应。

X_1——净产比例，等于所有者权益与总资产之比；

X_2——所有者权益与自留保费之比；

X_3——实际资产与实际负债之比；

X_4——净利润与总收入之比；

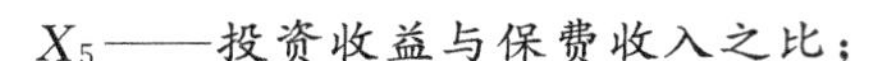

X_5——投资收益与保费收入之比；

X_6——流动性比率，等于平均流动资产与平均总资产之比；

X_7——寿险责任准备金增额对寿险保费收入之比；

X_8——保费收入与寿险市场的总保费收入之比。

原始数据表的建立如表9-43所示。

表9-43 12家人寿保险公司的资产

保险公司	X_1	X_2	X_3	X_4	X_5	X_6	X_7	X_8
中国人寿	0.0300	0.0699	1.0215	0.0062	0.0172	0.6775	0.6725	0.7522
太保人寿	−0.0444	−0.0850	0.8935	0.0000	0.0334	0.8464	0.6738	0.1455
新华人寿	0.1135	0.2325	1.1043	0.0008	0.0019	0.8336	0.5841	0.0466
泰康人寿	0.0976	0.1818	1.0852	−0.0446	0.0229	0.6904	0.7375	0.0383
太平人寿	0.1633	0.2395	1.1890	−0.0551	0.0125	0.5405	0.8805	0.0097
中宏人寿	0.3156	0.7456	1.4508	−0.0480	0.0347	0.4968	0.4069	0.0024
太平安泰	0.3430	0.6825	1.4889	0.1590	0.0410	0.6882	0.5301	0.0026
安联大众	0.3277	1.0085	1.4798	−0.3090	0.0172	0.6613	0.7838	0.0007
金盛人寿	0.7095	3.7865	3.4254	−0.4516	0.0000	0.5537	0.4731	0.0005
中保康联	0.9127	14.2440	11.1641	−0.8887	0.1857	0.7244	0.3070	0.0001
信诚人寿	0.7007	2.0315	−1.1326	−0.1789	0.0000	0.8001	0.3485	0.0012
恒康天安	0.8691	7.0630	7.4116	−9.9169	0.2621	0.5749	0.5609	0.0001

数据来源：根据《2003中国保险年鉴》中主要的12家人寿保险公司的资产负债表和损益表的有关数据计算。另外，平安保险公司是经营寿险和财险的集团公司，专营的这部分数据不能准确收取，因而这里暂不考虑这家公司。

需要思考与讨论的问题如下：

(1) 采用对应分析方法对寿险公司偿付能力进行量化分析，得到对应分布图。如何根据对应分布图实现对样品和变量的分类？

(2) 根据上面分类结果讨论我国主要寿险公司的偿付能力与实际的监管要求之间是否有差距？如存在差距，人寿保险公司应该怎样提高偿付能力？

（注：本案例选自暨南大学精品课程网站——多元统计分析）

【参考答案】

第10章

综合案例与分析

教学目标

通过本章的学习，使学生系统地掌握统计学的原理和方法，综合运用已学过的统计方法来解决实际问题。

教学要求

要求学生能够根据研究目的确定选题，制定出一个周密的统计调查方案并设计问卷，利用SPSS统计分析软件对所收集到的样本数据进行描述性和推断性统计分析，写出统计调查报告。

实践性是应用统计学鲜明的学科特点，本章是为了帮助学生正确运用应用统计学的思想与方法，加强理论联系实际而编写的。所选案例来自天津市昂赛瑞企业管理咨询有限公司，有真实的背景。相信学生在学习前面各章节内容的基础上分析讨论这个案例，会领略到应用统计学的特点及精髓。

统计学在天津市房地产市场营销中的应用

随着天津市城市居民全面进入小康生活水平，住房消费已经并在今后若干年内将持续成为天津市城市居民的消费热点。在改善城市居民生产生活条件、拉动经济增长、吸纳就业等方面，房地产业也必将在整个国民经济中占据更加重要的地位。同时，城市居民消费水平的不断提高、住房消费市场的不断发育成熟、市场竞争环境的激烈程度不断加大，对各个房产开发企业提出了新的挑战。企业要更加重视市场和客户的需求，对市场的各种变化需要充分的信息支持和准确的市场判断。

为了帮助房地产企业了解天津市市区消费者对房地产产品的需求状况，制订相应的投资、开发、销售策略。天津市某统计管理咨询有限公司在天津市市区进行了抽样调查，以此来帮助地产企业了解、分析、研究当地房地产市场情况。通过本次调研了解天津市市区房地产的需求热点，明确投资方向。

本案例需要分析的问题如下：

(1) 拟定市场调研方案。

(2) 进行调研问卷设计并搜集样本数据。

(3) 进行统计分析。

从某种意义上讲，房地产企业营销不等于销售和推销，它首先是在对市场的深刻理解的基础上的高智能的策划。它蕴含在房地产企业生产开发经营的全过程，由市场调查、方案制订和建筑总体设计、价格定位、广告中介服务、售后服务及信息反馈等组成。如果我们不能正确理解营销是房地产企业最本质的职能，只是到了应该出售自己产品的时候才来组织推销，那么，你的楼宇就很难适合市场需求，这种生产开发的盲目性，必然会导致销售的无的放矢，使企业陷入被动的局面。该案例是统计学的原理和方法在房地产行业的综合应用，其研究成果对于房地产企业具有重要的现实意义。

一、天津市某房地产市场调研方案的拟定

（一）调研的目的

(1) 了解天津市购房者的分布和特征。

(2) 研究、确定购房者的需求档次和需求价位上限。

(3) 研究本案例的价格敏感度，为房产定价提供科学的依据。

(4) 了解影响潜在消费群体决策的主要因素。

(5) 定位本案例的潜在消费群体，了解其需求的基本特征及特殊消费需求。

(6) 了解目标地块的优势和不足及潜在消费群体对此问题的看法。

(7) 了解现实消费者对成熟楼盘的满意程度，发掘其尚未满足的需求方面。

(8) 了解购房者对户型、房型的需求特点，以及对服务的要求。

（二）调研的内容

(1) 天津市购房群体的特征描述，包括收入水平、消费习惯、生活习惯、现有居住状况、交通工具的拥有和使用状况。

(2) 购房群体的职业、地域分类及购房目的。

(3) 购房群体对住宅的一般需求，如房屋质量、交通便利度、公共设施完备度、物业管理的要求。

(4) 购房群体对住宅特殊需求，如安全、环境、建筑风格、文化氛围、品位档次的要求。

(5) 购房群体对楼盘的价格的敏感度，以及购买的承受能力。

(6) 购房群体对现有成熟楼盘房型、户型的评价。

(7) 购房群体获得房地产信息的渠道及信赖程度和媒体消费特征。

(8) 购房群体对购房付款方式的意愿。

(9) 影响购房群体购房的主要因素分析。

(三) 调研的对象

(1) 购买群体。购买群体主要为已经购买了住房的人群，其购买住房的价格应在每平方米4500元以上。户主应为年龄在35～50岁，家庭月收入水平超过每月7000元。

(2) 潜在购买群体。户主应为年龄在35～50岁，家庭月收入水平超过每月7000元。

(四) 调研的方法

1. 定量调查

调查的方法：购买群体——入户访问；潜在购买群体——工作单位内面访或预约访问。

① 购买群体调查：选择已入住小区进行随机配额入户访问。选择配额为年龄35～50岁，月收入水平超过7000元。

实施计划：问卷式入户或预约访问，样本为70个。

② 潜在购买群体调查：根据潜在购买群体的职业特征，在市区寻找相应的单位，采用工作单位内面访或预约访问的调查方法进行访谈。这样便于找到被访者，利于调查的进行。

实施计划：采用问卷式面访，样本为30个。

2. 数据分析

采用市场调查常用的分析研究方法进行数据分析，主要应用因素分析方法、价格敏感度测试、对比研究方法、统计描述研究方法等。

(五) 报告内容

报告内容略。

(六) 项目流程

(1) 前期准备阶段。

(2) 与客户充分沟通，制订调研方案。根据调研目标细化调研提纲。执行阶段设计调查提纲和调查问卷；根据方案实地调查，控制质量。

(3) 数据分析阶段。将收集的数据输入计算机，运用相关统计软件进行分析汇总。

(4) 整理提交报告。在前一阶段工作的基础上，将撰写的报告提交客户，可根据需要提供报告的讲解。

(七) 调研时间

整个调研预计时间30个工作日。

表 10－1 项目进程表

项目进程	第1～5天	第6～8天	第9～15天	第16天	第7～22天	第23～29天	第30天
制订方案、问卷设计、确定问卷	●						
试访、问卷调整		●					
案头研究		●	●	●	●	●	
访员培训、试访		●					
访问阶段			●	●	●		
问卷审核、复核			●	●	●		
中期汇报				●			
数据编码输入				●	●		
报告撰写与沟通、修改						●	
提交报告							●

（八）执行过程

1. 项目过程

（1）项目前期准备：与客户沟通，探讨方案；确定操作方案和培训手册；按客户要求设计问卷；问卷印刷。

（2）项目开始：公司培训访问人员和督导、督导进行试访和陪访、对发现的问题进行再培训、实地寻找被访者、正式访问。

（3）回收阶段：

问卷一审、二审、执行质量审核要求；公司对问卷进行审核，全部电话审核；问卷编码输入，数据处理。

（4）报告阶段。

2. 访问流程

内部制订访问员手册、抽样方案、培训方案、访问进程安排；审核样本，确定培训时间；组织访问员培训；访问员试访，考核、调整访问员；访问对象的寻找与预约；正式访问，督导陪访；随时了解访问员工作情况；按时间安排交卷，控制进度；审核问卷，调整访问员；强调注意问题，随时复核；多次分批交卷，当场审核、处理情况；按进度安排，访问结束；开始复核。

（九）质量控制

（1）制订调查质量控制细则。

（2）选样与调查分离，保证选样的准确性。

（3）对回收的问卷进行100%的审核和复核。其内容包括核查样本数量和样本分布控制，核查访问员是否按要求寻找被访问者，核实必填项目是否填写完整，检查所有答案是否真实记录，检查开放性问题的填写质量。

(4) 抽查工作在访问期间进行，及时规范调查行为。

所有前后不一致及有问题的访问，或有其他导致对某访问员访问工作有怀疑的情况，该访问员的所有问卷必须经过彻底抽查。如果在抽查后发现有其他问题，该访问员的所有问卷必须全部作废；如果发现访问员有作弊的情况，该访问员的所有问卷也必须全部作废；上述两种访问员不能继续进行访问工作，而应使其他访问员按原来的抽样要求及采访要求重新进行访问，替换作废问卷。

(5) 项目管理流程如图10.1所示。

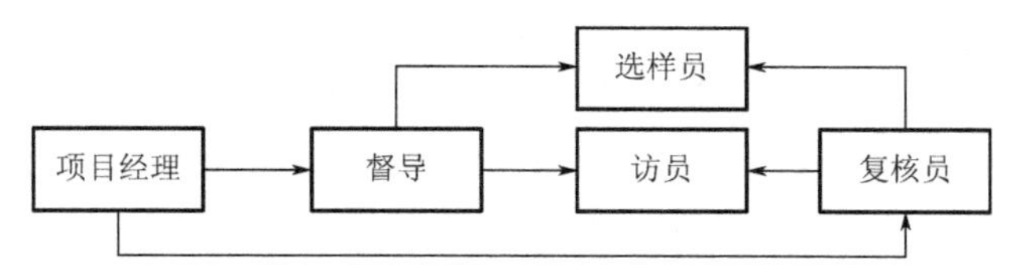

图10.1 项目管理流程

(十) 调研费用

调研费用预算表如表10－2所示。

表10－2 调研费用预算表

项　　目	内　　容	金额/元
项目设计费	方案设计、问卷设计	3000
消费者访谈	80元/个样本×100个	8000
数据处理分析	100份问卷×5元	500
报告费用	研究报告撰写费	15000
项目费用		26500
管理费用	项目费用×7%	1855
费用合计		20000

二、天津市河西区某房地产市场调研问卷设计

问候语

______先生/女士：

您好！我是天津昂赛瑞企业管理咨询有限公司的访问员，我们正在进行一项有关天津市住宅市场的研究，想听听您或您家人的意见，您的意见对于我们的研究非常宝贵，希望耽误您一点点时间跟您谈谈，可以吗？谢谢！

您个人的资料我们不会单独使用，我们所做的调查对您和您的家人都没有任何不良影响，请您放心！

甄别问卷

S1. 请问您在天津市拥有自己的住房吗？

是……………………………………………………… 1

否……………………………………………………… 2　　　　【终止访问】

S2. 请问您是您家购房的决策人或者户主吗?

是…………………………………………………… 1

否…………………………………………………… 2　　【终止访问】

S3. 请问您的年龄是:

50 岁以上 ……………………………………… 5　　【终止访问】

35～50 岁 ……………………………………… 2

35 岁以下 ……………………………………… 1　　【终止访问】

S4. 请问您或您的家人有在下列行业工作的吗?【复选】

报社/电视台/电台/杂志社/调查公司………………… 1　　【终止访问】

房地产销售/策划/广告/顾问公司 ………………… 2　　【终止访问】

房地产开发/建筑/规划设计/物业管理公司 ………… 3　　【终止访问】

房地产交易/国土/规划/建设管理机构 …………… 4　　【终止访问】

以上都没有…………………………………………… 5

S5. 请问您在最近半年之内是否接受过有关房地产方面的市场研究活动?

是…………………………………………………… 1　　【终止访问】

否…………………………………………………… 2

S6. 请问您现在居住的住房，多少钱一平方米【单选】

5000 元以上 ……………………………………… 5

4000～5000 元 …………………………………… 4

3000～4000 元 …………………………………… 3　　【终止访问】

2000～3000 元 …………………………………… 2　　【终止访问】

2000 元以下 ……………………………………… 1　　【终止访问】

S7. 请问您全家平均每月的总收入是?【单选】

7000 元及以上 …………………………………… 6

6000～7000 元 …………………………………… 5

5000～6000 元 …………………………………… 4　　【终止访问】

3000～5000 元 …………………………………… 3　　【终止访问】

2000～3000 元 …………………………………… 2　　【终止访问】

2000 元以下 ……………………………………… 1　　【终止访问】

S8. 请问您有改善现有住房即重新购房的打算吗?

有…………………………………………………… 1

没有………………………………………………… 2　　【终止访问】

S9. 请问您有购买第二居所/投资购房的打算吗?

有…………………………………………………… 1　　【跳问主体问卷】

没有………………………………………………… 2

主体问卷

在主体问卷部分，首先应设计问卷结构，然后设计问卷。由于篇幅所限，只列出 A、B、C、J 部分的部分主体问卷，其他部分略。

A. 对现有住房的认知；B. 住房需求特征；C. 对概念的认知与价格敏感度分析；D. 小区周边环境及交通条件需求；E. 小区内环境需求；F. 户型需求；G. 购房时考虑的其他因素；H. 付款要求；I. 物业管理；J. 消费者购房认知。

A. 对现有住房的认知

(1) 请问您心中最理想的居住区域在哪里？**【复选】**

市中心和平区 ……………………… 01	河北区 ……………………………… 06
南开区 …………………………… 02	河东区 ……………………………… 07
沿海河一线 ……………………… 03	水上公园附近 ……………………… 08
河西区东部 ……………………… 04	河西区的海河边 …………………… 09
近郊梅江地区 …………………… 05	其他（请注明）________………… 10

(2) 请问您心目中理想的小区应具备哪些条件呢？**【复选】**

安静不嘈杂 ……………………… 01	购物方便 …………………………… 10
离公园/风景区近 ……………… 02	空气清新 …………………………… 11
周边绿化较好 …………………… 03	有能看到远景的高层住宅 ………… 12
小区内绿化率高 ………………… 04	治安环境好 ………………………… 13
有较好的物业管理 ……………… 05	采光好 ……………………………… 14
公寓内有华丽大堂 ……………… 06	小区配套智能化 …………………… 15
靠河边 …………………………… 07	居住人群档次接近 ………………… 16
具有壮丽外观的高层大厦……08	有小区会所 ………………………… 17
交通方便 ………………………… 09	其他（请注明）________………… 18

B. 住房需求特征

(3) 请问您打算购房/改善住房的是出于下列那些原因呢？**【复选】**

改善住房景观 …………………… 01	购买第二居所 ……………………… 09
改善居住环境档次 ……………… 02	需要更合理的户型 ………………… 10
生活配套更方便 ………………… 03	投资保值增值 ……………………… 11
和老人分开住 …………………… 04	用于出租 …………………………… 12
为子女结婚用 …………………… 05	现住房要拆迁 ……………………… 13
为孩子上学和教育 ……………… 06	为了户口 …………………………… 14
离工作点近 ……………………… 07	其他（请注明）________………… 15
和老人一块儿居住 ……………… 08	

(4) 请问您觉得天津河西区哪一个路段最适合您居住？**【单选】**

大沽路一带 ……………………… 1	梅江居住区 ………………………… 5
友谊路一带 ……………………… 2	黑牛城道一带 ……………………… 6
海河边 …………………………… 3	解放北路一带 ……………………… 7
体院北附近 ……………………… 4	其他（请注明________ ………… 8

(5) 请问您购买住宅的居住方式是下列哪种情况？**【单选】**

单身一个人住 ………………………… 1
与爱人同住 ………………………… 2
夫妻孩子两代人同住 ……………………… 3
祖孙两代人 ………………………… 4
同父母同住 ………………………… 5
同兄弟姐妹同住 ………………………… 6
夫妻、孩子、父母三代人同住 ……… 7
夫妻、孩子、兄弟姐妹、父母同住 … 8
用来出租/经商/投资等 ………………… 9
其他（请注明）________ …………… 0

C. 对概念的认知与价格敏感度分析

（6）下面是有关一个住宅小区的一些描述，请告诉我您的赞成程度？【单选】

	非常同意	比较同意	说不清	不太同意	非常不同意
[ ] 小型化小区，总的户数和人口不会很多	5	4	3	2	1
[ ] 现代化小区、超高层（30层以上）远景观	5	4	3	2	1
[ ] 所有住房精装修	5	4	3	2	1
[ ] 靠近市中心，交通比较方便	5	4	3	2	1
[ ] 每套房子都能看到水景	5	4	3	2	1
[ ] 每天都能呼吸到新鲜的空气	5	4	3	2	1
[ ] 有高档业主会所，共业主休闲、娱乐使用	5	4	3	2	1
[ ] 高层住宅一楼有华丽的大堂	5	4	3	2	1
[ ] 有较高的房屋使用率	5	4	3	2	1
[ ] 是外观设计高雅的高层住宅	5	4	3	2	1
[ ] 绿地面积较多，有较好的活动空间	5	4	3	2	1
[ ] 房型设计新颖实用，充分考虑生活方便性	5	4	3	2	1
[ ] 优秀、周到的物业管理	5	4	3	2	1

（7）假如有一个小区，位于河西区中部，靠近市中心，紧挨着海河，其品味档次与您理想中的小区别无二致，甚至超过您对小区的想象，价格适中，请问您在这里购房与投资的可能性有多大？【单选】

非常有可能 ……………………………… 5
比较有可能 ……………………………… 4
可以考虑 ………………………………… 3
不可能 …………………………………… 2
非常不可能 ……………………………… 1

（8）请问您可以接受的购房房价为多少呢？【单选】

能接受的最高房价	住　房
50 万元及以下	01
50 万～60 万元	02
60 万～70 万元	03
70 万～80 万元	04
80 万～90 万元	05
90 万～100 万元	06
100 万～120 万元	07
120 万元以上	08

（9）针对上述房屋总价，您考虑购买多少平方米的房屋？**【单选】能告诉我准确的面积吗？**

面　积	选　项
80m^2 以下	1
80～90m^2	2
90～100m^2	3
100～120m^2	4
120～140m^2	5
140～160m^2	6
160～180m^2	7
180～200m^2	8
200m^2 以上	9

（10）请问决定您选择购买房屋的主要因素是什么？**【复选至少选 3 个】**

购房因素	
[ ] 开发商信誉、品牌和实力	01
[ ] 住房的视野和景观	02
[ ] 地理位置	03
[ ] 公共交通条件	04
[ ] 周边自然环境	05
[ ] 周围生活设施配套情况	06
[ ] 小区内的景观和环境	07
[ ] 小区内配套	08
[ ] 建筑外观风格	09
[ ] 室内户型结构	10
[ ] 房屋使用率	11
其他（请注明）________	12

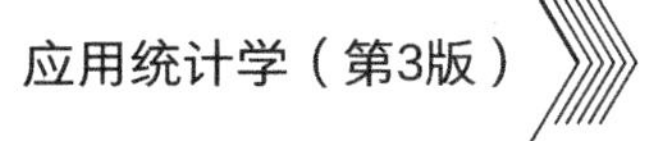

(11) 下面我会读出一些有关住房的说法，请您告诉我您的同意程度。**【单选】**

	非常同意	比较同意	说不清	不太同意	非常不同意
[ ] 豪华、尊贵，是身份的象征	5	4	3	2	1
[ ] 隔离城市喧嚣，亲近大自然	5	4	3	2	1
[ ] 住在市中心高楼大厦，高高在上	5	4	3	2	1
[ ] 可体验时尚、新潮的生活方式	5	4	3	2	1
[ ] 私密性好，有完全自由的空间	5	4	3	2	1
[ ] 清净悠闲，劳累之余可以尽情放松	5	4	3	2	1
[ ] 保安设施完善	5	4	3	2	1
[ ] 建筑外观在未来可以保持不落后	5	4	3	2	1
[ ] 开发商提供精装修，增加整体价值	5	4	3	2	1
[ ] 有利于健康的环境设施	5	4	3	2	1

(12) 以河西区某地的无配住房为例，其定价会在每平方米5000～8000元，请考虑总面积，请问当总价格高到多少时，您会觉得无法接受呢？当总价格高到多少时，您还可以接受？您觉得最合适的总价格应为多少？**【单选】**

能接受的最高房价	高得无法接受	高但能接受	最合适
40万元及以下	01	01	01
40万～50万元	02	02	02
50万～60万元	03	03	03
60万～70万元	04	04	04
70万～80万元	05	05	05
80万～90万元	06	06	06
90万～100万元	07	07	07
100万～120万元	08	08	08
120万元以上	09	09	09

(13) 仍以河西区某地的无配住房为例，它靠近海河，是超过30层的超高层建筑，房型和外观设计现代、高档，拥有别的住宅很难比拟的远景和视野，使人心旷神怡。它的设计充分考虑了购房者的需求。请问您觉得它的定价应该在每平方米多少钱最合适？当价格高到多少时，您会觉得无法接受呢？假设您购买，您觉得价格为多少时，您肯定会购买？**【单选】**

能接受的最高房价	最合适	高得无法接受	高但能接受
4000元及以下	01	01	01
4000～4500元	02	02	02
4500～5000元	03	03	03
5000～5500元	04	04	04
5500～6000元	05	05	05
6000～6500元	06	06	06
6500～7000元	07	07	07
7000元以上	08	08	08

J. 消费者购房认知

(14) 下面是人们购房时的一些看法，请根据您自己的情况圈出您对每一句话的赞成程度。**【请被访者从打钩处开始选择，注意每一句话都请被访者给出答案】**

		根本不同意	不同意	有些不同意	有些同意	同意	非常同意
地段	[ ] 1. 我购买房子首先考虑地段	1	2	3	4	5	6
	[ ] 2. 我喜欢住在郊区	1	2	3	4	5	6
	[ ] 3. 我喜欢住在市中心	1	2	3	4	5	6
	[ ] 4. 只要交通方便，住哪里都可以	1	2	3	4	5	6
	[ ] 5. 我购买房子很少考虑地段	1	2	3	4	5	6
房型	[ ] 6. 如果有足够的钱，我会买高档公寓	1	2	3	4	5	6
	[ ] 7. 房型是决定我购房的首要因素	1	2	3	4	5	6
	[ ] 8. 我不喜欢高档公寓，一般公寓就行	1	2	3	4	5	6
	[ ] 9. 我买房不管地段，只要房型好就行	1	2	3	4	5	6
	[ ] 10. 房型合适，面积小一点也无所谓	1	2	3	4	5	6
环境	[ ] 11. 小区周边应该有比较好的娱乐、运动、休闲场所	1	2	3	4	5	6
	[ ] 12. 小区内部的停车位要充足	1	2	3	4	5	6
	[ ] 13. 小区的空地要随时能看到绿地	1	2	3	4	5	6
	[ ] 14. 高档会所是高档小区必不可少的设施	1	2	3	4	5	6
	[ ] 15. 小区要有室内游泳池	1	2	3	4	5	6

（续）

		根本不同意	不同意	有些不同意	有些同意	同意	非常同意
户型	[ ] 16. 户型只要好，贵一点也无所谓	1	2	3	4	5	6
	[ ] 17. 户型无所谓，只要面积大就行	1	2	3	4	5	6
	[ ] 18. 我买房最先考虑户型	1	2	3	4	5	6
	[ ] 19. 我喜欢超高层房子的远景观	1	2	3	4	5	6
	[ ] 20. 我喜欢所有的房子在同一层上	1	2	3	4	5	6
面积	[ ] 21. 我买房，先考虑好面积再看房型	1	2	3	4	5	6
	[ ] 22. 房子越大越好	1	2	3	4	5	6
	[ ] 23. 我不喜欢太大的房子	1	2	3	4	5	6
	[ ] 24. 面积小一点无所谓，功能要齐全	1	2	3	4	5	6
	[ ] 25. 我买房时房屋总价格对我很重要	1	2	3	4	5	6
档次	[ ] 26. 我喜欢装修豪华的房子	1	2	3	4	5	6
	[ ] 27. 如果能力的话，我会买最好的房子	1	2	3	4	5	6
	[ ] 28. 我不喜欢太好的房子，那样太招摇	1	2	3	4	5	6
	[ ] 29. 住房好坏没什么，只要够住就行	1	2	3	4	5	6
	[ ] 30. 住房档次高在朋友面前才有面子	1	2	3	4	5	6

(15) 请问您对高层住宅的看法？

(16) 请问哪些情况会影响您对高层住宅的看法？

背景资料

(17) 记录被访者的性别

男 ………………………………… 1　　女 ………………………………… 2

(18) 请问您的年龄？________岁

(19) 请问您的最高学历？

小学及以下 ………………………… 1　　全日制大专 ………………………… 5
初中 ………………………………… 2　　全日制本科 ………………………… 6
高中/中专/技校 …………………… 3　　硕士研究生及以上 ………………… 7
成人教育大专/本科 ……………… 4

(20) 请问您的职业状况？

公务员（含公检法工作人员） ……… 1　　公司职员 …………………………… 6
事业单位非专业技术类工作者 ……… 2　　个体工商业者 ……………………… 7
企业管理人员/职业经理/厂长 ……… 3　　自由职业者 ………………………… 8
企业股东/老板 ……………………… 4　　离退休人员 ………………………… 9
专业技术人员/医生/教师 …………… 5　　其他（请注明）________ …………… 10

(21) 如果您有工作单位，请问您的工作单位性质为？

党政团机关 ………………………… 1
科研/教育/医疗和事业单位 ………… 2
社会团体 ………………………… 3
国有经济 ………………………… 4
集体经济 ………………………… 5
股份制经济 ………………………… 6
三资企业 ………………………… 7
私营经济 ………………………… 8
个体经济 ………………………… 9
其他（请注明）________ ………… 0

(22) 请问您的婚姻家庭状况？

未婚 ………………………… 1
已婚没孩子 ………………………… 2
已婚有孩子 ………………………… 3
离异/丧偶 ………………………… 4

(23) 请问您家常住的有几位？________人？

(24) 请问您个人的年总收入为？**【我这里指包括奖金、津贴、做生意等在内的各种各样的收入】**

4 万元以下 ………………………… 1
4 万～6 万元 ………………………… 2
6 万～8 万元 ………………………… 3
8 万～10 万元 ………………………… 4
10 万～15 万元 ………………………… 5
15 万～20 万元 ………………………… 6
20 万元以上 ………………………… 7

(25) 请问您的家庭年总收入为？**【我这里指包括奖金、津贴、做生意等在内的各种各样的收入】**

6 万元以下 ………………………… 1
6 万～8 万元 ………………………… 2
8 万～10 万元 ………………………… 3
10 万～15 万元 ………………………… 4
15 万～20 万元 ………………………… 5
20 万元以上 ………………………… 6

(26) 请问您现在的居住地点是？

__________区__________路__________小区

(27) 请问您现在的住房面积？________平方米

(28) 请问您现在居住的户型结构是？

☐ 房 ☐ 厅 ☐ 卫

访问结束，非常感谢您的合作！

三、天津市河西区某房地产市场的统计调查报告

【拓展知识】

由于篇幅所限，只摘选其中的一部分。

(一) 理想居住地块的分析

1. 天津市的理想居住地块

由于近几年天津市房地产业的发展，新开发地块明显向城市的东、南部发展，造成对南开区、梅江地区的地产认知升温。但是，市中心区的选择仍然占有比较高的比例。从全市范围看，河西区的海河岸边的吸引力仍然比较强。天津市的理想居住地块频率分布图如图 10.2 所示。

2. 河西区的理想居住地块

河西区本身的理想居住地块首推友谊路一带，其次是与友谊路相连接的梅江居住区，河西区的海河边排在第三位。这与近一年来对梅江居住区的大量宣传有关。梅江居住区作为新兴的居住区域，各个楼盘着重在生活方式和生活品位上对其进行了大量的渲染，使梅江的房价和知名度都保持了较高的水平。

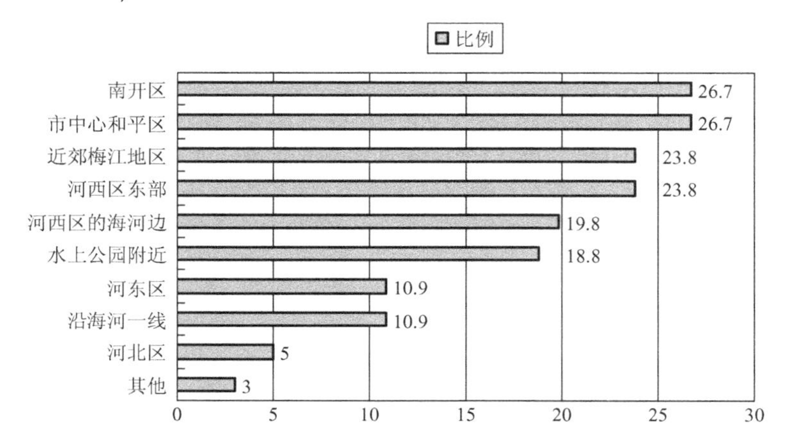

图 10.2　天津市的理想居住地块频率分布图

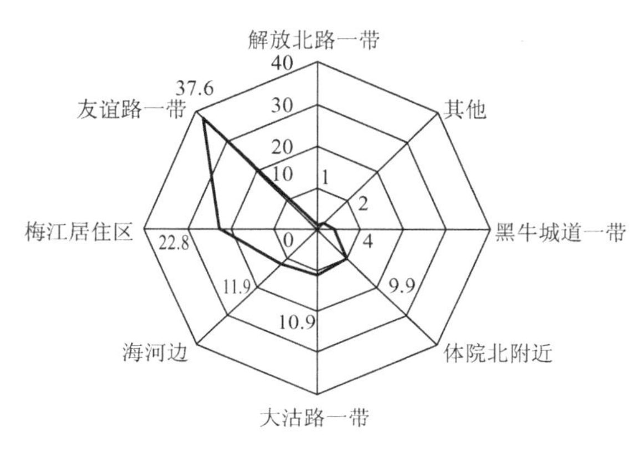

图 10.3　河西区的理想居住地块频率分布图

河西区海河边一带，在房地产的开发方面力度历来比较小，基本没有太大的楼盘可供炒作。但是，其接近市中心的地理位置，仍然对高档房的消费者具有很强的吸引力。河西区的理想居住地块频率分布图如图 10.3 所示。

3. 地块吸引力分析

从被访问者的选择分析，计划开发地产项目的地块的吸引力是比较理想的。综合数据的情况，可以相对准确地分析购房消费者群体对地块的看法。

其中，地块范围取向（河西区东部及海河边）超过 50%，地块明确取向（河西区的海河边）将近 20%。而海河沿线取向（沿海河一线）在 10%左右。说明无论哪一种描述，在房屋消费者的群体中都有一定的市场。随着今后海河的开发与改造，这种居住取向的群体范围将逐步扩大。地块吸引力的频数分布图如图 10.4 所示。

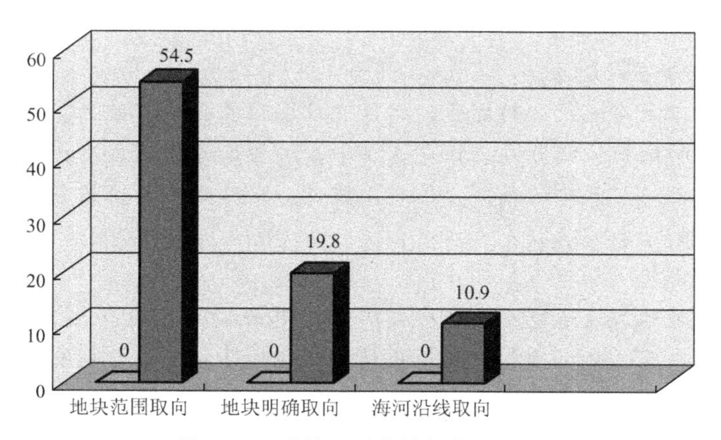

图 10.4　地块吸引力的频数分布图

4. 地块范围取向的人员特点

调查结果显示，1/4的人员具备大学以上学历，1/4的家庭年收入10万元以上，1/4的专业人员（医生、教师、技术人员），2/3的现住房面积在120平方米以下，主要职业分布为专业人员（27%）、企业管理人员（20%）、公司职员（15%）、个体老板（15%）。

可见，此类地块的潜在购买者将是文化水平比较高，收入比较稳定的人群。根据其现住房的特点，将是以改善现有居住环境为主要购买动因。

5. 描述后购买可能性

可能购买住房的频数分布图如图10.5所示。在向被访问者描述了高档公寓小区的特征以后，要求对购买的可能性进行判断，其结果进一步证实此地块及开发目标的吸引力。在调查结果中，明确表示比较有可能购买的占34%。可以考虑购买的占到55%，这部分属于需要考察相关的因素后才能决定的人群。只有不到10%回答为不可能，比较坚决的则更少。当然，这只是描述小区后的调查结果，尚未增加价格因素的考虑。其结果尚有一定的偶然性。

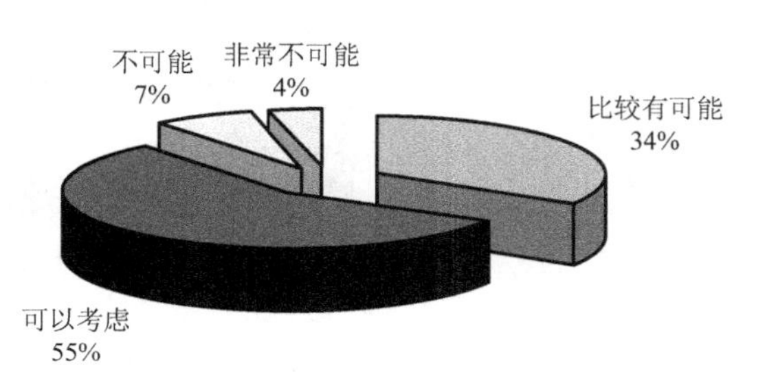

图10.5 可能购买住房的频数分布图

（二）价格承受能力与付款分析

1. 可以接受的购房总房价分布

可以接受的购房总价分布图如图10.6所示。被访者对住房总房价的预期，将直接影响购买行为。根据调查结果，按简单平均计算可接受的总房价为61.9万元，其多数分布在50万～60万元和60万～70万元。这个价格预期，有以往购买房屋经验的影响，而且并没有看到实际的房屋，只能作为定价的参考。

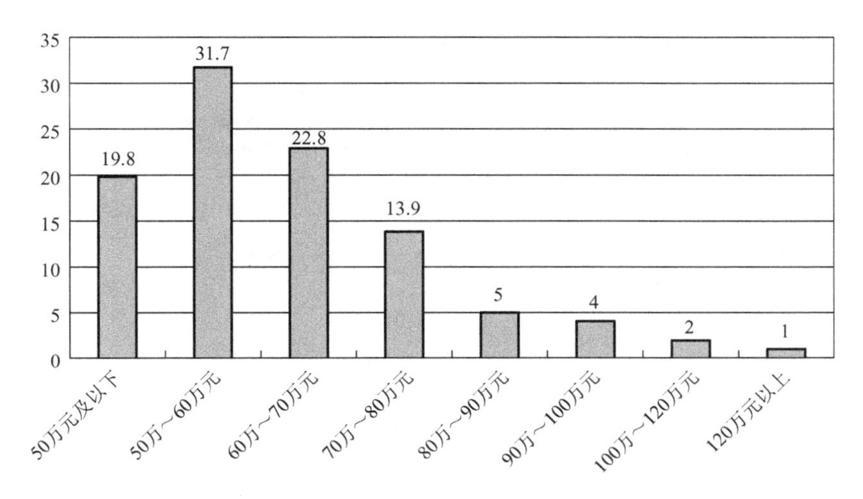

图10.6 可以接受的购房总房价分布图

2. 根据简单平均计算的总房价范围

根据简单平均计算的总房价范围分布图如图10.7所示。根据被访者对相关问题的回

答，可以推算预期本住房总房价的范围为57.4万～83.6万元。多数人觉得比较合适和可以接受的价格范围是61.9万～68.8万元。这个价格预期与想要购买的房屋面积是匹配的价格。

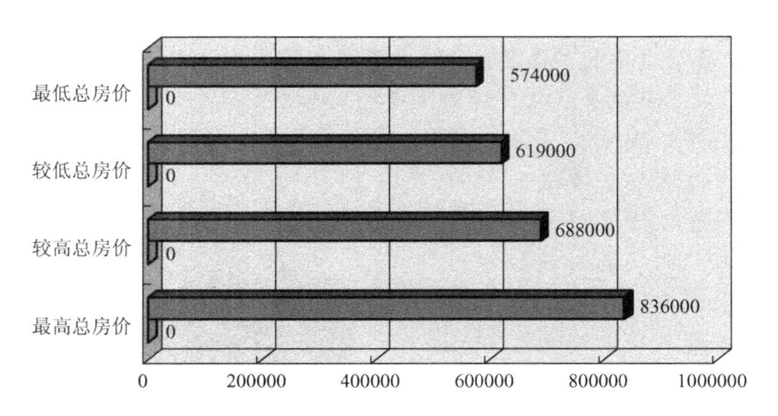

图10.7　根据简单平均计算的总房价范围分布图

3. 根据价格敏感度推算的总房价范围

根据价格敏感度推算的总房价范围分布图如图10.8所示。根据价格敏感度研究方法推算本住房总房价的范围为58万～75万元。最合适的房屋总价是62万元，可以接受的价格是71万元。

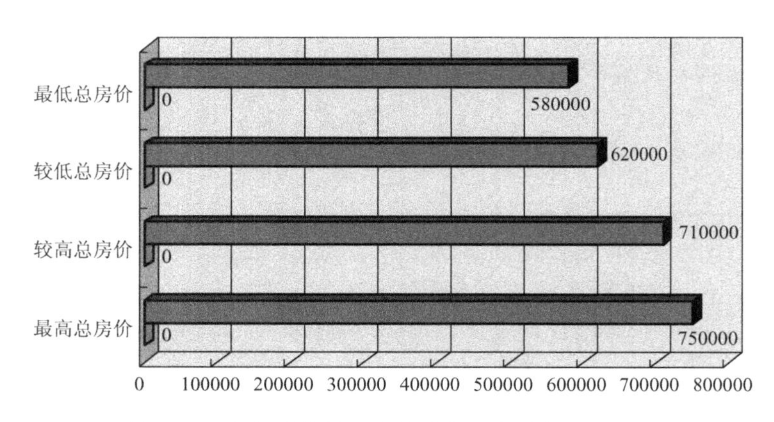

图10.8　根据价格敏感度推算的总房价范围分布图

4. 根据价格敏感度推算的每平方米房价范围

根据价格敏感度推算的每平方米房价范围分布图如图10.9所示。根据价格敏感度研究方法推算本高档公寓每平方米房价的范围是4450～5400元。最合适的每平方米房价房价是4750元，可以接的价格是5200元。

5. 购房的付款方式意愿

图10.10是购房的付款方式频数分布图。购房者的付款方式仍然以按揭为主，但是一次性付款的比例明显高于购买普通住房的人群。在希望按揭的人群中，基本愿意首期付3成款，约25万元。月供3000元能够负担。

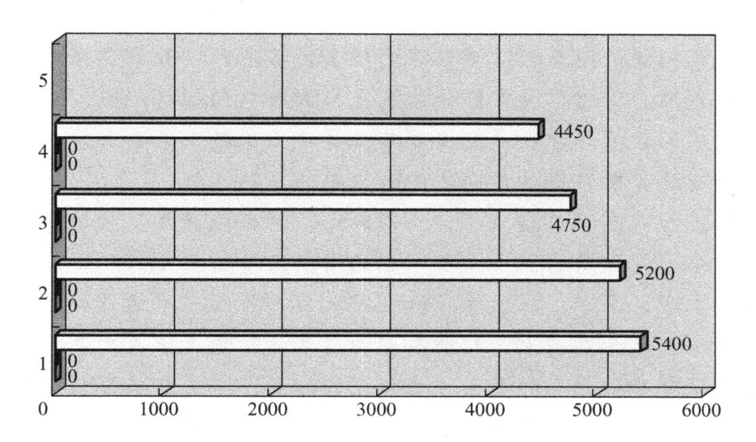

图 10.9　根据价格敏感度推算的每平方米房价范围分布图

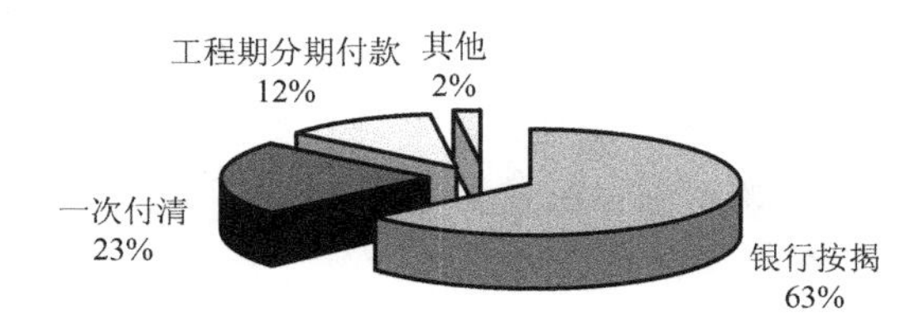

图 10.10　购房的付款方式频数分布图

【拓展知识】

四、天津市河西区某房地产市场的统计分析报告

论文题目：天津市城市居民住房消费的实证研究

摘要： 本文在抽样调查的基础上，针对天津市目前商品住房结构不合理的现状，采用多元统计分析中的相关分析、因子分析和对应分析方法对天津市城市居民的住房消费问题进行了实证分析。所得结论为房地产企业开发适销对路的住房产品提供科学的参考依据。

关键词： 改善型住房；抽样调查；对应分析；因子分析；商品房面积。

The application of multivariate statistics analysis in the urban resident's housing consumer in Tianjin

Abstract ： In this paper, in the face of the present situation of unreasonable commodity housing structure we dwells on the empirical analysis of the urban resident's housing consumer in Tianjin in 2005 by means of correlation analysis and factor analysis and correspondence analysis basing of multivariate statistics analysis on sampling investigation. The results indicate that the total family income has the most important effect on the standard of purchasing house. The consumers whose total family income is from 80000 to 100000 yuan are inclined to houses from 90 to 120 square meters. The conclusion can be regarded as a scientific basis for housing enterprises to develop suitable housing products.

Key words： improving house; sampling investigation; correspondence analysis; factor analysis; housing area.

1. 引言

对房地产开发商来说，随着天津市经济的增长，房地产行业的竞争也在不断加剧，开发商要想在竞争中制胜，必然需要充分的信息支持和准确的市场判断。因此，对各个房地产开发企业提出了新的挑战，即企业要提高市场竞争力，就必须更加重视市场和客户的需求，对市场的各种变化需要充分的信息支持和准确的市场判断。

然而，一些开发企业在目前楼市“火”的时候，盲目地开发，致使市场出现结构性的供不应求和供过于求，即低价位、小面积户型的商品房不好买或结构不合理而高价位、大面积户型的商品房积压。那么，在天津市城市居民目前收入水平的前提下，影响消费者购房的主要因素是什么？考虑购买大面积商品房的消费者究竟占多大比例，他们是哪一个收入群体？这些都是值得房地产界和专家学者研究的问题。本文在实际调研的基础上，用相关分析、因子分析和对应分析等多种统计分析方法，对天津市城市居民目前的住房消费问题进行了实证分析，所得结论对房地产开发企业具有一定的参考价值。

本文研究主要针对改善型住房购买群体以及潜在购买群体，采用问卷调查进行数据的收集工作，总共回收有效问卷 101 份。调查对象为在企事业工作的具有稳定收入的职业者，户主年龄在 50 岁以下，家庭年总收入水平超过 4 万元。

2. 个人特征因素与消费者购房面积的相关分析

在影响住房消费的诸多个人特征因素中，哪一个因素对购房面积的选择影响最大？为此，我们进行了相关分析。通过计算 Pearson 简单相关系数，来度量它们之间的线性相关关系。调用 SPSS 统计分析软件中的相关分析过程，得到计算结果（表 10－3）。

表 10－3　简单相关系数矩阵（Tab. 10－3 Pearson correlation matrix）

特征因素	家庭年总收入	常住人口	婚姻家庭状况	工作单位性质	职业状况	最高学历	年龄	性别
相关系数	0.566	−0.002	0.079	0.379	0.020	0.261	−0.103	−0.117
概率 P 值	0.001	0.987	0.431	0.003	0.843	0.108	0.303	0.245

由表 10－3 可知，居民购房面积的选择与家庭年总收入、工作单位性质间的简单相关系数分别为 0.566 和 0.379，它们的相关系数检验的概率 P 值都近似为 0。因此，当显著性水平 α 为 0.05 或 0.01 时，都应拒绝相关系数的零假设，认为两总体存在显著的线性关系。也就是说，在购房消费者的诸多个人特征因素中，家庭年总收入对消费者购房面积的选择起了显著的影响作用，其次是工作单位性质。此外，学历对购房面积也有一定的影响，而常住人口和婚姻家庭状况对消费者购房面积的选择却影响不大。

3. 家庭年总收入与购房面积的对应分析

1）变量的分类

对应分析是以两个变量的交叉列联表为研究对象，通过图形的方式，直观揭示变量不同类别之间的联系。这里，我们选择家庭年总收入为行变量（用 X 表示），分类值在 1～6 之间，具体分类如下：X_1—6 万元以下，X_2—6 万～8 万元，X_3—8 万～10 万元，X_4—10 万～15 万元，X_5—15 万～20 万元，X_6—20 万元以上。计划购房面积为列变量（用 Y 表示），分类值在 1～9

之间，具体分类如下：Y_1—80m² 以下，Y_2—80～90m²，Y_3—90～100m²，Y_4—100～120m²，Y_5—120～140m²，Y_6—140～160m²，Y_7—160～180m²，Y_8—180～200m²，Y_9—200m² 以上。

2）计算结果输出与解释

调用 SPSS 统计分析软件中的对应分析过程，得到以下主要分析结果。

（1）对行、列变量各分类的降维处理。

总体方差解释如表 10－4 所示。

表 10－4 总体方差解释（Tab. 10－4 Total variance explained）

序号	特征值	卡方检验值	显著性概率	方差贡献率	累计方差贡献率
1	0.197			0.522	0.522
2	0.108			0.288	0.810
3	0.067			0.176	0.986
4	0.005			0.014	1.000
合计	0.377	38.098	.000	1.000	1.000

表 10－4 表明了提取的公因子解释原有分类变量的程度。由表 10－4 可知，前两个特征根的累计方差贡献率已达到 81％，说明用两个公因子已能解释各类别差异的主要信息。其中的第一公因子占 52.2％，第二公因子占 28.8％。另外，对交叉列联表做卡方检验的卡方观测值为 39.098，相应的概率值为 0.000，如果显著性水平 α 为 0.05，说明行变量（家庭年总收入）与列变量（计划购房面积）之间有显著的相关关系。行变量各分类的因子载荷如表 10－5 所示。

表 10－5 行变量各分类的因子载荷（Tab. 10－5 Overview row score in dimension）

家庭年总收入		X_1	X_2	X_3	X_4	X_5	X_6
行变量各类别的百分比		—	.455	.248	.099	.079	.119
A_1		—	−.137	.148	−.945	2.031	−.351
A_2		—	.456	−.826	.342	.412	−.586
特征值		—	.043	.071	.052	.156	.056
解释程度	1	—	.089	.034	.756	.929	.116
	2	—	.733	.788	.073	.028	.240
	合计	—	.822	.822	.829	.957	.356

表 10－5 表明了行变量各分类的因子载荷。从行变量各类别的百分比来看，在 101 名消费者中，X_2（家庭年收入在 6 万～8 万元）仍占第一位，占家庭总数的 45.5％，但从两个公因子贡献之和与变量对特征值的贡献来看，X_5（家庭年收入在 15 万～20 万元）的值最大，这说明，15 万～20 万元年收入的家庭对两个公因子的贡献最大，在全部家庭中占有非常重要的地位。

表 10－5 中的第三、四行列出了行变量各分类在第一、第二个公因子上的因子载荷，它们将成为分布图中数据点的坐标。第六、七行是第一、第二个公因子分别对行变量各分类差异的解释程度，如对 X_3（8 万～10 万元）类，公因子 A_1 解释了 3.4%的差异，公因子 A_2 解释了 78.8%的差异。列变量各分类的因子载荷如表 10－6 所示。

表 10－6　列变量各分类的因子载荷（Tab. 10－6 Overview column score in dimension）

计划购买面积		Y_1	Y_2	Y_3	Y_4	Y_5	Y_6	Y_7	Y_8	Y_9
列变量各类别的百分比		—	.050	.099	.198	.158	.297	.109	.040	.050
B_1		—	−.544	−.346	.078	−.670	.574	−.669	2.134	−.608
B_2		—	.536	−.135	−.355	.680	−.239	.392	1.318	−1.507
特征值		—	.018	.010	.033	.057	.051	.033	.107	.069
解释程度	1	—	.369	.544	.016	.553	.857	.664	.747	.117
	2	—	.266	.061	.246	.423	.110	.169	.212	.536
	合计	—	.635	.605	.262	.977	.968	.834	.959	.653

表 10－6 表明了列变量各分类的因子载荷。从列变量各类别的百分比来看，在 101 名消费者中，Y_6（购房面积在 140～160m²）占第一位，占家庭总数的 29.7%；Y_4（购房面积在 100～120m²）占第二位，占总家庭的 19.8%；Y_5（购房面积在 120～140m²）占第三位，占家庭总数的 15.8%。两个公因子在 Y_5、Y_6、Y_8 上的贡献率都较大，但 Y_5 的特征值最大，说明 Y_5（购房面积在 120～140 m²）在消费者购房中占的地位非常重要。也就是说，房地产开发企业应重视 120～140m² 户型的开发。

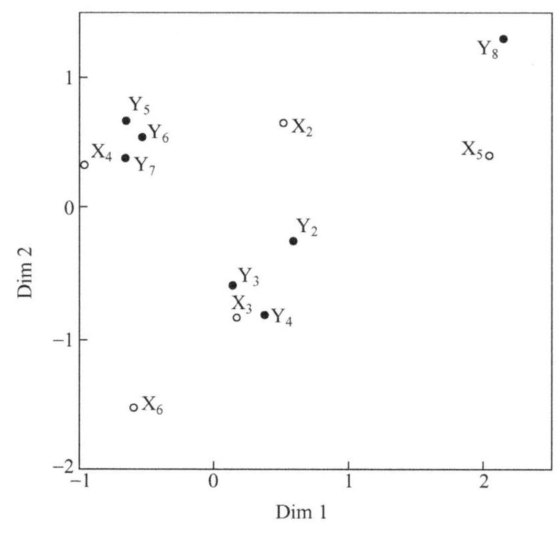

图 10.11　家庭年收入与购房面积的对应分布图

表 10－6 中的第三、四行列出了列变量各分类在第一、第二个公因子上的因子载荷，它们将成为分布图中数据点的坐标。第六、七行是第一、第二个公因子分别对列变量各分类差异的解释程度，如对 Y_6（购房面积 140～160m²）类，公因子 B_1 解释了 85.7% 的差异，公因子 B_2 解释了 11.0%的差异。

（2）绘制行、列变量分类的对应分布图。

图 10.11 是对应分析的一个最主要统计结果，形象地把行变量和列变量类别分值分布用坐标图示表示出来。空心圆圈表

示家庭年总收入类别间的差异，实心圆圈表示购房面积类别间的差异；同时也更直观地把家庭年收入与购房面积这两个变量之间的类别联系形象地表现出来。

从图 10.11 可以看出，家庭年收入在 8 万～10 万元的消费者较偏爱 90 ～100m^{2}和 100～120m^{2}的户型；家庭年收入在 10 万～15 万元的消费者较偏爱 120～140m^2、140～160m^{2}和 160～180m^{2}的户型；其余家庭收入类别对购房面积的选择差异不十分显著。

4. 消费者购房时考虑的主要因素分析

在消费者购房时考虑的诸多因素（如地段、房型、环境、户型、面积、档次）中，商品房面积的大小是否是消费者考虑的主要因素。为此，我们进行了因子分析。

1）指标的选择

因子分析是通过研究指标体系的内在结构关系，从而把多个指标组合为少数几个相互独立但能包括大部分信息的综合指标（即公共因子）。这里，我们选择了 30 项指标，构成了影响消费者购房的指标体系（表 10－7）。各个指标的可能取值的量化结果为根本不同意—1、不同意—2、有些不同意—3、有些同意—4、同意—5、非常同意—6。

表 10－7 指标体系（Tab. 10－7 Indicative system）

地段指标	我购买房子首先考虑地段（Z_1）；我喜欢住在郊区（Z_2）；我喜欢住在市中心（Z_3）；只要交通方便住哪里都可以（Z_4）；我购买房子很少考虑地段（Z_5）
房型指标	如果有足够的钱，我会买高档公寓（Z_6）；房型是决定我购房的首要因素（Z_7）；我不喜欢高档公寓，一般公寓就行（Z_8）；我买房不管地段，只要房型好就行（Z_9）；房型合适，面积小一点也无所谓（Z_{10}）
环境指标	小区周边应该有比较好的娱乐、运动、休闲场所（Z_{11}）；小区内部的停车位要充足（Z_{12}）；小区的空地要随时能看到绿地（Z_{13}）；高档会所是高档小区必不可少的设施（Z_{14}）小区要有室内游泳池（Z_{15}）
户型指标	户型只要合理，贵一点也无所谓（Z_{16}）户型无所谓，只要面积大就行（Z_{17}）；我买房最先考虑户型（Z_{18}）我喜欢超高层房子的远景观（Z_{19}）我喜欢所有的房子在同一层上（Z_{20}）
面积指标	我买房，先考虑好面积再看房型（Z_{21}）；房子越大越好（Z_{22}）；我不喜欢太大的房子（Z_{23}）面积小一点无所谓，功能要齐全（Z_{24}）我买房时房屋总价格对我很重要（Z_{25}）
档次指标	我喜欢精装修的房子（Z_{26}）；如果能力的话，我会买最好的房子（Z_{27}）；我不喜欢太好的房子，那样太招摇（Z_{28}）；住房好坏没什么，只要够住就行（Z_{29}）；住房档次高在朋友面前才有面子（Z_{30}）

2）计算结果输出与解释

调用 SPSS 统计分析软件的因子分析功能，得到计算结果（表 10－8 和表 10－9）。

表 10－8　旋转后的总体方差解释（Tab. 10－8　Rotated total variance explained）

因　　子	特　征　值	方差贡献率	累计方差贡献率
F1	10.482	33.322	33.322
F2	6.028	19.163	52.485
F3	3.955	12.573	65.058
F4	2.212	7.032	72.090
F5	1.886	5.996	78.056
F6	1.622	5.156	83.212

由表 10－8 可知，我们可以提取 6 个公因子整合原来的 30 项指标，其累计方差贡献率达到 83.212%，可见前 6 个公因子作为综合变量损失较少。

表 10－9　旋转后的因子载荷矩阵（Tab. 10－9　Rotated component matrix）

	F1	F2	F3	F4	F5	F6		F1	F2	F3	F4	F5	F6
Z1	**.801**	-.161	.118	-.144	.210	-.099	Z16	.072	.048	-.243	.035	**.725**	.018
Z2	**.748**	.133	-.031	.063	-.132	-.080	Z17	-.019	-.029	.134	-.014	**.701**	-.073
Z3	**.573**	.326	.067	-.015	-.066	.123	Z18	-.059	.065	.091	.125	**.673**	.007
Z4	**.529**	.357	-.108	.189	.150	-.030	Z19	.009	-.084	-.103	.050	**.323**	.822
Z5	**.396**	.295	.327	.038	-.097	.338	Z20	-.112	-.070	.209	.094	**-.301**	.739
Z6	-.233	**.838**	.191	-.092	-.044	-.115	Z21	-.001	.009	.140	.153	-.076	**-.534**
Z7	.220	**.792**	-.004	-.029	.017	.063	Z22	.117	-.105	-.017	.242	.114	**.398**
Z8	.209	**.470**	-.069	-.095	.312	-.103	Z23	.109	.055	.187	.089	.006	**-.276**
Z9	-.003	**.415**	.180	.023	.102	-.079	Z24	.065	.101	-.092	.028	.178	**.495**
Z10	-.042	**.384**	.294	-.013	-.013	.396	Z25	-.042	.064	-.007	.232	-.121	**.627**
Z11	-.040	.298	-.009	**.264**	.072	-.257	Z26	.271	.054	**.391**	-.179	-.041	-.108
Z12	.176	.004	.092	**.740**	.107	.204	Z27	.011	-.113	**-.251**	-.122	-.114	-.002
Z13	-.001	-.060	-.046	**.609**	-.008	.049	Z28	.232	.050	**.514**	-.043	-.143	-.004
Z14	-.310	.207	.201	**.569**	.049	-.035	Z29	.040	.140	**.522**	-.004	.059	.095
Z15	-.049	-.143	-.138	**.513**	.017	-.077	Z30	.248	.066	**.458**	.212	-.040	.174

由表 10－9 可以看出：第一公因子 F_1 在 Z_1～Z_5 上有较大的载荷系数，属于“地段因子”；第二公因子 F_2 在 Z_6～Z_{10} 上有绝对值较大的载荷系数，属于“房型因子”；第三公因子 F_3 在 Z_{26}～Z_{30} 上有绝对值较大的载荷系数，属于“档次因子”；第四公因子 F_4 在 Z_{11}～Z_{15} 上有较大的载荷系数，属于“环境因子”；第五公因子 F_5 在 Z_{16}～Z_{20} 上有绝对值较大的载荷系数，属于“户型因子”；第六公因子 F_6 在 Z_{21}～Z_{25} 上有绝对值较大的载荷系数，属于“面积因子”。由表 10－8 可知，第一至第六公因子的方差贡献率依次是 33.322%、19.163%、12.573%、7.032%、5.996%、5.156%，这说明消费者在购房时对这六个方

面考虑的程度是不一样的，依重要性依次是①地段；②房型；③档次；④环境；⑤户型；⑥面积。由此可见，商品房面积的大小并不是消费者购房时所考虑的主要因素。

5. 结论

家庭年总收入是影响天津市城市居民购房标准的最主要因素。在具有稳定收入的消费者中，70％的家庭年收入是在6万～10万元，而家庭年收入在8万～10万元的消费者（占24.8％）钟情于90～120m^{2}的户型，家庭年收入在10万～15万元的消费者（占9.9％）才问津120m^{2}以上的大户型。由此可推断，“工薪阶层”的消费者对购买住房面积的需求主要应以小户型（90m^{2}以下）为主。此外，消费者在购房时，面积的大小并不是所考虑的主要因素，如果地段、房型及其他条件比较合适，他们也可以选择相对小一些的户型。该结论对于房地产开发商有针对性地开发和推销住房产品具有重要的意义。

本章小结

综合案例分析的目的是帮助学生理解所学的知识，并综合应用这些知识。基于这样的考虑，本章中的案例，在给出基本背景信息后，提出所要分析的问题。在案例分析部分，给出了针对这一案例进行分析的思路和可能用到的方法。通过本章的学习，学生能够掌握撰写统计调研报告和统计分析报告的基本方法。

知识链接

[1] 数理统计论坛：http：//www. statforum. com/.
[2] 统计精英网：http：//tjjy. hzic. edu. cn/index. asp.
[3] 数理统计与管理：http：//sltjygl. periodicals. net. cn/default. html.
[4] 中国数学建模网站：http：//www. shumo. com.
[5] 中国经济统计（统计资源）：http：//stats. xmu. edu. cn/info/default. asp.
[6] 中国应用统计网（人大应用统计科研所）：http：//www. applstats. org. cn.
[7] 中国统计网（统计文章下载，论坛等）：http：//www. 8sta. com.

实际操作训练

大作业1：

试将所在学校（或单位）的某个现实问题作为选题进行一次抽样调查，抽取的单位不少于50个。试写出调查报告，内容包括以下几点：

（1）写出调查方案。

（2）进行问卷设计。

（3）用SPSS统计软件对搜集到的数据进行描述性统计分析，包括绘制统计图表及数据特征值的计算。

大作业 2：

自拟题目，用所学的一种（或几种）推断性统计分析方法撰写一篇处理数据的论文。要求论文的正文前要有中文摘要和关键词，正文后要列出参考文献，论文中所使用的数据资料要说明来源。论文的正文主要包含以下内容：

（1）阐述选题的背景及目的。

（2）简介所用方法的原理及算法步骤。

（3）确定指标体系。

（4）搜集样本数据。

（5）用 SPSS 统计分析软件进行计算。

（6）对计算输出结果进行分析和解释。

（7）结论。

附录 1　常用统计表

附表 1　t 分布临界值表　$p(t(n)>t_{\alpha}(n))=\alpha$

n	α						n
	0.25	0.10	0.05	0.025	0.01	0.005	
1	1.0000	3.0777	6.3138	12.7062	31.8207	63.6574	1
2	0.8165	1.8856	2.9200	4.3027	6.9646	9.9248	2
3	0.7649	1.6377	2.3534	3.1824	4.5407	5.8409	3
4	0.7407	1.5332	2.1318	2.7764	3.7469	4.6041	4
5	0.7267	1.4759	2.0150	2.5706	3.3649	4.0322	5
6	0.7176	1.4398	1.9432	2.4469	3.1427	3.7074	6
7	0.7111	1.4149	1.8946	2.3646	2.9980	3.4995	7
8	0.7064	1.3968	1.8595	2.3060	2.8965	3.3554	8
9	0.7027	1.3830	1.8331	2.2622	2.8214	3.2498	9
10	0.6998	1.3722	1.8125	2.2281	2.7638	2.1693	10
11	0.6974	1.3634	1.7959	2.2010	2.7181	3.1058	11
12	0.6955	1.3562	1.7823	2.1788	2.6810	3.0545	12
13	0.6938	1.3502	1.7709	2.1604	2.6503	3.0123	13
14	0.6924	1.3450	1.7613	2.1448	2.6245	209768	14
15	0.6912	1.3406	1.7531	2.1315	2.6025	2.9467	15
16	0.6901	1.3688	1.7459	2.1199	2.5835	2.9208	16
17	0.6892	1.3334	1.7396	2.1098	2.5669	2.8982	17
18	0.6884	1.3304	1.7341	2.1009	2.5524	2.8784	18
19	0.6876	1.3277	1.7291	2.0933	0.5395	2.8609	19
20	0.6870	1.3253	1.7247	2.0860	2.5280	2.8453	20
21	0.6846	1.3232	1.7207	2.0796	2.5177	2.8314	21
22	0.6858	1.3212	1.7171	2.0739	2.5083	2.8188	22
23	0.6853	1.3195	1.7139	2.0687	2.4999	2.8073	23
24	0.6848	1.3178	1.7109	2.0639	2.4922	2.7969	24
25	0.6844	1.3163	1.7081	2.0595	2.4851	2.7874	25

（续）

n	α						n
	0.25	0.10	0.05	0.025	0.01	0.005	
26	0.6840	1.3150	1.7056	2.0555	2.4786	2.7787	26
27	0.6837	1.3137	1.7033	2.0518	2.4727	2.7707	27
28	0.6834	1.3125	1.7011	2.0484	2.4671	2.7633	28
29	0.6830	1.3114	1.6991	2.0452	2.4620	2.7564	29
30	0.6828	1.3104	1.6973	2.0423	2.4573	2.7500	30
31	0.6825	1.3095	1.6955	2.0395	2.4528	2.7440	31
32	0.6822	1.3086	1.6939	2.0369	2.4487	2.7385	32
33	0.6820	1.3077	1.6924	2.0345	2.4448	2.7333	33
34	0.6818	1.3070	1.6909	2.0322	2.4411	2.7284	34
35	0.6816	1.3062	1.6896	2.0301	2.4377	2.7238	35
36	0.6814	1.3055	1.6883	2.0281	2.4543	2.7195	36
37	0.6812	1.3049	1.6871	2.0262	2.4314	2.7154	37
38	0.6810	1.3042	1.6860	2.0244	2.4286	2.7116	38
39	0.6808	1.3036	1.6849	2.0227	2.4258	2.7079	39
40	0.6807	1.3030	1.6839	2.0211	2.4233	2.7045	40
41	0.6805	1.3025	1.6829	2.0195	2.4208	2.7012	41
42	0.6804	1.3020	1.6820	2.0181	2.4185	2.6981	42
43	0.6802	1.3016	1.6811	2.0167	2.4163	2.6951	43
44	0.6801	1.3011	1.6802	2.0154	2.4141	2.6923	44
45	0.6800	1.3006	1.6794	2.0141	2.4121	2.6896	45

附表 2　F 分布临界值表　$p(F(n_1, n_2) > F_\alpha(n_1, n_2)) = \alpha$　$\alpha = 0.10$

n_2 \ n_1	1	2	3	4	5	6	8	12	24	∞
1	39.86	49.50	53.59	55.83	57.24	58.20	59.44	60.70	62.00	63.33
2	8.53	9.00	9.16	9.24	9.29	9.33	9.37	9.41	9.45	9.49
3	5.54	5.46	5.39	5.34	5.31	5.28	5.25	5.22	5.18	5.13
4	4.54	4.32	4.19	4.11	4.05	4.01	3.95	3.90	3.83	3.76
5	4.06	3.78	3.62	3.52	3.45	3.40	3.34	3.27	3.19	3.10

（续）

n_2 \ n_1	1	2	3	4	5	6	8	12	24	∞
6	3.78	3.46	3.29	3.18	3.11	3.05	2.98	2.90	2.82	2.72
7	3.59	3.26	3.07	2.96	2.88	2.83	2.75	2.67	2.58	2.47
8	3.46	3.11	2.92	2.81	2.73	2.67	2.59	2.50	2.40	2.29
9	3.36	3.01	2.81	2.69	2.61	2.55	2.47	2.38	2.28	2.16
10	3.28	2.92	2.73	2.61	2.52	2.46	2.38	2.28	2.18	2.06
11	3.23	2.86	2.66	2.54	2.45	2.39	2.30	2.21	2.10	1.97
12	3.18	2.81	2.61	2.48	2.39	2.33	2.24	2.15	2.04	1.90
13	3.14	2.76	2.56	2.43	2.35	2.28	2.20	2.10	1.98	1.85
14	3.10	2.73	2.52	2.39	2.31	2.24	2.15	2.05	1.94	1.80
15	3.07	2.70	2.49	2.36	2.27	2.21	2.12	2.02	1.90	1.76
16	3.05	2.67	2.46	2.33	2.24	2.18	2.09	1.99	1.87	1.72
17	3.03	2.64	2.44	2.31	2.22	2.15	2.06	1.96	1.84	1.69
18	3.01	2.62	2.42	2.29	2.20	2.13	2.04	1.93	1.81	1.66
19	2.99	2.61	2.40	2.27	2.18	2.11	2.02	1.91	1.79	1.63
20	2.97	2.59	2.38	2.25	2.16	2.09	2.00	1.89	1.77	1.61
21	2.96	2.57	2.36	2.23	2.14	2.08	1.98	1.88	1.75	1.59
22	2.95	2.56	2.35	2.22	2.13	2.06	1.97	1.86	1.73	1.57
23	2.94	2.55	2.34	2.21	2.11	2.05	1.95	1.84	1.72	1.55
24	2.93	2.54	2.33	2.19	2.10	2.04	1.94	1.83	1.70	1.53
25	2.92	2.53	2.32	2.18	2.09	2.02	1.93	1.82	1.69	1.52
26	2.91	2.52	2.31	2.17	2.08	2.01	1.92	1.81	1.68	1.50
27	2.90	2.51	2.30	2.17	2.07	2.00	1.91	1.80	1.67	1.49
28	2.89	2.50	2.29	2.16	2.06	2.00	1.90	1.79	1.66	1.48
29	2.89	2.50	2.28	2.15	2.06	1.99	1.89	1.78	1.65	1.47
30	2.88	2.49	2.28	2.14	2.05	1.98	1.88	1.77	1.64	1.46
40	2.84	2.44	2.23	2.09	2.00	1.93	1.83	1.71	1.57	1.38
60	2.79	2.39	2.18	2.04	1.95	1.87	1.77	1.66	1.51	1.29
120	2.75	2.35	2.13	1.99	1.90	1.82	1.72	1.60	1.45	1.19
∞	2.71	2.30	2.08	1.94	1.85	1.77	1.67	1.55	1.38	1.00

$\alpha=0.05$ （续）

n_2 \ n_1	1	2	3	4	5	6	8	12	24	∞
1	161.4	199.5	215.7	224.6	230.2	234.0	238.9	243.9	249.1	254.3
2	18.51	19.00	19.16	19.25	19.30	19.33	19.37	19.41	19.45	19.50
3	10.13	9.55	9.28	9.12	9.01	8.94	8.84	8.74	8.64	8.53
4	7.71	6.94	6.59	6.39	6.20	6.16	6.04	5.91	5.77	5.63
5	6.61	5.79	5.41	5.19	5.05	4.95	4.82	4.68	4.53	4.36
6	5.99	5.14	4.76	4.53	4.39	4.28	4.15	4.00	3.84	3.67
7	5.59	4.74	4.35	4.12	3.97	3.87	3.73	3.57	3.41	3.23
8	5.32	4.46	4.07	3.84	3.69	3.58	3.44	3.28	3.12	2.93
9	5.12	4.26	3.86	3.63	3.48	3.37	3.23	3.07	2.90	2.71
10	4.96	4.10	3.71	3.48	3.33	3.22	3.07	2.91	2.74	2.54
11	4.84	3.98	3.59	3.36	3.20	3.09	2.95	2.79	2.61	2.40
12	4.75	3.88	3.49	3.26	3.11	3.00	2.85	2.69	2.50	2.30
13	4.67	3.80	3.41	3.18	3.02	2.92	2.77	2.60	2.42	2.21
14	4.60	3.74	3.34	3.11	2.96	2.85	2.70	2.53	2.35	2.13
15	4.54	3.68	3.29	3.06	2.90	2.79	2.64	2.48	2.29	2.07
16	4.49	3.63	3.24	3.01	2.85	2.74	2.59	2.42	2.24	2.01
17	4.45	3.59	3.20	2.96	2.81	2.70	2.55	2.38	2.19	1.96
18	4.41	3.55	3.16	2.93	2.77	2.66	2.51	2.34	2.15	1.92
19	4.38	3.52	3.13	2.90	2.74	2.63	2.48	2.31	2.11	1.88
20	4.35	3.49	3.10	2.87	2.71	2.60	2.45	2.28	2.08	1.84
21	4.32	3.47	3.07	2.84	2.68	2.57	2.42	2.25	2.05	1.81
22	4.30	3.44	3.05	2.82	2.66	2.55	2.40	2.23	2.03	1.78
23	4.28	3.42	3.03	2.80	2.64	2.53	2.38	2.20	2.00	1.76
24	4.26	3.40	3.01	2.78	2.62	2.51	2.36	2.18	1.98	1.73
25	4.24	3.38	2.99	2.76	2.60	2.49	2.34	2.16	1.96	1.71
26	4.22	3.37	2.98	2.74	2.59	2.47	2.32	2.15	1.95	1.69
27	4.21	3.35	2.96	2.73	2.57	2.46	2.30	2.13	1.93	1.67
28	4.20	3.34	2.95	2.71	2.56	2.44	2.29	2.12	1.91	1.65
29	4.18	3.33	2.93	2.70	2.54	2.43	2.28	2.10	1.90	1.64
30	4.17	3.32	2.92	2.69	2.53	2.42	2.27	2.09	1.89	1.62
40	4.08	3.23	2.84	2.61	2.45	2.34	2.18	2.00	1.79	1.51
60	4.00	3.15	2.76	2.52	2.37	2.25	2.10	1.92	1.70	1.39
120	3.92	3.07	2.68	2.45	2.29	2.17	2.02	1.83	1.61	1.25
∞	3.84	2.99	2.60	2.37	2.21	2.10	1.94	1.75	1.52	1.00

$\alpha=0.025$ （续）

n_2 \ n_1	1	2	3	4	5	6	8	12	24	∞
1	647.8	799.5	864.2	899.6	921.8	937.1	956.7	976.7	997.2	1018
2	38.51	39.00	39.17	39.25	39.30	39.33	39.37	39.41	39.46	39.50
3	17.44	16.04	15.44	15.10	14.88	14.73	14.54	14.34	14.12	13.90
4	12.22	10.65	9.98	9.60	9.36	9.20	8.98	8.75	8.51	8.26
5	10.01	8.43	7.76	7.39	7.15	6.98	6.76	6.52	6.28	6.02
6	8.81	7.26	6.60	6.23	5.99	5.82	5.60	5.37	5.12	4.85
7	8.07	6.54	5.89	5.52	5.29	5.12	4.90	4.67	4.42	4.14
8	7.57	6.06	5.42	5.05	4.82	4.65	4.43	4.20	3.95	3.67
9	7.21	5.71	5.08	4.72	4.48	4.23	4.10	3.87	3.61	3.33
10	6.94	5.46	4.83	4.47	4.24	4.07	3.85	3.62	3.37	3.08
11	6.72	5.26	4.63	4.28	4.04	3.88	3.66	3.43	3.17	2.88
12	6.55	5.01	4.47	4.12	3.89	3.73	3.51	3.28	3.02	2.72
13	6.41	4.97	4.35	4.00	3.77	3.60	3.39	3.15	2.89	2.60
14	6.30	4.86	4.24	3.89	3.66	3.50	3.29	3.05	2.79	2.49
15	6.20	4.77	4.15	3.80	3.58	3.41	3.20	2.96	2.70	2.40
16	6.12	4.69	4.08	3.73	3.50	3.34	3.12	2.89	2.63	2.32
17	6.04	4.62	4.01	3.66	3.44	3.28	3.06	2.82	2.56	2.25
18	5.98	4.56	3.95	3.61	3.38	3.22	3.01	2.77	2.50	2.19
19	5.92	4.51	3.90	3.56	3.33	3.17	2.96	2.72	2.45	2.13
20	5.87	4.46	3.86	3.51	3.29	3.13	2.91	2.68	2.41	2.09
21	5.83	4.42	3.82	3.48	3.25	3.09	2.87	2.64	2.37	2.04
22	5.79	4.38	3.78	3.44	3.22	3.05	2.84	2.60	2.33	2.00
23	5.75	4.35	3.75	3.41	3.18	3.02	2.81	2.57	2.30	1.97
24	5.72	4.32	3.72	3.38	3.15	2.99	2.78	2.54	2.27	1.94
25	5.69	4.29	3.69	3.35	3.13	2.97	2.75	2.51	2.24	1.91
26	5.66	4.27	3.67	3.33	3.10	2.94	2.73	2.49	2.22	1.88
27	5.63	4.24	3.65	3.31	3.08	2.92	2.71	2.47	2.19	1.85
28	5.61	4.22	3.63	3.29	3.06	2.90	2.69	2.45	2.17	1.83
29	5.59	4.20	3.61	3.27	3.04	2.88	2.67	2.43	2.15	1.81
30	5.57	4.18	3.59	3.25	3.03	2.87	2.65	2.41	2.14	1.79
40	5.42	4.05	3.46	3.13	2.90	2.74	2.53	2.29	2.01	1.64
60	5.29	3.93	3.34	3.01	2.79	2.63	2.41	2.17	1.88	1.48
120	5.15	3.80	3.23	2.89	2.67	2.52	2.30	2.05	1.76	1.31
∞	5.02	3.69	3.12	2.79	2.57	2.41	2.19	1.94	1.64	1.00

$\alpha=0.01$ （续）

n_2 \ n_1	1	2	3	4	5	6	8	12	24	∞
1	4052	4999.5	5403	5625	576.4	5859	5982	6106	6235	6366
2	98.50	99.00	99.17	99.25	99.30	99.33	99.37	99.42	99.46	99.50
3	34.12	30.82	29.46	28.71	28.24	27.91	27.49	27.05	26.60	26.13
4	21.20	18.00	16.69	15.98	15.52	15.21	14.80	14.37	13.93	13.46
5	16.26	13.72	12.06	11.39	10.97	10.67	10.29	9.89	9.47	9.02
6	13.75	10.92	9.78	9.15	8.75	8.47	8.10	7.72	7.31	6.88
7	1.25	9.55	8.45	7.85	7.46	7.19	6.84	6.47	6.07	5.65
8	11.26	8.65	7.59	7.01	6.63	6.37	6.03	5.67	5.28	4.86
9	10.56	8.02	6.99	6.42	6.06	5.80	5.47	5.11	4.73	4.31
10	10.04	7.56	6.55	5.99	5.64	5.39	5.06	4.71	4.33	3.91
11	9.65	7.21	6.22	5.67	5.32	5.07	4.74	4.40	4.02	3.60
12	9.33	6.93	5.95	5.41	5.06	4.82	4.50	4.16	3.78	3.36
13	9.07	6.70	5.74	5.21	4.86	4.62	4.30	3.96	3.59	3.17
14	8.86	6.51	5.56	5.04	4.69	4.46	4.14	3.80	3.43	3.00
15	8.68	6.36	5.42	4.98	4.56	4.32	4.00	3.67	3.29	2.87
16	8.53	6.23	5.29	4.77	4.44	4.20	3.89	3.55	3.18	2.75
17	8.40	6.11	5.18	4.67	4.34	4.10	3.79	3.46	3.08	2.65
18	8.29	6.01	5.09	4.58	4.25	4.01	3.71	3.37	3.00	2.57
19	8.18	5.93	5.01	4.50	4.17	3.94	3.63	3.30	2.92	2.49
20	8.10	5.85	4.94	4.43	4.10	3.87	3.56	3.23	2.86	2.42
21	8.02	5.78	4.87	4.37	4.04	3.81	3.51	3.17	2.80	2.36
22	7.95	5.72	4.82	4.31	3.99	3.76	3.45	3.12	2.75	2.31
23	7.88	5.66	4.76	4.26	3.94	3.71	3.41	3.07	2.70	2.26
24	7.82	5.61	4.72	4.22	3.90	3.67	3.36	3.03	2.66	2.21
25	7.77	5.57	4.68	4.18	3.85	3.63	3.32	2.99	2.62	2.17
26	7.72	5.53	4.64	4.14	3.82	3.59	3.29	2.96	2.58	2.13
27	7.68	5.49	4.60	4.11	3.78	3.56	3.26	2.93	2.55	2.10
28	7.64	5.45	4.57	4.07	3.75	3.53	3.23	2.90	2.52	2.06
29	7.60	5.42	4.54	4.04	3.73	3.50	3.20	2.87	2.49	2.03
30	7.56	5.39	4.51	4.02	3.70	3.47	3.17	2.84	2.47	2.01
40	7.31	5.18	4.31	3.83	3.51	3.29	2.99	2.66	2.29	1.80
60	7.08	4.98	4.13	3.65	3.34	3.12	2.82	2.50	2.12	1.60
120	6.85	4.79	3.95	3.48	3.17	2.96	2.66	2.34	1.95	1.38
∞	6.63	4.61	3.78	3.32	3.02	2.80	2.51	2.18	1.79	1.00

$\alpha=0.05$ （续）

n_2 \ n_1	1	2	3	4	5	6	8	12	24	∞
1	16211	20000	21615	22500	23056	23437	23925	24426	24940	25465
2	198.5	199.0	199.2	199.2	199.3	199.3	199.4	199.4	199.5	199.5
3	55.55	49.80	47.47	46.19	45.39	44.84	44.13	43.39	42.62	41.83
4	31.33	26.28	24.26	23.15	22.46	21.97	21.35	20.70	20.03	19.32
5	22.78	18.31	16.53	15.56	14.94	14.51	13.96	13.38	12.78	12.14
6	18.63	14.54	12.92	12.03	11.46	11.07	10.57	10.03	9.47	8.88
7	16.24	12.40	10.88	10.05	9.52	9.16	8.68	8.18	7.65	7.08
8	14.69	11.04	9.60	8.81	8.30	7.95	7.50	7.01	6.50	5.95
9	13.61	10.11	8.72	7.96	7.47	7.13	6.69	6.23	5.73	5.19
10	12.83	9.43	8.08	7.34	6.87	6.54	6.12	5.66	5.17	4.64
11	12.23	8.91	7.60	6.88	6.42	6.10	5.68	5.24	4.76	4.23
12	11.75	8.51	7.23	6.52	6.07	5.76	5.35	4.91	4.43	3.90
13	11.37	8.19	6.93	6.23	5.79	5.48	5.08	4.64	4.17	3.65
14	11.06	7.92	6.68	6.00	5.56	5.26	4.86	4.43	3.96	3.44
15	13.80	7.70	6.48	5.80	5.37	5.07	4.67	4.25	3.79	3.26
16	10.58	7.51	6.30	5.64	5.21	4.91	4.52	4.10	3.64	3.11
17	10.38	7.35	6.16	5.50	5.07	4.78	4.39	3.97	3.51	2.98
18	10.22	7.21	6.03	5.37	4.96	4.66	4.28	3.86	3.40	2.87
19	10.07	7.09	5.92	5.27	4.85	4.56	4.18	3.76	3.31	2.78
20	9.94	6.99	5.82	5.17	4.76	4.47	4.09	3.68	3.22	2.69
21	9.83	6.89	5.73	5.09	4.68	4.39	4.01	3.60	3.15	2.61
22	9.73	6.81	5.65	5.02	4.61	4.32	3.94	3.54	3.08	2.55
23	9.63	6.73	5.58	4.95	4.54	4.26	3.88	3.47	3.02	2.48
24	9.55	6.66	5.52	4.89	4.49	4.20	3.83	3.42	2.97	2.43
25	9.48	6.60	5.46	4.84	4.43	4.15	3.78	3.37	2.92	2.38
26	9.41	6.54	5.41	4.79	4.38	4.10	3.73	3.33	2.87	2.33
27	9.34	6.49	5.36	4.74	4.34	4.06	3.69	3.28	2.83	2.29
28	9.28	6.44	5.32	4.70	4.30	4.02	3.65	3.25	2.79	2.25
29	9.23	6.40	5.28	4.66	4.26	3.98	3.61	3.21	2.76	2.21
30	9.18	6.35	5.24	4.62	4.23	3.95	3.58	3.18	2.73	2.18
40	8.83	6.07	4.98	4.37	3.99	3.71	3.35	2.95	2.50	1.93
60	8.49	5.79	4.73	4.14	3.76	3.49	3.13	2.74	2.29	1.69
120	8.18	5.54	4.50	3.92	3.55	3.28	2.93	2.54	2.09	1.43
∞	7.88	5.30	4.28	3.72	3.35	3.09	2.74	2.36	1.90	1.00

附录 2　推断性统计学预备知识

一、总体和样本的几种常用特征数

1. 总体常用特征数

（1）总体 X 的均值：$E(X)=\mu$

（2）总体 X 的方差：$D(X)=\sigma^2$

2. 样本常用特征数

（1）样本均值：$\bar{x}=\frac{1}{n}\sum_{i=1}^{n}X_i$

（2）样本方差：$s^2=\frac{1}{n-1}\sum_{i=1}^{n}(X_i-\overline{X})^2$

二、几种常用的随机变量的分布

1. 标准正态分布

1）标准正态分布定义

若 $X\sim N(\mu,\sigma^2)$，则 $Z=\frac{X-\mu}{\sigma}\sim N(0,1)$

2）标准正态分布上 α 分位点 Z_α（见附图 1）

$$P(Z\geqslant Z_\alpha)=\alpha$$

$$Z_{1-\alpha}=-Z_\alpha,\quad \Phi(Z_{1-\alpha})=1-\alpha$$

2. χ^2 分布

1）χ^2 分布定义

若 $X_i\sim N(0,1)(i=1,2,\cdots,n)$，且各 X_i 相互独立，则 $\chi^2=\sum_{i=1}^{n}X_i^2\sim\chi^2(n)$。

2）χ^2 分布上 α 分位点 $\chi_\alpha^2(n)$（见附图 2）

$P(\chi^2(n)\geqslant\chi_\alpha^2(n))=\alpha$，当 $n\geqslant45$ 时，$\chi_\alpha^2(n)\approx Z_\alpha$。

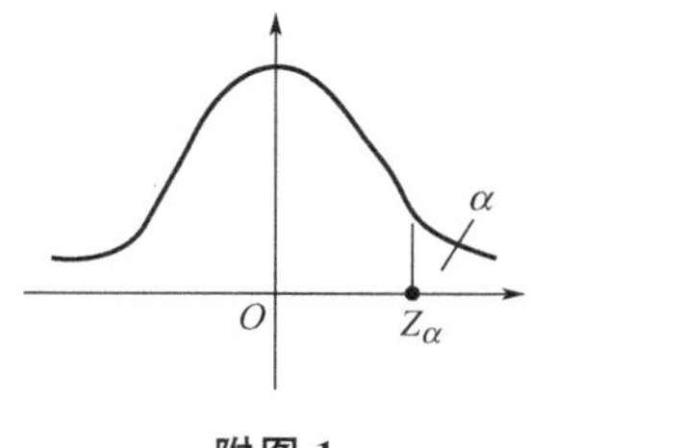

附图 1

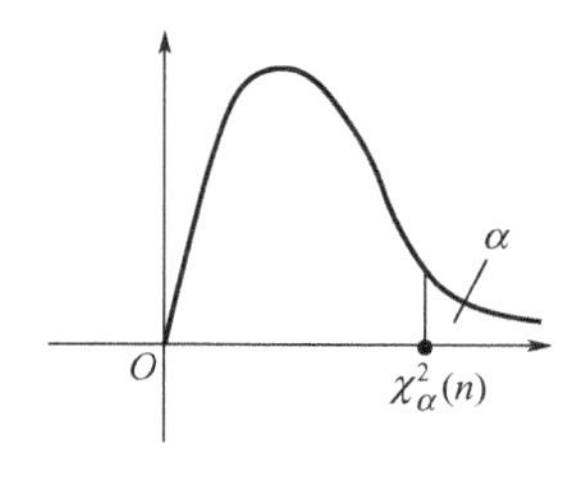

附图 2

3. t 分布

1）t 分布定义

若 $X\sim N(0,1)$，$Y\sim\chi^2(n)$，且 X 与 Y 相互独立，则

$$t=\frac{X}{\sqrt{Y/n}}\sim t(n)$$

2）t 分布上 α 分位点 $t_\alpha(n)$（见附图 3）

$$P(t(n)\geqslant t_\alpha(n))=\alpha,\quad t_{1-\alpha}(n)=-t_\alpha(n)$$

4. F 分布

1）F 分布定义

若 $X\sim\chi^2(n_1)$，$Y\sim\chi^2(n_2)$，且 X 与 Y 相互独立，则

$$F=\frac{X/n_1}{Y/n_2}\sim F(n_1,n_2)$$

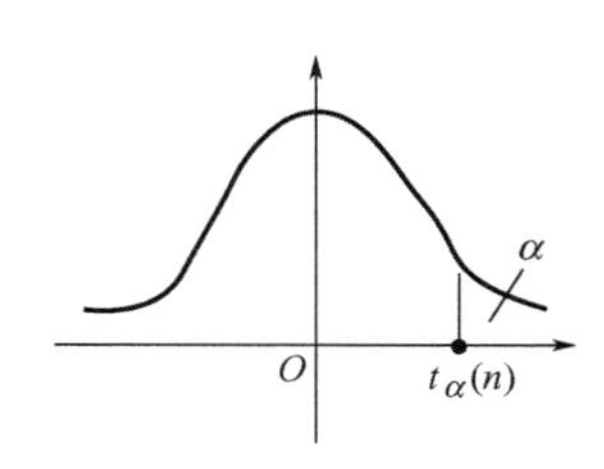

附图 3

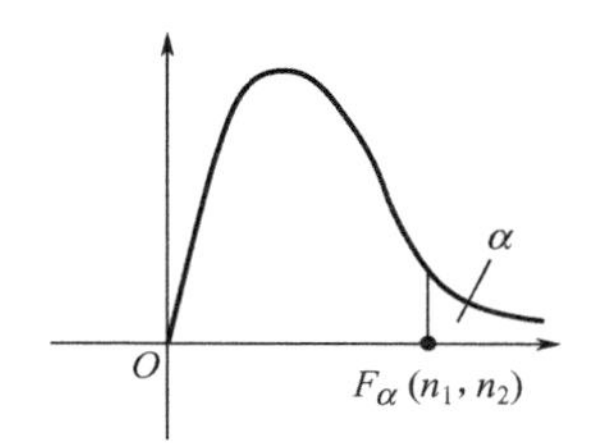

附图 4

2）F 分布上 α 分位点 $F_\alpha(n_1,n_2)$（见附图 4）

$$P(F(n_1,n_2)\geqslant F_\alpha(n_1,n_2))=\alpha,F_{1-\alpha}(n_1,n_2)=\frac{1}{F_\alpha(n_2,n_1)}$$

二、几种常用的样本统计量的分布

1. 用于单总体均值检验的 Z 分布

设总体 $X\sim N(\mu,\sigma^2)$，$(X_1,X_2,\cdots,X_n)$ 为来自该总体的样本，则

$$Z=\frac{\overline{X}-\mu}{\sigma/\sqrt{n}}\sim N(0,1)$$

2. 用于双总体均值检验的 Z 分布

设总体 $X\sim N(\mu_1,\sigma_1^2)$，$Y\sim N(\mu_2,\sigma_2^2)$，且 X 与 Y 相互独立，$(X_1,X_2,\cdots,X_{n1})$ 和 $(Y_1,Y_2,\cdots,Y_{n2})$ 分别为来自总体 X 和 Y 的样本，则

$$Z=\frac{\overline{X}-\overline{Y}-(\mu_1-\mu_2)}{\sqrt{\frac{\sigma_1^2}{n_1}+\frac{\sigma_2^2}{n_2}}}\sim N(0,1)$$

3. 用于单总体均值检验的 t 分布

设总体 $X\sim N(\mu,\sigma^2)$，$(X_1,X_2,\cdots,X_n)$ 为来自该总体的样本，则

$$t=\frac{\overline{X}-\mu}{S/\sqrt{n}}\sim t(n-1)$$

4. 用于双总体均值检验的 t 分布

设总体 $X\sim N(\mu_1,\sigma_1^2)$，$Y\sim N(\mu_2,\sigma_2^2)$，且 X 与 Y 相互独立，$(X_1,X_2,\cdots,X_{n1})$ 和 $(Y_1,Y_2,\cdots,Y_{n2})$ 分别为来自总体 X 和 Y 的样本，则

$$t=\frac{\overline{X}-\overline{Y}-(\mu_1-\mu_2)}{S_W\sqrt{\frac{1}{n_1}+\frac{1}{n_2}}}\sim t(n_1+n_2-2)$$

式中，

$$S_W=\sqrt{\frac{(n_1-1)S_1^2+(n_2-1)S_2^2}{n_1+n_2-2}}$$

5. 用于单总体方差检验的 χ^2 分布

设总体 $X\sim\chi^2(n)$，$(X_1, X_2, \cdots, X_n)$ 为来自该总体的样本，则

$$\chi^2=(n-1)S^2/\sigma^2\sim\chi^2(n-1)$$

6. 用于双总体方差检验的 F 分布

设总体 $X\sim N(\mu_1, \sigma_1^2)$，$Y\sim N(\mu_2, \sigma_2^2)$，且 X 与 Y 相互独立，$(X_1, X_2, \cdots, X_{n1})$ 和 $(Y_1, Y_2, \cdots, Y_{n2})$ 分别为来自总体 X 和 Y 的样本，则

$$F=\frac{S_1^2/S_2^2}{\sigma_1^2/\sigma_2^2}\sim F(n_1-1, n_2-1)$$

参 考 文 献

[1] 蔡火娣．统计学实训与案例［M]．2 版．北京：经济科学出版社，2013.

[2] 罗鸿群，王青华．新编统计学［M]．北京：清华大学出版社，2010.

[3] 杨世莹．SPSS 22 统计分析案例教程［M]．高健，译．北京：中国水利水电出版社，2016.

[4] 李卫东．应用多元统计分析［M]．2 版．北京：北京大学出版社，2015.

[5] 杨轶莘．大数据时代下的统计学［M]．北京：中国工信出版社，2015.

[6] 王淑英．新编统计学原理［M]．北京：中国电力出版社，2016.

[7] 邓力．统计学原理．2 版．北京：清华大学出版社，2016.

[8] 诺琳·R. 夏普．商务统计［M]．2 版．北京：中国人民大学出版社，2016.

[9]［日］小岛宽之．你一定爱读的极简统计学．北京：台海出版社，2015.

[10] 许宪春．经济分析与统计研究［M]．北京：北京大学出版社，2015.

[11]［美］Charies W. 赤裸裸的统计学［M]．曹槟，译．北京：中信出版社，2013.

[12] 何晓群．多元统计分析［M]．2 版．北京：中国人民大学出版社，2008.

[13] 张立军，任英华．多元统计分析实验［M]．北京：中国统计出版社，2009.

[14] 陶凤梅，韩燕，刘洪，等．对应分析数学模型及其应用［M]．北京：科学出版社，2008.

[15] 张建同，孙昌言，王世进．应用统计学［M]．2 版．北京：清华大学出版社，2015.

[16] 赖文艳，王建阳．统计基础［M]．北京：经济科学出版社，2010.

[17] 陈在余，陶应虎．统计学原理与实务［M]．北京：清华大学出版社，2009.

[18]［美］William M，Terry S. 统计学（原书第五版）［M]．梁冯珍，关静，等译．北京：机械工业出版社，2009.

[19]［美］Jack L，James A F. 社会研究中的基础统计学［M]．9 版．王卫东，译．北京：中国人民大学出版社，2008.

[20] C. R. 劳．统计与真理：怎样运用偶然性［M]．北京：科学出版社，2004.

[21] 贾俊平，何晓群，金勇进．统计学［M]．6 版．北京：中国人民大学出版社，2015.

[22] 葛新权．统计学［M]．3 版．北京：机械工业出版社，2014.

[23] 刘春英．应用统计［M]．北京：中国金融出版社，2007.

[24] 贾俊平．统计学［M]．5 版．北京：清华大学出版社，2012.

[25] 贾俊平．统计学学习指导书［M]．5 版．北京：中国人民大学出版社，2012.

[26] 葛新权，王斌．应用统计［M]．修订版．北京：社会科学文献出版社，2012.

[27] 曾五一．统计学［M]．2 版．北京：中国金融出版社，2011.

[28] 曾五一．统计学简明教程学习指导书［M]．北京：中国人民大学出版社，2013.

[29] 杜树靖，于声涛．统计基础与实务［M]．北京：科学出版社，2016.

[30] 徐国祥．统计预测和决策［M]．4 版．上海：上海财经大学出版社，2012.

[31] 袁志发，周静宇．多元统计分析［M]．北京：科学出版社，2006.

[32] 高惠璇．应用多元统计分析［M]．北京：北京大学出版社，2005.

[33] 梅长林，周家良．实用统计分析［M]．北京：科学出版社，2009.

[34] 于锦华，杨维权．多元统计分析与应用［M]．广州：中山大学出版社，2005.

[35] 向东进．实用多元统计分析［M]．武汉：中国地质大学出版社，2005.

[36] 赵选民，徐伟，师义民．数理统计［M]．2 版．北京：科学出版社，2002.

[37] 董麓．数据分析方法［M］．大连：东北财经大学出版社，2001.
[38] 盛骤，谢式千，潘承毅．概率论与数理统计［M］．4版．北京：高等教育出版社，2009.
[39] 薛薇．SPSS统计分析方法及应用［M］．3版．北京：中国人民大学出版社，2013.
[40] 章文波，陈红艳．实用数据统计分析及SPSS 12.0应用［M］．北京：人民邮电出版社，2006.
[41] 黄润龙．数据统计与分析技术：SPSS软件实用教程［M］．北京：高等教育出版社，2006.
[42] 卢纹岱．SPSS for Windows统计分析［M］．3版．北京：电子工业出版社，2006.
[43] 吴明隆．问卷统计分析实务：SPSS操作与应用［M］．重庆：重庆大学出版社，2010.
[44] 马庆国．管理统计：数据获取、统计原理SPSS工具与应用研究［M］．北京：科学出版社，2009.
[45] 梁荣辉，章炼，封文波．教育心理学多元统计学与SPSS软件［M］．北京：北京理工大学出版社，2005.
[46] 阮桂海．数据统计与分析：SPSS应用教程［M］．北京：北京大学出版社，2005.
[47] 金勇进，蒋妍．市场调查方法与技术［M］．3版．北京：中国人民大学出版社，2012.
[48] 吴柏林，曹立人．现代统计学及其应用［M］．杭州：浙江教育出版社，2008.
[49] 何晓群．现代统计分析方法与应用［M］．3版．北京：中国人民大学出版社，2012.
[50]［美］戴维·R. 安德森，开尼斯·J. 斯威尼，托马斯·A. 威廉斯．商务与经济统计［M］．张建华，王健，冯燕青，等译．北京：机械工业出版社，2010.
[51] 贾俊平，郝静．统计学案例与分析［M］．北京：中国人民大学出版社，2010.